U0056351

學習障礙

理念與實務

王瓊珠　著

作者簡介

王瓊珠

學歷：美國伊利諾大學香檳校區哲學博士（主修特殊教育）

國立臺灣師範大學特殊教育碩士

國立臺灣師範大學教育學士

經歷：國立高雄師範大學特殊教育學系教授、副教授

臺北市立師範學院特殊教育學系副教授、助理教授

國中教師

　　離 2002 年出版《學習障礙：家長與教師手冊》一書，已過了 15 個年頭。為什麼這麼長的一段時間裡都沒有再寫一本有關學習障礙之專書呢？現在來談談個中緣由。

　　話說自 1999 年回國於大專校院任教，先後在臺北市立師範學院（現為臺北市立大學）（1999.8.1～2005.7.1）和高雄師範大學（2005.8.1～）特殊教育學系服務。18 年的時間，上過將近 40 門不同的科目，每學期上 4 至 5 門是常態，科目換得太快，我只能專心應付眼前的工作。在這些不同任教科目裡，特別是在高雄師範大學這些年，還是有幾門經常開的課程，例如：「學習障礙」、「學習困難與補救教學」、「閱讀障礙研究」等，於是慢慢累積出一些關於怎樣引導學生看待學習障礙的心得和想法。但直到 2016 年，我有一年休假，才有時間把這些心得和想法付諸於文字。所以，這本書像是一份我出給自己寫的考卷，好讓一年的休假不會徒留空白。

　　此外，這也是一本帶有我歉意的書，怎麼說？想想看，如果一門課我上超過 10 次以上，就意味著至少有 10 屆學生被我教到（此還不包括外面研習聽課的學員），以一班平均 35 至 45 人來估計，起碼有 400 位學生上過我的課。上課時，我常以 Powerpoint 和期刊等補充資料做為學習材料，很少指定學生讀完某本學習障礙專書，所以在沒有很多閱讀資料可看的狀況下，課程結束之後，學生腦中是否仍存有很多不明就裡的地方呢？極有可能！所以，這本書是我給學生遲來的補救，以前我沒有講清楚的地方，學生現在至少有書面資料可以回頭看。

　　說實在話，寫完這份考卷比我想像中困難，畢竟一個人的力量有限，若干主題並不是我所擅長的，因此還需要再閱讀相關資料並思考呈現的方式。所幸有不少好友和學生相助，提供寶貴資料，使本書的內容更加豐富，僅此致謝。同時，感謝心理出版社林敬堯總編輯的大力支持，以及臺灣師範大學特殊教育學系洪儷瑜教授的審閱。

　　本書倘有疏漏之處，還請各方先進不吝指導與斧正。

王瓊珠

2017 年 12 月

目次

導讀

壹、內容簡介

　　本書共有 13 章，涵蓋學習障礙的基本理念和教學實務兩大部分：第 1 至 5 章主要是在討論學習障礙的核心概念、歷史發展、特質、類型、鑑定、安置，以及不同階段的發展與教育目標；第 6 至 13 章則為教學原理與聽、說、讀、寫、算和學習策略之實務。第 1 至 5 章的基本概念適用於學習障礙入門者，第 6 至 13 章則適用於修習補救教學或教材教法的學生或是資源班教師參考。

貳、本書特色

　　本書的章節架構擬定有參考 Lerner 與 Johns（2009）合著的專書《學習障礙與其他障礙之學習困難》（*Learning Disabilities and Related Mild Disabilities*）以及洪儷瑜（1996）《學習障礙者教育》一書，同時融合筆者多年在大學部一、二年級的教學心得，也盡可能在每一章安排「**個案討論**」，幫助沒有很多實務經驗的師培生把原則性的抽象概念運用到思考與處理案例問題上。在學理或爭議問題說明方面，我盡量把問題的來龍去脈說明清楚，但也考慮到若要全寫入書中，訊息量會過多，對初學者反而是一種干擾，因此改以「**專欄**」或「**附錄**」的方式呈現，提供有興趣的讀者進一步閱讀和查詢。另外，書中也會提供「**延伸閱讀**」的參考資料給讀者，例

如：第一章關於學習障礙的意涵，由於不同專業團體有不一樣的定義，為減少中文翻譯產生隔閡，註釋直接以英文呈現，讓讀者可以看到原文的用詞。又如在教學部分的章節，若有專書有更完整的介紹，我會直接標示參考書目的名稱，有興趣的讀者可以進一步參閱其他著作。最後，要補充說明為何要放入基礎英語教學（**第9章**），我的本意並不是要拿英語有無困難作為判斷學生是否為學習障礙者，主要係考量不少的學習障礙學生在學英語時也遇到困難，這和他們在音韻覺識和音韻處理能力比較弱有關。偏偏英語被列為語文領域的必修課程，無法免修，因此第九章就特別針對基礎英語教學的內容與策略進行討論。

參、相關資源

國內關於學習障礙的專書也有好幾本（如表1所示），有的是國內學者所寫，有的是翻譯作品，它們都各有特色，讀者可以依照自己的需求選擇合適的專書來閱讀。但，為什麼過去我很少指定學生閱讀特定的專書？或為什麼我還要自找麻煩再寫一本學習障礙專書呢？理由有下面幾點。

表1　學習障礙專書

中文著作			
作者	年代	書名	出版社
許天威	1986	《學習障礙者之教育》	五南
毛連塭	1989	《學習障礙兒童的成長與教育》	心理
楊坤堂	1995	《學習障礙兒童》	五南
洪儷瑜	1996	《學習障礙者教育》（第二版）	心理
楊坤堂	2002	《學習障礙導論》	五南
楊坤堂	2002	《學習障礙教材教法》（第二版）	五南
王瓊珠	2002	《學習障礙：家長與教師手冊》	心理
張世彗	2015	《學習障礙》（第二版）	五南
孟瑛如	2016	《學習障礙與補救教學：教師及家長實用手冊》（第三版）	五南

表 1　學習障礙專書（續）

翻譯著作			
譯者	年代	書名	出版社
呂偉白	2002	《探索學習障礙兒童》	洪葉
胡永崇等人	2006	《學習障礙》	心理
張世彗等人	2016	《學習障礙與其他障礙之學習困難》（第二版）	華騰
胡永崇等人	2016	《學習障礙與補救教學教材教法》	華騰
呂翠華	2017	《學習障礙學生的差異化教學：普通班教師和特教教師的最新教育實踐》	心理

　　首先，我認為翻譯的書籍，中文只是外皮，看似能減少學生閱讀原文的瓶頸（前提是翻譯正確又得宜），但骨子裡是英文，書中資料雖然豐富，但談的多是美國的現況，對於剛要認識學習障礙的學生來說，還是應該回到臺灣的本體來討論，雖然臺灣的看法也受到美國的影響，但也有我們自己的特色，所以這本書希望介紹更多臺灣在學習障礙的進展、制度，以及相關研究。

　　至於在中文學習障礙專書方面，有些書出版時間較早，對於臺灣推動認識學習障礙有其貢獻（例如：毛連塭，1989；許天威，1986；洪儷瑜，1996），只是沒有辦法納入最近的發展資訊。有些書係以家長和教師為對象，用較淺白的語句傳遞學習障礙之概念與處遇方式（例如：王瓊珠，2002；孟瑛如，2016），相當實用，但當成大學用書可能不夠完整與深入。楊坤堂（2002）與張世彗（2015）的專書架構比較完整，資料也算豐富，但是比較少做個案分析與問題討論。總括來說，本書並沒有要包山包海或以多取勝，單純希望透過閱讀，引導讀者進行思辨與討論，並了解各教學策略背後的原理，而不是集合眾多教學活動點子而已。

　　除了閱讀專書之外，在教學的過程中，透過影片和網路資源也能豐富上課內容，把生硬的資料轉化成圖像和影片，或從網路搜尋更多補充訊息。表 2 和表 3 是學習障礙的影片和相關資源網站，提供教學者和有興趣的讀者參考。

学習障礙：理念與實務

表 2　學習障礙的影片

片名	簡介
《心中的小星星》（*Taare Zameen Par*）（印度，電影）	透過伊翔的故事，引導觀看者看見學習障礙學生的苦悶與才能並存，老師和家庭又是怎樣幫助這樣的孩子。
《秘密情事》（*The Secret*）（美國，電影）	透過祖孫三代的互動，闡述父子之間彆扭的關係背後，竟然藏著不為人所知的閱讀障礙祕密。
《小孩不笨》（*I not Stupid*）（新加坡，電影）	描述三個成績不好的後段班小孩，如何在課業競爭激烈的新加坡社會成長之故事。
《我好喜歡你》（臺灣，微電影）	描述閱讀障礙的高中女生何曉樂如何在師長與同學的幫助下，找到另一片屬於自己的天空。
《生如夏花》（香港，微電影）	透過一名讀寫障礙小學生及媽媽的生活，引導觀看者思考孩子和家人面臨的壓力及無奈。
小宇的故事（臺灣，影片）	https://www.youtube.com/watch?v=kkeG6NSRnko 透過小宇的故事（劇情片）導入學習障礙基本概念。
爸媽囧很大第 368 集：孩子有學習障礙？爸媽辛苦誰人知！（臺灣，電視節目）	https://www.youtube.com/watch?v=J5jn9A7ASb4&t=3s 公共電視製播，本集邀請學習障礙者和他們的家人一起上節目分享他們的成長與感想。
讀寫不再是障礙（香港，電視節目）	https://www.youtube.com/watch?v=rHb5IkCBFr4 透過數個學習障礙孩子的家庭故事，引導觀看者思考什麼樣的教育對他們有益。
Dyslexia Explained: What's It Like Being Dyslexic?（美國，動畫）	https://www.youtube.com/watch?v=IEpBujdee8M 以動畫方式介紹讀寫障礙學生的學校夢魘及因應方式。

表3　學習障礙的相關資源網站

國內網站名稱	簡介
台灣學障學會（TALD） http://c.nknu.edu.tw/TALD/	TALD 於 2005 年創會，係由臺灣一群長久以來致力於學習障礙研究的專家與學者所組成，以促進學習障礙的研究、教育和福祉發展為宗旨。網站有每期電子報內容和出版品簡介，以及年會訊息。
學障學會討論團 Facebook https://www.facebook.com/gro-ups/270686026408259/	這是由台灣學障學會所設立之公開討論團，在粉絲專頁開放各種關於學習障礙議題或個案問題的討論。
臺北市學習障礙家長協會 http://www.tppald.org.tw/ap/in-dex.aspx	該網站主要係對一般大眾進行學習障礙觀念宣導，提供學習障礙家長的教養知能，關注學習障礙者就學、就業、兵役等權益。
中華民國學習障礙協會 http://www.ald.org.tw/	該協會旨在結合家長、學者專家及社會大眾的力量，以爭取學習障礙者應有之權益，成立於 1998 年 12 月。該網站主要係對一般大眾進行學障觀念宣導。
有愛無礙融合教育網站 https://www.dale.nthu.edu.tw/	該網站係教育部委託國立清華大學特殊教育學系孟瑛如教授建置的網站，作為對一般民眾特殊教育宣導，以及特教資源平臺、電腦化 IEP 和教材分享。
特殊教育通報網 https://www.set.edu.tw/	該網站係教育部官方網站，提供各年度特殊教育統計資料，以及研習與教材訊息。
優質特教發展網路系統暨教學支援平台 http://sencir.spc.ntnu.edu.tw	該網站係教育部委託臺灣師範大學特殊教育中心建置，內有特教新課綱、教材、評量工具、研習課程等資訊。
國民小學及國民中學補救教學資源平臺 http://priori.moe.gov.tw/	該網站係教育部專為補救教學所建置的網站，內有補救教學基本學習內容、教學資源、人力資源等。
中文學習補救教學資源網 http://www.rm.spc.ntnu.edu.tw:8080/	該網站係臺灣師範大學特殊教育學系洪儷瑜教授團隊所建置的網站，內有國語文教材調整，以及文章分析統計軟體。

表 3　學習障礙的相關資源網站（續）

國外網站名稱	簡介
LD online http://www.ldonline.org/	LD online 是 National Joint Committee on Learning Disabilities（NJCLD）官方網站，主要提供教師與家長關於學習障礙和注意力缺陷過動的相關資訊。
Teaching LD http://teachingld.org/	該網站係美國特殊教育學會學習障礙分支所建置的網站，成員包括教師、心理學家、臨床工作者、行政人員、大學老師、家長等。主要目的在促進學習障礙跨領域的交流，並宣傳有效的教學研究。
Learning Disabilities Association of America（LDA） https://ldaamerica.org	該網站係美國學習障礙協會網站，主要係對成人、家長、老師、專業人員介紹學習障礙／注意力缺陷過動症的相關資訊，並出版期刊 *Learning Disabilities: A Multidisciplinary Journal*。
International Dyslexia Association https://dyslexiaida.org/	國際讀寫障礙協會係以讀寫障礙研究為職志的組織，出版專業期刊（例如：*Annals of Dyslexia, Reading & Writing*、*Perspectives on Language and Literacy*）、辦理研討會及師資培訓認證。
Dyslexic Advantage https://www.dyslexicadvantage.org/	讀寫障礙優勢網主要係透過許多成功案例的分享，建立該群體之正向認同。
The Yale Center for Dyslexia and Creativity http://dyslexia.yale.edu/successfuldyslexics.html	該網站係介紹許多成功的學習障礙人士之故事。

肆、以生為師

學術專書的撰寫是條漫漫長路,但等到出版時,或許資料早就過時了,又不易隨時更新,所以我認為無論哪本書都僅供參考而已。最重要的,不是要記住書裡面的文字,而是要用所學的知識幫助我們看見學生的困難與需求,唯有用心觀察才會發現自己所知實在太有限。且讓我們以生為師,繼續在學習障礙教學與研究的路上前進。

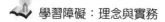

第一章

學習障礙之意涵

　　要怎樣判斷一個人是否有學習障礙呢？一般人多會以為功課不好就是學習障礙，事實上並非如此。學習障礙和一般的學習困難有什麼不一樣呢？這部分必須從學習障礙的定義、歷史和成因來解釋。另外，也有人質疑學習障礙是被社會「建構」出來的一個名詞，確實在一些國家或區域的教育體制中，他們並沒有學習障礙一詞，也沒有提供學生額外的教育資源，僅以一般學習落後者來看待。在臺灣，我們又是怎樣看待學習障礙的呢？本章會討論臺灣學習障礙的發展及出現率變化，以了解我們對學習障礙概念的轉變，以及概念轉變如何影響實務。

第一節　學習障礙的定義

　　根據教育部 2013 年修訂的《身心障礙及資賦優異學生鑑定辦法》第 10 條，學習障礙的定義如下：

　　本法第三條第九款所稱學習障礙，統稱神經心理功能異常而顯現出注意、記憶、理解、知覺、知覺動作、推理等能力有問題，致在聽、說、讀、寫或算等學習上有顯著困難者；其障礙並非因感官、智能、情緒等障礙因素或文化刺激不足、教學不當等環境因素所直接造成之結果。

　　前項所定學習障礙，其鑑定基準依下列各款規定：

一、智力正常或在正常程度以上。

二、個人內在能力有顯著差異。

三、聽覺理解、口語表達、識字、閱讀理解、書寫、數
學運算等學習表現有顯著困難，且經確定一般教育
所提供之介入，仍難有效改善。

整個定義可細分成兩部分解讀：上半部係屬於「概念性定義」（con-
ceptual definition），從學習障礙的成因、對認知運作歷程產生的影響，到最
後表現於聽、說、讀、寫、算上的顯著困難，並延續學習障礙的傳統定義
中不可或缺之元素——排他因素，即將感官、智能、情緒等障礙因素或文
化刺激不足、教學不當等環境因素所「直接」造成的學習問題，須屏除於
學習障礙之外。後半部則是「操作型定義」（operational definition），有三
條鑑定基準，分別為智力水準、內在能力有顯著差異、聽、說、讀、寫、
算有顯著困難，且非一般教育提供之介入就能改善的學習困難。

將 2013 年的版本和前一版本（1998 年的《身心障礙及資賦優異鑑定原
則鑑定基準》）相比，有什麼變動嗎？可以從表 1-1 的對照表來比對。

從表 1-1 得知，兩個版本的差異並非截然不同，似乎只是小修。但在實
際操作時，依照 2013 年的版本，若有些個案僅有認知歷程的困難，例如：
注意、記憶、知覺或知覺動作協調困難，但是聽、說、讀、寫或算沒有顯
著困難者，即屬於「非學業型的學習障礙」，可能就不一定會被認定為學
習障礙（洪儷瑜，2013）。而數學的主要困難是以「運算」為主，如果是
比運算層次複雜的數學「推理」，似乎也不在條列之中。然而，兩個版本
的相同處遠多於相異處，基本上兩個版本都肯定學習障礙包含以下幾項概念。

壹、成因是中樞神經系統功能異常（central nervous system dysfunction）

學習障礙者不是因為智力低下導致學習能力不足，而是神經心理功能
異常，導致個體在認知歷程方面，例如：注意、記憶、理解、知覺、知覺

表 1-1　臺灣學習障礙新舊定義之比較

1998 年版	2013 年版	異同比較
學習障礙，指統稱因神經心理功能異常而顯現出注意、記憶、理解、推理、表達、知覺或知覺動作協調等能力有顯著問題，以致在聽、說、讀、寫、算等學習上有顯著困難者；其障礙並非因感官、智能、情緒等障礙因素或文化刺激不足、教學不當等環境因素所直接造成之結果。	學習障礙，統稱神經心理功能異常而顯現出注意、記憶、理解、知覺、知覺動作、推理等能力有問題，致在聽、說、讀、寫或算等學習上有顯著困難者；其障礙並非因感官、智能、情緒等障礙因素或文化刺激不足、教學不當等環境因素所直接造成之結果。	• 新版的定義在對認知運作歷程的影響方面，將舊版中屬於行為結果的「表達」和「（知覺動作）協調」拿掉。 • 生理原因和排他因素都沒變。
1.智力正常或在正常程度以上者。 2.個人內在能力有顯著差異者。 3.注意、記憶、聽覺理解、口語表達、基本閱讀技巧、閱讀理解、書寫、數學運算、推理或知覺動作協調等任一能力表現有顯著困難，且經評估後確定一般教育所提供之學習輔導無顯著成效者。	一、智力正常或在正常程度以上。 二、個人內在能力有顯著差異。 三、聽覺理解、口語表達、識字、閱讀理解、書寫、數學運算等學習表現有顯著困難，且經確定一般教育所提供之介入，仍難有效改善。	• 新版將注意、記憶、推理歸屬於認知運作歷程的一部分，統一放置於上半部的概念性定義，第三點專指行為層次的困難，分別為聽、說、讀、寫、算。 • 「基本閱讀技巧」修改為「識字」。 • 「學習輔導」擴大為「介入」，不限於學習層面，也可包含行為介入或其他訓練等。 • 前兩項基準沒變。

資料來源：《身心障礙及資賦優異鑑定原則鑑定基準》（1998）、《身心障礙及資賦優異學生鑑定辦法》（2013）

動作、推理等能力有顯著問題，進而影響個體聽、說、讀、寫、算等學習表現。此和 Morth 與 Frith（1995）對發展障礙產生原因的闡述有相互呼應之處，他們認為發展障礙產生的原因可從個體內、外兩大面向來說：個體內有三個層次，分別是生理的、認知的，以及行為的層次；個體外則指周圍的環境因素（引自 Hulme & Snowling, 2009）。雖然學習障礙將焦點放在個體內的三個層次，盡可能排除外在環境不利因素所直接造成的學習困難，但終究仍不免要面對環境因素對學習結果產生的影響。

貳、異質性的群體

在定義一開始就用「統稱」一詞是別具意義的，這是由於學習障礙非僅有特定的一類，故以統稱表示，例如：有的孩子在閱讀方面有障礙，有的在算數方面，也有孩子的障礙是在書寫、語言理解和表達等方面。目前我們並沒有按 1992 年《語言障礙、身體病弱、性格異常、行為異常、學習障礙暨多重障礙學生鑑定標準及就學輔導原則要點》的版本，特別指出：「學習障礙通常包括發展性的學習障礙與學業性的學習障礙，前者如注意力缺陷、知覺缺陷、視動協調能力缺陷和記憶力缺陷等；後者如閱讀能力障礙、書寫能力障礙和數學能力障礙等。」主要係由於異質性高，也不容易分類得完整，加上有些個案是綜合多種次類型（例如：閱讀合併書寫障礙），因此目前就僅以聽、說、讀、寫、算有顯著困難來表示之。

參、內在能力有顯著差異

「內在能力有顯著差異」的意涵有很多種，包括：個人間的能力差異、能力與成就間的差異、各項成就間與同一能力在各種評量間之顯著差異（洪儷瑜，1999），例如：有的孩子之操作能力明顯優於語文能力；有的孩子之語文能力和數學能力差了十萬八千里；有的孩子聽題目做答與紙筆測驗結果會有懸殊差異，這樣的懸殊差異不能以「不用功」、「懶惰」、「不喜歡學習」等理由解釋。因此，我們常看到學生即便很努力，

卻因為評量方式的限制，而沒有展現出應有的成果。

　　關於「內在能力有顯著差異」是否為判斷學習障礙者的必要條件，目前仍持續有爭議（呂偉白譯，2002），但它卻是大家最早對學習障礙學生的第一印象，即這一群看似聰明（至少智力沒有問題），但卻在基本的聽、說、讀、寫或算的學習上遇到很大的困難。此能力與成就不相稱的狀況〔又稱為「非預期性失敗」（unexpected failure）〕，直接挑戰學界長久以來的假設，即個人的「智力和成就有高相關」之觀點，也就是說，如果學生的智力正常或正常以上，照理不應該被基礎的學業內容給絆倒才對，因此從有「學習障礙」一詞以來，很多人還是將「智力與成就差距」視為判斷學習障礙的重要指標。目前，學界傾向把「智力與成就差距」擴大解釋，也就是內在能力差異不限於「智力與成就差距」一種樣貌。

肆、主要困難在聽、說、讀、寫或算等基本學業技能

　　1998 年的版本，係將「注意、記憶、聽覺理解、口語表達、基本閱讀技巧、閱讀理解、書寫、數學運算、推理或知覺動作協調等任一能力表現有顯著困難」列入第三項鑑定基準，換言之，舊的鑑定基準既包括聽、說、讀、寫或算的基本學業技能，也包括認知運作歷程的缺陷，但是 2013 年的版本，就把兩種不同層次的問題分開，將學習障礙最終的行為問題主要界定在基本學業技能。

　　但，為何是聽、說、讀、寫、算的基本技能，而不是國文、英文、數學、自然、社會、音樂、體育等學科領域呢？聽、說、讀、寫、算被視為學習的基本能力，因為很多的學習都會涉及到上述能力，這也是為什麼在鑑定學習障礙時，很看重個案的基本學業技能，而非學業成就或學科成績的原因。隨著年級增加，學習內容的難度一定會加深，因此各學科領域會出現困難的人數勢必攀升，但這與學習障礙的本質是不同的。一個人不會因為學不會三角函數、微積分、文言文就被認為有數學或閱讀方面的學習障礙，但如果一個人連基本運算（例如：9 + 3 = ？都要思考很久才能得到答案），或是國字認讀能力不佳（例如：「科」和「學」要看很久，或靠

著吃力地拼注音才會唸）、詞彙意義提取有困難（例如：混淆「科學」和「學科」的意思），而且發生困難的頻率不是偶爾不小心的，那就是值得注意的警訊。

伍、符合「排他條件」和「特殊教育需求」

學習障礙並非因感官、智能、情緒等障礙因素或文化刺激不足、教學不當等環境因素所「直接」造成之結果，且經確定一般教育所提供之介入，仍難有效改善。換言之，如果孩子的視力和聽力有障礙、長期請假沒上課、長期居住國外剛返國不久（家裡的人都不會講中文）、缺乏安定和有序的學習環境、學習動機低落，他們可能跟不上同儕的學習速度，但卻不能輕易判定是學習障礙者，還得對其受教的環境做仔細的評估，以了解一般教育的介入是否無效。

「排他條件」是自從學習障礙一詞提出之後，就努力要跟其他障礙做區隔的部分，因此不能跟其他障礙或環境因素所造成的學習困難混為一談。要注意「『直接』造成」的意思，講的是因果關係，並沒有屏除並存的可能性，也就是說，這些因素可能與學習障礙並存，即先天不良（神經心理功能異常），加上後天失調（伴隨其他障礙或環境不利）。因此，我們在一些經濟或文化弱勢族群比率較高的地區，並不能用學生是屬於「文化刺激不足」的理由，就將其屏除於學習障礙之外，這顯然會過於獨斷和草率。但是，到底是先天或後天因素產生的學習困難，確實也不容易釐清。

為解決此困境，美國於 2004 年的《特殊教育法》（Individuals with Disabilities Education Improvement Act，簡稱 IDEIA）中，提出「介入反應」（response-to-intervention，簡稱 RTI）的概念，即先提供疑似學習障礙學生有實證研究支持的有效介入策略，如果個案經過普通教育所提供的補救教學一陣子之後就能改善落後狀況，就不再鑑定為學習障礙，而僅是一般學習困難，或是缺乏有效教學介入之故，此即採取「先給學習機會，再談障礙有無」，改變過去「先鑑定再介入」的程序。

第二節　學習障礙的歷史

　　說到學習障礙的歷史，就不免要提到 1963 年 4 月 6 日在芝加哥的一場家長團體會議。該會議主要係在探究知覺障礙學童（perceptually handicapped child）的問題，會議中 S. A. Kirk 認為用醫學名詞來談論孩子的困難，是無助於有教育需求的學生，而應該有比較適切的命名才對。因此，他提到用「學習障礙」（learning disabilities）來描述這群有語言發展、說話、閱讀，以及伴隨社交溝通能力有障礙的孩子（引自 Kavale & Forness, 1995）。當時，「學習障礙」一詞立刻獲得認同，很多專業的學會／協會，或是《特殊教育法》也都是使用「學習障礙」，但大家認同的是它的名稱而已，並不表示對學習障礙的內涵都有一致的共識，因此學習障礙的歷史就在邊修邊改的路上持續前進，本節即透過歷史的脈絡讓讀者更清楚它的身世命運。在臺灣，學習障礙的發展可以說是跟著美國亦步亦趨，沒有很大的時間落差，短短四十年間也有長足的進步。因為美國對臺灣在學習障礙發展上有一定的影響力，以下就把兩地的發展稍做介紹。

壹、美國不同專業間對學習障礙概念之比較

　　根據 Kavale 與 Forness（1995）對學習障礙歷史的回顧，在沒有學習障礙一詞前，就有醫生或心理學家（例如：Alfred Strauss、Heinz Werner）注意到有些人因為後天腦部受傷，影響其智力水準，而產生學習困難或知覺障礙，後來又發現有些個案雖然沒有明顯腦傷證據，卻也有類似的問題，當時則多以腦傷（brain injury）或輕微腦部功能受損（minimal brain injury）來稱呼這類的病患。也就是說，臨床上大腦和學習行為之間的關聯性是已經確定存在的。

　　在學習障礙一詞正式出爐前，人們多以各種醫學用語（例如：腦傷、輕微腦部功能受損、知覺障礙、發展性失語症等）來描述個案因為中樞神

經系統功能異常所導致的各項學習問題，後來發現這些術語無法和教育資源連結，而應該從教育的角度來切入命名，才能引起教育界的關注，孩子也才能獲得實質的幫助。因此，1963 年在芝加哥的關鍵會議才將學習障礙一詞打響名號。

學習障礙的名稱雖然是定下來了，但是關於學習障礙到底是什麼，還是有很多討論。以美國為例，繼 S. A. Kirk 之後，《特殊教育法》和幾個重要的專業團體〔例如：National Advisory Committee on Handicapped Children（NACHC）、National Joint Committee on Learning Disabilities（NJCLD）、Interagency Committee on Learning Disabilities（ICLD）等〕都分別提出自己的見解，從闡述中，我們看到學習障礙固然保有若干核心概念，但還是有或多或少的修正（原文請見本章註釋，引自 Kavale & Forness, 1995），各論點的差異比較整理如表 1-2 所示。

表 1-2　美國不同專業間對學習障礙觀點之比較

	Kirk 1962	NACHC 1968	美國教育部 1977	NJCLD 1981	ICLD 1987	NJCLD 1988	IDEIA 2004
1.聽說讀寫困難	●	●	●	●	●	●	●
2.思考／推理困難		●	●	●	●	●	
3.社交技巧困難						●	
4.排他條件	●		●				●
5.其他障礙可能並存	●			●	●		
6.中樞神經系統功能異常				●	●	●	
7.涉及心理歷程		●	●				●
8.異質群體				●	●	●	
9.可能持續終身						●	

他們共同的論點是：同意學習障礙者在聽、說、讀、寫或算的習得和運用有困難，此外，也贊成學習障礙應該與其他因素（例如：感官障礙、智能障礙、教學不當、文化差異、經濟弱勢等）所產生的學習困難有所區隔。不過仍存有一些歧見，包括：要不要將思考、推理、社交技巧困難也列為學習障礙者的核心困難；釐清「排他條件」並沒有否認「並存」的可能性；陳述學習障礙的成因；強調是異質性群體；問題可能持續終身，不是只在求學期間才有學習障礙。這些看似些微的文字更動其實都可以深入再討論，特別是學習障礙一詞是比較晚才提出，它怎樣清楚地和其他障礙做區隔？又要怎樣論述，才不會屏除了真正有教育需求的個案？

貳、 臺灣的學習障礙之發展

受到美國學習障礙概念的影響下，臺灣的學習障礙之發展又是什麼樣貌呢？根據洪儷瑜（2006）的整理，她將臺灣的發展分成四個階段：萌芽階段（1983 年以前）、奠基階段（1984 至 1995 年）、成長階段（1996 至 2004 年），以及精緻與整合階段（2005 年以後）。各階段的重要里程碑如表 1-3 所示。

表 1-3　臺灣學習障礙發展的重要里程碑

年代	重要事記
1978	郭為藩教授調查我國閱讀缺陷兒童的出現率。
1982	1.臺灣大學徐澄清醫師與美國 Stevenson 教授等人比較臺灣、美國、日本閱讀障礙學童的出現率。 2.選定臺北市永春、東門、劍潭、河堤國小設立學習障礙資源班。
1984	通過《特殊教育法》，將學習障礙納入特殊教育服務，自此有法源依據。
1986	教科書《學習障礙者之教育》（許天威著）出版。
1991	編製「學習行為檢核表」，作為第二次特殊兒童普查（疑似學習障礙者）之用。
1992	第一個學習障礙官方定義出現。

表 1-3　臺灣學習障礙發展的重要里程碑（續）

年代	重要事記
1995	教科書《學習障礙兒童》（楊坤堂著）、《學習障礙者教育》（第一版）（洪儷瑜著）出版。
1996	臺北市學習障礙家長協會成立。
1997	1. 修訂《特殊教育法》。 2. 透過行政院國家科學委員會整合型計畫「閱讀歷程、類型與追蹤研究」，編製多項學習障礙相關鑑定工具（例如：「中文年級認字量表」、「閱讀理解困難篩選測驗」等）。
1998	1. 頒布「學習障礙定義與鑑定基準」（說明手冊由周台傑教授執筆，1999 年出版）。 2. 《學習障礙資訊站》創刊。 3. 臺北市學習障礙學生獲得升學高中職特殊甄試管道。 4. 中華民國學習障礙協會成立。
2001	通過「身心障礙學生十二年就學安置」四年實施計畫，學習障礙學生獲得升學高中職特殊甄試管道。
2005	台灣學障學會成立。
2006	教育部特殊教育小組委託柯華葳等人進行各項中文閱讀障礙工具的研發（例如：「識字量評估測驗」、「常見字流暢性測驗」、「聽覺理解測驗」、「國民中學閱讀推理測驗」等）。
2012	1. 教育部提出十二年國民基本教育學習支援系統建置，強力推動差異化教學、補救教學、特殊教育三層級的學習支援系統。 2. 《身心障礙者權益保障法》於身心障礙鑑定開始落實 ICF 的概念，學習障礙（嚴重閱讀障礙或書寫障礙）有可能獲得特殊教育以外的保障。
2013	修訂「學習障礙定義與鑑定基準」（說明手冊由洪儷瑜教授執筆，2014 年出版）。
2015	出版「基本數學核心能力測驗」（洪儷瑜、連文宏編製），協助數學障礙診斷。

資料來源：參考洪儷瑜（2006）及自行整理

　　大體上，萌芽階段只有零星的文章提到學習障礙，多數人對學習障礙的概念並不清楚。到了奠基階段，有《特殊教育法》的加持，特別是因應第二次全國特殊兒童普查之需要，而必須將學習障礙的定義更佳具體化，以利調查之進行。在 1992 年《語言障礙、身體病弱、性格異常、行為異常、學習障礙暨多重障礙學生鑑定標準及就學輔導原則要點》中，第一次正式出現學習障礙的官方定義：

　　　　學習障礙，指在聽、說、讀、寫、算等能力的習得與運用有顯著的困難者。學習障礙可能伴隨其他障礙，如感覺障礙、智能不足、情緒困擾；或由環境因素所引起，如文化刺激不足、教學不當所產生的障礙，但不是由前述狀況所直接引起的結果。學習障礙通常包括發展性的學習障礙與學業性的學習障礙，前者如注意力缺陷、知覺缺陷、視動協調能力缺陷和記憶力缺陷等；後者如閱讀能力障礙、書寫能力障礙和數學能力障礙等。

　　成長階段則有學習障礙家長團體崛起，積極推動更多讓社會大眾認識學習障礙的相關講座，印製刊物（例如：《學習障礙資訊站》、《學習障礙簡訊》），聯繫特殊教育界共同參與相關法規或鑑定安置工作的推動。在特殊教育界方面，則有更多關於學習障礙鑑定工具的編製和研究發表。到了精緻與整合階段，則有跨領域的學習障礙專業團體成立（例如：台灣學障學會）。再者，教育部為因應 2014 年十二年國教上路，提出十二年國民基本教育學習支援系統建置，強力推動差異化教學、補救教學、特殊教育三層級的學習支援系統，自此補救教學成為疑似學習障礙學生獲得轉介前介入的一個機會，也希望降低一般學習低成就學生與學習障礙學生混淆的比例。其次，內政部《身心障礙者權益保障法》（簡稱《身權法》）（2007）對障礙的分類方式不同，衛生福利部對身心障礙之鑑定改採「國際健康功能與身心障礙分類」（International Classification of Functioning, Disability, and Health，簡稱 ICF）的概念，將個案的障礙不純粹是從生理損傷或

精神失能來判斷，而是從障礙個體與其環境互動下能達到什麼功能來判斷。因此，過去的學習障礙者是沒有辦法申請身心障礙手冊，許多服務都只限於就學階段，畢業後則沒有任何的保護傘。但是，衛生福利部的鑑定方式變革後，如果個案屬於重度或極重度讀寫障礙，且已經影響其生活適應和就業，還是可能申請到身心障礙手冊，受到《身權法》的保障。

參、小結

　　總括來說，臺灣的學習障礙之發展雖然很多地方是直接借用美國對學習障礙的概念，但又略有不同，美國在將學習障礙議題拉進教育界之前，事實上是源自於很多醫學臨床的探索打下基礎，即便後來透過制訂《特殊教育法》，保障學習障礙學生獲得適性與公平的教育，但在界定學習障礙時，仍然沒有拋棄醫學用語，所以在定義中還是提及「學習障礙可能包括知覺障礙、腦傷、輕微腦部功能受損、讀寫障礙和發展性失語症」這一段話。但在臺灣，則直接從特殊教育切入，透過資訊的推廣、資源班的設立、《特殊教育法》的制訂，以及家長團體、跨專業領域團體的參與，讓學習障礙學生的教育權益獲得保障。直到近年，也開始走向更多元的思考，即如何聯繫在學期間和畢業後的服務？如何運用補救教學的機制降低學習障礙學生人數的擴大？以免稀釋真正需要特殊教育的學習障礙學生。

第三節　學習障礙的成因

　　目前關於造成學習障礙的確切成因並無定論，造成學習障礙的可能原因包括：基因遺傳、發展階段的腦部病變，以及大腦皮質功能失調，茲說明如下。

壹、基因遺傳

　　根據家族史或雙胞胎的研究發現，學習障礙兒童受家庭遺傳因素影響，約有 35 至 45%學習障礙兒童的一等血親中也有閱讀障礙。不過，家族性的學習障礙並不能完全證明障礙源自於基因遺傳所致，因為同一家族的生活環境通常也相似。所以，另一種研究方式是比較同卵雙胞胎與異卵雙胞胎同時出現障礙的比率。「科羅拉多閱讀研究計畫」（Colorado Reading Project）的調查結果指出：約有 54%的同卵雙胞胎和 32%的異卵雙胞胎會同時出現閱讀障礙（DeFries, Gillis, & Wadsworth, 1993），似乎證實遺傳基因愈相近的個體同時發生障礙的機率也相對增加。另外，也有研究者發現第 6 和第 15 對染色體與學習障礙的成因有關（DeFries et al., 1993），但多數學者對這種單一基因造成學習障礙的說法尚抱持懷疑態度（Pennington, 1995）。

貳、發展階段的腦部病變

　　發展階段的病變方面，則包括產前、產中、產後各階段對腦部發育之不利因素所致，例如：產前母親營養不良、服藥不當、酗酒、嗑藥等；生產過程中嬰兒腦部出血或是缺氧受損、早產；產後疾病感染（如腦膜炎）、腦血管疾病、意外傷害、鉛中毒等，也會造成腦傷或腦功能失調。

　　早在 1930 至 1940 年代，A. A. Strauss 和其同僚對腦傷兒童進行研究時，便發現生產過程缺氧、頭部外傷所導致兒童有知覺異常、知覺固著、概念和思考異常，以及行為異常（例如：過動、易怒）的情形。不過，腦傷（brain injury）一詞似乎只是呈現病因，而沒有明確指出腦傷和行為之間的對應關係，況且造成腦傷的因素很多，是否必然造成學習障礙仍是令人存疑，對於學習障礙兒童的教學亦無直接的助益。1960 年代左右，人們改用輕微腦部功能失常（minimal brain dysfunction，簡稱 MBD）一詞，指涉因為大腦輕微損傷、結構變異、生化物質不平衡、或是發展遲緩等所造成的失常現象。

參、大腦皮質功能失調

　　早期要了解腦與行為之間的關係多半是靠臨床觀察或是動物解剖實驗，由病患（或動物）的腦部受傷部位與病患（或動物）的外顯行為來推測腦部某個區域的功能，例如：法國神經學家Paul Broca於1861年公布他的個案研究，他發現病患額葉左側第三額回的後部〔後來稱為布洛卡區（Broca's area）〕受傷會導致語言表達困難、說話斷斷續續很吃力、咬音不清。1874年德國神經學家 Carl Wernicke 發現近顳上回〔後來稱為魏尼克區（Wernicke's area）〕受傷會損及病患的語言理解能力，其聽力正常但不能理解別人說的話，也可以說話說得很流利，但語法錯誤百出，讓人難以理解。

　　現在拜科技之賜有許多方法，例如：腦波儀（electroencephalography，簡稱 EEG）、斷層掃描（CT scan）、核磁共振腦像（magnetic resonance imagining，簡稱 MRI）、腦功能核磁共振成像（functional magnetic resonance imagining，簡稱 ƒMRI）、正電子斷層掃描（positron emission tomography，簡稱PET）等，可以直接研究活人的腦，而無須等到有腦傷個案可解剖觀察才行。以 PET 為例，此技術是將放射性追蹤物質注入人體，藉由觀察腦部葡萄糖代謝的情形，以得知某個刺激引起大腦哪個區域強烈的活動（即消耗較多的葡萄糖）；又如 ƒMRI 是以血氧濃度高低，來定位大腦哪些區域的神經元在活化狀態。

　　以學習障礙亞型中為數眾多的讀寫障礙為例，Shaywitz（2003）在《戰勝讀寫障礙》（Overcoming Dyslexia）一書中，就提到讀寫障礙者和一般正常讀者在閱讀時的大腦活化區域是有差異的，大腦中負責閱讀的區塊主要有三：枕─顳葉區（occipito-temporal region）、頂─顳葉區（parieto-temporal region），以及布洛卡區，其主要任務分別為字形快速辨識、字形分析，以及字音處理（如圖 1-1 所示）。熟練的閱讀者多運用後腦區域，進行字形快速辨識，但是讀寫障礙者反而運用較多前腦區域，透過費力的字音處理，協助文字辨識（有興趣的讀者亦可參閱中譯本，呂翠華譯，2014）。

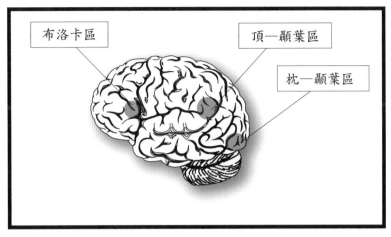

布洛卡區　　頂—顳葉區

枕—顳葉區

圖 1-1　閱讀的大腦

資料來源：引自 Shaywitz（1996, p. 101）

　　換言之，學習障礙者不是大腦出現某個明確的損傷所致，而是神經系統功能不彰，就像有硬體設備，只是效能不夠好。近年來，已經推翻神經可塑性（flexibility）隨童年結束而告終的說法，令人興奮的是，終其一生我們的大腦都保有若干可塑性。因此，後天的教育介入對學習障礙學生仍具有效益，即便不是完全移除障礙，但是可以獲得改善。

第四節　學習障礙的出現率

壹、美國學習障礙的出現率概況

　　在學校裡，學習障礙的出現率到底有多少呢？根據 Lerner 與 Johns（2009）的說法，差異之大可能從 1 至 30%不等，這與我們怎樣認定學習障礙息息相關：如果標準是寬鬆的，只要有學習困難的孩子就都被納入服務範圍，人數自然居高不下；反之，如果僅限於特定領域的學習技能有嚴重落後（即聽、說、讀、寫、算），且屏除智能障礙、情緒障礙、教學不當

和文化差異等因素所造成的學習困難，則出現率就會大幅下降。

依據美國官方的統計資料，1978 至 2003 年之間，學習障礙學生的出現率有逐漸增加的趨勢，從原本 1.8%增加到 5.8%。若以身心障礙學生為母數，則 6 至 17 歲學習障礙學生占全體身心障礙學生的比例高達 48.2%（引自 Lerner & Johns, 2009），遠遠超過其他障礙的人數，這也是為什麼美國很急著檢討如何減少學習障礙學生的人數，並在 2004 年修訂的《特殊教育法》中提出「介入反應」（RTI）之概念。

貳、臺灣學習障礙的出現率概況

在 1991 年第二次全國特殊兒童普查中，發現學習障礙學生（6 至 15 歲）的出現率只占該年齡群人口的 0.44%。經過二十多年的努力，學習障礙學生的人數有什麼變化呢？

根據教育部特殊教育通報網（https://www.set.edu.tw/）的資料，從 2003 至 2015 年之間（詳如表 1-4、圖 1-2 所示），各教育階段的學習障礙學生人數多呈現逐年增加之趨勢，以義務教育階段的國中小學習障礙學生人數最多，其次是高中職，最少的則為大專階段。不過，大專階段的學習障礙學生在近十年也是增加最快的一群，從原本不到百人，到 2015 年已有 2,576 人，顯示有愈來愈多學習障礙學生就讀大專校院，約占大專階段身心障礙學生人數的五分之一左右，已經超越過去以視障、聽障、肢體障礙為主的身心障礙大專階段學生人數（教育部，2015）。在高中職部分，2003 年的就讀人數約在九百人左右，但 2001 年通過「身心障礙學生十二年就學安置」四年實施計畫後，學習障礙學生升學高中職的機會大幅提升，2004 年就從原本不到一千人，一下子躍升至兩千多人。身心障礙學生升學大專校院甄試也於 2011 年將學習障礙列為獨立的一類，加上家長團體也努力遊說大學端，讓更多科系願意敞開大門，接受學習障礙學生甄試入學。換言之，升學制度的改變確實影響學習障礙學生的就學狀況。

從特殊教育的發展來看，臺灣國中小的學習障礙鑑定制度相對起步較早，高中職和大專的鑑定約於 2013 年才開始全面展開。因此，從近五年

表 1-4　2003 至 2015 年間各教育階段的學習障礙學生人數

年代	大專	高中職	國中	國小
2003	25	896	4,058	6,470
2004	41	2,064	4,419	6,319
2005	50	3,196	5,068	6,410
2006	148	3,591	5,588	6,747
2007	325	3,945	5,846	7,339
2008	541	4,366	6,353	7,602
2009	854	4,787	6,632	8,000
2010	1,117	5,139	6,756	8,374
2011	1,458	5,555	7,337	9,402
2012	1,891	5,996	8,127	10,246
2013	2,272	6,503	8,590	11,365
2014	2,287	6,585	9,736	12,330
2015	2,576	6,965	10,137	13,342

資料來源：教育部（2015）

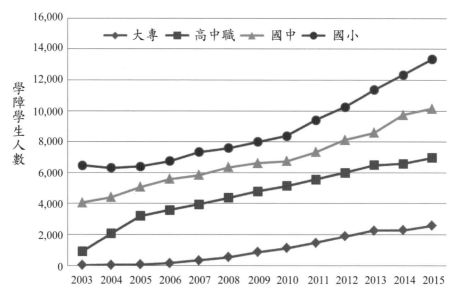

圖 1-2　2003 至 2015 年間各教育階段學習障礙學生人數變化

資料來源：教育部（2015）

（2011 至 2015 年）臺灣國中小階段學習障礙學生（6 至 15 歲）來看其出現率（如表 1-5 所示），會發現學習障礙學生人數固然有逐年增加的現象，學習障礙的人數也居十三類身心障礙學生之首或僅次於智能障礙學生的障別，約占全體身心障礙學生的三分之一至四分之一之間，但學習障礙的出現率只占該階段就學學生人數的 0.72 至 1.14%，固然比第二次全國特殊兒童普查所得的 0.44%來得高，但比一般預估的 3 至 5%還是低很多。

在臺灣學習障礙的性別分布上，男女生的比例約為2.3：1，男生人數約為女生人數的兩倍多。美國的資料也有類似的發現，他們發現在醫院和學校鑑定的學習障礙學生中，男生甚至是女生的四倍之多（引自 Lerner & Johns, 2009）。男生是否真的比女生更容易有學習障礙？這也有其他解釋，有的人認為男生因為常伴隨著比較多行為問題（例如：干擾課堂秩序），或是社會對男生的學習成就期待較高，以致於受到教師和家長較多的關注；而女生若是基本學業技能落後，但只要乖乖的、安靜不搗蛋，家長和

表 1-5　2011 至 2015 年國中小階段的學習障礙學生人口學特質分析

	2011	2012	2013	2014	2015
國中小學障生人數	16,739	18,373	19,955	22,066	23,479
國中小身障生人數	67,158	68,963	69,130	69,935	70,250
占全體身障生的比例	24.92%	26.64%	28.87%	31.55%	33.42%
全國中小學學生人數	2,330,230	2,218,250	2,212,050	2,129,045	2,055,932
占全體學生的比例	0.72%	0.83%	0.90%	1.04%	1.14%
男生：女生	2.37：1	2.30：1	2.28：1	2.25：1	2.23：1

資料來源：國中小的學生人數資料來自教育部統計處（https://stats.moe.gov.tw/），其餘資料來自於教育部（2015）

教師未必會想到她們需要被轉介出來接受特殊教育鑑定，以致於出現率男生遠多於女生。

第五節　結語

　　學習障礙的歷史淵源可以追溯至 19 世紀初醫學臨床研究，當時的醫生已經發現有些病患由於腦部後天受傷之故（例如：中風、意外），導致聽、說、讀、寫或算的能力變差。20 世紀中葉也發現一些兒童並沒有明顯的腦傷證據，卻也有類似腦部受傷病患所產生的狀況（例如：基本學業技能低落、知覺障礙等）（Lerner & Johns, 2009），因此美國學者 S. A. Kirk 於 1963 年建議用「學習障礙」一詞，來描述這群有語言發展、說話、閱讀，以及伴隨社交溝通能力有障礙的孩子。在 Kirk 登高一呼後，「學習障礙」一詞立刻獲得認同，並於 1975 年正式將學習障礙納入官方的特殊教育服務對象中。臺灣也跟隨美國的發展腳步，首先於 1992 年《語言障礙、身體病弱、性格異常、行為異常、學習障礙暨多重障礙學生鑑定標準及就學輔導原則要點》中，第一次正式出現學習障礙的官方定義，其後在 1998 年《身心障礙及資賦優異鑑定原則鑑定基準》和 2013 年《身心障礙及資賦優異學生鑑定辦法》進行修正，定義中包含了學習障礙的概念性與操作性定義。

　　學習障礙者固然呈現出基本學業技能不佳的問題，但是這僅是從行為結果來看，它還有其他不同於一般學習困難的特質，包括：（1）個體不是因為智力低下導致學習能力不足，而是神經心理功能異常；（2）內在能力有顯著差異，即其能力不是普遍性的落後，而是能力間落差極大，例如：智力正常但基本學業技能卻困難重重；或是識字、寫字困難重重，但是數學成就卻是很傑出等，這些都不是一般人會預期的狀況，故常讓人匪夷所思；（3）排除其他可能干擾學習的因素（例如：感官、情緒等障礙因素或文化刺激不足、教學不當等環境因素），他們的問題確實不是一般教育介入就能改善的。換言之，「學習困難」（learning difficulties）是一種很籠統的概念，舉凡學習有落後都可以稱為學習困難，而學習障礙顯然只是其中

的一種特殊狀況。目前的研究係將學習障礙之成因追溯至大腦神經功能異常所致，在定義上有時也會加上「特定」（specific）兩字，以示其特定性，而非一般泛指的學習困難。

雖然學習障礙一詞已經入法，也有鑑定基準，但不論是從美國或臺灣的出現率來看，都發現學習障礙者的人數逐年增加，但出現率是有很大的差異在，差異的原因當然和鑑定標準之寬嚴脫離不了關係，同時，制度設計也有影響，例如：升學管道更多元、入學標準放寬，都影響學習障礙學生的人數，因此有人質疑學習障礙並非真實存在（如 M. D. Levine 醫師），它只是用後天人為的標準去強行區分出來的，或說是被社會建構出來的一個名詞，這些人不應該被稱為學習「障礙」（disabilities），只是學習「差異」（differences）[1]。然而不可否認的是，「差異」固然是一種看待學習的觀點，也可以引導家長和老師注意孩子的其他優勢能力，而不要只看失敗點，但是在讀、寫、算已成為很多社會基本學力的要求時，我們是否可以完全忽略其「差異」帶來的不便和困難呢？恐怕是一個無法閃避的問題。

---

1 有興趣的讀者可以參閱 M. D. Levine 醫師的著作，像 *A Mind at a Time*，中譯本書名《心智地圖：帶你了解孩子的 8 種大腦功能》（蕭德蘭譯，2004），或是 *All Kinds of Minds*，中譯本書名《發現不一樣的心智：一本關於能力與學習障礙的小學生讀物》（呂翠華譯，2008）。

個案討論

個案一：小宇（摘自「小宇的故事」影片）（見本書第4頁）

　　小宇是一個可愛的男生，但在很多方面的發展似乎都比較笨拙，例如：他不太會綁鞋帶、不太會拿剪刀剪色紙、老是找不到教室內自己的座位在哪，其語言發展也較同年齡的小朋友慢一些，講話時，對於一些常用的語詞仍有搜尋的困難，常用「這個、那個……」來描述很多事物。上小學後，媽媽發現即便是很基本的注音符號認讀，小宇也總是需要練習很多遍，卻還是記不住。看黑板抄聯絡簿也很慢，完全跟不上班上同學的速度，考試成績都是敬陪末座。自然科老師覺得很奇怪，她觀察小宇上自然課時，對於老師的提問很有反應，對所教的內容也很感興趣啊！怎麼會考得這麼糟？於是老師改用唸題目的方式來問小宇，結果小宇的分數明顯提升不少，怎麼會這樣呢？

個案二：耐森（摘自「兒童學習障礙」影片，公共電視）

　　耐森是住在美國的一名小男孩，他動作敏捷、運動細胞發達，也很有領導能力，堪稱孩子王。爸媽從小就經常帶耐森去博物館吸取各種知識，希望他將來允文允武。哪知道才上小一沒多久，老師就告知爸媽，耐森的學習狀況很糟，一般小孩子都早已學會基本字母了，他卻還常搞不清楚字該怎麼寫，爸媽聽到後簡直嚇傻了，心裡很納悶：怎麼會這樣呢？耐森不是很愛看書，表達能力一級棒嗎？後來媽媽發現耐森會唸書，完全是靠他強大的記憶力，把故事背起來，他看書多半是在看圖，而不是文字，如果真要他一字一字的唸出來，往往唸得結結巴巴，不流暢。

問題討論

1. 小宇和耐森都遇到學習困難，他們的學習狀況有什麼特別之處？
2. 小宇和耐森的困難是因為他們不夠努力學習導致的嗎？

3. 小宇和耐森的困難是因為他們的家長疏於指導，不管小孩的學習導致的嗎？

4. 小宇和耐森的困難是因為他們的智能不足導致的嗎？

5. 小宇和耐森各有什麼優勢和弱勢能力呢？

6. 小宇和耐森的學習困難是否只影響學科成績，並不會影響其他方面？

註釋

S. A. Kirk（1962）

A learning disability refers to retardation, disorder, or delayed development in one or more of the processes of speech, language, reading, spelling, writing or arithmetic resulting from a possible cerebral dysfunction and/or emotional or behavioral disturbance and not from mental retardation, sensory deprivation, or cultural or instructional factors.

National Advisory Committee on Handicapped Children（NACHC, 1968）

Children with special (specific) learning disabilities exhibit a disorder in one or more of the basic psychological processes involved in understanding or in using spoken or written language. These may be manifested in disorders of listening, thinking, talking, reading, writing, spelling, or arithmetic. They include conditions which have been referred to as perceptual handicaps, brain injury, minimal brain dysfunction, dyslexia, developmental aphasia, etc. They do not include learning problems which are due to primarily to visual, hearing, or motor handicaps, to mental retardation, to emotional disturbance, or to environmental disadvantage.

U.S. Office of Education（1977）

"Specific learning disability" means a disorder in one or more of the basic psychological processes in involved in understanding and using language, spoken or written, which may manifest itself in an imperfect ability to listen, think, speak, reading, write, spell, or to do mathematical calculations. The term includes such conditions as perceptual handicaps, brain injury, minimal brain dysfunction, dyslexia, and developmental aphasia. The term does not include children who have learning problems which are primarily the result of visual, hearing, or motor handicaps, or economic disadvantage.

National Joint Committee on Learning Disabilities（NJCLD, 1981）

Learning disabilities is a generic term that refers to a heterogeneous group of disorders manifested by significant difficulties in the acquisition and use of listening, speaking, reading, writing, reasoning, or mathematical abilities. These disorders are intrinsic to the individuals and presumed to be due to central nervous system dysfunction. Even though a learning disability may occur concomitantly with other handicapping conditions (e.g., sensory impairment, mental retardation, social and emotional disturbance) or environmental influences (e.g., cultural differences, insufficient or inappropriate instruction, psychogenic factors), it is not the direct result of those conditions or influences.

Interagency Committee on Learning Disabilities（ICLD, 1987）

Learning disabilities is a generic term that refers to a heterogeneous group of disorders manifested by significant difficulties in the acquisition and use of listening, speaking, reading, writing, reasoning, or mathematical abilities, or social skills. These disorders are intrinsic to the individuals and presumed to be due to central nervous system dysfunction. Even though a learning disability may occur concomitantly with other handicapping conditions (e.g., sensory impairment, mental retardation, social and emotional disturbance) or socioenvironmental influences (e.g., cultural differences, insufficient or inappropriate instruction, psychogenic factors), and especially with attention deficit disorder, all of which may cause learning problems, a learning disability is not the direct of those conditions or influences.

National Joint Committee on Learning Disabilities（NJCLD, 1988）

Learning disabilities is a general term that refers to a heterogeneous group of disorders manifested by significant difficulties in the acquisition and use of listening, speaking, reading, writing, reasoning, or mathematical abilities. These disorders are intrinsic to the individual, presumed to be due to central nervous system dysfunction, and may occur across the life span. Problems in self-regulatory behaviors, social perception, and social interaction may exist with learning disabilities but do not by themselves constitute a learning disability. Although learning disabilities may occur concomitantly with other handicapping conditions (for example, sensory imp-airment, mental retardation, serious emotional disturbance) or with extrinsic influ-ences (such as cultural differences, insufficient or inappropriate instruction), they are not the result of those conditions or influences.

The Individuals with Disabilities Education Improvement Act（IDEIA, 2004）

　　"specific learning disability" means a disorder in one or more of the basic psy-chological processes involved in understanding or in using language, spoken or writ-ten, which disorder may manifest itself in the imperfect ability to listen, think, speak, read, write, spell, or do mathematical calculations. Such term includes such condi-tions as perceptual disabilities, brain injury, minimal brain dysfunction, dyslexia, and developmental aphasia. Such term does not include a learning problem that is primarily the result of visual, hearing, or motor disabilities, of mental retardation, of emotional disturbance, or of environmental, cultural, or economic disadvantage. (Retrieved from http://www.ldonline.org/features/idea2004)

參考文獻

中文部分

呂偉白（譯）（2002）。**探索學習障礙兒童**（原作者：R. J. Sternberg, & E. L. Grigorenko）。臺北市：洪葉。

呂翠華（譯）（2008）。**發現不一樣的心智：一本關於能力與學習障礙的小學生讀物**（原作者：M. Levine）。臺北市：心理。

呂翠華（譯）（2014）。**戰勝讀寫障礙**（原作者：S. Shaywitz）。臺北市：心理。

身心障礙及資賦優異鑑定原則鑑定基準（1998 年 10 月 19 日發布）。

身心障礙者權益保障法（2007 年 7 月 11 日修正）。

身心障礙及資賦優異學生鑑定辦法（2013 年 9 月 2 日修正）。

洪儷瑜（1999）。從學習障礙的新定義談我國學障教育應有的調整。載於柯華葳、洪儷軒（編），**學童閱讀難的鑑定與診斷研討會論文集**（頁 238-242）。臺北市：教育部特殊教育工作小組。

洪儷瑜（2006）。學障教育在臺灣的第一個三十年：回顧與展望。**特殊教育季刊，100**，3-15。

洪儷瑜（2013）。**學習障礙學生鑑定原則鑑定辦法說明**。取自 http://www.spe.ntnu.edu.tw/web/url.php? class=105

教育部（2015）。**特殊教育統計年報**。臺北市：作者。

語言障礙、身體病弱、性格異常、行為異常、學習障礙暨多重障礙學生鑑定標準及就學輔導原則要點（1992 年 2 月 21 日訂定）。

蕭德蘭（譯）（2004）。**心智地圖：帶你了解孩子的 8 種大腦功能**（原作者：M. Levine）。臺北市：天下。

英文部分

DeFries, J. C., Gillis, J. J., & Wadsworth, S. J. (1993). Genes and genders: A twin study of reading disabilities. In A. M. Galaburda (Ed.), *Dyslexia and develop-*

ment: Neurological aspects of extra-ordinary brains (pp. 187-204). Cambridge, MA: Harvard University Press.

Education for all Handicapped Children Act of 1975, Public Law 142, 9th Congress.

Hulme, C., & Snowling, M. J. (2009). *Developmental disorders of language learning and cognition.* Oxford, UK: Wiley-Blackwell.

IDEIA-2004, Individuals With Disabilities Education Improvement Act of 2004. Public Law 108-446, 108th Cong., 2ndsess. (December 3, 2004)

Interagency Committee on Learning Disabilities. [ICLD] (1987). *Learning disabilities: A report to the U.S. Congress.* Washington, DC: U.S. Department of Health and Human Services.

Kavale, K. A., & Forness, S. R. (1995). *The nature of learning disabilities: Critical elements of diagnosis and classification.* Mahwah, NJ: Lawrence Erlbaum Associates.

Kirk, S. A. (1962). *Educating exceptional children.* Boston, MA: Houghton Mifflin.

Lerner, J., & Johns, B. (2009). *Learning disabilities and related mild disabilities: Characteristics, teaching strategies, and new directions* (11th ed.). Boston, MA: Houghton Mifflin.

National Advisory Committee on Handicapped Children. [NACHC] (1968). *First annual report, special education for handicapped children.* Washington, DC: Department of Health, Education, and Welfare.

National Joint Committee on Learning Disabilities. [NJCLD] (1981). *Learning disabilities: Issues on definition.* Reprinted in Journal of Learning Disabilities, 1987, 20, 107-108.

Pennington, B. F. (1995). Genetics of learning disabilities. *Journal of Child Neurology, 10* (Suppl. No. 1), S69-S77.

Shaywitz, S. E. (November, 1996). Dyslexia. *Scientific American*, 98-104.

Shaywitz, S. E. (2003). *Overcoming dyslexia: A new and complete science-based program for reading problems at any level.* New York, NY: Alfred A. Knopf.

U.S. Office of Education. (1977, December 29). Assistance to states for education of handicapped children: Procedures for evaluation specific learning clisabilities. *Federal Register, 42*(250), 65082-65085, Washington, DC: U.S. Government Printing Office.

第二章

學習障礙之特徵與類型

　　第一章雖然已經開宗明義談了學習障礙的定義及其發展歷史，澄清學習障礙和一般人所認定的學習困難有什麼不同，但是與學習障礙個案關係密切的家長或學校老師在與個案相處時，多數是不了解學習障礙的狀況，他們只覺得孩子跟其他手足或同學不一樣，但也說不上原因是什麼。很多人也常將低落的學業成績怪罪於孩子不夠認真、不夠努力、不夠專心，家長疏於指導、要求過鬆，或是缺乏足夠的練習等因素，因此不少學習障礙個案小時候的回憶是寫不完的功課、不斷的罰寫，以及成績低落的沮喪。為提高對疑似學習障礙個案的警覺性，本章擬從學習障礙的特徵談起，再進入學習障礙怎樣分類，以及學習障礙跟其他輕度障礙〔例如：智能障礙、注意力缺陷過動症（attention-deficit/hyperactivity disorder，簡稱 ADHD）、亞斯伯格症[1]（Asperger's Disorder，簡稱 AS）等〕或低成就學生，有什麼相似與不同之處。

第一節　學習障礙的特徵

　　為了讓大眾開始注意到學習障礙者的存在，很多時候會拿學習障礙特徵檢核表（checklist）先讓老師或家長勾選，如果是成人個案，就可以在協

1　DSM-5 裡的 AS 沒有如 2000 年的 DSM-IV-TR 獨立出一個次類別，而是歸屬於自閉症類群障礙症（Autism Spectrum Disorder）之下，特此補充。

助下，由個案自陳自己的狀況。不過要注意的是，檢核表扮演的功能是初步篩檢，正確率未必高，但對於毫無頭緒的人來說，還是有一定的引導作用。因此，特徵檢核的結果可作為參考，但個案仍要接受後續詳細的評估，才會知道真正的狀況是什麼。

學習障礙者常見的行為特徵是否會隨年齡而有不同？是否會出現不同評估者之間產生不一致的結果？學習障礙是否會和其他障礙同時發生？前述問題都是肯定的，因此使用檢核表要注意是否符合個案的年齡發展。另外，有的檢核表僅是「有」和「無」的確認而已，有的則還有「頻率」（多常發生）的評估。如果有頻率的評估，就可以從中看到個案在該項特質的嚴重程度，但若僅是有、無的確認，填寫雖比較容易，但較無法判斷嚴重程度。最後，有些檢核項目並非學習障礙者獨有，其他障礙者也可能會出現，例如：「整體學業成績長期為全班最後五名」這項特徵，學習障礙學生、智能障礙學生，或有能力但對念書沒有興趣的學生都可能發生，因此檢核之後要把所有因素做通盤考量才行，並不只是計算有多少項目符合學習障礙的特徵即可。

Kavale 與 Forness（1995）將學習障礙的意涵解構成生理、認知，以及行為三個層次的關係（如圖 2-1 所示）。中樞神經系統失常部分需要藉助醫學檢查，且個案也未必有明確的腦傷證據，但基於過往臨床醫學對病患的

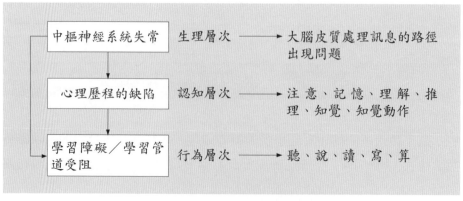

圖 2-1　從三個層次解構學習障礙

資料來源：引自 Kavale 與 Forness（1995, p. 138）

觀察，以及近來腦科學的研究證據，而將學習障礙最終的成因歸於中樞神經系統功能不彰。在學習障礙行為特徵檢核上多以認知和行為層次為主，行為層次主要關注於個案在基本聽、說、讀、寫、算上的表現，認知層次則包括注意力、記憶力、知覺與知覺動作等。另外，不同發展階段的檢核重點也有些不同，例如：學前階段的檢核項目多以認知層次和口語能力居多，而基本學業技能檢核則到入學之後比較能夠觀察得到。檢核的範圍也不限於基本學業技能和認知能力，有些檢核表會將個案是否有社會和情緒行為問題放入，因為考慮到長期挫敗可能延伸出其他的情緒困擾與適應問題，基於全人的觀點，應該要一併關注，不能只顧頭痛醫頭，腳痛醫腳。

　　學習障礙者有哪些常見特徵？以下綜合多份檢核表（例如：洪儷瑜教授編製的「特殊需求學生轉介資料表 100R」、教育部第二次全國特殊兒童普查用的「學習行為特徵檢核表」、National Center for Learning Disabilities 提供的檢核表），以及《認識學習障礙家長手冊》（中華民國學習障礙協會，2013）、衛生福利部出版的《學習與精神健康》（國立臺灣大學醫學院附設醫院精神醫學部，2015）等多項資料，從三個面向來說明學習障礙者常見的特徵，分別是基本學業技能（含聽、說、讀、寫、算）、認知能力（含注意力、記憶力、知覺與知覺動作等），以及社會與情緒行為（如自我概念、人際適應等）。茲分述如下。

壹、基本學業技能

一、口語理解與表達

　　有些學習障礙者在學齡前階段時，主要照顧者就察覺到他們的口語理解或表達能力比同儕發展來得慢，例如：很遲（2 歲以後）才開始說話。他們在搜尋相關語詞有困難，即使是很常見的物品，仍無法流暢說出品名，因此可能會用較多的肢體動作或物品的特徵去形容所要指稱之對象，或改以「這個」、「那個」、「嗯」、「啊」、「它／他／她」等意義不明確的

詞來回應提問，故外人往往無法清楚理解孩子想要表達什麼。或是孩子雖然可以使用詞彙，但是因為語句不完整、缺乏連接詞、因果順序等（例如：孩子說「老師點心吃」，是「老師，我想吃點心」？「老師，現在是吃點心時間」？「老師吃點心」？還是「老師，點心吃什麼」？……），若沒有旁人引導孩子說出比較完整的句子，一般人是不容易聽懂他所要表達的事情。年紀更大之後，也可能出現在與人應對時，不容易針對問題回答，而沒有抓到對方問話的重點；或不容易理解隱喻，例如：不要拖我「下水」！「拖下水」一詞無關乎游泳。又如反諷的語氣：你真是「太聰明了」！真正的意思是罵對方「笨」。還有些句子會用到比較複雜的語法，像是「假如……，就……」（屬於假設條件，狀況不定）、「難道不是……？」（用疑問表達肯定），都是一些不是那麼直白、容易理解的詞彙和句型。

二、閱讀

有些閱讀障礙個案可能在小一剛開始學習注音符號時就被卡住，他們在很多符號形音的連結上很弱，特別是一些形狀相近（例如：ㄇㄩㄩㄈ、ㄛㄜ）或是發音相似（例如：ㄝㄟ、ㄣㄥ）的符號，若再加上四聲變化之後，拼音就是難上加難的一項任務，因此他們往往要花更久的時間才有辦法較為精熟。然而，在十週的注音符號教學後，課本就會引入國字加注音，假如孩子這時還無法熟練注音符號拼讀，勢必會花大量時間在記憶拼音上面，進而影響國字學習。比較聰明或非常努力的孩子，可能會用死背的方式將拼音記下來，若老師或家長沒有仔細觀察，就不知道孩子有閱讀困難；直到中年級，生字量變多、文章變長之後，才發覺孩子其實無法讀每個字，而是藉由半讀半猜，或靠著不錯的記憶力來背課文。另外，有些孩子雖然能拼音，也能認讀一些國字，但是朗讀文章時卻仍是結結巴巴不流暢，或出現很多斷詞錯誤（例如：我的／媽媽／是／國小／老師→我的媽／媽是國／小老師），或者是會唸字，但是唸完之後，不知道故事在講什麼，此都是要留意的徵兆。

三、書寫

　　一般人想到書寫困難時，都會提到「鏡像字」（左右顛倒，像從鏡中看的字），例如：英文字 saw，會左右反寫成 was。不過，這種鏡像字的例子並不是所有個案都會發生，反而是寫不出字或書寫錯誤的例子比較多，包括：形似字錯誤（例如：昌→冒、作→柞、債→賞、肉→內）、同音字錯誤（例如：示→是、在→再）、詞序顛倒（例如：臺北→北臺），或是不成一個字，卻把若干部件重組，張冠李戴之後產生新字。另外，有的個案沒有筆序概念，寫字像畫圖。有書寫困難的個案不太能察覺自己的字錯在哪裡，每次寫錯的樣子都不相同，因為沒有一個正確、定型的字存在腦中，有時寫出來的字即便是對的，因為不肯定又改回錯的。

　　寫字困難者遇上寫作時就更雪上加霜了，因為寫字的瓶頸沒有突破，文章就短，常反覆用相同的字詞表達意思，以減少寫相異字的機會。圖 2-2是一位六年級書寫障礙學生的作文，手寫字錯誤很多，即使是常見的字：「師」、「總」、「年」、「學」，正確率也不高，文章偏短、語意不完

假如我是老師

　　假如我是老師，我希望有兩個學生，第一個是高年級的，第二個是低年級的。因為高年級的總是會照顧低年級。

　　假如我是老師我就要學電腦、英文，學很多很多東西，當一個萬能的老師。當學生有疑問時，我都能替他解決。

　　我要把教室裏整理得很乾淨有整齊，要教很多知識和學問，注意學生們的功課，使他們又聰明又健康，並把學生教育好。

　　假如我有一天當了老師，希望我的夢想蕙實現。

註：左為電腦輸入；右為手寫。

圖 2-2　一名書寫障礙學生在不同條件下的作文

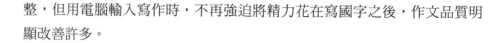

整，但用電腦輸入寫作時，不再強迫將精力花在寫國字之後，作文品質明顯改善許多。

四、數學

有數學困難的孩子在學習數學的初始階段，可能就有數感（number sense）、基本數學符號、數字順序（如 10 的前面是 9，99 之後是 100），以及數量學習困難，例如：學前階段學習數數，從 1 數到 10，要花比別的孩子更多時間才能記住 1 到 10 的順序。或是雖然會照著數數，但不一定有量的概念，例如問他：「4 和 5 哪個大？2 和 4 哪個小？」他們無法很快回答哪個數大、哪個數小。等上國小之後，學習加、減、乘、除也有困難，計算速度緩慢，甚至要扳手指幫忙運算。即便是基礎的運算，例如：2＋8、4＋6、90＋10、3×7、9×7，一般孩子在練習 10、100 的合成（指某兩數加起來等於 10 或 100）或九九乘法一陣子之後，就能變成自動提取的數學事實知識，但是數學障礙的個案仍需費力計算，還難以自動化，因此即便最後計算出正確答案，其作答速度相對於同年齡的一般同學也慢很多。另外，也有些個案對數學文字題的題意理解有困難，雖然會做單純計算，卻因為讀不懂題意，而出現隨意亂猜的狀況，例如：這個單元教到乘法，應用問題就一律用乘法解題，教到減法單元就都用減法解題，但在混合加減乘除時就一塌糊塗，完全不會了。

貳、認知能力

一、注意力

注意力不佳是很多家長和老師會提及學習障礙孩子具有的特點，但是注意力又是什麼？注意力其實包括很多層面，包括對特定事務的持續時間（持久性），也就是一般人常定義的注意力，是指對同一件事情的專注時間有多久，例如：可以專心寫功課 10 分鐘，這 10 分鐘就是持續專注的時間

長度。但是注意力也包括跟隨任務要求，進行注意力切換（轉移性），例如：老師向全班宣布：「將聯絡簿收到書包，到外面去排隊。」就是指大家開始做第二件事情，結束第一件事情，但是學習障礙學生往往跟不上切換速度，以致於老師或家長覺得他們老是慢半拍，甚至很多拍的狀況。此外，注意力也包括將有限的認知資源分配到不同事物，以便同時進行不同的任務（分離性），例如：學生要一邊聽老師上課，一邊抄筆記，對於學習障礙學生來說，要同時聽講又要書寫，或看電影要同時看畫面、讀字幕，其理解對話的意思也很吃力，難以同步進行。最後，注意力有時是指有沒有辦法選擇注意某特定的事物，而忽略／抑制其他干擾的刺激（選擇性），例如：黑板上不只出現一個生字生詞或一道題目，學生要選擇看老師要大家注意的那一題，而忽略旁邊無關的刺激，否則就會像無頭蒼蠅一般，注意到很多訊息，卻抓不到重點在哪裡。

二、記憶力

記憶也有很多層面，有短期記憶、長期記憶、工作記憶、事件記憶、語意記憶等，而學習障礙者並非全部的記憶都不行，只是有較高的遺忘率，似乎教過就忘，必須再三反覆。一個人在學習的初始階段，短期記憶和工作記憶扮演重要的角色。所謂短期記憶是指記憶的時間短暫，例如：聽完一組數字 58762，可以將聽到的數字暫存在腦中，然後馬上複述出來。工作記憶則是聽完訊息後在腦中暫存，之後再加以計算或判斷，例如：聽到「10 加 15 等於多少」時，可以先記住題目有 10 和 15 兩個數字，「加」是在問兩數的和，於是接著進行加法運算，得到答案等於 25。當資訊已經非常穩固，進入到長期記憶時，通常就不會忘記，只是有時會忽然提取不出來，但這並不是真的忘記，只要給一些提示就可以再回想起來。

三、知覺

知覺（perception）是接收到感覺刺激後，可以明白訊息所代表的意思。對學習而言，最基本的知覺包括聽知覺（auditory perception）和視知覺

（visual perception）。有些個案對於聽覺刺激無法做有效的區分，例如：「花生」和「發生」、「tea」和「pea」聽起來都一樣。視知覺有問題的個案則不容易分辨外形相似的符號（例如：b、d、p、q），看到 bad 以為是 dad，或是把 42 抄成 24；或是形象背景知覺有困難。所謂「形象」（fig-ure）是指圖像的主體，背景（ground）是主體以外的部分。有些課本或考卷的排版不佳，文字密密麻麻不說，還喜歡加一些不必要的花邊、小插圖等背景，視知覺有困難的學生就很難一目了然，也容易漏字和跳行。從前面的例子可知，聽知覺和視知覺不好的學生可能影響他們之後學習閱讀、書寫或計算。

四、知覺動作

知覺動作又比知覺更複雜一些，它不只是要覺察和分辨刺激為何，還要協調動作反應，例如：看到一杯水在眼前，手要往那個方向伸長，才能拿到杯子，在拿到杯子後，再將手縮回，把杯子拿到嘴邊，傾斜到某個角度後才能喝到水。做這些動作時我們有時並沒有盯著看，而是憑藉著體感來完成。知覺動作不佳可能會影響寫字，寫字需要將眼睛所看到的刺激傳達給大腦，大腦還要下指令給手部，由手執筆將所看到的字寫下來，因此寫字是一連串複雜動作協調的成果。另外，知覺動作差的孩子可能在美勞課、體育課也會遇到困難，因為這些科目常需要用到許多精細動作與粗大動作的協調能力。

參、社會與情緒行為

在學習障礙的定義中，並沒有納入社會與情緒行為有問題的個案，鑑定基準第三點是以基本學業技能有顯著困難，或是認知能力不佳，明顯影響基本學業技能學習為主，但是在一些檢核表中仍包括社會情緒的問題。因為人是整體的，學業表現可能影響自我概念，自我概念也可能影響生活適應，雖然這些問題有些是主要原因、有些是衍生原因，但是都需要關

注，以維護個體的身心健康。以下僅就兩部分來談，分別是自我概念與人際適應。

一、自我概念

自我概念（self-concept）簡單地說是指一個人對自己的覺察與評價。Carl Rogers 把自我概念分成三部分，包括：自我意象（self image）、自尊（self esteem），以及理想自我（ideal self）。「自我意象」是自己怎樣看待自己，「自尊」是覺得自己有多少價值，「理想自我」是指期待成為什麼樣的人。但是，不同研究者對於自我概念的內涵並不是完全一致，以「田納西自我概念量表」為例，該量表所包含的自我概念涉及「生理」、「道德倫理」、「心理」、「家庭」、「社會」，以及「學業／工作」幾方面，而學習障礙者並不一定在所有面向的自我概念都低落。由於學業成就低落，長期挫敗的結果，他們在「學業／工作」方面的自我概念可能是低下的，對自己的學習能力缺乏信心，總覺得自己凡事都做不好，容易提早放棄，但其他面向的自我概念可能沒有受到影響，例如：他們感覺自己和家人的關係還是不錯的。

二、人際適應

要和諧的與人相處或維持友誼，必須能夠辨識他人的情緒和理解非語文線索之意涵，例如：看見別人一直在看手錶的時間，就要結束話題，不要滔滔不絕地講下去。又如，看到對方臉色不悅，就不要一直搞笑，以免惹惱對方。在口語溝通能力方面，能理解他人話中想要表達的重點，並給予適切的回應也是很重要的，例如當別人伸出手說：「你看！這是我最近買的新錶」，會預測對方期待我們注意看這支新錶並給予一些讚美。然而，對於掌握非語文線索、辨識情緒、使用社交語言偏弱的人，往往不容易和同儕維持友誼，或是言行舉止惹惱別人，還無法覺察自己哪裡做錯了，以及對方為什麼會生氣。

第二節　學習障礙的分類

在第一章討論學習障礙的定義時，就說明用「統稱」一詞是別具意義的，這是由於學習障礙非僅有特定的一類。但是，在學習障礙的大架構底下要怎樣分次類別（subtype 或稱亞型），就是一個問題。首先要先思考：為什麼要分次類別？有什麼必要性嗎？接著才是問：怎麼分類才合理？從特殊教育的觀點看學習障礙，和《精神疾病診斷準則手冊》（第五版）（*Diagnostic and Statistical Manual of Mental Disorders*, 5th ed.，簡稱 DSM-5）（American Psychiatric Association [APA], 2013）的觀點有什麼異同之處？

分類之目的有幾方面：一是希望後續的處遇方向與主要的核心問題有密切關係，即對症下藥；二是把問題說清楚、講明白，以便於專業溝通。假設我們不清楚學習障礙的研究對象有什麼樣的問題，是閱讀障礙？計算障礙？還是合併閱讀和計算障礙？則不同研究之間也不容易進行結果比較；三是基於爭取經費補助或立法之目的，例如：2016 年美國總統 Obama 簽署通過《READ[2] 法案》，透過法案補助，推動讀寫障礙學童的早期鑑定、師資訓練、有效教學介入方案研究等，希望降低閱讀能力低落的人口。READ 就是針對學習障礙中人數最多的次類別——讀寫障礙者來立法保障。

分類的標準要根據什麼？有些分類是依據臨床特徵，把同樣具有某些特徵的群體當一小類，例如：智力正常，無其他外在不利因素妨害其學習，卻仍有識字正確率和／或流暢度問題，則可將識字量極少的個案歸到「讀寫障礙」這一次類別。除了按臨床特徵分類，有些研究是透過統計分析，把測驗結果在幾個標準差以下的個案界定為 A 類，高於該項標準的稱為非 A 類。然而，不管是以何種方式，基本上都是一種人為的手段，因此難以讓大家都滿意。分類永遠無法避免的問題是：要分到什麼程度才夠？這可能是見仁見智。以下所舉的只是某些分類方式。

2　READ: Research Excellence and Advancements for Dyslexia。

壹、Kirk 等人的分類

　　Kirk、Gallagher 與 Anastasiow（2000）的學習障礙分類架構，如圖 2-3 所示。Kirk 等人把學習障礙分為兩大類：一是發展性學習障礙（developmental learning disabilities）；另一是學業性學習障礙（academic learning disa-

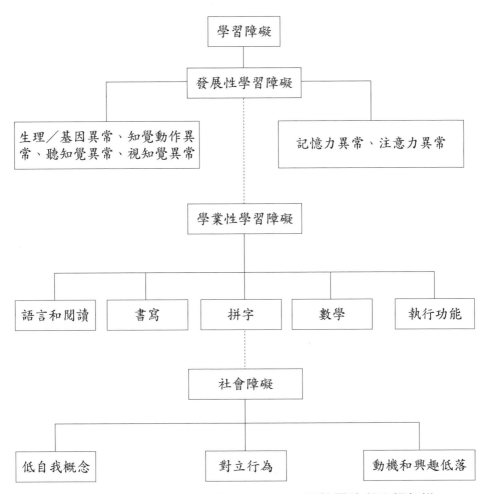

圖 2-3　Kirk、Gallagher 與 Anastasiow 的學習障礙分類架構

資料來源：Kirk 等人（2000, p. 226）

bilities）。在學前階段尚未接受正式讀、寫、算教學時，多以神經生理和心理層面，像是注意力、記憶、知覺、知覺動作異常，作為界定學習障礙的主要指標。等學習基本學科之後，有較多機會觀察到學習障礙學生在聽、說、讀、寫、算或執行功能（指計畫、控制、監控自己的認知策略，以因應學習任務的要求）有顯著困難，因此便從基本學業技能的表現是否有顯著困難，且與個案的智力水準極不相稱，來論斷個案是否為學業性學習障礙。Kirk 等人在這兩種類型的學習障礙之間是以虛線連結，表示非絕對的關聯，即早期是發展性學習障礙者，有的會、有的不會成為學業性學習障礙者。至於社會障礙則被視為學習障礙的衍生問題，和學業性學習障礙之間也是以虛線連結，表示不一定所有個案都會有社會與情緒問題。總結來說，Kirk 等人的學習障礙分類架構是按狀況發生次序，發展性學習障礙是學業性學習障礙的前驅（precursors），此前驅障礙可能導致學業性學習障礙，而學業性學習障礙又可能衍生社會障礙，但三者之間不是必然關係，所以用虛線表示。

把學習障礙分為發展性和學業性兩大類的想法，也出現在臺灣第一次正式提出學習障礙的官方定義中，此定義提到：「……學習障礙通常包括發展性的學習障礙與學業性的學習障礙，前者如注意力缺陷、知覺缺陷、視動協調能力缺陷和記憶力缺陷等；後者如閱讀能力障礙、書寫能力障礙和數學能力障礙」〔《語言障礙、身體病弱、性格異常、行為異常、學習障礙暨多重障礙學生鑑定標準及就學輔導原則要點》（1992）〕。但此分類概念到 1998 年和 2013 年的學習障礙定義裡都沒有再提到，或許也是因為分類很難窮盡所有狀況。

貳、Johnson 與 Myklebust 的分類

另外，也有學者採取與 Kirk 等人的分類架構不太一樣的想法，他們是把學習障礙分為兩大陣營：一是語文型學習障礙（verbal learning disabilities，簡稱 VLD），另一是非語文型學習障礙（nonverbal learning disabilities，簡稱 NVLD），兩者屬於各自獨立的概念。西北大學 Johnson 與 Myklebust（1967）在其著作《學習障礙：教育原則與實作》中提到，有一群雖然沒有語文學習問題，但在非語文技能方面的表現卻不佳，像是不會解讀他人的非語文訊息（看臉色），以致於與他人互動有困難，他們也對於時間、空間、大小、方向的判斷有困難（引自 Davis & Broitman, 2011）。這部分乍看之下，好像與 Kirk 等人的發展性學習障礙之概念差不多，但發展性學習障礙泛指認知歷程異常所產生的學習困難，而 Johnson 與 Myklbust 的非語文型學習障礙，則是特別針對非語文訊息處理有問題之個案。

非語文型學習障礙之概念到 Rourke（1989）時有更完整的論述，他提到非語文型學習障礙者的主要特徵，包括：神經心理缺損（例如：觸覺與視知覺、心理動作協調、觸覺與視覺注意力等）、學業缺損（例如：數學計算、數學推理、書寫等），以及社會情緒與適應缺損。Davis 與 Broitman（2011）綜合不同學者的研究後，認為非語文型學習障礙的核心缺陷是在視覺—空間與執行功能，除此核心問題之外，有些個案還有社交問題，有的還有學業問題，也就是說，即便稱為非語文型學習障礙，在它之下還是有不同的次類別或狀況存在。總括來說，非語文型學習障礙學生比較明顯的缺損區域是在視覺—空間組織、動作協調，以及社會人際等幾個方面（Thompson, 1997）。

參、DSM-5 的分類

從專欄 1 可得知，《精神疾病診斷準則手冊》（第五版）（DSM-5）（臺灣精神醫學會譯，2014）對特定型學習障礙（specific learning disorder）的界定包含幾個部分：（1）學業技能有顯著困難，非一般介入就能改善，且在閱讀、書寫、數學等方面至少有一項困難持續半年；（2）經評估後，學業技巧落後到影響其學業、職場表現或是日常活動；（3）學習困難始於學齡階段，不過不一定立即能被發現，當任務簡單時，他們可能是勝任的，直到超過個人能力負荷；（4）排他因素。

根據趙文崇（2015）的分析，DSM-5 將特定型學習障礙的定義視為一個統稱名詞（umbrella term），把過去在 DSM-IV 的閱讀、書寫和數學三方

面的學習異常學生涵蓋在一起，並將不同的學習技巧困難和障礙以行為特徵描述，而不再是各自論述。再者，DSM-5 揚棄了之前 DSM-IV 以標準化測驗所得的成就與智力之差異（discrepancy）作為診斷的核心主軸，主張擴大診斷資料的蒐集，涵蓋生長史、家庭史及學習史困難的證據，加上學校的學習報告；再佐以標準化的成就測驗（17 歲以後可免），成績低下在常模的 1 至 1.5 個標準差即可，不再僅靠著低於平均數負 2 個標準差作為診斷的切截點。最後，與先前很大的不同是，提出不同嚴重程度的學習障礙（分為輕度、中度及重度三種層級），並依學業技巧影響的範圍、RTI 介入成效的有無，以及後續是否可以發展出該困難技巧的代償能力，進行判定。

比較 DSM-5 對特定型學習障礙的界定和特殊教育對學習障礙的界定，可以發現：「我國特殊教育法規中，學習障礙不等同於醫學診斷的特定學業技巧發展障礙症或特定的學習障礙症，教育體系中所界定的學習障礙範圍比醫學診斷中特定的學習障礙症廣泛許多」（國立臺灣大學醫學院附設醫院精神醫學部，2015）。《身心障礙及資賦優異學生鑑定辦法》（2013）對學習障礙的三項鑑定基準當中的第 3 條指出，學習障礙者在「聽覺理解、口語表達、識字、閱讀理解、書寫、數學運算等學習表現有顯著困難，⋯⋯」，換言之，除閱讀、書寫、數學障礙之外，也將聽覺理解和口語表達列入學習障礙的次類型，這部分可能與 DSM-5 溝通障礙症的「語言障礙」（language disorder）有所重疊。

如果往前看《身心障礙及資賦優異學生鑑定辦法》1998 年的版本（《身心障礙及資賦優異鑑定原則鑑定基準》），學習障礙的鑑定基準第 3 條所涵蓋的範疇就更廣泛，包括：「注意、記憶、聽覺理解、口語表達、基本閱讀技巧、閱讀理解、書寫、數學運算、推理或知覺動作協調等任一能力表現有顯著困難，⋯⋯」，也就是說，學習障礙可能還會跟「動作協調發展障礙」（developmental coordination disorder, DCD）和「注意力缺陷過動症」（ADHD）下的「不專注」這次類型有部分重疊（洪儷瑜，2013）。最後，醫學診斷和特殊教育鑑定不同的地方是，特殊教育上對學習障礙尚無分級概念，而是依據其基本學業技能的落後程度，並考量個案特殊教育需求的強弱程度，來決定是否將個案列入學習障礙的範疇。

專欄 1　特定型學習障礙之臨床診斷

DSM-5（APA, 2013）對特定型學習障礙的界定如下：

A.存在學習和運用學術技巧的困難，雖然經過針對性的處遇介入，仍至少有一項下列症狀持續六個月以上：

1. 閱讀不精確或緩慢而費力（如：朗讀單字錯誤或緩慢而猶豫、常常需要猜字、發出字音有困難）。

2. 閱讀理解文字有困難（如：唸讀文字正確卻不懂先後順序、關係、推論或深層含意）。

3. 拼音有困難（如：增添字母、漏字母或有母音或子音的錯誤替代）。

4. 書寫表達有困難（如：文句中多種文法或句讀錯誤、段落不分明、文意表達不清楚）。

5. 在掌握數感（number sense）、數的實際法則（number fact）或計算上有困難（如：對數字的大小與關係理解欠佳；數手指頭來做個位數加法，而無法如同儕一樣提取對數學實際法則（im-ath fact）的記憶去進行運算；在計算過程中迷失，而且可能亂換算法）。

6. 數學推理有困難（如：於應用數學概念、實際法則或程序處理計量的問題上有嚴重的困難）。

B.經由個別準則化學業成就測驗與完整臨床評估確認，在量化的評量中，受影響的學業技巧顯著低於該年齡層應達之程度，導致學業或職場表現或是日常活動上有顯著的困擾。滿 17 歲者，能展現導致功能顯著減損的學業困難史的文件檔案，可能可以取代準則化的評估。

C.這些學習困難始於學齡階段，但可能直到學業技巧的要求超過個人的能力限制時才會顯現（如：有時間限制的考試、期限緊迫的閱讀或撰寫長而複雜的報告、過重的學業量）。

D.這些學習困難無法以智能不足、無法矯正的視力或聽力、其他精神或神經障礙症、心理社會不利因素、學業教導語言的不熟悉或教育不

足做更好的解釋。

特別註明：

315.00（F81.0）閱讀障礙（略）

315.2（F81.81）書寫障礙（略）

315.1（F81.2）數學障礙（略）

註明目前的嚴重程度：

　　輕度：在一到二項的學業領域有學習技巧困難，嚴重度屬於輕微，當提供適當的安置調整與支持服務——特別是在就學期間，可以代償或表現良好。

　　中度：在一或二項的學業領域有顯著學習技巧困難，所以在就學期間需有一些密集的特殊教學介入才可能學得好。需要有一些在學校、職場或居家的安置調整或支援服務，才可正確並有效地完成活動。

　　重度：嚴重的學習技巧困難影響多項學業領域，所以在大部分的就學期間需持續密集的個別化特殊教學才可能學得好。即使有居家、在學校或職場的安置調整或支援服務，個人仍可能無法有效地完成所有活動。

資料來源：臺灣精神醫學會譯（2014，頁 36-38）

肆、小結

　　就臺灣目前的學習障礙定義來看，並沒有明確指出學習障礙之下有哪些次類別，然而在各縣市進行國中小學生的學習障礙鑑定時，不少縣市有加註次類別，只是即便加註次類別，各縣市的分類方式也不完全一致，為此教育部曾委託過學者召開會議，家長團體也十分關切，甚至有立法委員提案，希望全國統一加註一致的次類別，以連結後續的教育介入和考場服務，而不要各縣市各自為之，但最後仍考量實際運作的困難，改以原則性

建議，約略分為「閱讀、書寫、數學」障礙幾個次類別，但不以此為限（詳見《臺灣學障學會電子報》第 11 期）（王瓊珠，2015）。畢竟特殊教育鑑定不是醫學診斷，不必與醫學診斷亦步亦趨、完全一致。

　　從前述幾位學者對學習障礙的分類概念，多數學者都認為學習障礙者在基本學業技能（聽、說、讀、寫、算任一項）有顯著困難，但是認知歷程與社會技巧的缺損，要不要納入學習障礙的次類別當中，意見比較不一致。分類的適切性要怎樣評斷？筆者認為或可從必要性和差異性著眼。差異性（disassociation）是指次類別之間確實能找出明顯的不同，最好在臨床特徵和統計上都有差異，證據愈充分愈好。分類的必要性就看從什麼角度來說。從研究的角度，研究對象的特質愈相近（同質性愈高），則較不會受組內變異大而影響結果的解釋；若從特殊教育的角度，就要看分類是否牽動後續的介入或評量方向。所以討論要怎樣分類時，也同時應該考慮後續服務的提供能否到位，否則就只是為分類而分類，卻沒有帶來相對的益處。

第三節　學習障礙和其他障礙的區別

　　學習障礙是源自神經心理功能異常所導致的障礙，影響個體在聽、說、讀、寫或算的基本學業技能之學習，我們若僅從學業成績落後的結果來看，它確實容易和低成就或輕度智能障礙混為一談。另外，也有人從訊息處理和情緒行為的角度，觀察到有些學習障礙學生在注意力、記憶力、知覺和知覺動作、社交溝通能力方面的問題特別明顯，例如：注意力短暫、動作笨拙、非語文訊息理解不佳，但其他輕度障礙，例如：注意力缺陷過動症、亞斯伯格症等，不也有類似的狀況？這些障礙與學習障礙有什麼不同呢？

　　在談學習障礙和其他障礙之區別前，要先問：學習障礙到底是非黑即白的問題，還是介於黑白之間的程度問題呢？非黑即白是指學習障礙是「有」和「沒有」的選項，沒有模糊的空間，應該有清楚的範圍；而介於

黑白之間是指學習障礙是連續的（dimensional）向度，在「有」和「無」之間包含不同程度的狀況，並非單純的二元對立。Fletcher、Lyon、Fuchs 與 Barnes（2007）綜合一些研究後指出，學習障礙是連續的向度，它和非學習障礙之間並沒有很清楚的分界，也造成在界定學習障礙時有困難。即使被診斷是學習障礙，DSM-5 還是提出學習障礙有不同等級的嚴重程度。換言之，在連續的向度之下，如何判斷學習障礙就涉及人為標準的問題，但到底要將度量的尺放在何處？因為研判標準不同，便易造成學習障礙的出現率在各國與地區間有不少差距。學習障礙除了是連續的向度，它也有可能與其他障礙並存，此稱為「共病」（co-morbidity）現象，即個案同時有學習障礙和其他障礙，例如：學習障礙合併注意力缺陷過動症。共病現象不只有不同障別之間，也可能存在於學習障礙之下的次類別，例如：閱讀合併數學障礙。以下所談關於學習障礙和其他障礙的區別，會特別針對差異處來討論，但不是要否定障礙之間有共病的可能。

壹、學習障礙與低成就、輕度智能障礙

學習障礙者與低成就、輕度智能障礙者都在學業成就方面明顯落後於同儕，這三者要怎樣區分呢？根據單延愷、洪儷瑜（2003）對學習障礙操作性概念的剖析，可從智力、認知功能、學業技能三個軸向來談學習障礙和這兩種狀況的差異，簡單地說，三者的差異如表 2-1 所示。

就智力方面來說，學習障礙和低成就學生都是正常的，輕度智能障礙者之智力水準則在平均數負 2 個標準差以下。在認知功能方面，低成就學生沒有大問題，他們學業成就低落比較是非生理性的原因，例如：缺乏有效的教學介入、豐富的環境刺激，或正向的學習態度。在調整環境支持、提升學習動機後，他們多有明顯的進步。反觀學習障礙和輕度智能障礙者，則在認知功能上有部分或全面的落後，以致於訊息處理時阻礙重重，例如：記憶力很差的學習障礙者，常常聽過就忘，考試時就很難將所學的內容再表現出來，但如果讓他們可以看線索找答案（如翻書考），減少記憶負荷時，或許會有不錯的表現。因為認知功能的不均衡發展，也使得學習

表 2-1　學習障礙、低成就與輕度智能障礙之異同比較

	學習障礙	低成就	輕度智能障礙
智力	＋	＋	－
認知功能	－ （部分）	＋	－ （全面）
學業技能	－	－	－
研判準則	1.智力正常或在正常程度以上。 2.個人內在能力有顯著差異。 3.基本學業技能有顯著困難，且非一般教育介入便能改善。	1.智力正常。 2.成績低落。	1.心智功能明顯低下。 2.生活自理、動作與行動能力、語言與溝通、社會人際與情緒行為等任一向度及學科（領域）學習之表現較同年齡者有顯著困難情形。

註：＋表示正常，－表示落後。

障礙者的表現會讓人摸不著頭緒，有時看似很笨，但某些方面又很行，令人驚豔。最後，學習障礙和智能障礙都屬於特殊教育身心障礙之一類，各自有明確的鑑定準則，而不是單從智力低落就判斷個體為智能障礙者，還要考慮他們在學習及生活適應能力表現上是否有顯著困難。所以，障礙類別之研判是綜合各方面條件而得到的結果，並非各自獨立看待。

貳、學習障礙與注意力缺陷過動症

　　學習障礙和注意力缺陷過動症（ADHD）的共病率約介於 31 至 45%（Pham & Riviere, 2015），但另一份針對國內特殊學習疾患兒童的臨床醫學報告，更發現學習障礙與注意力缺陷過動症的共病率高達 66.7%（黃雅芬、張學岭、吳佑佑、黃玉書、梁歆宜，2007），也就是說有不少個案既有學習障礙、也有注意力缺陷過動症，而且兩者也常影響其學業表現。很多時候不免要問：到底個案的狀況是兩種障礙並存？還是因為學習障礙，聽不

懂上課內容而產生注意力渙散，但實際上並不是注意力缺陷？

在 ADHD 的名稱之下，包含三種不同的次類別：一是不專注型，二是過動／衝動型，三是綜合型（混合不專注型和過動／衝動型）。從前述的調查結果顯示，兩者的重疊率不小，這是因為 ADHD 和學習障礙的病因都屬於中樞神經系統異常；此外，注意力也是心理歷程的一項基本能力，所以如果個案有明顯的注意力缺陷，就會嚴重影響其基本學習技能的習得。而 ADHD 中的不專注型個案也符合學習障礙的標準（洪儷瑜，1998）。

由於目前已有藥物可以幫助調節注意力缺陷過動症者的腦中之多巴胺濃度，若在藥物介入後，個案注意力不足的狀況改善、上課能夠專心聽講、對於學習內容吸收良好，則其學習成就低落乃是受到注意力缺陷干擾所致，而非源自於個體有學習障礙。另外，老師也可以從不同類型和難度的學習任務來觀察學生的反應。如果該課程是學生的困難所在而表現出心不在焉的樣子，若換成其可以勝任的工作難度時，個案就沒有不專注的狀況，這時就不能用注意力缺陷來解釋先前的觀察結果。反之，如果源頭是注意力缺陷的問題，那麼即使是在簡單的任務或遊戲中，個案仍會出現無法專注或專注時間短的問題，抑或個案的學習表現起伏不定、成績時好時壞，那就比較可能是注意力缺陷，而不是學習障礙所造成的問題。

參、學習障礙與亞斯伯格症

非語文型學習障礙（NVLD）和亞斯伯格症（AS）之間有什麼不同？在《身心障礙及資賦優異學生鑑定辦法》（2013）第 12 條中，關於自閉症的定義和鑑定基準如下：

> 本法第三條第十一款所稱自閉症，指因神經心理功能異常而顯現出溝通、社會互動、行為及興趣表現上有嚴重問題，致在學習及生活適應上有顯著困難者。
> 前項所定自閉症，其鑑定基準依下列各款規定：
> 一、顯著社會互動及溝通困難。
> 二、表現出固定而有限之行為模式及興趣。

根據《精神疾病診斷準則手冊》（第四版修訂版）（DSM-IV-TR），AS 者的認知發展和語言方面沒有明顯的落後（孔繁鐘譯，2007），比較弱的是人際互動，特別是非語言行為的運用（例如：眼神接觸、臉部表情、肢體動作），不容易和同儕發展出友誼，以及不太會與他人分享興趣或有趣的事情。他們對一些事物有很執著的興趣，例如：開口閉口都是在講自己有興趣的甲蟲知識，而不管對方想不想知道。

　　本章第二節關於學習障礙的分類，曾提到非語文型學習障礙學生比較明顯的缺損區域是在視覺—空間組織、動作協調，以及社會人際幾方面，若只抓住社會人際這個部分，NVLD 似乎和 AS 有些類似。不過 Mamen（2007）指出，有些行為是在 AS 學童身上比較明顯，但不太會出現在 NVLD 學童身上，例如：AS 學童對同儕的互動冷淡、對他人的感受冷漠以對、不會自發性的分享自己的快樂、偏狹的興趣、侷限於固定行程、缺乏彈性、刻板動作等（引自 Davis & Broitman, 2011, p. 40）。Fast（2004）則認為，NVLD 者是有情緒感知能力，問題出在他們對於別人非語言線索的理解較不足，多是靠文字和語言去理解訊息，會流於表層的理解，加上不是很善於表達情緒，因而影響其人際互動。而 AS 者則是對於他人的情緒較無感，又非常關注自己感興趣的事物，興致一來就滔滔不絕的談論自己感興趣之話題，也不管別人怎麼想，讓人感覺自以為是，以致於和他人互動上出現困難。另外，NVLD者在視覺—空間能力較差，看不懂圖表與地圖，方向判斷也常出錯，反觀 AS 學生在視覺記憶方面的能力通常還不錯。

肆、小結

　　本節主要是從行為特徵、研判準則和觀察方法來談學習障礙和其他障礙之間的異同。有些障礙類別（例如：輕度智能障礙）或一般低成就因為學業成績有明顯落後，而被誤認為是學習障礙，但事實上他們與學習障礙者在發生的原因、智力、認知功能上仍有差異存在，需要仔細分辨。另外，還有部分學習障礙者並不是很典型的學業成績低落型，他們在基本學業技能方面，經過努力補強後，或許能夠維持一定水準，不過卻始終在視

覺—空間組織、動作協調、人際互動上有明顯的落差，不容易和同儕產生良好的互動，這類非語文型學習障礙個案往往因為學業成績不是那麼差而被忽略，卻被當成是一般學習困難學生來處理（洪儷瑜、李瑩玓，2000）。最後要提醒的是，為避免瞎子摸象的危險，在研判時還是得綜合各方面的資料來思考，包括行為觀察、心理衡鑑，如果能再輔以醫學檢查資料就更完備。切記：不要只從行為特徵做歸納，畢竟學習障礙是一個異質性群體，不能用一個模子套在所有個案身上。

第四節　結語

　　本章主要介紹學習障礙的特徵，透過特徵的掌握提高對疑似個案的警覺性。認識特徵之後，接著探討學習障礙的分類，分類方式因人而異。雖然《身心障礙及資賦優異學生鑑定辦法》（2013）第 10 條並沒有提及學習障礙有哪些次類別，但特殊教育學生鑑定及就學輔導會（簡稱鑑輔會）在進行學習障礙研判時，會於鑑定證明加註次類別，因此也需要了解次類別是怎麼來的，以及有什麼作用。最後則是討論一些可能與學習障礙互有重疊的障礙類別，它們之間要如何區辨？區辨的目的並不是要否認共病現象的存在，而是期待後續的介入處遇可以針對個案的核心問題對症下藥。但是，怎樣在一連串黑、白、灰的連續向度中，找到學習障礙自己的定位，仍有許多挑戰。

個案討論

個案一：耐森（摘自「兒童學習障礙」影片，公共電視）

個案描述請參見第一章第 29 頁。

個案二：S 生（摘自洪儷瑜、李瑩玓，2000）

　　S 生是一位國中女生，從小在學校的學習就很辛苦，母親對於她的學業和功課督促得非常用心，也用盡各種方式補救，因此小學一路下來功課雖不算好，也都能在班上達平均水準，但其人際互動方面卻無法改善，一直是團體中被忽略或被欺侮的角色。到了國中，由於功課難度和分量增加，很難再保持平均水準，加上缺乏同儕間的支持，開始出現情緒的問題。S 生表示她常不知道別人的意思，也不知道周圍同學要做什麼，甚至不知道為什麼同學會生氣，所以乾脆就不參與；當她不知道老師或同學在說什麼時，她就以笑回應。對於老師或同學抱怨她做的事，常搞不清楚為什麼事情會變來變去，這樣讓她不知如何是好，只好照自己的想法做。感覺上國中以後，老師交代的事情愈複雜，自己愈跟不上。另外，媽媽也補充提到凡是跟順序有關的學習都學不好，例如：做體操。不容易由觀察周圍的環境或人去學習、不太會察言觀色。從小就很怕吵雜，三個人以上說話，常無法捉到談話重點。

問題討論

1. 從耐森身上，我們看到哪些學習障礙者的特徵？
2. 耐森的問題屬於學習障礙的哪個次類別？
3. 耐森和一般低成就學生有何差別？
4. 從 S 生身上，我們看到哪些學習障礙者的特徵？
5. S 生的問題屬於學習障礙的哪個次類別？

參考文獻

中文部分

中華民國學習障礙協會（2013）。**認識學習障礙家長手冊**。臺北市：作者。

孔繁鐘（譯）（2007）。**精神疾病診斷準則手冊**（第四版修訂版）（原作者：American Psychiatric Association）。新北市：合記。

王瓊珠（2015）。有關學習障礙鑑定的二、三事。**臺灣學障學會電子報，11**，24。

身心障礙及資賦優異學生鑑定辦法（2013 年 9 月 2 日修正）

洪儷瑜（1998）。**ADHD 學生的教育與輔導**。臺北市：心理。

洪儷瑜（2013）。**學習障礙學生鑑定原則鑑定辦法說明**。取自 http://www.spe.ntnu.edu.tw/web/url.php? class=105

洪儷瑜、李瑩玓（2000）。被忽略的學習障礙：從一個非語文型的學障個案談起。**學習障礙資訊站，15**，15-27。

國立臺灣大學醫學院附設醫院精神醫學部（2015）。**學習與精神健康**。臺北市：衛生福利部。

單延愷、洪儷瑜（2003）。由操作性概念談學習障礙。**特殊教育季刊，87**，9-17。

黃雅芬、張學岭、吳佑佑、黃玉書、梁歆宜（2007）。臺灣學習疾患兒童的臨床特徵。**長庚醫誌，30**，423-429。

臺灣精神醫學會（譯）（2014）。**精神疾病診斷準則手冊**（第五版）（原作者：American Psychiatric Association）。新北市：合記。

語言障礙、身體病弱、性格異常、行為異常、學習障礙暨多重障礙學生鑑定標準及就學輔導原則要點（1992 年 2 月 21 日訂定）。

趙文崇（2015）。DSM-5 特殊型學習異常鑑定條件解析。**臺灣學障學會電子報，11**，7-11。

英文部分

American Psychiatric Association. [APA] (2013). *Diagnostic and statistical manual of mental disorders* (5th ed.) (DSM-5). Arlington, VA: Author.

Davis, J. M., & Broitman, J. (2011). *Nonverbal learning disabilities in children: Bridging the gap between science and practice.* New York, NY: Springer.

Fast, Y. (2004). *Individuals with Asperger syndrome or nonverbal learning disability: Stories and strategies.* London, UK: Jessica Kingsley.

Fletcher, J. M., Lyon, G. R., Fuchs, L. S., & Barnes, M. A. (2007). *Learning disabilities: From identification to intervention.* New York, NY: Guilford Press.

Kavale, K. A., & Forness, S. R. (1995). *The nature of learning disabilities: Critical elements of diagnosis and classification.* Mahwah, NJ: Lawrence Erlbaum Associates.

Kirk, S. A., Gallagher, J. J., & Anastasiow, N. T. (2000). *Educating exceptional children* (9th ed.). Boston, MA: Houghton Mifflin.

Mamen, M. (2007). *Understanding nonverbal learning disabilities: A common sense guide for parents and professionals.* London, UK: Jessica Kingsley.

Pham, A. V., & Riviere, A. (2015). Specific learning disorders and ADHD: Current issues in diagnosis across clinical and educational settings. *Current Psychiatry Reports, 17*, 38.

Rourke, B. P. (1989). *Nonverbal learning disabilities: Neurodevelopmental manifestations.* New York, NY: Guilford Press.

Thompson, S. (1997). *The source for nonverbal learning disorders.* East Moline, IL: Linguisystems.

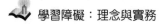

學習障礙：理念與實務

第三章

學習障礙之鑑定

　　根據《特殊教育法》（2014）第3條之規定，「身心障礙」係指「因生理或心理之障礙，經專業評估及鑑定具學習特殊需求，須特殊教育及相關服務措施之協助者」，換言之，要取得特殊教育及相關服務措施前，必須經過鑑定的程序。鑑定（identification）主要係判斷個案是否屬於特殊教育服務的對象，如果符合某障礙類別，應該提供哪些服務？此即特殊教育及相關服務之需求評估。本章先討論學習障礙的鑑定基準，然後討論鑑定流程以及所要注意的原則，最後則是透過案例來說明鑑定資料如何進行綜合研判。

第一節　學習障礙的鑑定基準

　　根據《身心障礙及資賦優異學生鑑定辦法》（2013）第10條，學習障礙的鑑定基準有下列三款：「一、智力正常或在正常程度以上；二、個人內在能力有顯著差異；三、聽覺理解、口語表達、識字、閱讀理解、書寫、數學運算等學習表現有顯著困難，且經確定一般教育所提供之介入，仍難有效改善。」其中的第三款特別長，可再分兩個部分來討論。以下從四個面向來說明學習障礙的鑑定基準，即智力、內在能力、基本學業技能，以及特殊教育需求。

壹、智力正常或在正常程度以上

「智力正常或在正常程度以上」這一項，主要是想將學習障礙與智能障礙做區隔，不過智力正常要怎樣認定呢？有的人主張只要智商不落入智能障礙的範圍（即負2個標準差以下，以「魏氏兒童智力量表」來說，就是70以上），就屬正常，但也有人質疑負2個標準差，約是百分等級3左右，是否已經屬於臨界智能障礙的範圍，因此主張應該在負1個標準差以上（以「魏氏兒童智力量表」來說，就是85以上，百分等級16左右）。

其實，智力是一個建構的概念，測驗僅是推估智商的工具，不表示一個人永不改變的聰明才智。以「魏氏兒童智力量表」（第四版中文版）（WISC-IV）為例，它包含14個分測驗（10個核心分測驗及4個交替測驗），除全量表智力智商（FSIQ）外，還有4個因素指數，分別為語文理解、工作記憶、知覺推理、處理速度（如表3-1所示）（陳榮華、陳心怡，2007）。有些個案因為能力之間有明顯落差，以致於總分落在負1到負2個標準差（70～84）之間，筆者認為不應該直接以某一個分數作為智力正常與否的切截點，而需要分析個案作答的狀況，以及各分測驗之間是否存有較大的落差？

表 3-1　「魏氏兒童智力量表」（第四版中文版）的測驗內容

因素指數	分測驗名稱
語文理解指數 （VCI）	類同（SI） 詞彙（VC） 理解（CO） 常識（交替測驗）（IN）
工作記憶指數 （WMI）	記憶廣度（DS） 數・字序列（LN） 算術（交替測驗）（AR）

表 3-1　「魏氏兒童智力量表」（第四版中文版）的測驗內容（續）

因素指數	分測驗名稱
知覺推理指數 （PRI）	圖形設計（BD）
	圖畫概念（PCn）
	矩陣推理（MR）
	圖畫補充（交替測驗）（PCm）
處理速度指數 （PSI）	符號替代（CD）
	符號尋找（SS）
	刪除動物（交替測驗）（CA）

註：資料整理自「魏氏兒童智力量表」（第四版中文版）指導手冊（陳榮華、陳心怡，2007）。

貳、個人內在能力有顯著差異

　　「內在能力有顯著差異」在學習障礙的概念推出之初就占有一席之地，一開始係指智力和成就間有顯著差異（IQ-achievement discrepancy），簡單來說，就是智力正常但是學業成就卻不如預期表現，而此結果又無法從學習動機低落、文化不利、教學不當等外在因素解釋。然而，採用智力—成就間差距標準並非沒有爭議（呂偉白譯，2002；洪儷瑜，1995a；Fletcher et al., 1998）。

　　智力測驗主要是評估個體的潛能，成就測驗則是評估學習成果，兩者看似獨立的構念，但實際上似乎很難完全切割，因此把智力當成預測成就的適當性就受到質疑。再者，智力—成就間有顯著差距的群體真的與眾不同嗎？Francis、Shaywitz、Stuebing、Shaywitz 與 Fletcher（1996）曾經比較沒有閱讀困難的一般學童、閱讀成就低於智力 1.5 個標準差的學童，以及閱讀低成就學童（閱讀表現在 PR25 以下），結果發現三組學童從一到十二年級的閱讀表現上，智力和閱讀成就有差距這一組和閱讀低成就組的發展狀況沒有顯著差異，兩組始終比一般學童低落。因此，讓人不免質疑智力—成就間差距標準是否有其不可動搖的地位？還是採用成就低落的標準也是

一樣可行？目前的鑑定基準第三款指出：「聽覺理解、口語表達、識字、閱讀理解、書寫、數學運算等<u>學習表現有顯著困難</u>」，便是從成就低落的狀況來陳述。

　　另外，如果不相稱的能力發展是學習障礙者之一項特質，那麼關於「內在能力有顯著差異」是否可以擴大解釋，而不必限定在智力和成就間有顯著差異？國內學者周台傑（1999）以及洪儷瑜（1999，2013）都提到，「內在能力有顯著差異」的解讀不只一種，可以擴大解釋，包括：能力與成就、不同能力間、不同成就間、不同評量方式間、成就內有差距顯著。從表 3-2 的舉例中，提醒我們除了看標準化測驗分數外，也要注意個體的學習歷程有什麼特殊之處，而不宜從考試分數高低來論斷孩子的能力，有可能他是懂得的，只是我們沒有用對方法測量。

表 3-2　內在能力有顯著差異的案例

內在差異	案例
能力與成就	A 生的智力正常，也很努力學習，希望有好成績，但不知道為什麼，明明練習過很多次，考試還是常忘記教過的國字怎麼寫，甚至連寫自己的名字還會寫反，直到有人指出錯誤，他才發現。
不同能力間	B 生的智力測驗之語文和非語文分測驗表現差異很大，非語文能力在中等，但是語文能力卻很低。他平時喜歡實作學習，只要看圖便能很快組裝機器設備，但是如果是要看文字說明，就要花很久時間才能理解說明書的意思。
不同成就間	C 生在語文方面非常拿手，說起話來頭頭是道，但是遇到數學就沒輒，簡單的加減還可以，再複雜一點的三位數以上之運算，就會頻頻出錯。買東西不太能夠馬上心算或估算出要找多少錢，多需要依賴計算機幫忙。
不同評量方式間	D 生自己看題目作答只能答對 50%，但是如果有人將題目報讀給他聽，正確率馬上提升到 90%。D 生的問題可能受制於識字能力低，以致於無法完全讀懂題意，不過他的聽覺理解沒問題，也有相關知識，所以只要有人幫忙唸出題目，他便能正確回答。

表 3-2　內在能力有顯著差異的案例（續）

內在差異	案例
成就內	E 生做計算題時，老師發現他的答案是對的，只是運算速度過慢，除非不限時，允許慢慢算，否則常會計算錯誤。但在數學推理方面，E 生倒是沒有太大的問題。

參、基本學業技能顯著困難

　　學習障礙最終的行為問題主要界定在基本學業技能。但，為何是聽、說、讀、寫、算的基本技能，而不是國文、英文、數學、自然、社會、音樂、體育等學科領域呢？

　　聽、說、讀、寫、算被視為學習的基本能力，因為很多學習領域都會涉及到上述能力，這也是為什麼在鑑定學習障礙時，很看重個案的基本學業技能，而非學業成就或學科成績的原因。畢竟，隨著年級增加，學習內容的難度一定會加深，因此各學科領域會出現困難的人數勢必攀升，但這與學習障礙的困難是不同的。換言之，當個案的學科成績在班上墊底，只是說明成績低落的事實，但是低落的原因很多，從課程難度增加、教學方法不好、學習動機不強、基礎能力不夠等都有可能，故不能單以學科成績來判斷個案是否為學習障礙者。

　　從一些常用的學習障礙鑑定工具來看，例如：「中文年級認字量表」（黃秀霜，2001）、「基礎數學概念評量」（柯華葳，1999a）、「閱讀理解困難篩選測驗」（柯華葳，1999b），亦可發現它們不是在評估個案的國語、數學成就有多高，而是在了解他們的基本學業技能有多不足。送鑑定資料時，有一些特教老師會附上個案在學校的國語、數學考卷和學習單來作為佐證資料，以為只要呈現個案的學業成就低落即符合學習障礙的標準，其實不然！質性資料（例如：觀察紀錄、訪談、學習單、考試卷、聯絡簿、作文、作品等）主要是要「補充」或「輔助」標準化測驗不足的訊息，以說明個案在哪些部分符合學習障礙者的特質，或有哪些內在差異和

困難，並不是用來說明學業成就低落。況且各校的考試內容會有很大的難度差異，考不好未必能說明個案不具備基本學業技能。

肆、特殊教育需求

一個人有障礙是否等同於需要特殊教育的服務呢？未必！例如：某個案因意外之故缺少一根手指頭，他握筆姿勢雖然較奇特，但沒妨礙他書寫和畫畫，學習與生活都沒有因此受到影響，請問：該生需要特殊教育的服務嗎？學習障礙鑑定也是如此，由於學習障礙的狀況不一，因此需要評估特殊教育需求的必要性有多高。特殊教育需求指的不單是直接教學介入，也可以包括間接服務，如延長考試時間、改變評量方式、調整環境、提供輔具等（詳見本書附錄 A）。

如何知道個案有特殊教育需求？鑑定基準第三款指出：「一般教育所提供之介入，仍難有效改善」，因此如果個案在普通教育或補救教學介入後，可以有效改善，表示個案雖然有學習困難，但此困難程度未及「障礙」的等級。換言之，與傳統先鑑定再介入（testing-treatment）的順序不同，目前已改為「先給學習機會，再確認障礙有無」（treatment-testing-treatment）。

教學有效或無效又是怎麼決定的呢？首先，必須運用有科學證據支持的教學策略（evidence-based practices）；再者，需經常檢測學生對所教內容的吸收狀況，故不宜常用標準化測驗反覆施測。檢視教學有無成效常用課程本位測量（curriculum-based measurement，簡稱 CBM），從各次定期評量結果的曲線圖，來看個案進步的狀況是持續落後？還是慢慢上升，漸漸跟上班上同學？如果個體的最終表現既明顯落後於同儕的平均水準，且進步速度緩慢，即符合「雙重差距」（dual discrepancy）標準，其表示只靠一般教育介入勢必不夠，這些學生需要特殊教育給予更密集、更符合其能力現況的教學內容。

伍、小結

　　本節主要係在剖析學習障礙鑑定基準的意涵，此三項雖是並列，但在評估時並非獨立看待，也不是設定一個固定不變的切截分數，直接一分為二，而是必須綜合各項訊息來思考，例如有人會問：「智力正常或正常以上，是以 IQ70 以上或 85 以上才算呢？」當我們考慮學習障礙者可能因為學習管道受阻礙，以致於知識累積比同儕慢，當他們的年級愈高時，由於學習累積的量少，智力測驗的表現可能從原本的正常變成臨界智能障礙。若固守一個分數切截點（例如：85）作為判斷智力正常與否的依據，可能會低估個案的能力。另外，對於個人內在能力有顯著差異的解釋是更廣泛的，不限定於智力—成就間差距這一類，還有其他替代方案（見專欄2）。

　　最後要強調的是，學習障礙是基本學業技能的缺損，並不是課業成績不理想等同於學習障礙，而得從學生困難的本質以及需要特殊教育的強度來思考。目前的學習障礙鑑定之趨勢是先提供有效的介入（或轉介前介入），蒐集個案對介入的反應，如果個案持續有雙重差距現象，成就既落後於同儕，成長速度也比同儕慢，表示再不出手處理，勢必和同儕之間的差距會愈拉愈遠，只是在等待失敗而已。

專欄2　智力—成就間差距標準的爭議與替代方案

　　過去，「智力—成就間差距標準」一直是學習障礙鑑定的主流，但學者紛紛對此差距標準提出質疑，主要論點包括：該項差距標準不符合心理測驗的假定、智力和成就不是截然獨立的兩項因素、建立測驗常模時多是參照不同的母群所得，因此將兩者直接做比較並不公允。其次，差距標準容易讓人過度倚賴統計數據，延誤早期發現的契機，總要等孩子呈現顯著差距才處理問題。而且，智力和成就間有顯著差距的現象並非學習障礙者獨有，在不同智力水準的群體裡都有，換言之，我們很難從智力和成就間有顯著差距，就斷定該生必定為學習障礙；反過來說，

沒有顯著差距者也不表示非學習障礙。最後，從統計迴歸的角度來看，若採用智力與成就間差距標準的話，高智商者比低智商者更易被判為學習障礙者。但是，如果捨棄傳統的智力—成就間差距標準，是否還有其他替代方法？目前歸納起來，有以下幾種其他選擇。

一、低落的學業成就

　　既然智力—成就間差距在不同智力水準的群體裡都有，而且高智商者比低智商者更易被鑑定為學習障礙者，為服務有需求的學童，何不直接用低落的學業成就來篩選個案？此一標準固然照顧到學業成就低落的學童，但也勢必納入許多文化不利、學習動機不強、缺乏學習機會，或是情緒困擾的學童。再者，對於家中支援系統較強、家長會在課餘花很多時間指導課業的學童，即使有學習障礙，但由於學業成績不夠低落，反而無法得到特殊教育的協助。

二、多種差距間標準

　　多種差距間標準係指不要只限定在「智力—成就間差距標準」。陳淑麗、洪儷瑜（2003）以 155 名經過鑑定的臺北市學習障礙國中學生，分析其符合四種不同差距標準的比率，此四種差距包括：「智力與學業基本能力間差距」、「智力內差距」、「學業基本能力內差距」、「學業基本能力間」。結果發現，在全體學生中有 99.3% 至少符合三種差距標準。

三、「魏氏智力測驗」組型或分數指數

　　「魏氏智力測驗」的組型或分數指數，像 ACID 組型、ACIDS 組型、SCAD 組型（註：ACID 組型是指個案在算術、符號替代、常識、記憶廣度四個分測驗特別弱，ACIDS 組型則除了前述四個分測驗外，再加上符號尋找也弱）、PIQ-VIQ 差異分數在 20 分或以上、任何兩項智力因素指數差距 15 分或以上。是否可以直接用個案的智力測驗符合上述多少組型或差異分數來研判個案是否為學習障礙者？其答案是否定的。

四、處遇效度（treatment validity）

　　有一些學者（例如：Fuchs & Fuchs, 1998; Fuchs, Fuchs, & Speece, 2002）認為，要真正找出學習障礙學生不能只靠測驗結果，因為測驗內容本身可能有文化上的偏誤，而且測驗並不能解決教學不當或是文化不利所導致的學業成就低落。因此，提出了「處遇效度」的概念，把學習障礙界定在對一般教學「反應慢」且「嚴重落後同儕」者，即是要符合雙重差距標準才算是學習障礙。

資料來源：節錄自王瓊珠（2004）

第二節　學習障礙的鑑定流程

　　根據洪儷瑜（2013）〈學習障礙鑑定原則鑑定辦法說明〉一文，學習障礙的鑑定流程可分為五個階段（如圖 3-1 所示）：第一階段為篩選與轉介，第二階段為轉介前介入，第三階段初審—篩檢與排除，第四階段為診斷評量，第五階段為鑑定安置。整個流程呈現漏斗狀，從大範圍的對象裡層層排除，最後縮小範圍到學習障礙的確認。以下逐一說明每個步驟的作法與處理重點。

壹、篩選與轉介

　　「轉介」（referral）係用於教師或家長懷疑個案有明顯之學習困難，無法跟上普通班的學習進度時，可先諮詢輔導室特教組或特教業務承辦人，並填寫轉介資料表，從各項行為描述中勾選符合個案之狀況。

　　以「特殊需求學生轉介資料表 100R」為例（洪儷瑜，1995b），要檢視的項目包括：生理、感官動作、學業表現、學習能力、口語能力、團體生活、個人生活適應、行為情緒適應、家庭與社區，以及其他值得關注的問

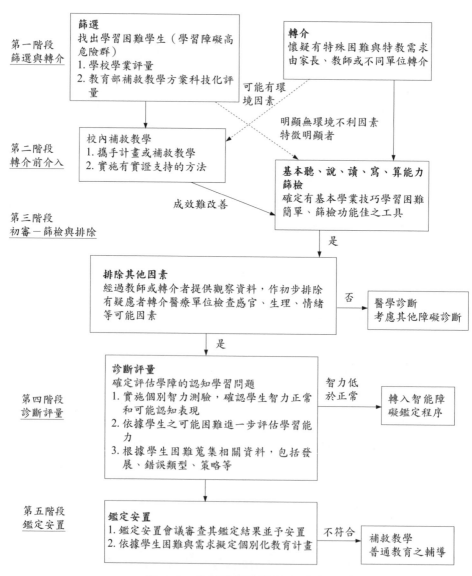

第一階段
篩選與轉介

篩選
找出學習困難學生（學習障礙高
危險群）
1. 學校學業評量
2. 教育部補救教學方案科技化評
量

轉介
懷疑有特殊困難與特教需求
由家長、教師或不同單位轉介

可能有環境因素

明顯無環境不利因素
特徵明顯者

第二階段
轉介前介入

校內補救教學
1. 攜手計畫或補救教學
2. 實施有實證支持的方法

成效難改善

基本聽、說、讀、寫、算能力篩檢
確定有基本學業技巧學習困難
簡單、篩檢功能佳之工具

第三階段
初審－篩檢與排除

是

排除其他因素
經過教師或轉介者提供觀察資料，作初步排除
有疑慮者轉介醫療單位檢查感官、生理、情緒
等可能因素

否　**醫學診斷**
考慮其他障礙診斷

是

第四階段
診斷評量

診斷評量
確定評估學障的認知學習問題
1. 實施個別智力測驗，確認學生智力正常
和可能認知表現
2. 依據學生之可能困難進一步評估學習能
力
3. 根據學生困難蒐集相關資料，包括發
展、錯誤類型、策略等

智力低
於正常　**轉入智能障
礙鑑定程序**

第五階段
鑑定安置

鑑定安置
1. 鑑定安置會議審查其鑑定結果並予安置
2. 依據學生困難與需求擬定個別化教育計畫

不符合　**補救教學
普通教育之輔導**

圖 3-1　學習障礙的鑑定流程

資料來源：引自洪儷瑜（2013）

題，共 100 題，它不單只是針對個案的學習表現和學習能力進行檢核，也涉及其他面向。檢核表的功用主要係協助聚焦在個案的問題方面。

至於「篩選」（screening），則多以團體測驗方式，幫助我們快速將表現落在後三分之一或四分之一的個案篩選出來。除了參考學校既有的定期學習評量外，教育部補救教學方案科技化評量（PRIORI），本是用來篩選補救教學對象與檢核其教學介入後的進步狀況，也可用此評量結果作為篩選疑似學習障礙高危險群的方法。

學校到底用測驗篩選比較好，還是轉介比較好？洪儷瑜等人（2009）依據柯華葳等人所擬定的閱讀障礙學生診斷六階段之流程（柯華葳主編，2006），以北、南、東三區各一所國小和國中之二、四和七年級為對象，探討篩選或轉介之正確性和可行性。結果發現：約九成的閱讀障礙學生可以被測驗篩選出來。在第一階段的疑似閱讀障礙學生，到最後被確認為閱讀障礙的學生，也以篩選的正確率較高。但教師轉介所需的時間短，施行容易，比較受學校青睞。透過不同年級和地區的比較也發現，當教師專業足夠，透過測驗篩選或教師轉介的個案，兩者的重疊性高，但如果教師的專業較不足，則篩選和轉介結果的落差會比較大，教師轉介的人數會遠低於測驗篩選的結果。另外，研究發現在四、七年級階段，篩選仍是發現閱讀障礙學生的最佳來源，但在二年級，篩選功能不若高年級，故建議低年級可以篩選和教師轉介兩者並用。

貳、轉介前介入

「轉介前介入」（prereferral）是希望在個案發生學習困難之際，不是直接進入學習障礙鑑定的診斷評估，而是先提供一些有效教學介入或調整，再觀察個案的反應如何。

為何不直接進入學習障礙鑑定，還要加上轉介前介入這個步驟？主要是考慮到造成個體學習困難或學業成就低落的原因不一而足，如何釐清個案的問題是一般學習困難，還是學習障礙並不容易。過去，美國很多州採智力—成就間差距標準，作為判斷學習障礙的一個重要原則，如果兩者未

達顯著差距時，個案是不能接受特殊教育服務；其所衍生的問題就是「等待失敗」的謬誤，亦錯失早期介入的黃金時期。於是美國於 2004 年的《特殊教育法》（IDEIA）中提出「介入反應」（RTI）的概念，認為不一定只能採用差距標準，可以先提供實證支持的介入方案，如果疑似學習障礙學生在有實證研究支持的介入後，進步依然有限，就要進一步考慮進行學習障礙的診斷評估。換言之，無論是「轉介前介入」或「介入反應」，其所關心的是同一件事，轉介前介入強調的是介入，介入反應看重的是介入之後的成效評估，能在正式進入學習障礙鑑定之前，透過較精緻、有效的教學（instruction）或處遇（treatment），達到早期預防的目的，並儘量避免過度鑑定的問題。

但是，轉介前介入到底怎麼做？做什麼？誰來做？也是需要思考的問題。教育部自 2011 年起正式推動「國民小學及國民中學補救教學實施方案」，此方案針對低成就學生之標準、受輔學生之條件與篩選、教學時間與教學人員、成效檢核、督導，以及權責分工等項目皆加以規範，在政府大力的推波助瀾下，各校可以開設補救教學班，提供學習困難學生再次學習的機會。同時，為確保補救教學品質，方案中也規定現職老師需取得 8 小時之研習證明，現職以外之教學人員需取得 18 小時之研習證明，始得擔任補救教學師資。

假如從學校整體運作來看，可以結合普通教育、補救教學、特殊教育建構出三層級的學習支援系統。第一層級（T1）的學習支援是在普通教育內進行優質與差異化教學（differentiated instruction），期待80%的學生都能通過該年級的學習任務，其餘 20%可能還需要額外協助，此時的小組補救教學就屬於第二層級（T2）的學習支援。若經過補救教學之後，還是無法達成最基本的學習門檻，則進入第三層級（T3）的學習支援，即特殊教育服務，此時需要服務的人數可能降到 5%或更少（如圖 3-2 所示）（洪儷瑜，2012）。在此架構中，轉介前介入的角色就由小組補救教學承擔。

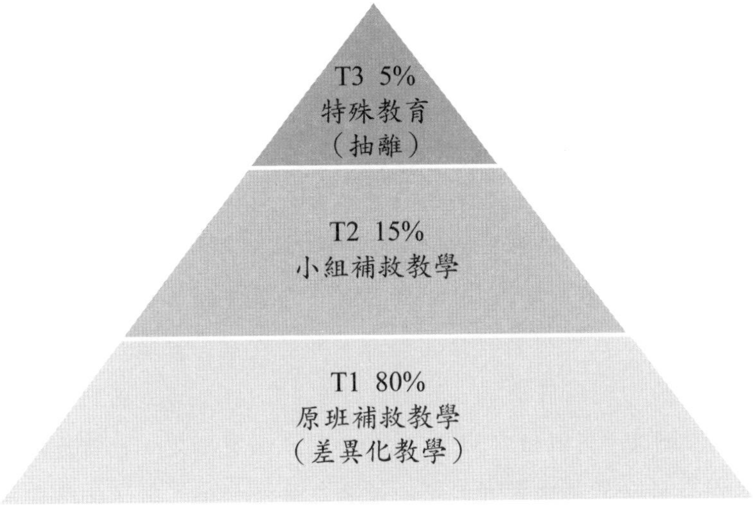

T3　5%
特殊教育
（抽離）

T2　15%
小組補救教學

T1　80%
原班補救教學
（差異化教學）

圖 3-2　三層級的學習支援系統

資料來源：引自洪儷瑜（2012）

如果各校能利用教育部重視補救教學的契機，建構全校的三層級學習支援系統，一來可減少低成就學生累積學習挫敗經驗，最後完全失去學習動力；二來也能協助釐清學習障礙鑑定上難以排除環境與教學不利因素的問題。不過，這些假設都需要建立在有效的補救教學條件下，目前的「國民小學及國民中學補救教學實施方案」當中，只有構思補救教學如何推動，至於補救教學要如何與普通教育和特殊教育聯繫，並沒有特別說明。甚至也有新聞報導補救教學成效，會隨年級下降（林秀姿等人，2015）。顯然我們需要思考，補救教學和特殊教育要怎樣合作？特別是對補救教學受益很少的個案（見專欄 3）。如果不同的支援系統還是要各自努力，那麼所謂轉介前介入或補救教學是否反而變成另一種延誤介入的阻礙？

專欄 3　轉介前介入、介入反應與學習障礙的鑑定

　　因為原住民學童學業表現低落的現象，往往難以區辨究竟是缺乏主流文化經驗或社經地位低下，或者真的是學習障礙，因此陳淑麗（2004）針對臺東地區的國小二、三年級之原住民低成就學童進行轉介前介入方案（國語補救教學），採準實驗設計，實驗組和控制組各有 47 和 31 人，教學實驗為期 11 週、75 節課。結果發現：經過補救教學後，原住民國語文低成就學童的語文能力有顯著提升。實驗組有 23.4% 學童的國語文能力回到同儕水準，控制組只有 3.2% 從低成就回到同儕水準；實驗組有 14.9%，對照組有 33.3% 被轉介特殊教育鑑定。也就是說，轉介前介入能有效降低特殊教育鑑定的數量。另外，按「教學反應有無」與「專業心評人員綜合研判」兩個不同的路徑，各自獨立對個案進行學習障礙的鑑定，結果發現教學反應差的學生，也多被心評人員研判為學習障礙，兩者的一致性為 66%，且二年級又比三年級的正確率更高（相關研究請參見陳淑麗、洪儷瑜、曾世杰，2005，2007；陳淑麗、曾世杰、洪儷瑜，2006）。

　　陳秀芬（2014）進一步探討介入反應模式在國中閱讀障礙鑑定系統之運用，研究對象為參與臺灣師範大學教育評鑑與研究中心「偏遠地區教育機會與品質提升計畫」國中語文精進課程的 70 名國中學生，補救教學為期一年、每週 2 至 3 次，共計 44 節，教學者也全程接受課程督導，以控制教學執行度。之後，再徵詢家長同意，其中有 53 名實驗組學生同意接受後續閱讀障礙之研判。在 53 名個案中，經心評人員獨立研判後，有 28 名（52.83%）被鑑定為閱讀障礙，4 名（7.55%）為學習障礙其他類型，3 名（5.66%）為其他特教類別，18 名（33.96%）為非特教生。換言之，經過一學期的補救教學之後，仍有一半以上的比例是特殊需求學生。之後，研究者也針對不同的介入反應研判模式，提出比較好的研判指標，分別是以「詞彙」或「閱讀理解」兩種語文能力做參照，考慮任何一項在「最後表現水準」（final status）及「成長速率」（slope）都落後的「雙重差距標準」：「詞彙」是「最後表現水準」及「成長速率」

都落後 1 個標準差，而「閱讀理解」則是兩者都落後 0.5 個標準差，就算是落後（陳秀芬、洪儷瑜，2017）。

　　綜合上述研究可知，轉介前介入能降低特殊教育鑑定的數量，但前提是補救教學是有品質的。再者，國小低年級轉介前介入的效果似乎比國中來得好，國中階段即使經過一年有品質的補救教學之後，也只有三分之一屬於非特教生，其餘的學生還是需要特殊教育。最後，介入反應有無的研判是沒有一定的標準，經統計比較後，建議採用雙重差距是一個比較精準的作法。

參、初審－篩檢與排除

　　初審階段是發現個案確實有明顯的學習落後，且經補救教學介入或教學調整後，仍沒有很好的改善，接著就是評估個案的基本學習技能，例如：聽、說、讀、寫、算的能力。目前國民教育階段的特殊教育鑑定制度較為完備，多數學生都已經受過一定時間的正式教育，因此各縣市學習障礙常用的基本能力評估工具也多以讀、寫、算為主，例如：「中文年級認字量表」（黃秀霜，2001）、「基礎數學概念評量」（柯華葳，1999a）、「閱讀理解困難篩選測驗」（柯華葳，1999b）、「基本讀寫字綜合測驗」（洪儷瑜、張郁雯、陳秀芬、李瑩玓、陳慶順，2003），較少涵蓋聽和說的部分。假如個案年紀較小（低年級或學前）或擔心有聽和說的問題時，還是要再加以評估。

　　初審時，為什麼要排除一些非學習障礙個案？又該怎樣排除？初審時進行排除，主要是因為第四階段要進入更細部的診斷評估，如果不將一些不是學習障礙的個案先行排除，將會占去心評人員太多時間，而多做一些不必要的評估。至於排除的方法主要係從學習障礙的基本概念，以及學習障礙和其他障礙的不同特質來考慮，例如：在基本能力評估後發現某一個案有具備學業基本能力，但是第二階段的補救教學成效確實不佳。進一步了解之後發現，個案先前的課業成績其實還有中下程度，但因家庭突然變

故，又受外面的朋友影響，漸漸無心於課業，補救教學課也愛來不來，以致於整體學習成效不彰。此時，就要考慮該生並不是學習障礙，但是他需要輔導資源的介入，讓他的生活和學習能夠回到常軌。

又如，在基本能力評估後發現某一個案可以認得相當多的中文字（具年級水準以上），基本運算也沒問題，但是閱讀理解表現卻不佳，寫作拖拖拉拉，異常辛苦，即便媽媽在家花很多時間做課業指導，還是沒有很大的起色。之後，老師發現個案比較能回答字面理解的問題，但推論理解很差；作文比較是敘述性的流水帳，少有情感的描述。再從一般日常生活觀察中發現，個案在人際互動方面有困難，常誤解別人說話的意思，很固執一些順序，不喜歡被更動。最喜歡談論自己感興趣的事物，也不管別人想不想聽或是時機恰不恰當。此時，就要考慮該生可能不是學習障礙，而是自閉症類群。如果不是很明確，不容易排除，好像既有學習障礙，又有其他合併障礙（例如：注意力缺陷過動症），則還是要進入下一階段的評估，同時對可能的共病狀況進行了解。

肆、診斷評量

診斷評量主要係利用標準化測驗個別施測，以蒐集各種測驗資料和行為觀察等。此階段會安排個別化智力測驗之施測，因為該項測驗所花費的時間最久，如果不在前一階段先排除一些非學習障礙或不需要進行智力評估之個案，將占去太多施測時間。透過個別化智力測驗，就可以了解個案對於不同分測驗的反應狀況，並且加以記錄，以作為後續的分析。不過，不需要陷入組型的迷思，認為非要符合幾個狀況才算是學習障礙。這些組型的訊息是提醒我們注意個案的一些學習特質：操作作業是否優於口語作業，或語文能力是否明顯優於操作能力；對於簡單但是需要速度的作業，是否處理速度特別慢；短期記憶或工作記憶是否是否較弱，要個案聽完訊息馬上複誦是有困難的。因此，個別化智力測驗不僅提供智力水準，也讓評量者進一步注意到個案的一些學習特質。

除了智力測驗外，評量者若要了解個案的問題是在聽、說、讀、寫、

算的哪一方面，則需要再做更進一步的診斷，診斷之目的主要是找出核心的問題，而不是把能做的測驗工具全部搬出來施測（學習障礙評量工具詳見本書附錄 B），讓個案和評量者都倍感疲累。診斷乃是基於個案的發展年齡和假設考驗來選擇比較適切的評估工具，例如：某個案（國小二年級）的智力正常，「閱讀理解篩選測驗」的表現落入該年級的低分組，此結果的可能假設為：（1）閱讀理解表現不佳，是受識字能力不足影響嗎？（2）閱讀理解表現不佳，是受聽覺理解（或一般語言理解）不佳影響嗎？於是，評量者再進一步分析個案的識字能力與聽覺理解能力，如果問題係出在識字能力不足，而非聽覺理解有問題，當我們讓個案聽題目，再回答理解問題時，個案的表現會比自行閱讀來得好。透過仔細診斷評估後，就可了解到個案是屬於單純識字的問題、單純理解的問題，還是識字和理解都有問題。因此，良好的診斷將有助於個別化教育計畫（IEP）的擬定。

伍、鑑定安置

　　到第四階段已經完成各項資料的蒐集，但是還需要將所有資料參考學習障礙的鑑定基準，寫成綜合評估報告，經鑑輔會審核通過，學校再根據其需求擬定 IEP，安排各項直接或間接服務。目前，多數學習障礙學生都是安置於資源班或普通班接受特殊教育服務。

陸、小結

　　本節主要係在說明完整的學習障礙之鑑定流程、每個階段的工作重點，以及要留意的地方。由於各縣市心評人員的數量和專業訓練不一，因此未必有做到四階段完整的診斷評量，多數是完成基本讀、寫、算技能的評估、智力評估，輔以質性資料佐證就送鑑輔會，愈是簡略的流程就不免留下許多待釐清的疑點，這是未來學習障礙鑑定邁向專業化時要再努力的地方。

另外，自 102 學年度起，不只有國教階段有特殊教育鑑定，大專階段和高中職階段都要再進行特殊教育鑑定，此時是否仍然比照圖 3-1 的流程呢？假如個案在國教階段已經被確認為學習障礙，到下一個教育階段，筆者認為要做的，不是要再花很多時間重新評估個案是否仍有顯著的聽、說、讀、寫、算的困難，或再走一次轉介前介入，確認一般教育介入無效，而是應該針對個案在該階段之特殊教育需求加以評估。若個案在新環境中可以學習和適應良好，就可以考慮去除特殊教育學生的身分，去除特殊教育學生的身分不表示學習障礙的狀況消失，而是該障礙在現階段沒有對個體產生很明顯的阻礙，例如：某個案有書寫障礙，但是識字能力正常，當學習環境允許以電腦文書處理做作業時，個案的書寫困難可以大幅降低，雖然以手寫字的錯誤仍然不少，但是他可以跟一般學生一樣，不需要再額外提供協助。反之，也有可能某些個案過去雖然有學習困難，但一直沒有接受特殊教育鑑定，假如特教老師發現有此類個案也可以再提出，但目前適用於成人年齡的鑑定工具較少，因此對於個案的各項發展史、教育史，以及學習困難事證的蒐集就要更多。

第三節　個案討論

　　本節以兩名個案（甲、乙兩生），說明心評人員如何從各項資料中，歸納與分析個案是否為學習障礙的歷程。個案甲是國中一年級學生，國小曾接受過特殊教育和相關專業服務，到國中階段因需重新鑑定，故提報之。個案乙是高中一年級學生，高中以前未曾接受過特殊教育和相關專業服務，經國中會考進入一般高中就讀，其國、英、數的會考成績都在 A 級，作文拿 5 級分。進入高中後，國文老師在批改作文時發現該生的錯字很多，於是跟班導師討論該生的狀況，導師也表示有觀察到學生上課抄筆記的速度很慢，考試經常寫不完。任課老師覺得以個案優異的會考成績，似乎不應該有如此表現，故將個案轉介輔導室，請特教老師進一步晤談與蒐集相關資料，再以新個案提報之。

壹、個案甲

一、基本資料

（一）發展史

個案為足月生產，案母的生產過程順利。

（二）家庭狀況

單親，與母親同住。母親工作雖然繁忙，但仍相當重視孩子的課業，即便經濟狀況不佳，仍讓孩子接受課後補習教育，期盼孩子在學習上能有所進步。

（三）醫療史

個案於幼兒園及小學二年級時曾發生兩次氣喘發作就診，之後氣喘情形未再復發。目前個案的健康狀況良好，無重大疾病。

（四）教育史

小學三年級時，老師發現個案的學習速度明顯比一般同儕緩慢，有識字、理解、書寫、注意力的問題，因而提報轉介，被鑑定為學習障礙，接受資源班服務。此外，個案的手部肌力及肌耐力不足，導致寫功課都會寫得特別慢、特別久，寫一小段時間就會反應手非常酸。小五時學校有為他申請相關專業服務（物理治療），定期到校給予評估與建議；小六時治療師評估個案的肌耐力不足之情形有所改善，因而結案。

國中階段，個案即使有接受學校資源班（國、英抽離）以及每天放學後的補習教育，仍在國語識字量、自發性寫字、字的提取、閱讀理解上的表現有顯著困難，且學科間的成就表現有落差，例如：國文、英文、社會

等學科表現普遍低落，數學卻能維持六、七十分以上，因數學是其優勢之學科。

二、能力現況

（一）認知能力

個案可以專心進行自己喜歡或有成就感的活動。對於自己成就表現較好的數學科能整節課專心學習，但對於不感興趣、聽不懂、沒有成就感的課堂／活動，如國文課，較容易分心，會頻繁的找鄰座同學聊天或在臺下玩自己的東西，不願聽講。

記憶力與一般同儕差不多，能記得老師交代的事情；在有意願學習的狀態下，能記住課堂所學之重點；對於自己在意的事情能牢牢記住，但對於不感興趣、缺乏成就感或想逃避的事情容易忽略、忘記。

對於一般日常對話、一般邏輯概念、常規等能夠理解，但因識字量少，影響文章閱讀、複雜語句之理解，聽覺理解優於閱讀理解。

（二）溝通能力

口語能力與一般同年齡者差不多。聽話理解沒問題，能聽懂一般的日常對話、老師所交代的指令。能正常與同儕、老師溝通，能主動找他人閒談。

（三）學習能力

學習能力在不同事物之表現差異很大，在國文方面的學習表現非常低弱，在數學學科方面卻能維持中等以上水準，整體學業在全班的最後15%。其國文和數學的表現如下：

1. 識字：無論認讀字、聽寫或自發性書寫，都嚴重落後同年齡同儕應有的表現。

2. 閱讀：受限於識字量少，閱讀不流暢，時有跳行、增加或遺漏字句的現象，需指著文章一字一字閱讀。

3. 書寫：仿抄寫能力沒有問題，但提取困難。平日書寫時常出現錯別字，字跡潦草且易漏筆劃，容易將國字的部件混淆，讀音相似的字會混淆，不會寫的字常使用注音符號替代。

4. 數學：數學概念大致算是清楚，但因國文識字與理解影響數學應用題及填充題的填寫。

（四）生活自理能力

與一般同儕無異，能自行如廁、行走、進行活動、飲食、著衣，然而卻無法維持個人衛生，座位常處髒亂狀態，經常遺失個人物品，不會保管自己的東西。

（五）社會及情緒能力

平時情緒表現穩定，能表達自己的情緒，也能和同儕一起玩。

三、標準化測驗評估

（一）「魏氏兒童智力量表」（第四版中文版）

全量表：118	施測觀察紀錄：施測過程中配合度高，遇到較難的題目會盡力思考。

語文理解	知覺推理	工作記憶	處理速度
101	134	122	102

類同	詞彙	理解	常識	圖形設計	圖畫概念	矩陣推理	圖畫補充	記憶廣度	數·字序列	算術	符號替代	符號尋找	刪除動物
13	8	10		16	13	15		17	11		9	12	

（二）基本讀、寫、算能力檢核

類別	測驗名稱	原始分數	標準分數或解釋	施測時間
識字	中文年級認字量表	119	PR28 T45，識字量表現不佳	
	常見字流暢性測驗	【B57】讀音正確 37	正確性：31 字，PR13。 流暢性：21.1 字／分，PR6	1 分 45 秒
閱讀理解	國中閱讀推理測驗	7	<11（切）	
聽覺理解	聽覺理解測驗（G79）	27	>20（切）	
寫字	看注音寫國字	25	三上常模 PR21，年級分數 2.7	

類別	測驗名稱	測驗	答對/全部	答對/完成	測驗	答對/全部	答對/做完
數學	基礎數學概念評量	比大			減法 2		
		比小			減法 6		
		加法			乘法	1	1
		進位加法			空格	1	1
		減法			三則	0.8	0.8
		減法 1			應用	0.87	0.87

四、綜合研判

　　從甲生的各項資料來看，該生的智力測驗全量表分數 118，符合智力水準中等或以上之條件。在智力測驗的各項分測驗中，以知覺推理表現最佳，顯著優於語文理解和處理速度。在學業表現上，個案的數學也明顯優於國文、英文、社會等學科，呈現個人能力間與成就間有顯著內在差異。

　　從基本讀、寫、算能力檢核中，發現甲生在「常見字流暢性測驗」的識字正確性（PR13）和流暢性（PR6）都偏低，寫字方面也常有提取困難、錯別字、字跡潦草、易漏筆劃、容易將國字的部件混淆、讀音相似的字常混淆、不會寫的字常使用注音符號替代等情形。「國中閱讀推理測驗」的表現低落，但聽覺理解卻沒有問題，從能力現況描述得知，個案的溝通能

力和一般同儕差不多。因此，推測其閱讀理解表現低落，可能有部分受到識字能力不佳的影響。

　　再者，個案從國小三年級開始即有接受特殊教育和相關專業服務，國中階段學校的資源班也提供部分時間的資源班課程，家長也讓孩子參加課後補習，即便有充分的教育機會，但個案的學習表現仍低落，故可排除文化刺激不足或教學不當的因素所造成之學習困難。

　　綜合來看，甲生符合學習障礙的鑑定基準：（1）智力正常或在正常程度以上；（2）個人內在能力有顯著差異；（3）基本學業技能缺損，且非一般教育介入可改善。甲生的主要核心問題係在認字和寫字方面，語言理解沒有問題，研判屬於讀寫障礙（dyslexia）的亞型。

貳、個案乙

一、基本資料

（一）發展史

　　與一般孩子無異，無特殊狀況。

（二）家庭狀況

　　家庭氣氛良好，家中有三名子女，個案排行老二，上有姐姐、下有弟弟，手足的課業都很優異，父母對子女的教育也極重視。

（三）醫療史

　　根據父母的回憶，個案小時候就經常因為寫錯字被老師罰寫，即使教導多次仍難以改善，明顯跟其他孩子的表現有差異。國中時曾想帶個案去就醫，但是個案強烈反對，認為自己沒有問題，加上功課都保持在中上，整體班級排名在前五名，也確實不差，因此打消就醫念頭。上高中後，個

案感覺課業壓力增加許多，已經無法像國中階段保持在一定的水準，心裡難免焦急。就醫後，醫生評估個案有注意力的問題，目前有服用利他能的藥。個案自述，服藥一週後有感覺上課的效率變好，可以一次完成比較多的事情。

（四）教育史

高中以前都未曾接受過特殊教育和相關專業服務。根據訪談，個案自述國小階段，最好的科目是自然，排名在前五名；最弱的科目是國、英，約 70 分左右，在班級排名中上。國中階段，最好的科目是社會與生物，都能達到班上前三名；最弱的科目是數學，約 70 幾分，班級排名中等。整體班級排名可達前五名。總體來說，個案自認為生物最拿手，國、英、數相對較差，但跟班上同學相較，都有在中上程度。

二、能力現況

（一）認知能力

1. 處理速度慢：從小就讀書讀得很慢，考卷時常寫不完，或是班上最後一位寫完，檢討考卷時常常讓全班同學等。
2. 注意力弱：個案在閱讀時會不自覺的跳行漏字，感覺讀起來怪怪的似乎不完整時，再回頭去找自己遺漏的字或整行訊息，以致於一個章節需要重複讀 3 至 5 次。
3. 記憶力弱：容易遺忘，若有 3 個指令以上，必須結構性提醒，內容必須很簡潔才能記住。長期記憶亦不佳，無論對於課程內容或是日常事務都常忘記，常記錯日期或時間。該生自述，會以筆記下來，再三自我提醒或複習，花比別人更多的時間。施測智力測驗時，與數字、順序有關的工作記憶，個案會扳手指頭協助記憶。
4. 理解能力佳：閱讀速度雖然比同儕慢，但是讀完之後能夠理解。閱讀時也能善用理解監控能力，只要讀起來覺得文意怪怪的，就會回

頭再確認意思，而不是掃過文字而已。

（二）溝通能力

與一般孩子無異，能夠清楚說明自己遇到的學習困難。

（三）學習能力

1. 書寫：自小錯字就很多，時常被罰寫，但罰寫後往往仍會寫錯，可能是同樣的錯字，也可能是寫成另一個錯字，例如：「矛盾」，第一次寫成「茅盾」，第二次寫成「矛遁」，第三次寫成「予盾」（讓她分三天各寫一次，雖然每寫一次都有訂正，但下次仍然會寫錯）。

2. 英文：個案在英文科的學習較弱，對英文字的字母辨識能力弱，常看錯單字或背錯單字，跳行漏字的情形在英文科又特別明顯，讀題緩慢，時常做不完。

3. 數學：個案在數學科的問題純粹是讀題與計算慢，但正確率是高的。受限於學校有時間限制，個案常常算不完，因而成績低落。

4. 學習策略：寫錯字的部分無策略改善，在閱讀的部分則用筆畫線或用尺對在文本或題目下方，若真的看不完，閱讀測驗就直接看題目猜測，略過文章。

（四）生活自理能力

與一般孩子無異。

（五）社會及情緒能力

情緒表現穩定，能自行表達自己的情緒，與同儕相處融洽，社會互動能力佳。

三、標準化測驗評估

（一）「魏氏兒童智力量表」（第四版中文版）

全量表：106	施測觀察紀錄：施測過程中配合度高，遇到較難的題目會盡力思考。

語文理解	知覺推理	工作記憶	處理速度
105	113	114	86

類同	詞彙	理解	常識	圖形設計	圖畫概念	矩陣推理	圖畫補充	記憶廣度	數‧字序列	算術	符號替代	符號尋找	刪除動物
13	10	10	14	10	14	12	8	13	12	12	7	8	

（二）基本讀寫能力檢核

類別	測驗名稱	原始分數	標準分數或解釋	施測時間
識字	常見字流暢性測驗	【B89】讀音正確45	正確性：45 字，PR75。 流暢性：22.6 字／分，PR10-15	2 分 10 秒
閱讀理解	國中閱讀推理測驗	16	正確率 80%，過國三切截點	6 分 40 秒（20 題）

寫字	基本讀寫字綜合測驗	聽詞選字 19/20 看詞選字 20/20 看注音寫國字 40/45 聽寫 43/45 遠端抄寫 20/25	1.在聽詞選字方面將「體」育選成「禮」育，應屬形似字的錯誤。 2.看注音寫國字方面錯 5 個字，音同字 2 個，為「和」（合）作、「坐」（座）位；形似字 1 個，為「卓」（桌）椅；部件錯誤 2 個。 3.遠端抄寫方面 2 分鐘完成 20 個字，抄寫每個字約需花 8 至 10 秒不等的時間。該生 1 個字 1 個字抄，而非一次看 3 至 5 個字做抄寫動作。	測驗係針對小一到小三的基本字，較為基礎。

四、質性資料

（一）平時書寫作業錯誤類型分析

1. 形似字錯誤

(1)純粹形似字：堅（豎）立、齒轉（輪）、「」（曙）光等。

(2)借用同一詞彙中另一個字的部首：停偈（歇）、蚖（霓）虹、煩燥（躁）等。

(3)以字義詮釋而導致部首錯誤：增（憎）恨、茅「」（盾）等。

2. 同音異字錯誤

摹拖（摩托）車、忽（呼）嘯而過、用手播（撥）快、棲（漆）黑、麻碓（雀）、一股做（作）氣等。

（二）不同評量方式對於個案的影響

1. 手寫作文和電腦作文的品質比較

　　手寫版的文長 331 字，錯字 17 個、漏字 6 個，錯字比率為 5.14%，錯字加漏字的比率則為 6.95%，完成時間約為 40 分鐘；電腦版的文長 410 字，完全無錯字，完成時間約為 30 分鐘。在字詞使用方面，手寫作文的相異字數為 192 字，電腦作文的相異字數為 232 字。

　　手寫作文〈等待〉與電腦作文〈失眠〉的內容，都是以描寫失眠等待天亮的過程。〈等待〉一文的用字遣詞淺白，例如：「一夜的折磨，令我無法一股作氣吊起沉重的眼皮。等啊等，這溫暖的陽光不正是我所期（待）的嗎」、「漆黑的（夜），似乎沒有因此也透出了曙光。心中的煩躁不可言喻，腦中浮現了各種天亮的美好。期待著香噴噴的早餐，期待窗臺上麻雀的高歌；期待著見到學校的姐妹們」〔註：括弧（）中的字表示該篇文章中遺漏的字〕。

　　但〈失眠〉一文中則可見到許多華美的詞藻，例如：「月光在灰濛濛的蒼穹篩漏而下，從窗簾的隙縫中悄悄遁入，溜到了我的床邊，依稀的流入了我的雙眼」、「懸宕在黑夜與光明這兩端的正中間，迷濛的雙眼掩蓋不住濃濃的睡意，視線中的光影撲朔迷離」、「殷殷期盼的那抹和煦的陽光總算到來。太陽像是個調皮的小孩似的和地平線玩著捉迷藏，先是露出了雙眼，再一股腦地將圓滾滾的身子抖然而出」。

　　個案表示，在手寫作文時因有把握能寫出來的字詞有限，因此想表達的想法必須先在腦中一再改寫成有把握能寫出的字詞才下筆，故能運用的詞彙相對有限。在電腦作文時就可以自由發揮腦海中的想法，而不必受限於可書寫出的字詞，對於作文品質的提升大有幫助。

2. 考場服務前後差異比較

　　個案先以疑似生身分通過校內特殊教育推行委員會（簡稱特推會）准予延長 20 分鐘（比照大考中心），試卷則放大至 144%（由 A4 放大至 A3），不僅將字體放大，也將行距放大。放大試卷是考量個案在閱讀過程

中常有跳行漏字的情況，因個案表示在以原卷 12 級字單行間距應答時，常覺得字體擠在一起，要看好多次才能將一個字一個字看清楚，且行距較小時容易跳行，需要用筆畫線並反覆閱讀二、三次才能確認自己看清楚題目。而使用放大卷就能有效改善讀題跳行漏字的情況，個案讀題時可以把字一個一個看清楚，也較不易跳行。

　　個案的成績表現（如下表）可以明顯反應出延長時間與放大試卷的成效。延長考試時間且放大試卷，對於文字訊息量大的國文、歷史、地理、公民與社會科之表現有明顯提升。而數學科因一年級下學期第一次考試範圍是文字較少的數列級數，在延長時間後也立即看見成績的提升，驗證該生並不是數學學業能力不佳，而是沒有充足的時間展現學習成果。

科目	上學期第一次月考	下學期第一次月考	
	無考場服務	延長時間	延長時間且放大試卷
國文	77（24）		83（3）
數學	60（25）	90（6）	
英文	81（26）		77（23）
歷史	64（26）		81（8）
地理	70（31）	60（37）	該科第二、三次月考，改以延長時間且放大試卷後，成績提升到 80（5）和 70（22）
地球科學	70（20）	70（37）	
公民與社會	86（11）	87（21）	該科第二、三次月考，改以延長時間且放大試卷後，成績提升到 89（4）和 82（13）

註：全班 40 人，表格中的數字為分數，括弧中的數字為班排名。

　　個案與任課老師一致表示，經由評量調整後的成效令人驚喜，也釐清個案並不是不會，而是閱讀困難限制其讀題的流暢性，處理速度較慢導致無法順利答題，只要經由延長時間和放大試卷，就能從與一般生相同的試

卷中反應個案的學習成就，個案的表現可與一般生無異，甚至更佳。

在寫作部分，只要提供電腦作答，個案也可以寫出優美流暢的作文，這一點也讓任課老師相當驚訝。個案、家長，以及任課老師亦反應從評量調整後，已大幅提升個案的學習信心和學習動機，加上輔導中心安排個案與其他學障生交流學習歷程以提供心理支持，個案也願意接受她在學習上所遇到的挫折並不是疾病，也不是不夠努力，只是與一般同儕的學習歷程略有不同，而透過評量調整的協助就能展現其學習成果。

在生涯規劃方面，原先個案一直掙扎於自然組與社會組的選擇，選擇自然組擔心自己的數理能力不足，選擇社會組又擔心自己無法負荷龐大的閱讀量，在經由評量調整後，個案發現自己只是需要充足的時間，而非數理能力不好，最後決定選擇自然組。

五、綜合研判

個案是高中一年級才提報的新個案，雖然在國中小階段，就有發現個案書寫上的問題，經常因為寫錯字遭受罰寫，不過由於個案很努力、資質也不錯，只要作業和考試不需要寫很多文字，或時間較為充裕時，個案都有不錯的表現，因此國中小階段都沒有接受特殊教育鑑定。

進入高中之後，各科閱讀的分量明顯增加，個案已經感受到學業壓力，無法像國中階段保持中上的水準，成績逐漸往下掉，落到中後段，而不得不面對自己的學習困境。國文老師和導師從作業和課堂表現也注意到個案的問題似乎跟班上其他同學有落差，因此協助轉介個案給輔導室。

從個案、家長、老師的晤談與觀察，以及質性資料中，得知個案的書寫問題一直持續存在，寫錯字也不容易發覺，被改正之後，錯誤依然持續，只是換個錯誤的字。從「常見字流暢性測驗」和「國中閱讀推理測驗」的結果來看，個案在認字和閱讀理解的正確性方面沒有問題，問題出在處理速度過慢，需要花比別人加倍的時間才能讀完，無論是寫考卷或做作業都是如此。「魏氏兒童智力量表」（第四版中文版）的「處理速度」也是相對較差，落後近1個標準差，但整體智力水準是在中等或中等以上。

不過，書寫問題是否是因為個案的注意力不足而導致？如果是單純注意力缺陷的問題，經過藥物協助之後，注意力提高就幾乎沒有書寫問題才對。而在服藥之後，個案表示上課的效率變好，可以一次完成比較多事，但是書寫問題還是在，因此個案可能是注意力不足與書寫障礙並存。

　　在特殊教育需求方面，個案先經特推會以「疑似生」身分提供評量調整，結果發現延長時間和放大字體可以有效協助個案的處理速度過慢和注意力不足之問題，學習成績明顯改善，也減緩學習的壓力與焦慮，其學習潛力得以發揮。

　　綜而言之，個案的智力在中等或中等以上，但是書寫的困難卻一直存在，不容易經由多次罰寫練習而改善。識字或閱讀理解的速度都不達流暢水準，需要花加倍的時間才能完成作業和考試，只要給予評量調整，個案的表現明顯提升，顯示個案的能力和成就是有落差存在，具有特殊教育的需求。

　　從上述兩個個案的狀況來看，個案甲在前一階段已通過特殊教育鑑定（屬於舊生），心評人員有較多特殊教育及其相關服務的訊息可說明。到了國中做特殊教育鑑定及需求評估時，只要加上該階段的學習狀況描述完備，顯現學習落後且困難持續性，重新鑑定時通常是比較容易研判的。反觀個案乙是未曾接受特殊教育鑑定（屬於新提報個案），加上又能通過會考，有不錯的成績可以進入一般高中就讀，要如何做鑑定資料的準備與分析，就是另一個值得討論的問題。

　　高中與大專階段的學習障礙之鑑定常面臨評量工具有限的問題，許多基本讀、寫、算能力的評量工具之編製係以義務教育階段為主，針對中學後期的評量工具較少。再者，也有人提到若學習障礙是指在基本聽、說、讀、寫、算等能力有顯著困難者，為何個案沒有在中小學階段就被發現，甚至能夠考上不錯的高中，到中學以後才提出學習障礙的鑑定，是否混雜有其他動機（例如：為獲得考場服務），或因為課業壓力增加，產生焦慮情緒，並非真屬於特殊需求學生？因此，個案乙的心評人員以部分有限的標準化測驗，加上更多的質性資料與不同評量方式的差異，呈現個案有能

力和成就間的差異，如果給予適當的評量調整，繞過處理速度過慢的阻礙，個案將有更優異的表現，也會有較少的失落感與學習挫折。

第四節　結語

　　學習障的礙鑑定一直存在很多的爭議和不確定性。從學習障礙要不要恪遵智力和成就間有顯著差異，到允許透過轉介前介入評估個案對介入反應的狀況，排除一般補救教學便能改善的學習低成就學生，希望能減少特教資源被眾多「疑似」學習障礙學生給稀釋。目前，教育部正大力推動補救教學，若能結合普通教育和特殊教育，建立全校的三層級學習支援系統，善用各方資源，或許可以降低轉介特殊教育鑑定的人數，也能及早提供有學習困難學生的協助，避免其困難日益擴大。

　　特殊教育的鑑定主要係確認個案是否屬於某一障礙類別，一旦被確認後，個案才得以取得特殊教育或相關支援服務。鑑定要對個案的各項評估資料（含標準化測驗，以及平日與施測時的觀察資料）進行交叉印證，若有不一致的地方，需要進一步加以澄清，排除可能影響的因素，而不宜直接用低於某分數或切截點就下判斷。

參考文獻

中文部分

王瓊珠（2004）。學習障礙學生鑑定問題探討：以臺北市國小為例。國小特殊教育，**37**，39-46。

呂偉白（譯）（2002）。**探索學習障礙兒童**（原作者：R. L. Sternberg, & E. L. Grigorenko）。臺北市：洪葉。

身心障礙及資賦優異學生鑑定辦法（2013 年 9 月 2 日修正）。

周台傑（1999）。學習障礙學生鑑定原則鑑定基準說明。載於張蓓莉（主編），**身心障礙及資賦優異學生鑑定原則鑑定基準說明手冊**（頁 75-91）。臺北市：國立臺灣師範大學特殊教育學系。

林秀姿、郭錦萍、王彩鸝、潘欣中、薛荷玉、張心慈、許瑋琳（2015 年 6 月 16 日）。花了這麼多錢，補救教學有救嗎？**聯合新聞網**。取自 http://p.udn.com.tw/upf/newmedia/2015_vist/06/20150610_ed_web/index.html

柯華葳（1999a）。**基礎數學概念評量**。臺北市：教育部特殊教育工作小組。

柯華葳（1999b）。**閱讀理解困難篩選測驗**。臺北市：教育部特殊教育工作小組。

柯華葳（主編）（2006）。**中文閱讀障礙診斷流程與測驗簡介**。臺北市：教育部特殊教育工作小組。

洪儷瑜（1995a）。**學習障礙者教育**。臺北市：心理。

洪儷瑜（1995b）。**特殊需求學生轉介資料表 100R**。（未出版）

洪儷瑜（1999）。從學習障礙的新定義談我國學障教育應有的調整。載於柯華葳、洪儷軒（編），**學童閱讀難的鑑定與診斷研討會論文集**（頁 238-242）。臺北市：教育部特殊教育工作小組。

洪儷瑜（2012）。由補救教學到三層級學習支援。**教育研究月刊，221**，13-24。

洪儷瑜（2013）。**學習障礙學生鑑定原則鑑定辦法說明**。取自 http://www.spe.ntnu.edu.tw/web/url.php?class=105

洪儷瑜、張郁雯、陳秀芬、李瑩玓、陳慶順（2003）。**基本讀寫字綜合測驗**。臺北市：心理。

洪儷瑜、陳淑麗、王瓊珠、方金雅、張郁雯、陳美芳、柯華葳（2009）。閱讀障礙篩選流程的檢驗：篩選或教師轉介之比較。**特殊教育研究學刊**，**34**（1），1-22。

特殊教育法（2014 年 6 月 18 日修正）。

陳秀芬（2014）。**教學反應模式在國中閱讀障礙鑑定系統之建構**（未出版之博士論文）。國立臺灣師範大學，臺北市。

陳秀芬、洪儷瑜（2017）。運用教學反應結果作為國中閱讀障礙學生鑑定研判標準之試探性研究。**特殊教育研究學刊**，**42**（1），1-26。

陳淑麗（2004）。**轉介前介入對原住民閱讀障礙診斷區辨效度之研究**（未出版之博士論文）。國立臺灣師範大學，臺北市。

陳淑麗、洪儷瑜（2003）。學習障礙國中學生在不同差距標準差異之研究。**特殊教育研究學刊**，**24**，85-111。

陳淑麗、洪儷瑜、曾世杰（2005）。以國語補救教學診斷原住民低成就學童是否為學習障礙：轉介前介入的效度考驗研究。**特殊教育研究學刊**，**29**，127-150。

陳淑麗、洪儷瑜、曾世杰（2007）。轉介前介入在學障鑑定之可行性研究：以原住民低成就國小學童為例。**特殊教育研究學刊**，**32**（2），47-66。

陳淑麗、曾世杰、洪儷瑜（2006）。原住民國語文低成就學童文化與經驗本位補救教學成效之研究。**師大學報：教育類**，**51**（2），147-171。

陳榮華、陳心怡（2007）。**魏氏兒童智力量表**（第四版中文版）。臺北市：中國行為科學社。

黃秀霜（2001）。**中文年級認字量表**。臺北市：心理。

英文部分

Fletcher, J. M., Francis, D. J., Shaywitz, S. E., Lyon, C. R., Foorman, B. R., Stue-bing, K. K., & Shaywitz, B. A. (1998). Intelligent testing and the discrepancy model for children with learning disabilities. *Learning Disabilities Research & Practice, 13*, 186-203.

Francis, D. J., Shaywitz, S. E., Stuebing, K. K., Shaywitz, B. A., & Fletcher, J. M. (1996). Developmental lag versus deficit models of reading disability: A longi-tudinal individual growth curves analysis. *Journal of Educational Psychology, 88*, 3-17.

Fuchs, L. S., & Fuchs, D. (1998). Treatment validity: A unifying concept for recon-ceptualizing the identification of learning disabilities. *Learning Disabilities Research & Practice, 13*, 204-219.

Fuchs, L. S., Fuchs, D., & Speece, D. L. (2002). Treatment validity as a unifying construction for identifying learning disabilities. *Learning Disability Quarter-ly, 25*, 33-45.

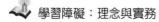

第四章

學習障礙者之教育

　　當特殊教育鑑定結果確認學生有特殊需求時，鑑輔會也會同時給予教育安置的建議。多數學習障礙學生是安置在普通班，部分時間接受特殊教育或專業團隊提供的協助。依據《特殊教育法》的規定，每位特殊教育學生都有自己的「個別化教育計畫」（Individualized Educational Program，簡稱 IEP），除了書面的 IEP 之外，還會召開 IEP 會議，確認校方和家長端都知悉且同意特殊教育及其相關服務內容。到了高等教育階段，個體又更成熟，特殊教育服務方式也與高中職之前不同，而不再強調直接提供教學介入，多是提供間接支持服務，此階段的個別化教育計畫稱為「個別化支持計畫」（Individualized Support Program，簡稱 ISP）。ISP 的內容和重點與 IEP 略有不同，但基本精神是一致的，即是根據個案的需求，整合所需的資源，於 IEP ／ ISP 文件中具體載明服務目標、內涵、期程、負責單位／人員等，以保障特殊需求個案的受教權益。

　　本章主要係在介紹 IEP ／ ISP，由於 IEP ／ ISP 是為個案量身訂做的規劃，因此課程怎樣安排或調整？需不需要評量調整？當個案要跨入另一個階段（例如：從學前入小學、國小升國中、國中升高中職、高中職升大學或進入職場）時，如何安排轉銜（transition）？前述種種都是在 IEP ／ ISP 規劃時需要一併思考的。因此，IEP ／ ISP 也可以類比為針對個案現況規劃特殊教育及其相關服務的企劃書。

第一節　個別化教育計畫

　　1997 年以前，我國的 IEP 因為尚未法制化，所以較難推動。1998 年，「個別化教育計畫」正式納入《特殊教育法施行細則》，終於讓 IEP 有法規的保障且有正確的實施方案。本節首先從法規面談 IEP，再輔以案例說明，也藉此釐清 IEP 為何不等於教學計畫。

壹、法規層面

　　依據《特殊教育法》（2014）第 28 條規定：「高級中等以下各教育階段學校，應以團隊合作方式對身心障礙學生訂定個別化教育計畫，訂定時應邀請身心障礙學生家長參與，必要時家長得邀請相關人員陪同參與。」《特殊教育法施行細則》（2013）第 9 條，則針對個別化教育計畫及相關服務計畫規範具體建議內容，包括：

一、學生能力現況、家庭狀況及需求評估。
二、學生所需特殊教育、相關服務及支持策略。
三、學年與學期教育目標、達成學期教育目標之評量方式、日期及標準。
四、具情緒與行為問題學生所需之行為功能介入方案及行政支援。
五、學生之轉銜輔導及服務內容。
　　前項第五款所定轉銜輔導及服務，包括升學輔導、生活、就業、心理輔導、福利服務及其他相關專業服務等項目。

　　高等教育階段的 ISP，《特殊教育法施行細則》（2013）第 12 條也有明確的項目，ISP 包括：

一、學生能力現況、家庭狀況及需求評估。

　　二、學生所需特殊教育、支持服務及策略。

　　三、學生之轉銜輔導及服務內容。

　　參與個別化教育計畫的人員涵蓋：「學校行政人員、特殊教育及相關教師、學生家長；必要時，得邀請相關專業人員及學生本人參與，學生家長亦得邀請相關人員陪同」（《特殊教育法施行細則》第9條）。換言之，個別化教育計畫的參與者至少有校方代表（行政人員、特殊教育及相關教師）和學生家長。在高中職和大專階段，也可以邀請學生本人出席，替自己的需求發聲。

　　在擬定時間方面，《特殊教育法施行細則》（2013）第 10 條提到：「學校應於新生及轉學生入學後一個月內訂定；其餘在學學生之個別化教育計畫，應於開學前訂定。前項計畫，每學期應至少檢討一次。」IEP 會議通常一個學期會召開兩次，一次是期初確認本學期／學年 IEP 內容，學期末再召開一次，一來是檢討過去一學期的執行狀況，以及哪些地方需要改進與加強，二來也思考下一學期要加強或修正哪些目標與服務內容。

　　總之，IEP 或 ISP 的內容會隨著個案之狀況與需求進行調整，而不應以一份固定的內容一直沿用到畢業。IEP 或 ISP 的重點不在於內容多少、格式繁簡，或是否採用電腦化，而在於是否依據學生的能力現況和需求來設計，並考量個案之家庭功能和家人期待，或是家庭能夠提供的支持來規劃內容。為使讀者能明白 IEP 的架構與設計，以表 4-1 的範例做說明。

貳、案例討論

　　從此案例的基本資料得知，小明是一位學習障礙合併注意力缺陷過動症的國小六年級學童，他的困難在讀寫字方面，明顯落後年級水準，閱讀流暢度也不足。其優勢能力係在操作能力佳、學習態度良好，以及口語理解和表達不錯。家庭方面的支持雖不多，但能維持基本生活需求，也願意配合學校的各項教育協助。

表 4-1　個別化教育計畫案例：小明

一、基本資料

（一）個人資料							
學生姓名	小明	性別	男	年齡	11歲9個月	身分證字號	******
現址	******					電話	（O）：******
							（H）：******
家長或監護人	○○○		關係	母子			行動：
縣市鑑輔會鑑定類別：學習障礙　　障礙：							
身心障礙手冊：□無　　□有（續填）手冊記載類別：　　障礙程度：							

（二）家庭狀況	
家庭與社區	家中有五人，爸爸、媽媽、姐姐和妹妹各一。父親從事汽車修護，母親經營美髮店，姐姐半工半讀念高職，家庭經濟普通。
家長期望	家長忙於工作，無法督促孩子念書，只希望孩子的品行不要變壞，快快樂樂上學，對課業成績沒有特別要求。
家庭支持	能提供基本的生活照顧，對於學校提供的免費補救教學等活動都願意讓孩子參加。

（三）教育史及發展史	
過去教育安置情形	沒有上過幼兒園，中、低年級老師僅以個案較為好動、專注力不足，因此課業成績落後，直至高年級導師轉介特教組，個案先參加校內補救教學一學期，發現落後仍大，小五下再提報特殊教育鑑定，六年級才入資源班上課。
專業診斷治療情形	四年級下學期有就醫，被診斷有注意力缺陷過動症，並服用藥物，不專注的狀況有獲得明顯改善。
其他	無

二、能力現況描述

項目	能力現況描述	修改（註明日期）
認知能力	1.智力正常（97），「魏氏兒童智力量表」分測驗中以「常識」（6）、符號替代（5）、符號尋找（1）最弱，處理速度慢，常識較不足。其餘的認知項目皆有中等程度。	

表 4-1　個別化教育計畫案例：小明（續）

項目	能力現況描述	修改（註明日期）
溝通能力	能與他人正常溝通。可以使用完整的句子表達，也可以將事情經過跟他人陳述清楚。	
學業能力	1. 中文年級認字量表（PR48），顯示小明可以慢慢辨識文字，施測過程中發現其流暢度明顯不足。 2. 基本讀寫字綜合測驗，對照三年級常模，其看注音寫國字（PR3）、聽寫（PR1）、遠端抄寫（25 字抄對 16 字）、近端抄寫（25 字抄對 19 字）、短文抄寫（5 分鐘抄 56 字），顯示個案有書寫困難，施測過程觀察到，小明抄寫時需要每寫一個部件就看一次，常有部件扭曲或增漏筆劃的狀況發生。 3. 閱讀理解困難篩選測驗，20 題對 9 題，通過率 .45，約在四年級低成就組。 4. 基礎數學概念評量，顯示小明具備基本計算能力，但計算慢。 5. 導師表示該生的課業成績長期居全班最後五名。自然領域表現較好，喜歡科學實驗，對於需要寫字的功課則沒有興趣，且常缺交作業。注音拼音常有錯誤。 6. 轉介前教學介入：資源班老師觀察到小明會寫的字很少，字體潦草，常用注音表示。能理解語詞的意思並舉例。在小組競爭的學習活動中，態度積極、認真。	
生活自理	與一般同儕無異。	
動作／行動	與一般同儕無異。	
感官功能	1. 近視。 2. 感官動作與一般同儕無異。	
社會化及情緒行為	除注意力不專注，上課會和同學聊天或發呆，並不會攻擊他人，個性溫和。	

表 4-1　個別化教育計畫案例：小明（續）

優點	缺點
1.學習態度佳。 2.口語理解與表達能力佳。 3.喜歡自然領域科目的探究，具基本數學運算能力。	1.書寫有困難（字量少、正確性不高）。 2.讀寫字流暢度不佳。 3.常識較弱，待加強。 4.未服藥下，注意力明顯不足。

特殊教育需求（障礙狀況在學習及生活之影響、適合之評量方式等）

1. 該生在寫字方面有顯著困難，將影響其作業完成與紙筆測驗表現，可以學習電腦打字，平時作業輔以電腦文書處理。
2. 識字雖有正確性，但流暢度不足，加上常識不豐富，高年級以後的文章長度增加，其閱讀理解困難將更加明顯。由於個案在口語理解方面較佳，因此可以增加用聽讀的方式增進知識。定期考試時，輔以報讀的評量調整，減少因識字量少或速度過於緩慢而影響整體的閱讀理解表現。
3. 注意力不足在藥物的協助下，雖有明顯的改善，但仍需要增強自我行為管理和讀書技巧，以因應升國中之後，更繁重的科目內容。

三、教育安置與相關服務

（一）安置類型

□ 自足式特殊班　　■ 資源教室　　□ 普通班輔以諮詢服務
□ 在家教育　　　　□ 巡迴輔導　　□ 其他：＿＿＿＿＿＿＿

（二）特殊教育服務

105.9.1～106.6.30 資源班語文領域課程，每週 3 次（1 節外加，2 節抽離）。
105.9.1～106.6.30 資源班學習策略課程，每週 1 次（1 節外加）。

（三）相關專業服務（語言、職能、物理、醫療、心理治療或社工等）

服務內容	服務方式 （治療或諮詢）	頻率	起訖日期	負責人

（四）行政支援

支援項目	支援內容	起訖日期	負責人／單位
評量調整	1.定期考試，輔以報讀。 2.平時成績，資源班占 50%，原班占 50%。	105.9.1～ 106.6.30	教務處、特教組

表4-1　個別化教育計畫案例：小明（續）

四、學年及學期教育目標

學年目標	學期目標	評量方式	日期	標準
用電腦做文書處理	1.會看有注音的文章，完成打字作業。	實作	9〜1月	正確率100%
	2.會看沒有注音的課文，完成打字作業。	實作	2〜6月	正確率85%
能達到五年級水準的閱讀流暢度	1.能流暢朗讀四年級程度的課文。	1分鐘朗讀	9〜1月	180字／分
	2.能流暢朗讀五年級程度的課文。	1分鐘朗讀	2〜6月	200字／分
能聽取訊息重點，並回憶文章內容	1.聽完一篇300至500字短文之後，可以記住人、事、時、地、物的基本訊息。	口頭回答	9〜11月	正確率100%
	2.聽完一篇400至600字的訊息類文章後，可以回憶文章重點。	口頭回答	12〜3月	正確回憶80%內容
提升注意力，自我監控與持續時間	1.學會聽外在提示，檢視自我專注情形。	自我記錄	9〜10月	達成率100%
	2.學會自我提示，檢視並記錄專注的狀況。	自我記錄	11〜2月	達成率100%
	3.夠專心完成作業，持續30分鐘。	實作	3〜5月	達成率100%
學會畫重點、做筆記	1.學習找出與標示課文重點。	實作	9〜11月	達成率100%
	2.學習用圖示和關鍵字整理重點。	實作	12〜6月	達成率100%

參與 IEP 擬定人員簽名

家長：＿＿＿＿＿＿＿＿＿＿＿＿＿＿＿＿＿

特教老師：＿＿＿＿＿＿＿＿＿＿＿＿＿＿

普通班導師：＿＿＿＿＿＿＿＿＿＿＿＿

學校行政人員：＿＿＿＿＿＿＿＿＿＿＿

擬定日期：＿＿＿＿＿＿＿＿＿＿＿＿＿＿

設計IEP時，特教老師考慮到語文是諸多學科的基礎，最好要具備一定的水準，才不會讓其他學科的學習都受到拖累。另外，語文包含聽、說、讀、寫四個層面，老師擬先強化個案聽、說的能力，讓個案能夠運用其優勢能力，增加常識的豐富性，也輔助文章閱讀。再者，從個案的評量與觀察資料顯示，雖然小明可以正確地唸出字，但流暢度不夠，因此最終仍然會影響閱讀理解表現，故在IEP的設計上，也放進提升朗讀流暢性的目標；至於寫字方面，則考慮教導電腦文書處理，以漸進方式，從有注音輔助到沒有注音的課文，既是學習使用電腦文書處理，也帶入識字教學。另外，由於年級愈高之後，上課時間愈長，學習內容愈來愈多，若沒有較好的專注力和學習策略會很辛苦又抓不到上課重點，因此在IEP的設計上，也放入注意力自我監控訓練和筆記策略，以因應愈來愈複雜的學習任務。

第二節　課程調整

當現有的課程內容無法滿足個案之學習需求時，就需要進行課程調整。本節主要是從兩方面介紹課程調整：一是制度面的變革，即十二年國民基本教育課程綱要、特殊教育新課綱和特殊教育課程之間的關係；二是實務面的作法，即身心障礙課程有哪些，以及如何調整現有課程。

壹、特殊教育課程的變革

國內雖然倡導融合教育已多時，但是特殊教育課程和普通教育課程仍未同步進行規劃，直至 2014 年推動十二年國民基本教育，兩造的課程變革才逐漸步入相同的軌道。以下便以此時間點為分界，簡要說明兩個時間點前後的特殊教育課程之變革。

一、十二年國民基本教育以前

（一）早期的特殊教育課程綱要

我國早期只有普通教育課程，自 1983 年正式頒布啟聰、啟明、啟仁與啟智四大類課程綱要後，才有專為特殊教育學生編製的課程。之後，配合《特殊教育法》之頒布或修正、普通教育改革及十二年就學安置等政策，而歷經前後三次的修正（教育部，2011）。然而，依照障別而編製的特殊教育課程綱要僅涵蓋聽覺障礙（啟聰）、視覺障礙（啟明）、肢體障礙（啟仁），以及智能障礙（啟智）四大類，其餘障別的學生就學習普通教育課程。學習障礙學生的課程基本上與普通教育課程無異，資源班老師多以國語文、英語、數學的普通課程作為主要內容，補強學生在基本學業技能之不足。

（二）新修訂的特殊教育課程綱要

教育部於 2007 年 10 月至 2008 年 7 月間委託臺灣師範大學盧台華教授完成「國民教育階段特殊教育課程發展共同原則及課程綱要總綱」、「高中教育階段特殊教育課程發展共同原則及課程綱要總綱」，以及「高職教育階段特殊教育課程發展共同原則及課程綱要總綱」等三項內容之編訂。新修訂之特殊教育課程綱要於 100 學年度下學期進入全面試行階段，二年後（即 103 學年度）正式實施（盧台華，2011）。

此新修訂的特殊教育課程綱要（簡稱特教新課綱）最大之特色是強調融合教育的理念，主張以普通教育課程為特殊教育學生設計課程時之首要考量（盧台華，2008）。藉由課程調整、區分性教學、輔助性科技等策略以及必要的支持措施，幫助特殊需求學生盡可能參與普通教育課程（何素華，2013）。

簡言之，特教新課綱打破原有分障別編製課程綱要的架構，改以普通教育課程為基底，再根據學生的能力現況與需求選擇適宜的課程內容。另

外，也擔心普通教育課程無法全面涵蓋身心障礙學生的特殊教育需求，因此另規劃特殊需求課程，包括：學習策略、領導才能、創造力、情意課程、職業教育、生活管理、社會技巧、定向行動、點字、溝通訓練、動作機能訓練、輔助科技應用等，以因應身心障礙學生獨特的需求。

基本上，特教新課綱對於學習障礙學生在資源班課程的衝擊不大，也沒有改變原有以普通教育課程為主軸的教學設計，反而因為強調特殊需求課程，讓特教老師注意到學習策略、社會技巧、輔助科技應用，此也可能是學習障礙學生在基本學科學習以外需要重視的區塊。

二、十二年國民基本教育以後

我國自 2014 年起開始推動十二年國民基本教育，除了將原有的九年國民義務教育延伸至十二年國民基本教育外，並將十二年國民基本教育分為兩個階段：前九年為國民義務教育，屬強迫入學範圍；後三年為高級中等教育，採自願入學方式辦理，無強迫性。此項教育制度的變動，使得原有現行之課程綱要與教育制度不能配合，且在教育目標上亦未進行十二年一貫之規劃，而無法有效接軌國小、國中及高中三個不同教育階段的課程。有鑑於此，教育部在 2013 年啟動課程綱要之修訂，於 2014 年年底先公布「十二年國民基本教育課程綱要總綱」（簡稱十二年國教課綱），並擬於2018 年 8 月開始正式施行（簡稱 107 課綱）（教育部，2014）。

十二年國教課綱去除現行九年一貫課程課綱以能力指標與高中以教學內容為依據，改以核心素養發展而成的學習重點（含學習表現與學習內容）作為實施依據，俾藉由核心素養作為各教育階段間的連貫及各領域或科目間的統整。透過核心素養的統整，使得各領域與教育階段間得以連貫，以強化課程的橫向與縱向連結性（盧台華、黃彥融、洪瑞成，2016）。

特教新課綱原訂全面施行的時間表（103 學年度），將配合 107 課綱上路的時程做調整，朝全國統一一套課程的目標前進，但同中仍存異。因故，教育部在十二年國教課綱研訂過程中即設置特殊類型教育組，將身心障礙學生、資賦優異學生、藝術才能班、科學班及體育班等需要調整普通

教育課程，或添加特殊需求領域課程的學生納入其中規劃，其基本理念依然呼應特教新課綱的構念。

三、小結

　　早期的特殊教育課綱是以障礙類別作為規劃之依據，但是現行過渡期間所使用之特教新課綱，以及目前正在研訂之「十二年國民基本教育特殊類型教育課程實施規範」皆以普通教育課程為基底，輔以各項特殊需求課程，按學生在各領域之學習功能（無缺損、輕微缺損、嚴重缺損、優異）進行課程調整。換言之，障礙類別不是教師進行教學時的唯一考量，教師必須考量學生的學習功能和現況進行課程安排與調整。因此，未來的特教老師更需要具備將學生能力現況評估連結至教學設計和課程調整的功力。

貳、課程調整實務

　　特殊教育課程應保持彈性原則，以下先介紹不同類型的特殊教育課程，再討論課程調整的方式並舉例說明之。

一、特殊教育課程的類型

　　根據邱上真（2004）的整理，身心障礙學生課程調整的類型如下：
1. 添加式（add-on）課程：指在不變動原有的課程架構之下，增加課程內容的困難度或擴展其廣泛度，甚至特別設計特殊需求課程。
2. 輔助性（aided）課程：在不變動原有的課程架構之下，依學生的特質與需求，給予一般性課程支持系統，例如：動機策略、學習策略與後設認知策略三大成分。
3. 矯正性（corrective）課程：修正課程內容呈現的方式，例如：增加實例、圖片、圖表，將教學步驟細部化，並提供充分練習的機會。
4. 補救性（remedial）課程：主要重點在於訓練學生的不足之處，加強基本學科能力的訓練，較適合已落後一大段的學生。

5. 適性（preferential）課程：配合學生性向、興趣及生涯規劃，學科內容以實用為主，並能結合其職業興趣與需求。

6. 補償性（compensatory）課程：遷就學生學習的劣勢，提供相關訓練或是替代方案，以彌補身心障礙學生的缺陷，增進其學習與生活的能力，例如：提供聽覺障礙學生的溝通訓練課程、視覺障礙學生的定向行動課程。

7. 功能性（functional）課程：強調學習內容必須與日常生活所具備的技能相結合，屬於實用導向。主要包括社會適應課程、生涯及職業教育課程、獨立生活技能課程。

Bigge、Stump、Spagna 與 Silberman（1999）將特殊需求學生的課程依照普通教育課程的調動幅度與調整重點分為以下四種（p. 58）：

1. 普通教育課程（general education without modifications）：指學校提供的主要課程，例如：基本讀、寫、算、核心課程與選修課程。

2. 調整普通教育之課程（general education with modifications）：指調整或修改普通教育課程，讓身心障礙學生和特殊需求學生有接受普通教育課程的機會，包括採簡化、重整、分解、替代與充實等方式調整普通教育課程，或提供思考技巧、問題解決、學習策略與讀書技巧等策略性課程。

3. 生活技能課程（life skills curriculum）：指功能性讀、寫、算、生活自理、情緒健康、社會技巧、職業教育與轉銜等。

4. 調整溝通與表現方式之課程（curriculum in modified means of communication and performance）：指學生在參與上述三種課程時，在溝通方法和表現方式需預做的改變，例如：調整生理動作表現方式、科技輔具的應用、調整訊息獲得和處理的方式，以及提供增進上述功能的課程，例如：復健、定向、點字、溝通等。

雖然不同學者的分類方式略有不同，但是相同的部分仍然多於相異之處。目前，特教新課綱當中的特殊需求課程也依循此一概念，其中之「學習策略」較屬於調整普通教育的課程，「職業教育」、「生活管理」、

「社會技巧」屬於生活技能課程。至於，「定向行動」、「點字」、「溝通訓練」屬於調整溝通與表現方式之課程。

二、課程調整方式

Hoover 與 Patton（2005）指出，課程調整需藉由提供課程內容、教學策略、教學環境、學生行為等四項課程要素的改變、區分、補救與補償，才能滿足不同學生的學習需求。「課程內容」係指每一科目要傳授的知識技能；「教學策略」是指用來幫助學生學習課程和行為管理的方法；「教學環境」是指課室內各項教學情境的安排，例如：大班授課、分組教學、個別指導、獨立作業等；「學生行為」係指學生在教學情境中自我行為管理的能力。

換言之，Hoover 與 Patton 對課程調整的概念並不是只將「課程」限於學習內容（或學科領域）層次，而是從整個教與學的過程來思考個別差異之因應。畢竟教學成果會受到師生、教材、教法等元素間的相互影響，而不是各自獨立的元素，例如：科目不同可能影響教學方式，有些課程需要較多講解，讓學生有一定的先備知能；有些課程則需要透過大量的實際操作演練，才能學到核心能力。又如，學生行為也可能影響教學環境的安排，像是注意力缺陷過動症學生或許比較適合小組教學，或坐在低干擾的個人學習區完成獨立作業。

筆者認為在 Hoover 與 Patton（2005）的四個向度之中，教師可以先掌握課程內容、教學策略、教學環境三部分的調整，而學生行為可能受到自身能力與教學的影響，可以將它視為調整是否得宜的參考指標，例如：某生常在課堂發呆，經評估後，老師決定調整作業練習的難度，結果該生開始會動筆寫作業，雖然完成的速度仍然不夠快，但是從學生行為的變化推測調整方向是對的。表 4-2 是關於課程、教學、環境調整的一些實例。

表 4-2　課程調整方式與實例

方式	實例
課程 內容	・簡化原教材。 ・刪減教材內容（減量）。 ・學習內容細部化（分解）。 ・以其他教材替代原教材。 ・調整教材重點選擇（重整）。 ・提供教材支援工具（例如：概念圖、組織圖、圖片、有聲書）。
教學 策略	・教學策略（例如：多感官教學、直接教學、示範—練習—驗收）。 ・作業調整（例如：減少作業量、允許延長作業繳交時間、以不同方式呈現學習成果）。 ・評量調整（例如：調整作答方式、題目數量、作答時間）。
教學 環境	・教學形態（例如：大班教學、分組合作學習、個別指導）。 ・座位安排（例如：位置、分組）。 ・排除或降低環境干擾（例如：減少無關之視、聽覺刺激）。 ・無障礙空間設計（例如：近斜坡道、電梯、洗手間等）。 ・提供輔助科技（例如：電腦、錄音筆）。 ・規劃個人讀書區或學習中心。

參、小結

　　綜而言之，無論是目前過渡期間所使用之特教新課綱或是正在研訂之「十二年國民基本教育特殊類型教育課程實施規範」，皆以普通教育課程為基底，輔以各項特殊需求課程，按學生在各領域之學習功能（無缺損、輕微缺損、嚴重缺損、優異）進行課程調整。此特殊教育課程的改革方向是希望朝融合教育的目標前進，不要讓特殊教育和普通教育各吹各的調。在此前提下，特殊教育教師就不能只懂特殊教育課程，還需要對普通教育課程的目標與內容有一定的嫻熟度，否則課程調整的理念將不易落實。

　　雖然本節提供一些可以調整的方向，但是怎樣調整還是需要視個案的能力現況與需求而決定。以前一節的 IEP 案例——小明為例，由於他的讀寫

能力與同儕相比明顯落後，且容易分心，故在**課程調整**方面，內容可以考慮簡化或減少教材內容，又因個案的聽覺理解較佳，教師可以提供教材支援工具（例如：有聲書），以增進個案對於原年級課程訊息的吸收與理解。在**教學調整**方面，考量個案容易分心的特質，可使用多感官教學策略，讓小明不只有單向的聽講，並增加操作經驗和表達的機會，以減少長時間進行單一靜態活動所產生的疲累與不專注。作業部分可允許以不同的方式呈現，例如：用電腦打字取代手寫字。評量時可以考慮報讀協助讀題，以減少識字量少或速度慢而產生的理解障礙。在**環境調整**方面，座位安排以靠近講桌、中間的位置為佳；個別練習時可以考慮個人讀書區，將不必要的視覺訊息隔離。

第三節　評量調整

「評量調整」是指在不損及評量效度的情況下，因應障礙學生之身心特質，適度調整施測過程，讓障礙學生公平的參與施測，使評量結果能充分反應該評量之效度，而非反應學生之障礙與障礙之嚴重程度（Fuchs & Fuchs, 2001）。

有人將評量調整比喻為讓近視的人戴眼鏡考駕照，戴眼鏡只是要讓駕駛看清楚道路，至於能否通過考試，得看應試者是否具備一定的駕駛技術。也就是說，眼鏡是一種輔具，讓近視的人不要因為看不清楚而無法考試，才是符合公平的原則。但是要怎樣做評量調整？不同的方法是否成效也不同？另外，《特殊教育法》（2014）第 22 條也提到：「各級學校及試務單位不得以身心障礙為由，拒絕學生入學或應試。各級學校及試務單位應提供考試適當服務措施，並由各試務單位公告之；其身心障礙學生考試服務辦法，由中央主管機關定之。」換言之，身心障礙者的應考權利應該受到保障。以下將從兩方面來談：一是從法規與實務層面；二是從學理層面。

壹、法規與實務層面

　　《特殊教育法》（2014）第 19 條提到：「特殊教育之課程、教材、教法及評量方式，應保持彈性，適合特殊教育學生身心特性及需求；其辦法，由中央主管機關定之。」進一步也在《特殊教育課程教材教法及評量方式實施辦法》（2010）第 8 條，提及：「學校實施多元評量，應考量科目或領域性質、教學目標與內容、學生學習優勢及特殊教育需求。學校定期評量之調整措施，應參照個別化教育計畫，經學校特殊教育推行委員會審議通過後實施。」換言之，法規層面已點出特殊需求學生的評量方式應保持彈性，允許各種形式，主要係依據科目屬性、教學目標、學生狀況等條件而決定。決定後的結果也列入該生的 IEP，且經校內的特推會審議通過。

　　上述程序對於未來學生參加大型升學考試（例如：國中會考、大學入學考試、身心障礙學生升學大專校院甄試）申請考場服務有所助益。以 107 學年度身心障礙學生升學大專校院甄試為例，在簡章當中提到：申請考場服務時得有提供證明需求的文件：「考生有特殊需求（如試場需求、試題需求、答案卷需求、試場提供服務或輔具、自備輔具等），請提供足資證明需求之文件，如個別化教育計畫（個別化支持計畫）、輔導紀錄或一年內診斷證明書正本等，以作為審查考生應考服務事項之重要參考（國立中央大學，2017）。」換言之，審查委員並不是直接照障別提供服務。若個案原本在學校都不需要任何考試調整措施，亦無法佐證有考試調整之必要性，審查委員將駁回申請。

　　目前，國內大型升學考試多會參考教育部《身心障礙學生考試服務辦法》（2012），審酌個案的狀況提供以下類型的考試服務，包括：試場服務、輔具服務、試題（卷）調整服務、作答方式調整服務，以及其他必要之服務。考試服務採取申請制，且必須提供足資證明需求之文件，例如：診斷證明書、個別化教育計畫（個別化支持計畫）或輔導紀錄等。各項服務之說明如表 4-3 所示。

表 4-3　身心障礙學生考試服務

方式	實例
試場服務	1.調整考試時間：包括提早入場或延長作答時間。 2.提供無障礙試場環境：包括無障礙環境、地面樓層或設有昇降設備之試場。 3.提供提醒服務：包括視覺或聽覺提醒、手語翻譯或板書注意事項說明。 4.提供特殊試場：包括單人、少數人或設有空調設備等試場。
輔具服務	擴視機、放大鏡、點字機、盲用算盤、盲用電腦及印表機、檯燈、特殊桌椅或其他相關輔具等。
試題（卷）調整服務	調整試題與考生之適配性、題數或比例計分、提供放大試卷、點字試卷、電子試題、有聲試題、觸摸圖形試題、提供試卷並報讀等。
作答方式調整服務	電腦輸入法作答、盲用電腦作答、放大答案卡（卷）、電腦打字代謄、口語（錄音）作答及代謄答案卡等。

資料來源：《身心障礙學生考試服務辦法》（2012）

　　另一項經常被提及的措施是考試加分，要特別說明的是，此為升學優待辦法，不屬於評量調整的範疇。按《身心障礙學生升學輔導辦法》（2013），只要是符合以下兩項當中的一項：「經各級主管機關特殊教育學生鑑定及就學輔導會鑑定為身心障礙」或「領有身心障礙證明（手冊）」，即可以享有該辦法第 3 條的優惠：

　　　　身心障礙學生參加高級中等學校或專科學校五年制新生入學，依下列規定辦理；其入學各校之名額採外加方式辦理，不占各級主管教育行政機關原核定各校（系、科）招生名額：
一、參加免試入學者，其超額比序總積分加百分之二十五計算。

二、參加特色招生入學者，依其採計成績，以加總分百分之
二十五計算。

依此，通過鑑輔會鑑定通過之學習障礙學生參加高中及五專入學考試
即可適用此辦法。但請注意：（1）加總分百分之二十五的措施，僅限參加
升學高中及五專之會考適用，大學入學考試並無加分優惠；若參加十二年
適性安置者，因安置時還未會考，沒有加總分百分之二十五的問題；（2）
加總分百分之二十五，並非考場服務或評量調整的概念，而是一種「升學
優待」辦法，類似的升學優待措施在原住民學生、蒙藏學生、退伍軍人、
港澳僑生參加入學考試也有。

貳、學理層面

Fuchs、Fuchs、Hamlett、Faton、Binkley 與 Crouch（2000）的研究以一
百多名學習障礙學生和一般學生為對象，比較延長時間、報讀、放大字
體，以及標準化施測方式（即未調整）的效果，結果發現學習障礙學生從
報讀中獲益的分數，明顯高於採用延長時間和放大字體者。另外，Helwig、
Rozek-Tedesco 與 Tindal（2002）的研究顯示，報讀對於數學計算技能佳但閱
讀能力差的國小中高年級學障學生，有顯著的效果；而對於數學計算技能
差的學生，不論其閱讀能力高或低，皆無法從報讀中獲益。延長時間對學
障學生在數學解題上有助益，特別是學障者本身的閱讀理解能力愈佳者獲
益愈大（Fuchs, Fuchs, Eaton, Hamlett, & Karns, 2000）。換言之，評量調整對
不同問題學生的成效不同。

張萬烽、鈕文英（2010）以後設分析方法，比較美國 1999 到 2008 年
間，38 篇評量調整策略對一般和全體身心障礙學生的成效，更進一步探討
評量調整的成效是否會因學科、策略類型、身心障礙學生的特性、教育階
段、人數而有差異。該論文雖然不是只針對學習障礙單一類別的學生做比
較，也非本國的資料，但從該研究結果也能獲得一些洞見。後設分析的結
果顯示：評量調整對一般學生僅有些微效果，對身心障礙學生為小效果

量。未接受評量調整之一般學生的測驗成績，高於接受調整之身心障礙學生。結果呼應「差別增長假設」（differential boost hypothesis）（Tindal & Fuchs, 2000），即評量調整對於身心障礙學生和一般學生的增進效益是不同的。但從最後的成績來看，沒有考試調整的一般生還是優於接受調整之身心障礙學生。另外，在調整策略上，延長時間的效果較佳，報讀較差。

陳琬潔（2012）的研究比較一般學生與學習障礙學生在電腦語音報讀前、後的閱讀理解測驗表現，是否會因為語音報讀而提升其考試成績。結果發現：學障生在電腦語音報讀前、後於閱讀理解測驗之平均表現均顯著落後於一般學生。兩組學生在電腦語音報讀後的平均分數均有提升，但分數變化均未達顯著水準。該研究再次澄清一個迷思──評量調整「一定」會提高成績。事實上，必須審酌個案的能力現況和障礙之所在，而不是使用愈多調整策略效果愈好。

參、小結

評量調整不是自由心證，而是於法有據，包括：《特殊教育法》、《特殊教育課程教材教法及評量方式實施辦法》、《身心障礙學生考試服務辦法》皆有相關的說明。評量調整主要是基於讓身心障礙者公平參與考試的機會，減少障礙本身帶來的阻礙，並非是提高分數的手段。假使學生沒有具備一定的技能，即便延長時間、提供報讀，都無助於分數的增加，反而是直接加分的升學優待才會提高分數。要再次提醒的是，不要混淆評量調整和加分措施，加分不算是評量調整，也是值得商榷的手段。筆者認為，我們應該思考加分對身心障礙學生到底是保障，還是歧視。

第四節　轉銜輔導及服務

「轉銜」（transition）有「轉換」和「銜接」的意思，意味著「從一種狀態轉換並銜接到另一種狀態」，例如：從國小到國中、從國中到高中、

從學校到成人生活，或是工作的轉換等。在此轉換過程中，會面臨許多議題，例如：從中學階段進入成年階段早期，會面臨生涯的選擇，要決定要升學、就業或接受職業訓練等（陳靜江、鈕文英，2008）。本節首先從法規層面談轉銜輔導及服務，再輔以案例說明。

壹、法規層面

《特殊教育法》（2014）第 31 條提到：「為使各教育階段身心障礙學生服務需求得以銜接，各級學校應提供整體性與持續性轉銜輔導及服務」，據此擬定《各教育階段身心障礙學生轉銜輔導及服務辦法》（2000），進一步規範各教育階段辦理轉銜輔導及服務的內涵和時程。茲節錄第 3 和 4 條之規定：

> 學校辦理學生轉銜輔導及服務工作，高級中等以下學校應將生涯轉銜計畫納入學生個別化教育計畫，專科以上學校應納入學生特殊教育方案，協助學生達成獨立生活、社會適應與參與、升學或就業等轉銜目標。（第 3 條）
> 跨教育階段及離開學校教育階段之轉銜，學生原安置場所或就讀學校應召開轉銜會議，討論訂定生涯轉銜計畫與依個案需求建議提供學習、生活必要之教育輔助器材及相關支持服務，並依會議決議內容至教育部特殊教育通報網（以下簡稱通報網）填寫轉銜服務資料。
> 前項轉銜服務資料包括學生基本資料、目前能力分析、學生學習紀錄摘要、評量資料、學生與家庭輔導紀錄、專業服務紀錄、福利服務紀錄及未來進路所需協助與輔導建議等項；轉銜服務資料得依家長需求提供家長參考。（第 4 條）

大致上，在學生即將跨入另一教育階段前，學校會召開轉銜會議，規劃生涯轉銜計畫。該項計畫主要是預先設想個案進入下一階段可能需要哪些準備，以便提前安排，納入 IEP 內，例如：當學生從國中進入到高中職階

段，開始要面臨分流教育的抉擇，就需要思考選擇一般學術高中、綜合高中，或職業學校，如果是選擇職業學校，也需要了解學生的能力與性向適合就讀哪個職業類科；如果決定不升學，便要考慮其後續的就業、就養安排等。

　　除了轉銜會議和生涯轉銜計畫外，特教老師還需將該生的資料（含基本資料、目前能力分析、學習紀錄摘要、評量資料、學生與家庭輔導紀錄、專業服務紀錄、福利服務紀錄，以及未來進路所需協助與輔導建議）上傳至教育部特殊教育通報網，好讓下一階段的學校獲知個案先前的服務狀況，讓身心障礙學生的服務需求得以銜接，而不需要一切重頭開始評估。

貳、案例討論

　　自從教育部推動「身心障礙學生十二年就學安置」四年實施計畫以來，國中畢業後升學至高中職的身心障礙學生人數逐年增加；而受到融合教育的影響，身心障礙學生就讀高中職普通班已成為重要的安置型態（林怡慧，2006）。在升學機會充足的情況下，許多認知輕度障礙學生會選擇繼續升學。不過，葉毓貞、黃琬清（2009）也指出為因應十二年就學安置的措施，國中階段教師容易將教育轉銜的重點聚焦在能力評估和學生報名之資格，反而忽略個案自身的興趣和意願。吳貞瑩（2015）也從兩名國中身心障礙學生的轉銜實務中發現若干輔導上的盲點。因此，即便升學機會增加，但卻不等同於安置的適性。

　　十二年國教上路後，教育部重新修訂《身心障礙學生升學輔導辦法》（2013，原名稱：《完成國民教育身心障礙學生升學輔導辦法》），頒布《身心障礙學生適性安置高級中等學校實施要點》（2016），使身心障礙學生升學高中職的安置有了重大的改變，名稱從原來的「十二年就學安置」，改稱為「適性輔導安置」。為落實適性安置的美意，特教老師要根據個案的狀況，填寫生涯轉銜建議表，作為適性安置之參考。

　　以下案例以一位學習障礙國三學生阿明為例（如表 4-4 所示）來說明。

他於部分時間到資源班接受特教服務，國三一整學年也有參加汽車修護技藝課程，了解汽車修護科的學習內容。今年擬參加適性安置，特教老師綜合個案的各項能力、興趣，以及家長的意見，輔導個案選填志願，最後選擇私立高職動力機械群（汽車科）、機械群（機械科）、電機電子群（資訊科、電子科）作為志願序。

表 4-4　適性輔導案例：阿明

一、能力現況描述

　　阿明在校各學習領域平均表現為丙，除健體、綜合、藝文領域為丙外，其他學習領域為丁。

（一）學科方面

　　1.語文領域：書寫，可獨立完成遠端及近端抄寫，但速度偏慢。獨立書寫時字體雖具基本結構，但偏潦草，除了筆劃簡單的生活常用字外，許多字均無法自己寫出，也不喜歡書寫。唸讀速度偏慢，常停頓（因常有不認識的字）。

　　2.數學領域：具備基本加、減、乘、除能力，但兩位數減法容易粗心算錯。

　　3.社會領域：基礎的部分可以聽過記起。

　　4.自然及生活科技領域：學業分數表現雖不佳，但能夠記得基礎概念，也很喜歡動手做的活動。

（二）認知方面

　　理解能力佳，理解問題意思後能舉一反三。

（三）動作方面

　　與一般同儕無異，平常課程中的圖形比對、拼貼活動均可快速完成。手腳靈活，參加技藝學程（汽車修護），學習鎖螺絲等基礎技能均可順利完成。

（四）人際方面

　　個性害羞內向，比較喜歡和同上資源班的同學一起活動。

表 4-4　適性輔導案例：阿明（續）

二、測驗資料分析

（一）「新編多元性向測驗」

　　1.施測時間：國二上

　　2.施測結果：

　　阿明在八個分測驗中，數字推理（PR25）、圖形推理（PR28）、空間關係（PR28）、中文詞語（PR25）幾項優，語文推理（PR9）、知覺速度（PR4）、機械推理（PR1）較弱。學業性向分數（由語文推理、數字推理和圖形推理等三項分測驗之量表分數所組合）、理工性向分數（由機械推理、空間關係和圖形推理等三項分測驗之量表分數所組合）、文科性向分數（由語文推理和中文詞語等兩項分測驗之量表分數所組合），皆因為分項能力發展不均影響整體表現，先不參考。

　　大體上，性向能力測驗結果顯示個案在理工科方面較具發展潛力。

語文推理 PR	數字推理 PR	圖形推理 PR	機械推理 PR
9	25	28	1
空間關係 PR	中文詞語 PR	英文詞語 PR	知覺速度 PR
28	25	16	4
學業性向 PR	理工性向 PR	文科性向 PR	
14	7	14	

（二）「我喜歡做的事」

　　1.施測時間：國二

　　2.測驗結果：

　　阿明在 12 種職業領域中，較喜歡從事與「企業事務」（PR31）、「機械」（PR28）、「工業生產」（PR22）相關的工作。

三、未來志願建議

　　個案的學習障礙主要在識字和寫字方面，但口語理解和表達能力不錯，動作能力和人際關係與一般同儕無異。

表 4-4　適性輔導案例：阿明（續）

　　國二上課討論到未來想做的事及工作方向時，經常表示自己想學汽車維修方面的技能；國三資源班升學輔導課程觀看各職群影片及討論時，也明確表示自己對動力機械群中的汽車修護內容有高度興趣；國三一整學年參加汽車修護技藝課程，會向認識的學長請教，了解汽車修護科的學習內容。該生對於自己的發展方向有明確的意向。

　　搭配性向測驗結果，數字推理百分等級 25、圖形推理及空間關係百分等級 28，職業興趣量表中的百分等級排序前三為企業事務、機械、工業生產。在原班導師、輔導老師協助填選志願序討論後產生的志願選填與輔導紀錄表中，選擇的第一志願序也為動力機械群。

　　家長在轉銜會議中表示，孩子以前就喜歡拆解組合玩具車零件，經常表示未來想走跟維修汽車有關行業作為將來職業，對於孩子的期望是希望孩子可以學得一技之長，將來能獨立生活，尊重孩子的意願。資源班數學老師覺得阿明在資源班學習數學時的表現和動機極佳，常是該組表現前三，理解概念速度快，對於可以動手操作的課程及活動特別有興趣。

　　綜合上述，與學生、家長共同討論出之志願，鎖定在動力機械群（汽車科）、機械群（機械科）、電機電子群（資訊科、電子科）。另外，也考慮個案原本的學科能力，故以私立高職為選填目標。

　　比較讓老師們頭痛的是，萬一學生不像阿明有如此明確的性向，該怎麼辦？一來是要增加國中階段學生試探的機會，目前的國中輔導課程有將生涯輔導作為一項重點，輔導老師可以多留意。再者，改用刪去法，避開不適合的領域，例如：個案若記憶不佳、讀寫能力差，就不要往需要大量文字閱讀和記憶背誦（如應用外語）的領域去。在選擇學校科系上，高雄市有提供身心障礙學生適性輔導安置普通班、實用技能班各科具備能力參考標準表（詳見本書附錄C），報名者可了解不同學校及群科所需具備之能力要求高低。

參、小結

　　轉銜輔導及服務之目的是希望個案在不同階段的特教服務可以無縫接軌，在學生進入下一階段時，提前做準備，也將資訊遞送給下一棒接手服務的人，讓接手的人可以不必重頭摸索個案的狀況。不論是選擇繼續升學或就業，都需要對個案的優弱勢有清楚的掌握，除了課業成績之外，更要了解學生的興趣、性向、專長在哪裡，才能達成適性安置的理想。

第五節　結語

　　IEP 簡單來說，是針對個案的現況規劃特殊教育及其相關服務之企劃書。在 1997 年以前，我國的 IEP 因為尚未法制化，所以較難推動，但是在1998 年「個別化教育計畫」正式納入《特殊教育法施行細則》中，讓IEP有法規的保障且有正確的實施方案。關於 IEP 要用什麼形式呈現、學年與學期教育目標如何撰寫，並非本章的重點，有興趣的讀者可以參閱IEP專書之介紹（例如：李翠玲，2007；林素貞，2007）。

　　本章主要係透過個案討論的方式，呈現個案能力現況和特教需求如何與其教育目標做聯繫，在規劃IEP時，怎樣調整普通教育課程或納入特殊需求課程，又，怎樣的評量調整是合理且必要的，以及轉銜時，生涯輔導計畫又是如何放入 IEP 內。前述各項討論無非是要提醒特教教師，特殊教育不只有教學，還有很多面向必須同時關照，IEP 也不是狹隘的教學計畫；特殊教育服務不是各階段各管各的，還需要考慮不同階段間的聯繫，如此特殊教育及其相關服務才有延續性，而不會始終在原地踏步。

參考文獻

中文部分

各教育階段身心障礙學生轉銜輔導及服務辦法（2000 年 7 月 15 日發布）。

何素華（2013）。新修訂特殊教育課程綱要實施之挑戰與因應措施。**特殊教育季刊，126**，1-8。

吳貞瑩（2015）。國中身心障礙學生轉銜實務工作之探討。**特教園丁，30**（3），49-54。

李翠玲（2007）。**個別化教育計畫（IEP）理念與實施**。臺北市：心理。

身心障礙學生升學輔導辦法（2013 年 8 月 22 日修正）。

身心障礙學生考試服務辦法（2012 年 7 月 24 日發布）。

身心障礙學生適性安置高級中等學校實施要點（2016 年 12 月 20 日修正）

林怡慧（2006）。**高中職普通班身心障礙學生學校生活適應之研究**（未出版之碩士論文）。國立臺灣師範大學，臺北市。

林素貞（2007）。**個別化教育計畫之實施**。臺北市：五南。

邱上真（2004）。**特殊教育導論：帶好班上每位學生**（第二版）。臺北市：心理。

特殊教育法（2014 年 6 月 18 日修正）。

特殊教育法施行細則（2013 年 7 月 12 日修正）。

特殊教育課程教材教法及評量方式實施辦法（2010 年 12 月 31 日修正）。

國立中央大學（2017）。**107 學年度身心障礙學生升學大專校院甄試簡章**。取自 https://enable.ncu.edu.tw/index.asp

張萬烽、鈕文英（2010）。美國身心障礙學生考試調整策略成效之後設分析。**特殊教育研究學刊，35**（3），27-50。

教育部（2011）。**臺灣特殊教育百年史話**。臺北市：作者。

教育部（2014）。**十二年國民基本教育課程綱要總綱**。臺北市：作者。

陳琬潔（2012）。**電腦語音報讀對國中一般學生及學習障礙學生閱讀理解測驗之成效比較**（未出版之碩士論文）。國立高雄師範大學，高雄市。

陳靜江、鈕文英（2008）。高中職階段身心障礙者轉銜能力評量表之編製。**特殊教育研究學刊，33**（1），1-20。

葉毓貞、黃琬清（2009）。十二年就學安置對自足式特教班學生教育轉銜之探討。**特教通訊，42**，24-28。

盧台華（2008）。**高級中等以下學校特殊教育課程發展共同原則及課程綱要總綱**。臺北市：教育部。

盧台華（2011）。從個別差異、課程調整與區分性教學的理念談新修訂特殊教育課程綱要的設計與實施。**特殊教育季刊，119**，1-6。

盧台華、黃彥融、洪瑞成（2016）。十二年國民基本教育課程綱要特色及其在特殊教育之應用建議。**特殊教育季刊，139**，1-7。

英文部分

Bigge, J. L., Stump, C. S., Spagna, M. E., & Silberman, R. K. (1999). *Curriculum, assessment, and instruction*. Belmont, CA: Wadsworth.

Fuchs, L. S., & Fuchs, D. (2001). Helping teachers formulate sound test accommodation decisions for students with learning disabilities. *Learning Disabilities Research & Practices, 16*, 174-181.

Fuchs, L. S., Fuchs, D., Eaton, S., Hamlett, C. L., & Karns, K. (2000). Supplementing teacher judgments of mathematics test accommodations with objective data sources. *School Psychology Review, 29*, 65-85.

Fuchs, L. S., Fuchs, D., Hamlett, C., Eaton, S. B., Binkley, E., & Crouch, R. (2000). Using objective data sources to enhance teacher judgments about test accommodations. *Exceptional Children, 67*, 67-81.

Helwig, R., Rozek-Tedesco, M. A., & Tindal, G. (2002). An oral versus a standard administration of a large-scale mathematics test. *The Journal of Special Education, 36*(1), 39-47.

Hoover, J. J., & Patton, J. R. (2005). *Curriculum adaptation for students with learning and behavior problem: Principles and practices* (3rd ed.). Austin, TX: Pro-ed.

Tindal, G., & Fuchs, L. (2000). *A summary of research on test changes: An empirical basis for defining accommodations*. Lexington, KY: University of Kentucky, Mid-South Regional Resource Center.

第五章

學習障礙者之終生發展

　　學習障礙是一種隱性障礙，一般人不容易從外顯行為來判斷，因此他們的問題常被忽視，被當成不愛念書、不會念書、成績差的學生，卻沒有看見其優異的潛能。另外，也有些個案有接受醫療診斷或特殊教育鑑定，確認為學習障礙者，卻以為學習障礙的問題僅是在就學期間才出現，等離開學校後，問題就都不存在了。其實不然！本章擬從不同階段討論學習障礙者的發展，以及個體在不同發展階段有哪些任務值得關注，最後再回頭思考：為什麼有些學習障礙者可以逆轉勝，把障礙變成祝福，走出自己的一片天地。

第一節　學前階段

　　期望及早發現孩子的學習困難，在孩子面臨嚴重學習挫敗之前給予即時的教育介入是許多家長的心願。然而，想要在學前階段就鑑別出是否為學習障礙並不容易。以下是兩位學習障礙學生的媽媽之分享（引自王瓊珠，2002，頁 13）：

> 強強小時候十分可愛，胖胖的，1歲半左右會走，2歲左右才會發單詞（如：爸爸、媽媽）。**我開始注意到孩子有些不一樣是在他上幼稚園大班時**，老師向我反應強強的注意力不持久，使用剪刀的能力不太好，不喜歡操作；但老師也不是很肯定強強有沒有問題，因為這個階段的孩子注意力通常都無法持續很久。後來我帶強強去學打擊樂，他的節奏感還可以，但對 Do Re Mi 這些音符該住在五線譜的哪個位置就弄不清楚。上小學前，我讓他先去國語正音班學習注音符號，所以，一年級的注音符號學得還可以。不過強強對國字常常記不住，有左右顛倒字形的情形，即使到六年級還是如此。

> 我的孩子大寶8個月就會扶著東西走，聽到音樂會隨之扭動屁股，跟著哼哼啊啊的。記憶中他很早就會說話，社交能力不錯，看到一些招牌都會唸出聲音，喜歡聽錄音帶，看錄影帶，愛玩樂高積木，可以組合成各種精巧的模型，各方面的表現簡直就像資優寶寶。**當時孩子的主要問題是過動**。大寶上了私立幼稚園後，上課還是坐不住，不停在教室轉啊轉，讓老師頭痛不已，幼稚園的課程也有注音符號教學，可是大寶就是學不好。幼稚園的時候，我帶他去上山葉河合音樂班，他很開心，不過碰上看譜就有困難。上小學後，他學習國字有困難，不愛寫字。

從上述兩位媽媽的經驗分享中，我們可以了解到學前階段為何不容易被確認為學習障礙，其主要原因包括基本學習技能的指導尚未全面展開，另外幼兒的發展也未定型，還有很多可能性。茲說明如下：

學習障礙是指在學習上有顯著困難者，通常這類問題會在孩子上小學以後才逐漸顯現，學習落後的狀況會隨年級增加而愈明顯。學前因為係屬於學習技巧的準備階段，學習是全方位、不分科目的。幼教老師重視的是孩子動作、情緒、社交技巧、生活自理能力的發展，即使覺得某個孩子與

別人不同，也不一定會將其問題與學習障礙做連結。

即使孩子剛開始較同年齡孩子的發展來得慢，將來也未必會是學習障礙，有可能是其他障礙或無障礙。也就是說，學習障礙和其他障礙類別的孩子在小時候的一些行為表現是相似的。再者，也有些孩子小時候無法讓人察覺是學習障礙，看起來似乎和一般孩子無異，口語表達能力也很好，一副聰明樣，直到學習有系統的文字或符號（例如：數字、音符、注音符號、國字）時，問題才浮現。因此，很多家長一開始並不清楚孩子的問題在哪裡。

壹、學前階段的行為徵兆

學習障礙者常見的行為徵兆有：注意力短，記性差，遵循指令有困難，對於文字、數量、聲音辨識不佳，讀寫能力弱，手眼協調不好，有序列處理困難，不善於組織等（Learning Disabilities Association of America, n. d.）。如果學前的孩子在動作、視聽、語言發展比一般孩子慢，或是注意力短暫、不容易專心、靜不下來，他將來被鑑定為學習障礙的機率將比別人高，因為這些先備能力不足在在影響孩子未來的學習。所以，家長若能注意孩子的發展狀況，可以及早帶孩子到醫院做評估，或許能替孩子找尋早期療育的機會。

學前階段的各項能力由於還處於發展中，因此也有不少個案在6歲以前係以「發展遲緩」或「語言障礙」來歸類，甚至被誤認為是「自閉症」、「智能障礙」，直到上小學後，問題愈來愈明朗，才改判為學習障礙。因此，早期鑑定和早期介入似乎也有某種衝突在。Gabrieli（2009）提到，早期鑑定常需要在特定性（specificity）和敏感性（sensitivity）[1]之間做取捨和

---

1 特定性（specificity）是指，正確判斷學習障礙個案，找出來的個案確實就是學習障礙者。敏感性（sensitivity）是指，正確排除非學習障礙個案，避免把不是學習障礙的個案當成學習障礙者。

129

拔河。假如我們希望較嚴格地篩選出將來極有可能是學習障礙的個案，就必須把門檻設高，讓篩選誤判的比例減少，但是也會忽略一些問題較不明顯的個案；反之，如果我們希望早期介入，將一些疑似高危險群的學習障礙個案都納入，就要把篩選的門檻降低，也就會把一些原本沒有學習障礙的個案都一併納入，增加介入的成本，兩者之間很難兩全。以下所談的也僅是從研究結果來做討論，沒有百分之百的絕對性。

貳、學習障礙高危險群兒童研究

從諸多研究結果來看，要在學前階段發現學習障礙，可從幾個重要的線索或途徑著手：一是語言發展，二是家族史，三是大腦功能檢查，四是基本認知能力評估。茲說明如下。

一、語言發展

有愈來愈多的實證研究發現，口語和書面語言之間有密切關係（Catts & Kamhi, 1999），閱讀障礙學童在早期階段常有口語問題，例如：Catts、Fey、Tomblin 與 Zhang（2002）對近 200 名有語言障礙的學前兒童所做之追蹤研究，發現這群個案到國小四年級仍有 52.9%在閱讀理解和識字測驗的表現低於平均數 1 個標準差以上。換言之，學前有語言障礙的學童約有一半之比例，進入小學後有閱讀障礙的狀況。

二、家族史

英國學者 Thompson、Hulme、Nash、Gooch、Hayiou、Thomas 與 Snowling（2015）進行一項長期追蹤研究，他們追蹤 260 個個案，從 3 歲半到 8 歲。這群個案有四種狀況：（1）正常發展組；（2）家族中有閱讀障礙親屬；（3）接受語言治療；（4）家族中既有閱讀障礙親屬，同時也在接受語言治療。這群個案持續接受五次施測，分別在 3 歲半、4 歲半、5 歲半、6 至 7 歲，以及 8 歲，前四次集中在非語文智力、語言評估、快速唸

名、執行功能、動作技能、基本讀寫能力（例如：看字母讀音）的評估。第五次的施測重點放在非語文智力和讀寫能力的評估，作為最後判斷有無讀寫障礙之依據。結果發現：在學童發展早期階段，家族中有無閱讀障礙親屬，是一個預測入學後是否為讀寫障礙者的重要指標。語言能力的影響力要等到快入小學時，才慢慢浮出檯面。動作技能也對讀寫能力的預測有些微貢獻，據推測可能與書寫能力較有關係。研究指出：若要對未來是否為讀寫障礙有較佳的預測力，必須同時考量個案的家族史和語言能力（包括：字母知識、聲韻覺識、快速唸名），而不單是家族中有無閱讀障礙的問題。也就是說，讀寫障礙受到多重因素的影響。

三、大腦功能檢查

近年來拜科技之賜，腦照影技術（例如：MRI、fMRI、ERP）大幅增加早期篩選出學習障礙的可能性（Ozernov-Palchik & Gaab, 2016）。不諱言的，腦照影技術是高價位的檢測，進行大腦照影時也要注意到個案有無出現不必要的動作干擾到結果解釋，因此直接透過腦照影技術檢測學習障礙較不普遍。

四、基本認知能力評估

若干心理評估工具，例如：聲韻覺識（phonological awareness）和快速唸名（rapid naming），被視為可以偵測早期閱讀障礙的方法。聲韻覺識簡單的概念定義是聲韻訊號的表徵以及操弄，例如：個體可以聽出「我愛你」這一句話有三個音節，「我愛你」和「我討厭你」的第一個和最後一個音都是一樣的，如果把「我」這個音節省略不說，就是「愛你」和「討厭你」。上述的例子是以大的訊號單位——音節做說明，也是孩子在上學前就能做的任務。在拼音文字中，聲韻覺識往往是以更小的訊號單位做偵測，例如：音素（phoneme）。音素是最小的聲音區辨單位，舉例來說，cat和 hat 之所以聽起來不一樣，僅是因為首音音素不同使然，但是兩個音聽起來又有些類似，因為它們的韻尾（rime）都是 at。許多研究指出：對聲音內

部結構的覺察和替換操弄，有助於個體未來閱讀能力的建立（Vellutino, Fletcher, Snowling, & Scanlon, 2004），它可以幫助學童從聲音連結到字形的組合順序，像慢慢唸 m-a-t 單音，再快快合成一個音，就變成 mat，而不可能拼成 tma、atm 或其他順序的字。研究也指出，學習閱讀和字母拼讀能幫助聲韻的表徵。換言之，閱讀和聲韻覺識之間就成了互惠的循環關係，魚幫水，水幫魚。

至於唸名（naming）是指，個體看到一個或多個有名字的、高度熟悉的視覺刺激，就從長期記憶裡檢索出相關的辭彙，並啟動構音器官，把它們唸出來的過程。學前階段的唸名測驗多以「數字」、「顏色」、「常見物品」、「字母」（或中文的注音符號）為刺激，讓孩子看著卡片上的刺激，快速唸出來即可。最早提出唸名和閱讀之間有相近歷程的學者是 Geschwind，最初是用來作為檢驗成年腦傷病患的一種神經心理測試。後來將快速唸名測驗用在學習閱讀的兒童身上，則是 Geschwind 的學生 Denckla 與一位實驗心理學家 Rita G. Rudel（Denckla, 1972; Denckla & Rudel, 1974, 1976，引自曾世杰、陳淑麗，2010）。在國內，曾世杰、簡淑真、張媛婷、周蘭芳、連芸伶（2005）曾對一群幼兒園學童施以各種唸名測驗，並且連續追蹤四年，結果發現以中文認字能力為依變項時，唯一能預測四年級中文認字能力的只有學前之數字唸名，一年級的聲韻覺識變項之解釋力則未達顯著水準，即使把語文智商納入迴歸公式，仍然得到一樣的結果。宣崇慧（2014）指出，從學前到國小二年級都持續有閱讀困難的學童（稱持續型），他們在學前階段的唸名速度和注音解碼對後來的識字表現有不錯之區辨效果，但如果是國小二年級才出現有閱讀困難的學童（稱晚發型），則一年級的識字對二年級的識字表現有較佳之區辨力。

參、小結

學前階段處於各項能力尚在發展中，也還沒有正式進入讀寫教育，因此，要早期發現學習障礙並做正確的研判並不容易。雖然早期發現、早期介入一直是理想，但往往難以在特定性和敏感性兩方面兼得，而需要在正

確性上做某種程度的妥協，以求得最佳效果的組合。

　　根據過去研究結果的累積，可以透過家族史的了解（指家族中是否有學習障礙的親屬）、學前語言能力的評估、聲韻覺識和快速唸名的測量，以及一些行為徵兆，作為發現學習障礙高危險群個案的手段。

第二節　中小學教育階段

　　臺灣自 1968 年開始，將國民義務教育從原有的六年延長為九年，前六年是國小階段，後三年為國中階段。「義務教育」具強制性質，凡 6 至 15 歲之國民，應受國民教育。義務教育階段的課程採九年一貫設計，共有七大領域，包括：本國語文（國語文、英語、鄉土語言）、數學、社會、自然與生活科技（後來分開為 2 個領域）、藝術與人文、健康與體育、綜合活動。另外，《國民教育法》（2007）第 7-1 條也提及：「為適應學生個別差異、學習興趣與需要，國民中學三年級學生，應在自由參加之原則下，由學校提供技藝課程選習，加強技藝教育。……」有部分學習障礙學生希望走技職教育，也會參與國中技藝班，提前試探職業興趣並培養基本技能。

　　在畢業門檻方面，依據《國民小學及國民中學學生成績評量準則》（2017）第 11 條之規定：

　　　國民中小學學生修業期滿，符合下列規定者，為成績及格，由學校發給畢業證書；未達畢業標準者，發給修業證明書：
一、學習期間扣除學校核可之公、喪、病假，上課總出席率
　　至少達三分之二以上，且經獎懲抵銷後，未滿三大過。
二、七大學習領域有四大學習領域以上，其各學習領域之畢
　　業總平均成績，均達丙等以上。
　　前項規定，自中華民國一百零一年八月一日以後入學國
民中小學之學生適用之。

此項規定的初衷在於確保學生具有一定學力，然而對於學習障礙學生要拿到畢業證書也是不小的挑戰，如何處理評量問題也值得思考。

在學前時期，個體因為處於發展階段，即便出現若干學習障礙的徵兆，但是因為沒有接觸正式的讀、寫、算課程，很少會在學前階段就進行學習障礙的鑑定，但是到了國民義務教育階段，已經有完備且強制的教育制度，因此無論是學習障礙的鑑定、教育安置、特殊教育服務內容、升學輔導等，都有較為完整的資源可用。在中小學教育階段，筆者認為學習障礙學生的教育重點包括：（1）學習基本學業技能與學習策略；（2）建立正向的自我概念；（3）合理運用評量調整措施；（4）尋找適性安置場域。本節先以一名媽媽敘說孩子在中小學階段的求學史為例，再逐一說明各項教育及發展重點。

孩子小一，ㄅㄆㄇ仍寫顛倒，四聲混淆。很奇怪，說話沒問題，寫就亂七八糟。到了學國字時，就很辛苦了。功課常到十一、二點才完成，光是照抄就可以錯了擦、擦了又錯。每寫功課就頭昏、頭痛，食慾不好、便祕、指甲咬得光禿禿的。考聽寫更是不可能的任務，幾乎從來沒及格過。罰寫、罰抄、打手心，什麼都沒用。但是因為他的數學和自然還可以，功課又有盡責的媽媽我都訂正過，所以沒被學校提報到資源班。

沒想到五、六年級的時候，孩子陷入了惡夢中。首先是社會科，老師教學時只是照本宣科，再加上大部分考填空題，第一次月考就拿了個40幾分。除了自然還維持水準以外，國語、數學都不及格。再來是，老師指派功課常只有口頭宣布，有時一天的功課又分好幾次說，孩子的聯絡簿抄得七零八落，於是開始有功課遲交和漏交的情形出現。導師認為他是故意的，為了逃避寫功課才選擇性的抄聯絡簿。和學校老師溝通，老師說指派功課的方式是為了訓練孩子的自主管理和提早適應國中生活，所以不能改變。

幾次溝通無效，我對教育體系失望透頂，遂轉而求助於醫療體系。經過一連串的檢查，排除了所有功能上的問題，也就是說孩子的視覺、聽覺、腦波、感覺統合等在功能上都沒問題。最後做了「魏氏兒童智力量表」，沒想到智商高達132，不過在文字處理和數理能力上有明顯的落差。醫生在診斷書上寫著：疑似學習障礙，有鏡像視覺：即看字左右上下顛倒，合併聽理解障礙及長期記憶障礙，自我形象差，自信心不足。

　　直到上國中遇到好的特教組長，舉凡導師以及各科任老師，還有行政及支援體系，都給了他最好的協助。從評量方式的改變，到模擬考及月考的考試時間延長，孩子才慢慢發現自己的潛能，也從不斷進步的成績中建立了自信。

壹、學習基本學業技能與學習策略

　　學習障礙者在基本學業技能——聽、說、讀、寫、算，可能有不等程度的困難。以上述的案例來說，雖然個案的口語表達沒有問題，書寫卻有障礙，從注音符號與國字的輸出到抄寫都有問題，即使反覆地擦拭、更正、罰寫，收到的效果仍然有限。但是，有困難是否就停止學習呢？

　　中小學教育階段的教育目標是在培養國民基本學力，所有學生皆有固定的課程需要學習，包括：語文、數學、社會、自然與生活科技、藝術與人文、健康與體育、綜合活動。由於學習障礙個體在基本學業技能的缺損，造成他們在學習相關課程時多所阻礙，例如：書寫障礙會讓需要用紙筆呈現學習成果的任務，都表現得不理想，它的影響不僅在國語文一科，其他科目也會連帶受阻。同樣地，閱讀障礙、算數障礙也是如此，不是單純影響國語文和數學科目的學習，而是廣泛涉及所有需要閱讀、計算的任務。

　　儘管如此，資源班的課程安排還是多從學科領域的角度來處理，例如：上國語文、英語、數學課程時，特教老師透過簡化和篩選精華內容，

幫助學習障礙學生更熟悉普通班課程內容，進而能參與原班的考試。在特殊教育新課綱的推動下，學習障礙多被歸為認知功能輕度缺損的範疇，學習內容也建議與普通教育課程同步，以減少學習內容被稀釋（water-down curriculum）的問題，致使將來學習障礙學生與普通教育漸行漸遠。不過還是要提醒老師，基本學業技能缺損是個案的核心問題所在，科目領域僅是便於排課和溝通，不應反客為主，只求上完普通教育課程內容、參加定期考試，卻不問到底要培養學生什麼樣的基本能力或素養。除了國、英、數各領域課程外，新課綱還有特殊需求課程，例如：學習策略，也有納入課程之必要。有人曾將學習策略比喻為釣竿，意指給學生釣竿、教他釣魚，比給學生魚吃更重要，因為學會如何學習之後，學生才能自學，進而成為一位獨立、自主、高效能的學習者。

貳、建立正向的自我概念

美國心理學家 M. Seligman 在 1967 年，透過動物實驗發現，當實驗的狗反覆受到電擊之苦卻始終無法逃避，久了之後，即便後來可以免受電擊之苦，狗仍表現出無作為的狀態，他將此行為的原因詮釋為「習得無助感」（learned helplessness），即狗已經被「做不做都是一樣爛」的結果給制約，失去學習的動力。相似的情境用到學習障礙學生身上也可能如此，學生一開始可能也想努力，但發現不管怎樣努力都很難達到目標，漸漸地，有些個案就形成負向的自我概念，認為自己是沒有用的人，就造成惡性循環，從學習問題衍生成行為問題（如圖 5-1 所示）。

後來，Seligman 認為無助感可以習得，樂觀（optimism）也是習得的結果，因此稱為「習得樂觀」（learned optimism）（洪蘭譯，2009）。他發現：樂觀者對失敗的看法與悲觀者不同，樂觀者傾向將結果解釋為在某些方面一時時運不濟，失敗非個人問題，也不是永遠不得翻身。因此，失意落魄僅是一時的，機會永遠在。從 Seligman「習得樂觀」的概念來看，教學者可以讓學習障礙者練習對於成敗進行歸因（attribution），也可以開展其多元的能力，而不要只聚焦在個體弱勢部分，也要看看其他可發揮才能的

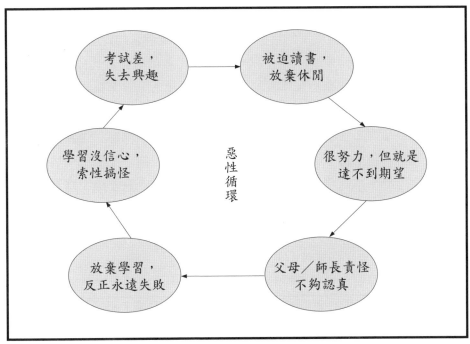

圖 5-1　學習障礙的惡性循環

資料來源：整理自洪儷瑜（策劃）（1996，頁 12-13）

強項部分。正向的自我概念也可以來自楷模學習，讓學生了解學習障礙者不等於失敗者，還是有人可以成功（詳見本書附錄 D）。

參、合理運用評量調整措施

　　「評量調整」是指，在不損及評量效度的情況下，使障礙學生公平的參與施測。所謂「評量效度」是指，該項測驗能測到要測量的目標能力，例如：實施一份加減乘除計算測驗，希望了解受試者在數學的計算能力如何。如果把答題方式改為使用計算機，當然也可以作答，但是測到的能力就不是個案的計算能力，而是他能否正確使用計算機的運算功能，和原先所希望測試的目標能力不同。如果是一份語文理解測驗，希望了解受試者是否能夠理解文意，原本僅以書面呈現，但因為考量個案的識字能力不

137

佳，就調整為書面呈現加上語音報讀，雖然多一項語音輸入的協助，但是並沒有改變要測試文意理解的目標，也就沒有影響評量的效度。

《特殊教育法》（2014）第 22 條提到：「各級學校及試務單位不得以身心障礙為由，拒絕學生入學或應試。各級學校及試務單位應提供考試適當服務措施，並由各試務單位公告之；其身心障礙學生考試服務辦法，由中央主管機關定之。」換言之，身心障礙者的應考權利應該受到保障，而「考試適當服務措施」目前已有很多相關服務，包括：改變施測情境（例如：獨立考場、特殊桌椅）、提供輔助器具（例如：點字機、耳塞、計算機、放大鏡）、調整作答時間（例如：延長時間）、調整測驗內容呈現方式（例如：點字試卷、報讀試題、放大試卷），以及調整受試者反應方式（例如：電腦作答、口述後由他人代填卡）等。

個案是否需要評量調整得經過評估，在校內經過特推會討論，將評量調整的安排寫入該生的 IEP 內。若是會考、統測、學測、指考等全國性的入學考試，則需向主管機關申請考場服務，通過審查後，試務單位會事先規劃與安排。在審查時，除了準備相關證明（例如：學習障礙鑑定證明或校內的 IEP）外，就是要呈現評量調整的必要性。以本節的案例來看，學校曾經做過「延長考試時間」，也顯示該項調整對此書寫障礙個案是有幫助的，能讓他的能力獲得更大的發揮。

不過，評量調整是否一定能提高考試分數呢？倒也未必。陳琬潔（2012）以實驗研究探討兩組國中學生（一般學生與學習障礙學生）在電腦語音報讀前、後於閱讀理解測驗的表現，學生是否會因為語音報讀而提升其考試成績？結果發現：在電腦語音報讀後，有些學障生呈現反效果。也就是說，語音報讀對於語文理解不佳的個案不會有提升效果，對聽覺理解困難者甚至沒有幫助，反而造成分數下降。因此，評量調整需要加以評估必要性與方式，以免適得其反。

肆、尋找適性安置場域

早在十二年國教全面上路前，教育部於 90 學年度便已實施身心障礙學

生十二年就學安置。十二年國教上路後，教育部頒布《身心障礙學生適性安置高級中等學校實施要點》（2016），目前稱之為「適性輔導安置」。十二年就學安置與適性輔導安置有幾點不同之處：（1）在安置時間上，十二年就學安置主要以基測分數作為安置的單一標準，大多數縣市採取依分數高低現場唱名分發，作業時間安排在基測放榜後；而適性輔導安置則不採計教育會考成績，時間較早；（2）在安置名額上，十二年就學安置是以各高中職核定招生名額外加 2% 的方式提供，而適性輔導安置大致為高中每一個班 1 個缺額，綜合高中每一個班 1.5 個缺額，高職每一個班 2 個缺額，均較十二年就學安置為多（張萬烽，2014）。

　　從「特殊教育通報網」之「身心障礙學生適性輔導安置」項目中，可以查詢全國，以及臺北市、新北市、臺中市、高雄市等四直轄市的適性輔導安置作業簡章及相關規定（https://adapt.set.edu.tw/index3-1.asp）。適性輔導安置共分三類（特殊教育學校、高級中等學校集中式特教班、高級中等學校），學生僅能選擇一類，不得重複申請（如表 5-1 所示），以學習障礙為例，僅能申請高級中等學校。參加適性輔導安置的資格是領有直轄市、縣／市政府鑑輔會證明或身心障礙手冊。持有「身心障礙證明」之學生，須經鑑輔會鑑定符合資格者，也包括未曾參加適性輔導安置之國中畢（結）業或具同等學歷（力）者（身心障礙學生適性輔導安置工作小組，2017）。

　　按《身心障礙學生適性安置高級中等學校實施要點》（2016）之規定，適性安置的實施方式如下：（1）由分區安置委員會依學生志願順序、生涯轉銜計畫（包括生活適應狀況、障礙類別及程度、多元優勢能力表現）、就近入學及學校特教資源等綜合研判予以安置；（2）安置結果應經聯合安置委員會確認。其中，「生涯轉銜計畫」係由國中端提供，特教老師要將該生的性向、興趣、能力做仔細的分析，加上與學生、家長的晤談，以利未來升學志願之選填。

　　另外，適性輔導安置是提供身心障礙國中學生多一個升學管道，並沒有限制學生參加一般升學考試（例如：會考、特色招生）的機會，因此適性輔導安置之後，可以先保留安置結果，再參加一般升學考試，然後從中

表 5-1　各類身心障礙學生適性輔導安置之選項

安置類別	特殊教育學校	高級中等學校集中式特教班	高級中等學校
智能障礙	✓	✓	
視覺障礙	✓		✓
聽覺障礙	✓		✓
學習障礙			✓
語言障礙			✓
腦性麻痺	✓		✓
肢體障礙	✓		✓
情緒行為障礙			✓
身體病弱			✓
自閉症（含智障）	✓	✓	
自閉症			✓
多重障礙（含智障）	✓	✓	
多重障礙（含視障／聽障／肢障）	✓		✓
其他障礙（含智障）	✓	✓	

資料來源：身心障礙學生適性輔導安置工作小組（2017）

選擇其中一項結果。依《身心障礙學生升學輔導辦法》（2013）第 3 條的規定，參加會考和特色招生的入學名額採外加方式辦理，不占各級主管教育行政機關原核定各校（系、科）招生名額。身心障礙學生參加免試入學者，其超額比序總積分加 25% 計算。參加特色招生入學者，依其採計成績，以加總分 25% 計算。假如未曾參加適性輔導安置之身心障礙學生，且免試入學、特色招生等其他升學管道皆未獲錄取，資格合乎適性輔導安置條件者，得報名「餘額安置」。

伍、小結

　　國小與國中這九年屬於義務教育範圍，是所有國民都必須接受的教育。2014 年開始雖然延長至十二年，從國小到高中職階段，但是高中職三年採志願、不強迫，故國中小和高中職之屬性仍不同。本節主要係透過一名個案在國中小階段的發展史來凸顯正確診斷的重要，有正確鑑定與診斷之後，後續的相關服務才能跟著到位。針對義務教育階段之學習障礙學生，筆者提出四項主要需求，包括：（1）學習基本學業技能與學習策略；（2）關注情意層面的發展，避免僅以學業成績的高低論斷學生的好壞，造成自我概念低落；（3）評估其學習困難可否透過評量調整，獲得更大潛能的發展；（4）加強學生對自我性向、興趣、能力之認識，選擇最適合的學校科系就讀。

第三節　高中職與大專階段

　　高中職與大專階段的學習障礙學生已經進入分流教育的軌道，各群科[2]／科系皆有不同的學習目標；此外，特殊教育服務模式也與中小學階段截然不同。大專階段各校多設置有資源教室，由資源教室的輔導人員提供相關服務，服務項目包括：（1）學習／學業輔導；（2）生活輔導；（3）心理／諮商輔導；（4）轉銜輔導（林月仙、何明珠，2013；林素貞，2009；陳秀芬、張正芬，2013；Duffy & Gugerty, 2005）。而高中職階段的合格特殊教育教師並非遍及各校，即便公立學校能夠聘請合格特教老師，員額也

2　高職教育自 99 學年度起規劃為以「群」為發展單位，共可分為 15 群，分別為機械、商業與管理、家政、動力機械、外語、餐旅、電機與電子、設計、海事、化工、農業、水產、土木與建築、食品、藝術。各群科之下又包含數個相關科系。詳細內容可參考教育部國民及學前教育署「生涯輔導資訊網」（http://career.cpshs.hcc.edu.tw/files/14-1001-950,r16-1.php）。

比國中小少很多，因此能提供直接教學的時數是極為有限。不管是大專或高中職，課業方面多由同儕擔任課業輔導小老師，或由老師擔任基本學科補救或證照考試輔導工作，特教老師或輔導人員主要是在協助內外部資源的整合和校內外的行政協調工作。

換言之，國中小階段的特教老師多能提供直接服務，但是高中職和大專階段會轉為間接服務模式，更多時候是需要當事者主動表達需求，才會獲得幫忙，服務未必會主動送上門。筆者認為，該階段的教育重點除了繼續增強基本學業技能和學習策略外，還要：（1）認識可用的資源與服務；（2）培養主動求助與自我倡導（self-advocacy）；（3）建立朋友圈（circle of friends）與支持團體。茲說明如下。

壹、認識可用的資源與服務

高中職階段可以提供的特殊教育及相關服務，包括：課業輔導、考試服務、輔具申請、教師助理員申請、專業團隊服務、無障礙環境安排、交通服務等。以學習障礙學生而言，需求較多在課業輔導、考試服務方面。

大專資源教室的服務內容涵蓋學習／學業輔導、生活輔導、心理／諮商輔導和轉銜輔導。學習輔導和生活輔導的工作較少與學校其他單位的業務重疊，是資源教室服務比較能夠發揮的部分（如表 5-2 所示）；至於心理／諮商輔導和轉銜輔導在大學既有的單位，例如：學生輔導中心、實習與就業輔導處、諮商與生涯發展中心等，多有專人協助學生處理情緒與人際困擾問題，提供職業性向評估和就業資訊等。學習障礙學生不一定只能靠資源教室的輔導人員幫忙。

另外，服務提供與否的前提是要建立在個案的需求上，並不是障礙之有無。以考試服務而言，各系所的評量方式未必都用紙筆測驗，因此在了解個案就讀系所的評量要求後，再考量申請的適切性，同時在個案提出申請後，輔導員也要聯繫任課教師給予說明，鼓勵學生主動跟任課教師表達自身的困境和需求，使調整方案獲得任課教師的理解與支持，而不是由資源教室的輔導人員直接請任課老師配合調整。畢竟教學專業部分還是要回

表 5-2　大專資源教室提供的學習和生活輔導內容舉例

面向	類型	舉例
學習輔導	考試服務	1.調整呈現方式：如報讀試題、提供點字試卷、放大或調整試卷之字距／行距。 2.調整作答方式：如以實作或口試取代紙筆測驗、電腦作答、代填答案。 3.調整評量場所：如獨立考場。 4.調整評量時間：如延長考試時間、分段考。
	學習協助	1.代抄筆記：協助聽寫困難與書寫困難之個案。 2.教材轉換：如將教材轉成有聲書、點字書，放大字體。 3.輔具借用：如錄音筆、FM 調頻助聽器、盲用電腦等。 4.課業輔導：提供基礎科目補救教學。 5.即時打字／手語翻譯：協助較嚴重的聽覺障礙個案。 6.學習策略指導：教導做筆記、考試、做摘要報告等策略。
	選課輔導	1.修課負荷：與個案討論課業負荷程度之適度性。 2.學分檢視：如檢視個案學分數與必修課之完成度，提醒需重修之課程規劃。 3.課程調整：如適應體育或體育特別班、英語加強班／專門班等。 4.豁免要求：如因個案障礙之故，造成難以通過畢業門檻（像是英檢中級），可於特推會討論如何變通畢業要求。
生活輔導	環境支援	1.教室安排：有電梯、無障礙坡道、近無障礙廁所。 2.座位調整：方便輪椅進出，座位加大，減少干擾刺激等。 3.寢室安排：考慮個案障礙狀況，安排合適之寢室，並取得室友的合作及理解。 4.交通安排：如申請復康巴士協助上下學。 5.改善校園無障礙環境（包括充實硬體設備，以及師生對身心障礙者的接納度）。
	人力支援	1.生活助理員：針對重度障礙學生而設。 2.工讀生服務：協助教室移動、用餐服務、圖書館借書等。 3.申請工讀：提供身心障礙學生在校內或校外工讀的機會，以增進其服務他人的能力，培養正向能量。 4.專業人員服務：如物理治療師、職能治療師、語言治療師等。 5.建立朋友圈或社交團體：透過朋友圈或社交團體學習人際互動技能。

資料來源：王瓊珠（2015）

歸給各任課教師來決定（王瓊珠，2015）。

貳、培養主動求助與自我倡導

　　高中職與大專階段都有規定要重新鑑定，以確認個體在另一個就學階段是否仍然需要特殊教育及相關服務。以 102 學年度大專校院身心障礙學生鑑定為例，兩次共鑑定 14,297 人次，「通過率」分別為 92.02% 和 83.95%；「不通過率」分別為 0.33% 和 8.40%。申請放棄身分的人數也從 171 人提高為 237 人，申請放棄的學生又以學習障礙類最多（上下學期分別有 93 人和 121 人），占全部放棄身分的學生人數 50% 以上，且其放棄之比例也是在各障礙類別中最高的（上下學期分別是 5.44% 和 11.37%）（王瓊珠，2014）。

　　申請放棄特殊教育學生的身分有不同的原因：有的是當事者覺得自己的能力可以應付新環境的挑戰；另外，也有人不希望一直帶著學習障礙的標籤，期待可以跟其他同學一樣，不要一直被當成被幫助的弱勢。但是，申請放棄身分不表示個體的學習困難消失，而是給其表達自我選擇的機會。

　　「自我倡導」是鼓勵身心障礙者為自己的權益／人權發聲，讓周遭的人、社區、社會，乃至於國家更了解自己的需求，而且這請求不是基於特權，而是人權。事實上，《身心障礙者權力公約》（2006）第 3 條已明確指出身心障礙者應享有的權力，包括：

1. **尊重個人的固有尊嚴和個人的自主，包括自由作出自己的選**
   擇，以及個人的自立。
2. 不歧視。
3. 充分有效地參與和融入社會。
4. 尊重差異，接受身心障礙是人的多樣性和人性的一部分。
5. 機會均等。
6. 無障礙。
7. 男女平等。

8. 尊重身心障礙兒童逐漸發展的能力，並尊重身心障礙兒童保持
   其身分特徵的權利。

　　王瓊珠（2013）的研究曾訪談 10 名大專學習障礙學生，其中一位學生
提到，他對於學習障礙的認識剛開始並不清楚，也不知道該怎樣跟別人解
釋自己的狀況，直到高中才愈來愈清楚，漸漸可以跟他人談論自己的困
難。他說道：

> 　　國中開始接受自己的成績應該是不好的，所以在成績上
> 面沒有說受到很大的打擊，一直都覺得自己就不是讀書的
> 料，後來就是有評量方式改變，評量方式改變之後，成績大
> 概就往上升。**那時候主要問題應該就是我對自己也不是很了
> 解，我也不知道學障到底是什麼，所以我也不太好跟人家解
> 釋。拿到（學障）證明之後，也會懷疑自己，你會害怕這證
> 明其實不是真的，就好像拿到一個免死金牌，就是說這些問
> 題都不是因為你不認真或是什麼，只是因為你本來就有困
> 難，可是你內心會害怕，是不是其實不是這樣，只是人家安
> 慰我，這樣跟我講，其實真的是因為（自己）不認真什麼之
> 類的。那時候不是很了解，你就不知道別人是怎麼樣，你只
> 知道自己，其實看不太出來你跟別人的差異在哪裡，然後就
> 是害怕啦，不太想跟別人講，因為自己都不是很確定自己的
> 狀況。**
>
> 　　我是覺得只要你講得夠清楚，大家應該都可以理解，大
> 家不會覺得你是特權或是什麼，……，高中的時候就比較了
> 解自己啦！所以也比較好陳述，……**你愈了解自己，就愈容
> 易回答別人，然後人家愈了解，就可以用平常的眼光來看
> 你。**

　　因此，自我倡導之前要先對自己有足夠的理解，才能清楚表達自己的
狀況和需求。以往資源班的課程較少放入自我倡導之議題，多以基本學科

技能的補救和社交技巧訓練為主，然而面對生態環境與國中小截然不同的要求，學習障礙學生若仍處於被動等待的心態，可能無法立即獲得幫助。

參、建立朋友圈與支持團體

實務上已發現不少身心障礙者雖然置身於融合教育的環境中，但實質上並沒有真正融入其中，他們彷彿是學校與社區的隱形人，有活動（例如：吃飯、逛街、運動等）也沒有辦法和同儕一起參與。因此，朋友圈的概念便是希望在身心障礙學生和一般同儕之間搭起友誼的橋梁，讓更多人認識並接納身心障礙者，願意一起活動（有興趣的讀者可以參閱 Circle of Friends - The Path to Inclusion 的網站，http://circleofriends.org/）。人際支持的重要性不僅在社交能力的成長，對學習也有助益。

DaDeppo（2009）曾對 97 名大一、大二的學障學生進行調查，了解哪些因素會左右學業成就和繼續留下來的堅持力（intent to persist），結果發現：「學術融合」（academic integration）和「社會融合」（social integration）兩項對學生的學業成就和堅持力有影響。「學術融合」是指，學生感受到在大學和師長、同儕學習有助於其心智增長；「社會融合」則是指，在學校人際間的聯繫。換言之，學生在校的人際關係和對學習的期待或抱負都會影響其學業表現。當學生有較多的社會支持，會讓他們在面對高度壓力時，心裡的幸福感仍然很高（林俊瑩、黃毅志，2006），而免於一直落入憂鬱情緒中。有助於學生繼續留下來，學習不會因為遇到困難就半途而廢。

王瓊珠（2013）的研究曾訪談 10 名大專學習障礙學生，發現多數受訪者與同學的關係是良好的，在生活和課業上需要朋友協助的也遠比老師來得多。有個案表示：「喜歡和同學一起修課，有同學相挺，增加學習動力，才不會怠惰。」也有人表示原先在高職念得很挫折，但上大學之後，就讀科系是自己喜歡的專業，一掃過去自卑與疏離的陰霾。他認為快樂的主因並非自己的成績有變好，而是能夠遇到興趣相投的人，互相交流。另外，還有一名受訪的大學生特別提到同儕的貼心舉動，他說：

那個室友對我服務很周到，連我和同學出去玩，在看餐廳菜單時，有人就這樣看過去，就要翻頁，結果他就用手擋住，然後就說：「等一下，他（指個案）看比較慢，要等他。」

肆、小結

　　高中職與大專階段屬於分流教育，不同的群科學習目標與要求也大不相同。再者，高中職與大專階段的特殊教育服務模式和中小學大不同，因此個案要了解可用的資源在哪裡？能清楚告知他人自己希望獲得哪些協助，並建立朋友圈與支持團體，以提升自己在學校學習與生活適應的能力。

第四節　就業階段

　　學習障礙者的就業是另一個發展的挑戰。Madaus（2008）指出，近四分之三的學習障礙者表示學習障礙在某種程度上會影響工作，最常影響工作的項目有寫作技巧不佳（51%）、處理速度慢（43%）、閱讀理解不足（36%）、組織能力差（29%）。換言之，學習障礙帶來的影響不是只有發生於在學期間而已，畢業後的就業還是有阻礙。

　　以下述的個案為例（見專欄4），由於文字理解與吸收能力受限，讓個案必須多靠手感實作來體驗；此外，參加紙筆類的證照考試也格外費力。可貴的是，靠著對美的追求與堅持，個案不斷地努力克服障礙帶來的不便，加上職訓班老師的支持與鼓勵，讓個案的專業表現獲得肯定，也增進其就業的本錢。

專欄 4　對美的堅持，黃偉翔拿下人生第一面獎牌

2015 年 11 月 7 日 NOWnews 今日新聞登出「黃偉翔獲得浴衣設計比賽第二名」的消息，筆者也想到 2014 年 3 月時，他才和四位大男生以學習障礙者的身分，應邀到台灣學障學會年會分享他們自己的成長故事，如今讀到他的好消息，鮮活模樣馬上浮現腦海。

2014 年，台灣學障學會成立十週年，首次邀請學習障礙者現身說法。在主持人呂偉白老師的力邀下，偉翔慨然允諾擔任我們的嘉賓。當天他的裝扮十分有型，戴著一頂帥氣又閃亮的帽子，配條大項鍊出場。他認為美的東西就是要有質感，值得堅持與追求，言談之間儼然是個未來的造型師。

從對談中得知，家住台中的偉翔從小不愛讀書，每次學完就忘記，考試成績總不理想，父母親以為他只是不用功、貪玩而從不以為意；升上國二後，在導師的建議下去做學習障礙鑑定，才知道他有學習障礙，讀、寫能力都較一般人差。後來，從事美髮業的父母相當開明，沒有苦苦逼迫偉翔讀書，他們發現孩子喜歡美的事物，就讓他順性而為，其重視的是孩子要自食其力，不要讀書不行、又好吃懶做。

偉翔高中時就讀服裝科，原以為能吸收更多服裝創作的知識，沒想到學校還是很重視證照考試，上課內容全都是以檢定為主。在與家人討論後，偉翔在高二休學，轉至夜間部美髮科就讀，白天則到坊間補習班學習車縫與打版技巧，為鍛鍊自己的車工，還到車縫工廠去磨練一年。學習有成的他，開起了個人工作室，幫鄰近學校的學生接單製作畢業展、美髮秀等客製化衣服。

他不光是努力學習車縫和打版技巧，也不計代價要考到汽車駕照，只為了可以妥當地將客人訂製的服裝和道具送達。由於他的識字能力不佳，光要讀完交通安全規則都是一大問題，因此額外花費上千元送到坊間請人打字加上注音，重新排版後印製成厚厚一本的題庫才能讀。而在考試時，因為無法閱讀，也必須申請語音報讀才能順利完成。

成立工作室之後，雖然有些小成就，但同業競爭是激烈的。同業挑

戰他做的衣服根本不能穿，激起他想再精進自己的服裝打版實力。於是在朋友的介紹下，報名了桃竹苗分署的「服裝樣版設計班」，從基本功練起。在學習服裝創作上，偉翔坦言訓練師上課講一遍，他可能下課就忘了，所以常常要反覆不斷地問好幾遍，或是將自己試作好的版型拿給訓練師指導，才能得到答案。

為了參加浴衣設計比賽，順便驗收自己訓練的結果，從設計、打版到車縫，偉翔特別上網去查詢日本浴衣的歷史，花了兩個多禮拜的時間完成；而他所設計的浴衣，突破傳統形式，以鮮艷色彩及不同單品結合成的浴衣，兼具舒適及設計感，在比賽中獲得評審一致的讚賞，打敗了眾多競爭者，勇奪第二名。黃偉翔在獲知得獎後哽咽表示：「感謝桃竹苗分署服裝班的訓練師不厭其煩的讓我問問題，幫我解答疑惑，尤其是馮紫蘭老師在設計上給的諸多指導，才讓我能順利完成作品；在我的人生中從沒有拿過任何名次，永遠都是倒數，但在服裝的領域中，我拿下了人生第一個獎牌！」

參考資料：改寫自今日傳媒股份有限公司公司（2015 年 11 月 7 日）；台
　　　　　灣學障學會（2014 年 5 月 15 日）

　　根據一項美國長達二十年的追蹤研究（Raskind, Goldberg, Higgins, & Herman, 1999），研究者訪問 50 位小時候被鑑定為學習障礙的成人，探討哪些因素可預測個體將來的發展，在眾多的影響因素中歸結出三大項：智力、成就，以及成功特質（例如：自我覺知、積極主動、勤奮、情緒穩定、設定目標，以及社會支持系統），其中最後一項成功特質的預測力最高，大約占 49 至 75%，而智力和成就的影響力相對就微不足道。

　　蔡明富（2001）曾研究一名學習障礙教師——W 先生。他雖然在數學和機械操作能力俱佳，但是國文和英文就很不行，記憶和書寫都有困難，因此在傳統的紙筆測驗中經常失利，若不是一些考試（例如：乙級技術士考試）以是非和選擇題方式作答，並不需要寫很多文字，外加術科考試，一般學障生想在傳統大型考試中突破得分困境並不容易。W 先生也是歷經

多次失敗，直到考上私立職校後，才慢慢找到適合自己的學習管道，建立學習的信心，經過一步一步地進修，後來擔任職校汽修科科主任。

王瓊珠（2002）曾整理文獻，歸結出兩大因素是促成學習障礙成人的生活有較好的品質——個案的人格特質、重要他人的支持（洪儷瑜等人，1997；蔡明富，2001；Hellendoorn & Ruijssenaars, 2000; Morris, 2002; Raskind et al., 1999）。在人格特質方面，有以下幾點特色：（1）自我覺知（self-awareness）：了解並接受自己有學習障礙，清楚自己的長、短處，會找資源協助自我克服困難，不會因為學習障礙一項困難，就全盤否定自己的能力；（2）積極主動（proactivity）：會主動參與身邊的事務，相信自己能夠做決定並掌握命運，對事情的結果，無論成敗都能坦然面對；（3）勤奮（perseverance）：不輕言放棄所追求的目標，愈挫愈勇，視磨難和挑戰是邁向成功的必經之路；（4）設定目標（goal setting）：很早就知道自己的志向，會設定合理可及的奮鬥目標並逐步完成理想；（5）情緒穩定（emotional stability）：遇到困難時會用比較樂觀的態度面對，有良好的友伴關係，情緒不佳時有人傾訴。另外，許多成功的學障成人都會提及生命中的貴人，包括：家人、老師、同事、朋友等，這些人經常扮演提供支持的角色，同時也對個案抱持清楚而實際的期待。Hellendoorn 與 Ruijssenaars（2000）在對 27 位荷蘭讀寫障礙成人的訪談中，許多人提到父母的支持（遠多於老師）是讓他們度過艱困學校生涯的一個重要支撐力。此外，在小學階段的學校經驗愈正向者，長大後愈能接納自己障礙的事實。

近年來，英國雪菲爾大學（University of Sheffield）有幾位研究者（如Nicolson, 2015）對於各行各業成功的學習障礙成人之研究不遺餘力，他們認為與其從失敗／缺陷的觀點來探究讀寫障礙者該怎樣補救，不如從積極的角度來了解：為什麼有些讀寫障礙的人成功了，以及他們憑什麼成功。經由訪談多名不同領域或相同領域的成功學習障礙人士後，他們歸納出三個成功的重要支柱，分別是認知技能、社會技能、工作技能。認知技能的強項有視覺空間能力（visuo-spatial skill）、巨觀能力（big picture），以及創造力；社會技能方面是同理心（empathy）、團隊合作，以及溝通能力；工作技能方面則是決心／韌性（determination/resilience）、積極主動、彈性

因應（flexible coping）。因此，他們建議診斷評估可以聚焦在個案有上述哪些強項能力／特質，以建立個案對自己的正向企圖心，往設定的目標發展，將來才可能獲得成功就業的機會。

　　吳佩倫（2015）曾對 3 名就業達兩年以上的學習障礙成人進行就業歷程的訪談，研究結果指出：個案在生涯探索與抉擇時會考慮自己的優弱勢能力與興趣，但也不是一剛開始就很清楚自己要做什麼工作，而是多方嘗試後，慢慢知道自己做哪些工作時的學習力較佳或是感到開心。面對學習障礙造成就業的阻礙時，他們會運用一些方法加以克服，像是減少接觸機會、避免需要大量閱讀和寫字的工作，若真的一定非碰不可，也只能靠大量練習、請他人協助，或運用替代方式，例如：打字替代手寫、用同音字或符號表示目標字、抓標題讀、使用網路查詢正確字等。

第五節　結語

　　本章主要係從發展的歷程來看各階段學習障礙者可能會面臨的挑戰與成長任務。學前階段雖然有不少個案已經有些徵兆（例如：語言、動作發展比較慢，專注力較差等），但是因為學校正式讀、寫、算的課程尚未啟動，因此不容易在學前階段就確認學習障礙。黃己娥、王天苗（2007）曾對一名五專的學習障礙個案及其重要他人進行深度的訪談，家長其實在學前就發現個案有很多問題，卻是幾番波折後，到國小三年級才確認。目前，學前階段的研究是希望及早找到影響學習成果的危險因子，能在發展初期就對學習障礙高危險群學童進行介入。

　　到了國中小階段，因為已經開始正式學習基本讀、寫、算課程，學習差異較容易被家長和老師察覺，加上中小學特殊教育鑑定與安置都較為完善，在此義務教育階段，除了基本學業技能與學習策略的指導外，情意的部分也不要忽略，如能透過評量調整和適性輔導，找到學生的亮點，將有助於後續的生涯發展。

　　到了高中職和大專階段，由於目前的就學機會大增，現在關注的焦點

變成是學習障礙學生能否有良好的學習和生活適應。當學科或技術的要求門檻更高時，假若基礎能力不夠或是不清楚自己的優弱勢，而選擇不適切的科系，會讓學習之路更為艱難。再者，高中職和大專階段的特教服務型態也偏重於間接服務，以賦權增能（empowerment）為主，不建議被動等待資源提供，反而要鼓勵學習障礙者積極了解資源所在並主動求助。資源包括：朋友、師長、學校相關部門，以及各項學習輔具等。

至於成人就業階段，每個人的發展就更不同，從一些就業的案例來看，真正影響就業的不一定是過往的課業成績，而是人格特質是否能夠展現自我覺知、積極主動、勤奮、設定目標、情緒穩定、能與他人溝通、團隊合作、尋求資源等。許多成功學習障礙人士的案例（詳見本書附錄D）最後都繞過困難點，盡可能發揮優勢能力，朝自己擅長的領域來發展。學習障礙者是可以逆轉勝，把障礙變成祝福，走出自己的一片天地。

個案討論

一位學習障礙高中生的自述

回顧前面的成長與學習歷程，和一般高中生一樣再平凡不過了，但是那箇中的辛苦，卻是點滴在心頭。

父母和學校老師在我入學不久，便發現我在學習文字上有困難。小學二年級時經鑑定確認我有閱讀書寫障礙，之後就開始我不斷奮鬥的人生。

我記得達文西（寫鏡像字）、愛迪生（小時候被老師當笨蛋）、愛因斯坦（論文寫錯字）都疑似是閱讀障礙，而他們的故事在小時候總激勵著我，從那個時候我知道我要努力克服自己的弱勢，並將我的優勢發揚光大。

根據小學二年級閱讀障礙鑑定時做的「魏氏兒童智力量表」，我的智商沒有問題，學習方面，除了語文領域，也沒有什麼困難，甚至在美術領域上有出色的表現。

我在語文方面的困難是在文字的記憶與書寫方面，口語表達完全沒有問題。小時候常常記不起國字怎麼寫、寫鏡像字，寫不出來的字常以注音代替，也寫得慢。

幸好一路上我遇到許多好老師，並且有我的父母陪伴。老師不介意多花時間來解讀我寫的注音，認真的批改我的作業，讓我重拾對學習的信心與熱忱。父母的專業背景知道「書寫」的困難在電腦輔助下不成問題，「閱讀」的障礙則要靠大量閱讀增加識字量來克服。他們從小就不斷鼓勵我，母親幫我們兄弟準備很多的書籍閱讀，讓我習慣閱讀文字，從閱讀中獲得樂趣，不因閱讀障礙而放棄讀書，哥哥也在他擅長的領域上教導我。在大量閱讀之下，我的國文能力獲得明顯的改善（雖然偶爾還有錯字），若再加上科技的輔助，使用電腦取代手寫，我的中文書寫表達甚至比很多同學優秀，學測非選擇題獲得高分（A）就是一個證明。

閱讀障礙雖然帶給我許多的痛苦與麻煩，而且也從小不斷接受挫折

的洗禮，但因為它，我更能珍惜自己所擁有的優勢，更能找到擅長的科目，也因此比同儕更早開始思考自己的未來。人不可能樣樣精通、十項全能，在我有困難的地方或許我拼命努力也只能勉強跟普通人看齊，不過在我出色的領域中，我將會綻放出耀眼光芒。

問題討論

1. 個案了解自己的問題在哪裡嗎？

2. 從個案的故事中，你認為哪些是他發展上的助力？

3. 當學生對於自己的學習障礙有很負面的情緒時（例如：認為自己是笨蛋、功課爛、一無是處、沒救了等），身為老師或家長，可以怎樣鼓勵他？

參考文獻

中文部分

今日傳媒股份有限公司公司（2015 年 11 月 7 日）。黃偉翔參與職訓　拿人生第一面獎牌。**NOWnews 今日新聞**。取自 https://www.nownews.com/news/20151107/1873432

台灣學障學會（2014 年 5 月 15 日）。**台灣學障學會第九期電子報**。取自 http://c.nknu.edu.tw/TALD/UploadFile/Active/2014529104858/%E5%AD%B8%E6%9C%83%E9%9B%BB%E5%AD%90%E5%A0%B1%E7%AC%AC9%E6%9C%9F20140510.pdf

王瓊珠（2002）。**學習障礙：家長與教師手冊**。臺北市：心理。

王瓊珠（2013）。**學習障礙大學生在校生活適應與發展研究（Ⅰ）**。行政院科技部補助專題研究計畫報告（編號 NSC101-2410-H-017-010-）。

王瓊珠（2014）。大專校院身心障礙學生鑑定工作之困境與解套建議。載於 **2014 中華民國特殊教育學會年刊「融合教育之回顧與展望」**（頁 33-44）。臺北市：中華民國特殊教育學會。

王瓊珠（2015）。大專校院身心障礙學生個別化支持計畫。**特殊教育季刊**，**135**，1-8。

吳佩倫（2015）。**學習障礙者就業歷程與工作適應之研究**（未出版之碩士論文）。國立高雄師範大學，高雄市。

身心障礙者權力公約（2006）。取自 http://hre.pro.edu.tw/2-1.php。

身心障礙學生升學輔導辦法（2013 年 8 月 22 日修正）。

身心障礙學生適性安置高級中等學校實施要點（2016 年 12 月 20 日修正）。

身心障礙學生適性輔導安置工作小組（2017）。**107 學年度身心障礙學生適性輔導安置**。取自 https://adapt.set.edu.tw/default.asp

林月仙、何明珠（2013）。大專校院資源教室輔導經驗分享：以國立虎尾科技大學為例。**特殊教育季刊**，**128**，11-18。

林俊瑩、黃毅志（2006）。社會網絡與心理幸福因果關聯的方向性之探

討：臺東師院追蹤調查資料的貫時性分析。**臺灣教育社會學研究，6**（1），1-39。

林素貞（2009）。**資源教室方案與經營**。臺北市：五南。

宣崇慧（2014）。二年級「持續型」與「晚發型」識字困難學童早期區辨效能之檢測。**特殊教育研究學刊，39**（2），61-86。

洪儷瑜、余曉珍、呂美娟、黃裕惠、李玉錦、邱金滿、陳秀芬（1997）。從成功的學障成人之觀點看學習障礙教育。載於**一九九七年海峽兩岸特殊教育學術研討會手冊**（頁 375-393）。臺北市：臺灣師範大學。

洪儷瑜（策劃）（1996）。**認識學習障礙：家長手冊**。臺北市：林堉琪先生紀念基金會。

洪蘭（譯）（2009）。**學習樂觀‧樂觀學習**（第二版）（原作者：M. Seligman）。臺北市：遠流。

特殊教育法（2014 年 6 月 18 日修正）。

國民小學及國民中學學生成績評量準則（2017 年 10 月 24 日修正）。

國民教育法（2007 年 7 月 4 日修正）。

張萬烽（2014）。身心障礙學生適性輔導安置實施現況與改進之道。**特教園丁，29**（4），1-10。

陳秀芬、張正芬（2013）。大專校院資源教室服務模式：以國立臺灣師範大學為例。**特殊教育季刊，128**，1-10。

陳琬潔（2012）。電腦語音報讀對國中一般學生及學習障礙學生閱讀理解測驗之成效比較（未出版之碩士論文）。國立高雄師範大學，高雄市。

曾世杰、陳淑麗（2010）。快速唸名與閱讀障礙。載於柯華葳（主編），**中文閱讀障礙**（頁 63-94）。臺北市：心理。

曾世杰、簡淑真、張媛婷、周蘭芳、連芸伶（2005）。以早期唸名速度及聲韻覺識預測中文閱讀與認字：一個追蹤四年的相關研究。**特殊教育研究學刊，28**，123-144。

黃己娥、王天苗（2007）。迢迢學習路：一位學障學生的學習經驗。**特殊教育研究學刊，32**（3），111-132。

蔡明富（2001）。回首「學」時路：一位學障教師生涯歷程及其影響因素的探討。**資優教育季刊，80**，4-15。

英文部分

Catts, H. W., & Kamhi, A. G. (1999). *Language and reading disabilities*. Needham Heights, MA: Allyn & Bacon.

Catts, H. W., Fey, M. E., Tomblin, J. B., & Zhang, X. (2002). A longitudinal investigation of reading outcomes in children with language impairments. *Journal of Speech, Language, and Hearing Research, 45*, 1142-1157.

DaDeppo, L. M. W. (2009). Integration factors related to the academic success and intent to persist of college students with learning disabilities. *Learning Disabilities Research & Practice, 24*(3), 122-131.

Duffy, F. T., & Gugerty, J. M. (2005). The role of disability support services. In E. E. Getzel, & P. Wehman (Eds.), *Going to college* (pp. 89-115). Baltimore, MD: Paul H. Brookes.

Gabrieli, J. D. (2009). Dyslexia: A new synergy between education and cognitive neuroscience. *Science, 325*(5938), 280-283.

Hellendoorn, J., & Ruijssenaars, W. (2000). Personal experiences and adjustment of Dutch adults with dyslexia. *Remedial and Special Education, 21*, 227-239.

Learning Disabilities Association of America. (n.d.). *Symptoms of learning disabilities*. Retrieved from https://ldaamerica.org/symptoms-of-learning-disabilities/

Madaus, J. W. (2008). Employment self-disclosure and rationales of university graduates with learning disabilities. *Journal of Learning Disabilities, 41*(4), 291-299.

Morris, B. (2002). Overcoming dyslexia. *Fortune*, 60-69.

Nicolson, R. (2015). *Positive dyslexia*. Sheffield, UK: Rodin Books.

Ozernov-Palchik, O., & Gaab, N. (2016). Tackling the early identification of dyslexia with the help of neuroimaging. *Perspectives on Language and Literacy,*

42(1), 11-17.

Raskind, M. H., Goldberg, R. J., Higgins, E. L., & Herman, K. L. (1999). Patterns of change and predictors of success in individuals with learning disabilities: Results from a twenty-year longitudinal study. *Learning Disabilities Research & Practice, 14*, 35-49.

Thompson, P. A., Hulme, C., Nash, H. M., Gooch, D., Hayiou-Thomas, E., & Snowling, M. J. (2015). Developmental dyslexia: Predicting individual risk. *Journal of Child Psychology and Psychiatry, 56*(9), 976-987.

Vellutino, F. R., Fletcher, J. M., Snowling, M. J., & Scanlon, D. M. (2004). Specific reading disability (dyslexia): What have we learned in the past four decades? *Journal of Child Psychological Psychiatry, 45*, 2-40.

第六章
有效教學之學理基礎

　　2013年6月號的《親子天下》專訪國內知名歌手蕭敬騰先生。他有閱讀障礙，連最基本的字詞都沒辦法理解，無論怎麼專心努力，好像都沒辦法吸收進去。國中時期成天打架鬧事，直到少輔組的志工主動接近他，又善用他喜歡音樂的長處，讓他教其他大朋友、小朋友打爵士鼓，幫他報名「善心人士獎」的選拔，最後也真的獲獎，讓他開始相信：「原來，我不是社會的負擔，還可以幫社會做很多事情」，他說到：「那溫暖，讓我想變成好一點的人。」

　　學習障礙學生最初多有基本學業明顯落後同儕的問題，學習落後還可能衍生其他行為問題，故不能掉以輕心。教學是老師和學生之間的互動歷程，進行教學前必先了解學生的本質與能力，才能因材施教。多數老師都知道教學前要掌握學生的起點行為，評估學生的能力到哪裡，但是在教學當中，還有一個很重要的議題是：如何喚起學生想學習的慾望、讓他們想要變成「好一點的人」。也就是說，成功而有效的教學是兼顧個體的認知和情意發展，用對的方法達到不錯的學習成效，也激勵個體向上的動力。

　　本章係從理論的觀點進行有效教學的討論。有理論基礎之後，教學者會明白諸多聽、說、讀、寫、算的教學策略或教材設計都有它的道理在，不會只是知其然，而不知其所以然，或以為非固守一些步驟不可。然而，本章並沒有要窮究所有的理論，只就特殊教育中最常運用的心理學派做說明，包括：發展心理學（developmental psychology）、行為心理學（behavioral psychology），以及認知心理學（cognitive psychology）。最後再談一些關於學習障礙學生的心理輔導。

第一節　從發展心理學談有效教學

　　發展心理學主要係從個體發展的角度來談教學的時機。在我國古籍《禮記・學記篇》就提到諸多教學的原則，像是：「當其可之謂時，不陵節而施之謂孫」，如果不注意教學的時機與順序，那麼：「時過然後學，則勤苦而難成；雜施而不孫，則壞亂而不修」。個體的發展是否有順序和階段呢？如果有，發展心理學的理論觀點對教學又有什麼啟示呢？

壹、理論簡介

　　瑞士心理學家 Piaget 是發展心理學代表人物之一，他從觀察幼童認知發展的變化中，歸納出發展的四個時期，分別是感覺動作期（sensorimotor stage）、運思前期（preoperational stage）、具體運思期（concrete operations stage），以及形式運思期（formal operations stage）。不同的發展時期表示個體思考方式的變化：「感覺動作期」（約 2 歲前）是指，個體透過大量感官、動作來認識周圍的環境，例如：小小孩看到蘋果時，會拿起來聞一聞、轉一轉、咬一咬、拍一拍，從實際的操弄當中，感受到這物品的各種特質（味道、色彩、形狀、口感等）；「運思前期」（約 2 至 7 歲）是指，個體多從單向、直觀方式進行判斷，例如：看到兩個大小不一的瓶子，直覺上認為水位高的，水比較多，而沒有考慮到容量的問題；到了「具體運思期」（約 7 至 11 歲）時，個體比較能夠依照經驗進行推論，而不需要實際操弄才懂，例如：看到 5 顆糖果，可以直接說出 5，不需要確切點數，才知道有多少；而換成是「冰原上有 1000 隻大企鵝和 100 隻小企鵝，請問共有多少隻企鵝？」的問題時，學童也可以進行運算，不必真的看到這麼多企鵝才會運算；到了「形式運思期」（約 11 歲以上）時，個體已經可以進行抽象思考或按照某個原則進行推理，例如：用 X 代表未知的某樣東西，假使這樣東西有 5 個，就知道可以用 X＋X＋X＋X＋X 表示，也可以寫

成 5 乘以 X、5 個 X 或 5X；又假如這些物品的總價為 Y 元，我們可以列一個式子，即 5X ＝ Y；這些思維是抽象的，不需要真正對應到某個具體的東西才成立，僅依規則就能推導。這時個體在思維上又跳躍一大步。

　　Piaget 的認知發展談的就是個體思考方式如何轉變，從非常具體的操作，進入部分具體的觀察，到最後憑藉抽象的規則進行推論。他的理論提醒了教學者要留意個體的認知發展。但，是否個體的能力未到位就沒辦法教下去？也不盡然。和 Piaget 生於同時代的俄羅斯發展心理學家 Vygotsky 提到「近側發展區」（zone of proximal development，簡稱 ZPD）的概念，所謂 ZPD 是指個體可以「獨立完成」和可以「在協助之下完成」的差距，這個落差正是教學者的著力點，也就是不是教孩子已經會的事情，而是還需要提醒，但是難度又不會過高的內容。

貳、對教學的啟示

　　在閱讀教學上，美國學者 J. S. Chall 表示自己提出的閱讀發展階段乃是嫁接於 Piaget 的認知理論，與 Piaget 的理論有異曲同工之處。Chall（1996）認為，不同年紀的讀者在閱讀行為的質量亦有變化。根據各階段的特殊性，她將閱讀發展分為閱讀前期（prereading）、識字期（decoding）、流暢期（confirmation, fluency, ungluing from print）、閱讀新知期（reading for the new）、多元觀點期（multiple viewpoints），以及建構和重建期（construction and reconstruction-a world view），每個階段各有不同的任務（如表 6-1 所示）。前三期為「學習閱讀」（learning to read），後三期則為「由閱讀中學習」（reading to learn）。後一個閱讀發展階段乃奠基於前一個階段，但並不表示一定要前者發展完備才能進入下一個階段。

　　閱讀或學習障礙學童在階段 1 和 2 有相當大的困難。對於有閱讀困難的孩子要及早提供協助，否則拖到階段 3 以後，會讓孩子在各方面的學習都受到拖累，以至於原本只是識字困難，到後來連認知發展都落後（Chall, 1996, p. 120）。Chall 的發展階段對教學或評量皆具指引作用，教師可以評估教學介入是否已經提升學生的閱讀能力，或是從評量結果去判斷個體的閱讀能

表 6-1　Chall 的閱讀發展階段

階段別	行為特徵與重要發展任務
階段 0：閱讀前期	1.約略知道書寫是什麼，哪些是或像是書寫。 2.認得常見的標誌、符號、包裝名稱。 3.會認幾個常常唸的故事書中出現的字。 4.會把書拿正，邊唸邊用手指字。 5.看圖說故事或補充故事內容。 6.會一頁一頁翻書。
階段 1：識字期	1.學習字母和字音之間的對應關係。 2.閱讀時半記半猜。 3.認字錯誤，從字形相似但字義不合上下文，到字形、字義都接近原字。
階段 2：流暢期	1.更確認所讀的故事。 2.閱讀的流暢性增加。 3.是閱讀困難是否有改善的重要契機。 4.為建立閱讀的流暢性，大量閱讀許多熟知的故事很必要。
階段 3：閱讀新知期	1.以閱讀方式來吸收新知。 2.先備知識和字彙有限，閱讀的內容屬於論述清楚、觀點單一。 3.初期是由視聽管道進來的訊息學得較閱讀來的快，但後期則相反。 4.是字彙和先備知識增長的重要時刻。 5.學習如何有效閱讀訊息。
階段 4：多元觀點期	1.閱讀內容的長度和複雜度增加。 2.閱讀的內容觀點多樣化。
階段 5：建構和重建期	1.選擇性閱讀。 2.不是被動接受作者的觀點，會藉由分析、綜合、判斷，形成看法。

資料來源：Chall（1996）

力發展之狀況如何。

　　洪儷瑜（2011）也參考Chall閱讀發展的觀點、Moreau與Zagula的敘事能力發展，提出一個語文能力發展課程架構——特殊學生語文能力發展課程之通用架構（developmental approach for literacy curriculum for students with special needs in universal framewok，簡稱DALC_SEN）（如表6-2所示），使特教老師在診斷語文能力和調整語文課程時有所本。該架構從語文發展的角度，涵蓋個體的語文能力從沒有口語溝通能力進入到閱讀學習新知，不同的階段給予不同的學習目標。洪儷瑜也特別提到：「每個學生不一定要完成所有層次，依據學生的能力、生理年齡和環境要求，在該目標達成時，可以在下一階段選擇適合學生學習的目標」（頁7）。換言之，此參考架構讓教學者知悉下一個發展目標在哪裡，而不是重複原年級的課程內容，像是不會注音拼音的小四學生，卻仍然從小一的課文開始上起，而沒有考慮到個案的發展年齡，以及其他語文能力（聽、說、讀、寫）全面的發展狀況。

表6-2　特殊學生語文能力發展課程之通用架構摘要表

階段	層次	學習目標
I.口語發展	Level 1-1 沒有口語溝通能力	●口語發音、對聲音有系統反應，甚至可以理解。 ●使用圖畫或符號溝通。
	Level 1-2 有限的口語能力	●增進口語表達和理解的能力（詞彙、句型）。 ●閱讀圖卡或圖畫書、繪本。
	Level 1-3 閱讀萌發	●口語敘事表達和理解能力。 ●閱讀繪本。 ●直接認讀高頻字詞。
II.學習讀寫字	Level 2-1 有限的口語能力，學習讀寫字	●增進口語表達和理解能力 ●閱讀圖卡或圖畫書、繪本。 ●直接認讀高頻字詞。

表 6-2　特殊學生語文能力發展課程之通用架構摘要表（續）

階段	層次	學習目標
II.學習讀寫字	Level 2-2 利用視覺直認方式，學習讀寫字	●直接認讀字量增加。 ●可以朗讀短文或故事。 ●可以理解熟悉主題的短文或故事。
	Level 2-3 利用解碼學習讀寫字	●識字解碼的技巧，會拼注音符號或猜字。 ●可以朗讀短文或故事。 ●可以理解熟悉主題的短文或故事。
III.基本語文能力鞏固	Level 3-1 流暢認讀功能性高頻字	●增加直接認讀字詞量。 ●流暢的讀字和短文。 ●可以利用會的高頻字進行朗讀、書寫、理解和表達等語文活動。
	Level 3-2 讀寫差距很大，識字能力遠優於書寫，嚴重書寫困難	●熟悉組字規則，利用組字規則拼字。 ●在高頻字的範圍內進行朗讀、書寫和理解等語文活動。
	Level 3-3 基本語文技巧自動化	●拼讀字非常流暢。 ●可以利用拼音朗讀新字。 ●流暢的朗讀該層次的讀本。 ●可以在該層次的讀本進行讀寫等語文活動。
IV.有目標的閱讀	Level 4-1 基本字義理解	●可以字義理解所閱讀的文本。 ●可以利用文本學習新的詞彙、句型。
	Level 4-2 功能性或有限的閱讀	●在該層次的文本進行有目標的閱讀，如蒐集資料或娛樂。 ●精熟日常生活所需的功能性語文技巧。
	Level 4-3 利用閱讀學習新知	●可以進行目標的閱讀，如由文本取得資訊或娛樂。 ●由閱讀習得進一步的語文技巧，以做為未來閱讀之用，例如：不同文體、不同寫作風格。

資料來源：洪儷瑜（2011）

第二節　從行為心理學談有效教學

　　談到行為心理學就讓人想到美國心理學家 Skinner。從 20 世紀中葉到末，行為心理學大為風行，特殊教育也受到極大的影響，例如：「個別化教育計畫」（IEP）長、短期目標的擬定，就強調目標要具體、可測量；「課程本位測量」（curriculum-based measurement，簡稱 CBM）主張，用明確行為及數據表達學生學習進步的狀況。無論是早期的「行為改變技術」（behavior modification）、後來的「功能行為評量」（functional behavioral assessment），乃至於近年流行的「應用行為分析」（applied behavior analysis，簡稱 ABA），都源自於行為心理學。換言之，行為心理學在特殊教育的應用相當廣泛。以下簡介行為心理學的基本概念以及它對教學的影響。

壹、理論簡介

　　行為心理學關注可見的外顯行為，而非內在摸不著的想法。心理學家 Skinner 早期對動物做過一些實驗，例如：他讓動物箱內的小老鼠在無意中壓到桿子，然後獲得喜愛的食物，之後觀察到老鼠會一直去壓桿子，看看是否能夠獲得源源不斷的食物。這實驗結果延伸到人類行為的解釋，認為人類行為同樣受到前一行為結果的影響，假如先前的作為受到鼓勵，就會讓個體繼續做下去，因為反應結果受到「增強」（reinforcement）；反之，如果受到懲罰或不好的結果，行為就會趨於收斂或停止。所以，個體透過反覆操作，記住獲得的結果，然後累積學習經驗，不致於一直犯相同的錯誤，人的行為就是透過該歷程慢慢地被塑造（shaping）。

　　在行為心理學的概念中，所謂「行為」一定要能清楚界定，而不是一些籠統的詞彙，例如：「企圖心」、「上進心」、「過動」，這些詞彙都應該要從行為表現去界定它；舉凡無法界定清楚的行為，就難以測量和觀

察。再者，在行為塑造技巧中，教學者要注意行為反應的後續效果是什麼，以及何時給予後效增強，例如：當學生有正確的反應時，老師馬上給予讚賞，同時說明為什麼這個行為是很棒的，學生就能很容易連結行為反應和獎賞之間的關係，下次想要獲得老師稱許時，比較會再次重複該行為。假使學生有正確的反應，但是老師只是籠統地說：「好棒！」卻沒有點出具體原因，或在行為發生很久之後才嘉許，學生就比較難以連結行為反應和獎賞之間的關係。

貳、對教學的啟示

從行為心理學的觀點而產生的教學設計原理和行為管理技術不勝枚舉，以下僅以「直接教學」（Direct Instruction，簡稱 DI）做說明。DI 是1966 至 1969 年間由伊利諾州（State of Illinois）的一位經驗豐富之幼兒園教師 Siegfried Engelmann 發展出初步的教學模式，後來又先後跟任教於伊利諾大學（University of Illinois）的 Bereiter 教授和 Becker 教授一起合作，將整套教學模式發展得更完整（林素貞，1996）。

直接教學係以教師為中心的一種高度結構化的教學法，強調教學之前要仔細分析學生的起點行為，提供與其程度相符的課程內容，在教學過程中隨時記錄與分析其學習成果，若有錯誤便立即更正，不讓錯誤積累，而混淆正確反應。同時，為增加學生投入學習的時間（engaged time），教學時相當重視常規的建立，包括：要求學生坐好、大聲唸、依指令回答、尊重他人等。另外，亦要求老師的教學指令清楚、一致，讓學生很容易知道要何時反應，例如：以彈指方式請全部學生一起回答；以前後一致的指令，固定說「換我（指老師）」、「跟我一起說」、「換你們（指學生）」，讓學生知道現在是只聽不說，還是聽完之後要重複老師的話，或是老師要學生獨立作答。由於口條一致，學生比較快掌握上課規矩，故能將心力集中於學習，也省下老師在上課中又要處理班級常規的時間。再者，直接教學不僅關注於教學施行的步驟，還注重教材或課程的研發，以求其課程內容的系統化與整體化。研發過程首先要分析國家的課程綱要與

學習目標，然後根據目標發展初步的教案，經由實驗確認成效後，再將原有的初步教案發展為更細的教案、更小的單元課程，以方便學生消化吸收，特別是對學習低成就的學生而言，更需要如此進行。

綜而言之，直接教學強調循序漸進、有系統地讓學生精熟每個小技能，最後搭建出堅強的實力。在教學過程中，教師必須盡其所能讓學生的每一分每一秒花在學習上，教學步調有節奏，並不特別慢。學習過程重視正確性，一旦有出錯，教案中也擬定更正方式，讓老師更正錯誤時亦有所本。

宣崇慧、盧台華（2010）以直接教學法教導三名國小二年級識字困難學童學習單字與字詞造句應用之成效。三名識字困難學童的認知狀況不同：一名為唸名速度缺陷、一名是唸名速度和聲韻覺識皆有缺陷，以及一名為無認知缺陷。透過單一受試跨行為多試探設計，以探討教學成效是否可以複製在三位不同認知表現類型之識字困難學童。單字教學依照 DI 的教學原則進行，並將字音與字形相似的字，分散在不同教學節次內進行。字詞應用造句乃依照 DI 詞彙教學，根據不同詞彙性質設計「定義」、「圖示」與「同義詞的使用」三種方式來教導，並以正反例不斷提問，以幫助學童釐清詞彙意義與使用方式。研究結果顯示：學童接受教學介入後，在識字與字詞造句應用上，均有正向的進步趨勢。

第三節　從認知心理學談有效教學

認知心理學與行為心理學很不同的地方是，它關注人類大腦學習與思考的歷程。行為心理學關注外在刺激輸入和行為反應的連結，但是認知心理學好奇的則是刺激輸入之後，到底中間發生什麼事情，以致於個體產生某種行為反應。簡單地說，認知心理學想知道黑箱裡發生的事情，其關注的認知能力，包括：注意、感覺、知覺、記憶、理解、推理、創造等。

認知心理學的觀點對於學習障礙概念之論述乃占有一席之地。《身心障礙及資賦優異學生鑑定辦法》（2013）在學習障礙的定義中提到：「學

習障礙，統稱神經心理功能異常而顯現出<u>注意、記憶、理解、知覺、知覺動作、推理等能力有問題</u>，致在聽、說、讀、寫或算等學習上有顯著困難者」（第 10 條）。此定義指出，學習障礙是有其生理源頭，進而影響個體的認知能力，最後反應在基本聽、說、讀、寫、算的學習上。另外，學習策略教學也與認知心理學有密切關係。以下簡介認知心理學的基本概念以及它對教學的啟示。

壹、理論簡介

認知心理學關注人類大腦學習與思考的歷程，想知道刺激—反應如何在黑箱裡運作。剛開始，認知心理學藉助電腦科學訊息處理模式類比人類處理資訊的過程（如圖 6-1 所示），一樣先有外在刺激的「輸入」（input），中間的歷程稱為「處理」（processing），最後產出的稱為「輸出」（output）。當外在刺激出現時，會先被感官收錄，形成感官記憶（sensory

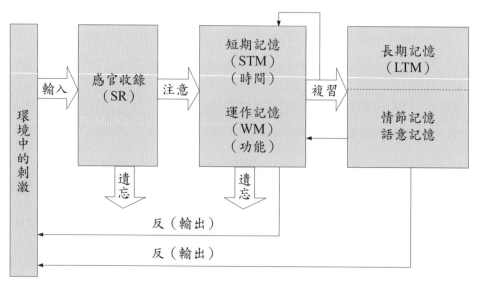

圖 6-1　訊息處理歷程

資料來源：整理自張春興（2003，頁 218）

memory），此時有可能如過眼雲煙，沒有留意就淡出，但也可能被注意到，進入短期記憶（short-term memory），短期記憶的保留時間是短暫幾秒，如果沒有進一步用方法（例如：反覆背誦、寫下來）留住訊息，就很難進入長期記憶（long-term memory），一樣會被遺忘。在學習重要事物時，我們當然希望訊息進入到長期記憶庫，方便日後檢索，否則學習成果就難以累積。另外，有些學習並不是僅僅把資訊儲存，還得做判斷和運算，例如老師問學生：「7×3 是多少？」學生聽完題目之後，要先短暫記住問題，然後再從長期記憶裡尋找之前背過的九九乘法，檢索到 7×3 是 21，然後回答「21」，這就是運作記憶（又稱工作記憶）（working memory）的表現。在訊息處理過程中，也不單是記憶，還要有監控機制，此稱為執行控制（executive control）或後設認知（metacognition）；換句話說，人類訊息處理過程不是盲目的接收—運作—輸出而已，還涉及思考、計畫、調整。舉例來說，每天有成千上萬的訊息，生意人可能會注意股匯市變化，而運彩玩家則會留意不同球隊運動員的表現，舉凡種種都是經過盤算後的決擇，而非把所有訊息照單全收。

　　近年來，由於腦科學研究的興起，認知心理學也向大腦研究靠攏，在我們有機會一窺人類處理訊息時，到底大腦的哪些區域會特別活化、有反應？例如：Pugh 等人（2001）發現，閱讀障礙者和一般正常讀者在閱讀文字時的大腦活化區域不同；一般人閱讀文字時，左半腦後端（left hemisphere posterior）的顳葉—頂葉區（temporo-parietal region）和枕葉—顳葉區（occipito-temporal region）特別活躍，但是閱讀障礙者的活化區域反而在比較不擅長語言的右半腦後側區域以及左半腦前側區域（anterior region）。也有研究者利用腦照影的技術，發現有效的聲韻覺識教學可以讓閱讀障礙學童閱讀時的大腦運作，從介入之前異於一般學童到介入之後與一般學童一樣（Shaywitz et al., 2004），顯示有效教學能改變閱讀障礙者的大腦運作。

貳、對教學的啟示

　　從認知心理學觀點而發展出的認知策略教學（cognitive strategy instruction），強調教導學生學會策略的重要性。策略教學就如同讓學生學會如何釣魚，而不是直接餵學生吃魚；唯有讓學生懂得方法，之後他們才可能獨立學習。

根據 Alexander、Graham 與 Harris（1998）對「策略」（strategy）的剖析，策略包含幾個屬性：（1）有步驟程序（procedural）；（2）具有目的性（purposeful），即使用者會檢核目標是什麼，以及目標與現狀之間有多少落差；（3）使用者要有意願（willful）；（4）需要投入時間和心力（effortful）；（5）可增進學習效果（facilitative）；（6）對很多學科學習都是重要的（essential）方法。易言之，學習者若能依據任務性質選對策略，則是可以增進學習成效，但使用與否的主動權操之在學習者手上，無法強迫其非用不可。

筆者綜合 Bender（2002）、Rosenshine 與 Meister（1997）以及 Pressley 與 Woloshy（1995）對認知策略教學的建議，將認知策略教學的步驟細分為：

1. 測試：先測試學生是否擁有該項策略，若缺乏才需要教導。
2. 承諾：學習策略需要學生願意投入其中，所以要獲得學生的承諾。
3. 示範：老師口頭明示該項策略的用法，一次不要講太多策略，也必須向學生說明該項策略宜在何時、何處適用。
4. 複述：在學生練習作答前，先複述策略進行的步驟以及為何如此做。
5. 基礎練習：用難度適宜的教材（controlled materials）讓學生練習新學習到的策略，並提供充分的練習機會。練習初始階段可以給予較多的提示線索，由教學者給予結果回饋。
6. 精進練習：用難度較高的教材練習學到之策略，並鼓勵學生隨時注意自己如何使用該項策略。在練習的中後期階段，慢慢撤除教師協助或提示線索，讓學生有更多獨立作業的時間，將監控責任從教師轉移到學生身上。
7. 提升動機：重視反思過程而不求快速，降低學生的焦慮，對於學生使用策略的行為予以肯定和鼓勵。

8. 維持與類化：鼓勵學生持續在其他適當的場合（如其他學科或課餘時間）使用該策略。

　　在教導認知策略的過程中，教學者必須先將策略內涵程序化，可先以放聲思考（thinking aloud）的方式，向學生示範（explicit modeling）策略運用的步驟以及使用的理由，之後再逐步讓學生在部分協助下進行練習，直到能夠獨立作業，監控的責任也從教學者慢慢轉移到學生身上，例如：交互教學（reciprocal teaching）就是先由老師擔任示範者，讓小組成員從中模仿老師運用不同策略的方法，然後再由其他小組成員輪流擔任「老師」的角色（Palincsar & Brown, 1984）。

　　蘇宜芬、林清山（1992）以後設認知訓練課程，融入交互教學法的程序和直接教學原則，對國小六年級低閱讀能力學生進行為期 12 週的訓練課程，每星期 2 節課，結果並沒有發現訓練課程有立即和顯著的效果。雖然結果不如預期，但該研究開啟了後來國內更多認知策略課程的相關實驗。根據王瓊珠（2001）對臺灣讀寫障礙研究的文獻回顧整理，她提到後設認知或閱讀理解策略若只有少數對象、策略又不複雜時，教學者多能充分掌握學生的學習情形，而透過反覆練習相同的策略，也較同時要練習多種策略的學習效果來得穩固。在後設認知或閱讀策略教學實驗中普遍存在的問題是，教學活動設計多與學校原本的語文課程分離，且未必是學生缺乏的，若練習時間不足是無法達到精熟，所以學生在訓練過後能否消化成自己的東西，持續使用這些方法也是需要思考的問題。所以，認知策略固然有其優點，若使用得當，預計可以提升學習成效，但是要取得「釣竿」也得要有方法和步驟，不是別人採用的方法就能直接移植到自己身上使用。

第四節　心理輔導

　　本章一開始舉了知名歌手蕭敬騰先生的例子，從他的生命故事中，讀者不難發現他的障礙其實是一直存在的問題，但是透過繞道而行（by-pass）的策略以及周遭貴人相助，而讓他慢慢找回自信心。在教學過程中，

老師不僅扮演傳遞知識的經師，還有人師的角色。成功而有效的教學是兼顧個體的認知和情意發展，用對的方法達到不錯的學習成效，也能激勵個體向上的動力。

曾瓊禎、徐享良（2006）曾對兩百多名學習障礙青少年進行生活壓力、自尊與憂鬱之相關研究後發現，學習障礙者自陳生活壓力的前五名，分別是：學校考試太難、上課都聽不懂、擔心未來升學或找工作的問題、不知道如何把課業學好、學校功課寫不完。這五項都與學習有密切關係，在生活壓力當中以「學校生活」壓力最大，出現憂鬱情緒的比例高於一般青少年。因此，如何降低學習障礙學生的憂鬱情緒，建立他們的自信心，也是有效教學的重要課題。以下提供幾個面向的輔導策略。

壹、成敗歸因訓練

在社會心理學中，歸因理論（attribution theory）是個體用來解釋行為原因的歷程。成敗歸因是指，個體怎樣解讀自己或他人為何能成功或為何失敗。在教育上，Weiner（1972）的歸因理論常被提及，其認為有四個因素最常用來解釋行為的成敗，分別是能力（ability）、努力（effort）、工作難度（task difficulty）、運氣（luck）。歸因理論指出：擁有高自尊和高學業成就的學生傾向將成功歸諸於能力，將失敗歸因於努力不夠或工作難度太高。如果是一直遭受學習挫敗的學生，則傾向於相信問題出在自己能力不足，而學習障礙學生比一般非學習障礙學生更容易把失敗歸因於能力不足。不同的歸因會導致後續行為反應的差異，假如失敗是自己能力不足的問題，而能力是很難改變又不易操控的變數，那麼當事者會認定很難反敗為勝。但是，假如失敗是因為自己一時努力不夠，而努力是可以操之在己的變數，只要願意再接再厲，終究會成功。

歸因訓練要做的事情是引導學習障礙學生把失敗歸諸於努力，而非能力。教學者給予學生回饋時，也要多強化他們「努力是有用的」信念，讓他們了解成功的原因是因為哪些努力的行動使然。也儘量不以學生能力來論斷成敗結果，因為能力是很難改變又不易操控的變數，若成功是因為資

質好，失敗是因為愚笨，那麼一切結局就變得是理所當然，也就不必努力了。

貳、以學習目標取代表現目標

從社會比較理論（social comparison theory）的觀點，學業自我概念的形成不單是學業成績好不好而已，也是跟其他人比較後的相對結果。因此，同樣能力的學生放在不同能力的組別或班級中，可能就從牛尾變成雞首，進而影響其學業自我概念的下降或上升（張郁雯，2008）。

在學習的路上，老師不妨多鼓勵學生追求「學習目標」（learning goals），而不是「表現目標」（performance goals）。學習目標導向是將學習定位在獲得一個教學領域的技能，強調自己跟自己比是否愈來愈接近設定的學習目標；而表現目標導向則是著重在獲得讚賞和認可，在意和別人比較輸贏，反而不是有沒有學到東西（Slavin, 2003，引自張文哲譯，2005）。鼓勵學生追求學習目標的好處是讓其回歸學習的本質，不會因為輸別人就放棄學習，要讓學生知道只要「今天的自己」比「昨天的自己」進步，就是進步。

參、建立希望感

Snyder 等人提出「希望感理論」（hope theory），所謂「『希望感』是一種認知的思考歷程，在此思考歷程中，個體會根據先前所設定的『目標』，反覆推演計算自己是否有足夠的『方法』（pathway thoughts）來達成目標，以及自己是否有足夠的『意志力』（agency thoughts）去運用方法」（引自唐淑華，2010）。Snyder（2000）的 pathway thoughts 係指個體評估自己有辦法達成目標的路徑（或方法）；agency thoughts 則係個體感覺自己可以循著路徑前進目標的動力。

當個體開始行動，中間可能還會遇到阻礙，這時動力強的人會再想其他方法達成目標，不達目的不輕言放棄。當事情有進展時，也同樣會增強個體想繼續做下去的動力。希望感是意志力和方法的結合及交互影響的產

物，兩者對於學生的學業失敗容忍力、失敗情緒感受、工作難度偏好、失敗行動取向、壓力感受都有一定之影響力，其中意志力的影響又勝於方法（唐淑華，2010）。簡言之，希望感理論是讓學生找到值得努力的具體目標，學習達成目標的方法，激勵他們想要完成目標的動力。

肆、小結

常言道：「帶兵帶心」，教學也是如此。在教學時，不能只是專注於智能提升，卻忽略學習者心理的感受。本節提到三個心理輔導的策略，分別是成敗歸因訓練，引導學生相信成功來自於努力不懈。再者，以學習目標取代表現目標，確認自己每天不斷往學習目標前進，而不是要跟別人一較高下，贏得外在的掌聲。最後，則是建立希望感，幫助學生找到值得努力的目標和達成目標的方法，然後持之以恆的做下去，讓自己愈來愈接近目標。

第五節　結語

理論是遙不可及的理想？或和教學現實脫節的觀點？當然不是！本章主要是從特殊教育中最常運用的心理學派做說明，包括：發展心理學、行為心理學以及認知心理學，簡介理論以及對教學的啟示，最後再談一些關於學習障礙學生的心理輔導策略。期待能為後續章節鋪陳基本功夫，讓教學者能更快掌握教學設計背後的理論和原則。

陳淑麗、洪儷瑜（2010）綜合國外許多統合性的研究（Foorman & Torgesen, 2001; Torgesen, 2000; Vaughn, Gersten, & Chard, 2000）發現，有效的教學應符合以下九個原則：（1）早期介入：避免馬太效應現象（Stanovich, 1986），即低成就學生隨年級增加和同儕的表現水準愈拉愈遠，甚至還衍生出其他行為問題；（2）長時密集：指的是介入時間的長度和頻率；有研究指出，若要幫助低成就學生，提供 1～2 年的介入是有必要的；另外，每

週介入的時間安排也要考慮，不是把時數集中在一起、一週只上一次，反而是分散練習的效果比較好；（3）考慮作業難度：讓學生有高成功率的機會，有了成功經驗之後，個案的動機才會跟著提升，但教學者並不是一直維持在簡單的學習任務，當學生的能力提升之後，老師要跟著調整作業難度，以接近個案的近側發展區；（4）經常性評量：幫助學生清楚知道自己的學習進展和表現；（5）明示（explicit）的教學：指的是教學者要把思維過程攤開讓學生明白，而不是直接呈現結果，例如：當面對數學文字題時，學生要如何判斷題型、分析變數間的關係，以及列式等，而不是看完題目就直接列式解答；（6）適當的教學表徵：指教學者善用動作、圖像、符號、學生的先備經驗等方式，幫助學生理解學習內容；（7）結構化系統：指的是教學步驟清楚、有固定的教學程序，讓學生很容易跟上教學者的節奏，而不會閃神或不知所云；（8）教導策略：讓學習者知道遇到問題時可以怎樣處理比較有效；（9）看重教學流暢度：讓學習最大化，這是指教學者在設計教學時，要關照不同能力學生的學習速度與需求，事先規劃不同的學習任務，避免學習空檔（idle time）過多，學生沒有事做。如果我們把九個原則跟三個理論派典做比較，就可以看出有效教學原則的背後乃根基於理論，而理論確實對實務具有指引作用（如表 6-3 所示）。只有融會貫通後，理論才可能被活用。

表 6-3　有效教學原則之理論基礎

	發展心理學	行為心理學	認知心理學
1.早期介入	✓避免馬太效應		
2.長時密集		✓分散學習	
3.考慮作業難度	✓尋找近側發展區		
4.經常性評量		✓掌握進步狀況	
5.明示的教學			✓示範策略運用
6.適當的教學表徵			✓協助記憶策略
7.結構化系統		✓有助於常規建立	
8.教導策略			✓提高學習效率
9.看重教學流暢度		✓增加專心學習時間	

參考文獻

中文部分

王瓊珠（2001）。臺灣地區讀寫障礙研究回顧與展望。**研究彙刊（C）：人文與社會科學，11**（4），331-344。

身心障礙及資賦優異學生鑑定辦法（2013 年 9 月 2 日修正）。

林素貞（1996）。直接教學法的故事。載於中華民國特殊教育學會（主編），**特殊學生的學習與轉銜**（頁 133-142）。臺北市：中華民國特殊教育學會。

宣崇慧、盧台華（2010）。直接教學法對二年級識字困難學生識字與應用詞彙 造句之成效。**特殊教育研究學刊，35**（3），103-129。

洪儷瑜（2011）。**特殊學生的語文能力發展課程之通用架構**。取自 http://www.rm.spc.ntnu.edu.tw

唐淑華（2010）。**從希望感模式論學業挫折之調適與因應**。臺北市：心理。

張文哲（譯）（2005）。**教育心理學**（原作者：Slavin, R. E.）。臺北市：學富。

張春興（2003）。**心理學原理**。臺北市：東華。

張郁雯（2008）。對比效應對學業自我概念之影響：發展的觀點。**教育心理學報，40**（1），23-38。

陳淑麗、洪儷瑜（2010）。有效的閱讀補救教學。載於王瓊珠、陳淑麗（主編），**突破閱讀困難：理念與實務**（頁 49-71）。臺北市：心理。

曾瓊禎、徐享良（2006）。學習障礙青少年生活壓力、自尊與憂鬱之相關研究。**特殊教育學報，23**，105-146。

蘇宜芬、林清山（1992）。後設認知訓練課程對國小低閱讀能力學生的閱讀理解能力與後設認知能力之影響。**教育心理學報，25**，245-267。

英文部分

Alexander, P. A., Graham, S., & Harris, K. R. (1998). A perspectives on strategy research: Progress and prospects. *Educational Psychology Review, 10*(2), 129-154.

Bender, W. N. (2002). *Differentiating instruction for students with learning disabilities*. Thousand Oaks, CA: The Corwin Press.

Chall, J. S. (1996). *Stages of reading development* (2nd ed.) (pp. 9-39). Orlando, FL: Harcourt Brace.

Palincsar, A. S., & Brown, A. L. (1984). Reciprocal teaching of comprehension-fostering and comprehension-monitoring activities. *Cognition and Instruction, 2*, 117-175.

Pressley, M., & Woloshy, V. (1995). *Cognitive strategy instruction that really improves children's academic performance*. Cambridge, MA: Brookline Books.

Pugh, K. R., Mencl, W. E., Jenner, A. R., Lee, J. R., Katz, L., Frost, S. J., Shaywitz, S. E., & Shaywitz, B. A. (2001). Neuroimaging studies of reading development and reading disability. *Learning Disabilities Research & Practice, 16*(4), 240-249.

Rosenshine, B., & Meister, C. (1997). Cognitive strategy instruction in reading. In S. A. Stahl, & D. A. Hayes (Eds.), *Instructional models in reading* (pp. 85-107). Mahwah, NJ: Lawrence Erlbaum Associates.

Shaywitz, S. E., Shaywitz, B., Blachman, B., Pugh, K., Fulbright, R., Skudlarski, P., Mencl, E., Constable, T., Holahan, J., Marchione, K., Fletcher, J., Lyon, R., & Gore, J. (2004). Development of left occipitotemporal system for skilled reading in children after a phonologically-base intervention. *Bio Psychiatry, 55*, 926-933.

Snyder, C. R. (2000). Hypothesis: There is hope. In C. R. Snyder (Ed.), *Handbook of hope: Theory, measures, and applications* (pp. 3-21). San Diego, CA: Academic Press.

Stanovich, K. E. (1986). Matthew effects in reading: Some consequences of individual differences in the acquisition of literacy. *Reading Research Quarterly, 21*, 360-407.

Weiner, B. (1972). Attribution theory, achievement motivation, and the educational process. *Review of Educational Research, 42*(2), 203-215.

第七章

口語教學

　　語文學習的初始階段是很簡單而直接的，孩童只要直接吸收在他們周邊的語料，經過有組織或無組織的調配，然後直接表達出來，起先可能說得不正確，但只要給他們足夠的空間和時間，讓他們能夠維持表達的強烈意願，他們終必能夠修正學會。容許出錯、鼓勵再試、引發意欲、激起興趣，是語文學習的四條支柱。

～劉漢初（2016）

　　學習障礙者的學習困難可能出現在聽、說、讀、寫或算等任一方面。雖然現有的學習障礙評估工具多聚焦在書面語言，例如：識字、閱讀理解、基礎數學概念評量等，對於口語能力的評估相對較少，但不表示口語不重要或不需要處理學生的口語理解與表達問題。事實上，語言是學習的基礎，語言發展落後的學生可能在閱讀、數學、社會及自然學科上也會遭遇困難（Vaugh & Bos, 2015）。本章先從語言的基本概念談起，說明學習障礙學生經常發生的口語困難有哪些狀況，然後討論口語教學策略，最後以個案說明介入方式。

第一節　語言的基礎概念與學習困難

　　我們常將語言分為口語（oral language）和書面語（written language）兩大形式：口語包括「聽」和「說」，書面語則有「讀」和「寫」。若就訊息的傳送或接收的角度來看，「聽」和「讀」是屬於接收性語言（receptive language），而「說」和「寫」則是屬於表達性語言（expressive language）。本章係針對口語進行討論，包括口語理解（聽）和口語表達（說）兩種。

壹、口語能力的重要性

　　語言理解對閱讀發展的重要性，可以從 Gough 與 Tunmer（1986）的「閱讀簡單觀點模式」（simple view of reading，簡稱 SVR）和 Scarborough（2001）的「閱讀繩索」（reading rope）來談。SVR 認為，閱讀是識字解碼與語言理解的交互作用，兩者缺一不可，如果只有識字解碼，卻沒有語言理解賦予解碼之後的文字符號意義的話，那麼個體充其量只是像一臺報讀機，稱不上閱讀。Scarborough 也持相同的觀點，他認為在閱讀繩索中有兩股重要的線索——語言理解和字詞認讀，這兩股重要能力再加上日益精進的閱讀策略和自動化，才能造就後來純熟的閱讀表現。因此，語言理解對於日後的閱讀發展扮演著重要角色。

　　口語表達能力是表達基本需求、交換訊息、參與社會例行活動的重要途徑。Halliday（1975）指出，語言具有很多面向的功能，包括：工具的（instrumental）、支配的（regulatory）、互動的（interactional）、個人的（personal）、引導的（heuristic）、想像的（imaginative），以及訊息的（informative）功能。透過語言的使用，人可以展現自己的特質、滿足需求、進行人際交流、傳遞思想，也可以透過玩語言，發揮想像力，產生娛樂效果。所以，口語表達在人際互動上扮演著重要角色。

　　要提醒的是，語言雖然是人類用以溝通的主要工具，但僅是一個溝通

方式而已，溝通除了可以透過語言，還可以透過非語言（nonverbal language）和副語言（paralanguage）。眼神、臉部表情、肢體動作就是非語言的一種。副語言則是指語調、音量、說話口氣、速度等（錡寶香，2009）。這些訊息雖然不是語言的本體，但卻可以帶來某種訊息，例如：對於他人話題愛理不理的時候，可能表現在很少回應，也可能是不耐煩的表情，或是平淡的語調上。所以，若想藉由口語教學提升溝通效能，就不能限於語言層面，還要關注沒有說出口的非語言訊息，以及夾雜在語言傳遞當中的副語言訊息。

貳、語言內涵簡介

Bloom 與 Lahey（1978）把語言內涵分為形式、內容，以及使用三方面。形式包括音韻（phonology）、構詞（morphology）、語法（syntax）；內容是指語意（semantics），而使用則是語用（pragmatics）。茲分述如下。

一、音韻

音韻係指語言中的聲音及其結合的規則或類型。語言中的最小單位稱為「音素」（phoneme），例如：cat（貓）包含三個音素（/k/、/æ/、/t/）；「媽」包含兩個音素（ㄇ和ㄚ）。我國使用注音符號系統來拼音，注音符號有21個聲母（consonant）和16個韻母（vowel）。華語聲韻的組合也有其限制，例如：ㄇ的音可以跟ㄧ和ㄨ結合，但不會與ㄩ結合。由於中文是以音節為單位，音節組合的方式可能是「韻母」（例如：ㄧ、ㄨ、ㄩ）、「結合韻母」（例如：ㄧㄠ、ㄨㄣ、ㄩㄥ）、「聲母＋韻母」（例如：ㄇㄧ、ㄇㄨ），或是「聲母＋結合韻母」（例如：ㄇㄧㄠ、ㄅㄨㄣ），其組合類型遠比英語少，也相對單純。但是，華語屬於聲調（tone）語言，簡單的拼音組合加上聲調變化（一聲、二聲、三聲、四聲、輕聲）會產生不同的字，例如：ㄇㄚ的音，加上聲調變化後，變成「媽、麻、馬、罵、嗎」五個完全不同的字。因此，音調辨識就成為學習華語的一項特殊關卡。

二、構詞

構詞係指字彙形成的規則。「詞素」（morpheme）是語言中最小的意義單位，在英文中它可以是整個詞彙，也可以是前綴（prefix）或字尾（suffix），例如：英文單字 happy（快樂的）有一個詞素 happy，而 unhappy（不快樂的）是在 happy 加上前綴 un-，表示否定的意思，因此 unhappy 這個單字包含兩個詞素：un-和 happy。至於 happiness（幸福）則是 happy，把 y 變成 i，再加上字尾-ness，happiness 也有兩個詞素，詞性也從原來的形容詞變成名詞。

筆者以中文詞「手」為例，它是一個詞，也是一個詞素，加上「心」、「背」、「指」、「腕」，分別變成了「手心」、「手背」、「手指」、「手腕」等詞，若加上「黑」變成「黑手」，加上「拿」變成「拿手」，加上「新」變成「新手」，加上「高」變成「高手」，這八個詞雖然都是由兩個詞素組合而成，但「手」這個詞素的意義，已經從器官（hand）的本義轉而指向技能專長，詞素「手」放的位置也有不同，在詞義推導上不像英語的例子 happy、unhappy、happiness 這般明確。

三、語法

語法係指句子的結構。在語言中，句子的組合要符合其規則才能夠被理解，例如：中文「我吃飯」（主詞＋動詞＋受詞）是符合規則的組合，但是「飯吃我」或「吃我飯」都是不符合中文句法，會讓人不知所云；但是換到日語，「飯吃」（ご飯を食べます）是合於語法的句子，也能被理解。又如問時間常說：「現在幾點？」到英文就變成「What time is it?」（幾點是現在？）。所以，不同語言的語法規則是不同的。

四、語意

語意係指語言中的詞彙以及結合詞彙之意義，也可以說是語言的內容。以「我吃飯」這句話為例，就包含了「我」、「吃」和「飯」三個詞

彙概念，三個詞經由合於語法規則的組合後，能理解到吃飯的人是「我」，吃的東西是「飯」，透過「吃」的動作來完成。一旦「飯」改成「水果」、「蛋糕」，整句話的意義就不同。又如把「飯」換成「汽水」、「咖啡」，則連動作的詞也會換成「喝」，每個小更動都會帶來不同語意。在口語發展過程中，詞彙如同基本的語言零件，因此建立孩子足夠的口語詞彙是很重要的一個基礎。

五、語用

　　語用是指社會情境中語言使用的規則，以及溝通情境對人們在解釋話語含意的影響（錡寶香，2009），例如：我們要請他人幫忙時，常常會加上「請」字表示禮貌，像是：「『請』你幫我印資料，好嗎？」在和他人說話時，如果考慮到對方可能不理解某些訊息，我們也會先給前情提要（語用前設，presupposition），例如：「『這份資料老闆開會要用，很急』，請你先幫我印出來，好嗎？」加上請求的原因，讓對方了解事情是重要且緊急，要馬上處理。接收到指令之後，對方的回應可能是：「好，我馬上去印。」然後結束話題，或是再問：「你說的是哪一份資料呢？」進行交談內容的修正與補充。前述的溝通情境可能是發生在工作場所，職場應對就要符合適當的語用規則。如果接收訊息之後回答：「嗯，這是好問題！」然後繼續做自己手邊的事情，會被認為不禮貌或工作態度有問題。

　　綜合上述五項語言的基本元素：語意是基本零件，用以表達概念；音韻、構詞、語法是規則，讓語音、詞彙、句子的組合遵循一定的法則；而語用講的是怎樣把語言適當地呈現在社會情境中，不單把話說出來而已，還要判斷場合與對象適合說什麼話。

參、學習障礙學生的口語困難

學習障礙學生的口語困難在本書第二章已經稍微提過，本章再從相關研究結果說明學習障礙學生的常見問題，包括：語音聽辨困難、詞彙搜尋困難、比喻性詞彙理解困難，以及敘事困難等狀況。茲說明如下。

一、語音聽辨困難

華語屬於聲調語言，能夠聽出聲調差異是很重要的能力。李佳穎（2010）研究國小四到六年級閱讀障礙和一般學生做聲調區辨能力比較後發現，在一、三聲差異大的區辨，一般學生出現不匹配負波（mismatch negative，簡稱MMN）[1] 的時間約在 100～250 毫秒之間，與成人相同，而閱讀困難學生則約晚 50 毫秒，落在 150～250 毫秒之間。至於二、三聲的區辨，一般學生出現 MMN 的時間約在 150～250 毫秒之間，但閱讀困難學生的腦波圖上就完全看不到 MMN 的差異波。而且，他們對於音節的音首（onset）和尾韻（rime）的區辨力，也較一般學生差。因此，在進行注音符號聲調教學或兒歌韻文時，閱讀困難學生可能是聽不出聲音當中的細微差別，例如：「小姨子」或「小椅子」？「毛筆」或「眉筆」？

二、詞彙搜尋困難

詞彙搜尋困難是指，個體雖然聽過某些語詞，但在命名時有困難，例如：某生可能聽過也知道「雙胞胎」是什麼意思，但是當他看到一對雙胞胎嬰兒時，卻講不出「雙胞胎」一詞，只好用拐彎抹角的間接說明，表達

---

[1] 不匹配負波是「大腦事件誘發電位」（event-related potentials，簡稱 ERPs）腦波檢測的一項指標，以作為大腦能否偵測訊息的一項證據。當研究者讓孩子連續聽到許多相同的音節（例如：/ba/），稱為標準音，但中間插入一些不同的音節（例如：/pa/），如果孩子能聽出聲音差異，則約在聽到差異後150～250毫秒之間，前額葉電極上的波峰會往負向，而比標準音所引發的腦波更負向的差異波，稱為不匹配負波。

心中的概念，例如：他們「兩個人臉長得一樣，同時間出來，……像阿忠和阿孝（某雙胞胎親戚）那樣。」在臨床上，詞彙搜尋困難也稱為 dysnomia，有該問題的個案常用「這個、那個、東西、它」這類泛泛之詞來指稱很多東西，語言表達不夠精準和清楚。

　　想說卻提取不出來，真的很令人懊惱。詞彙畢竟是語言表達的重要元素，到底它們怎樣存放在大腦資料庫中的呢？研究發現，人類的概念是以「關聯強度」、「功能關係」、「類別關係」進行排列組合，使得我們在概念搜尋時可以快速聯繫（周泰立、翁巧涵，2016）。「關聯強度」係指，如果兩個概念的關聯強度有高低之別，關聯強度高者在搜尋時會比較容易被找到，例如：提到「太陽」想到「月亮」，因為兩者的關聯強度高，都經常在天空出現，只是時間不同。「功能關係」係指，兩個概念之間有功能間的聯繫時也會比較快連結，例如：「鍋子」和「鏟子」，在功能上同屬煮飯工具，就比較容易連結。最後，「類別關係」係指，同類物品比較容易提取，例如：提到「貓」，接下來想到「狗、豬、牛、羊、虎、兔」的機會也增加，因為牠們都屬於動物類。以中文為母語的孩童在進行語意判斷研究時，發現小三學童在判斷功能語意的正確率優於類別語意關係，小五學童則在類別語意關係的正確率優於功能語意。研究結果對於未來進行詞彙概念教學具啟發性，即語詞學習並非雜亂無章、沒有規律，指導詞彙時可以從「關聯」、「功能」、「類別」幾方面來建立連結。

三、比喻性詞彙理解困難

　　比喻性詞彙（figurative language）是指，無法按表面或字面之意來解釋的詞彙，包括：（1）明喻（similes）；（2）隱喻（metaphors）；（3）成語（idiom）或流行詞語；（4）諺語（proverbs）（錡寶香，2009）。關於比喻性詞彙的例子，如表 7-1 所示。

表 7-1　比喻性詞彙的例子

類型	說明	例子
明喻	以「像」、「如同」、「宛如」等詞聯繫兩種概念。	他像一尊蠟像，安坐窗邊，一動也不動。
隱喻	直接以「是」來比喻兩種概念的相似性。	他是隱形人，安坐在教室角落，不發一語。
成語或流行詞語	社會慣用的古語及流行詞語。	他上課很跳 tone，天馬行空，讓人摸不著頭緒。
諺語	具草根智慧或忠告意味的話語。	不要隨意嘗試毒品，否則一失足成千古恨。

　　王建邦（2005）研究臺灣幼兒園大班兒童對於隱喻性詞語的理解後發現，多數孩子會以字面意義的意思理解句意，但也有少部分的孩子能夠理解隱喻的意思。王建邦認為，幼兒對於隱喻理解主要來自於知識範疇的發展及生活經驗，話語中的對比概念若有顯著相似性，有助於理解。換言之，比喻性詞彙的理解要的不只是單純跟學生解釋詞義，還要增加其知識範疇與生活經驗，畢竟語詞的意義和使用是建構在特定的脈絡中。因此，將語詞置放在何種脈絡下的舉例說明也值得注意，假使話語中的對比概念有顯著相似性，就容易懂，例如：「我的老車要『住院』了」（比喻車子壞了，如同人生病住院），可能比「看到修車費用後，我『下巴都快掉下來』」（比喻費用驚人）容易理解。

四、敘事困難

　　敘事（narratives）是一種去脈絡情境的描述，它可以敘述過去的經驗或依時間前後發生的事件，將多個插曲情節（episodes）連結在一起，而形成完整的述文，讓聽者宛如身歷其境。敘事是一個綜合性的語言表現，說話者必須啟動與述說主題相關的知識，選擇適當的詞彙，依照語法規則產出句子，同時注意到句子和句子之間的邏輯關係，以及事件之間的前因後果等。因此，敘事不單反應個體的詞彙能力，也涉及語法和語用等層面。

　　錡寶香（2004）以看圖重述故事方式，蒐集國小三年級和六年級低閱讀能力和一般學童的語言樣本，結果發現低閱讀能力學童的聽覺理解、語意和語法能力皆較一般學童差，他們敘事的總詞彙數量、成語數、句子數都比較少。另外，也出現較多迷走語（mazes）[2] 現象，即不當地重複、贅加、插入詞、說一半就放棄。粘玉芳（2008）依據「簡單閱讀觀點模式」（SVR），將閱讀障礙按識字和聽覺理解能力之優劣，細分為讀寫障礙（dyslexia）（識字不佳、聽覺理解正常）、理解障礙（poor comprehender）（識字佳、聽覺理解差）、語言學習障礙（language learning disability）（識字和聽覺理解皆差）三種次類型，然後比較三種亞型之學童和同年齡的一般兒童在口語敘事上的表現。該研究透過看無字書（wordless picture）的方式蒐集語料，進行語言層面、連貫性和錯誤分析。結果發現，各組在口語敘事的量差異不大，比較明顯的不同是在語言的複雜度，讀寫障礙和一般兒童的平均句長（mean length of utterances，簡稱 MLU）優於理解障礙及語言學習障礙組兒童，前者能使用比較複雜的句子陳述圖片內容。而聽覺理解能力不佳的理解障礙組和語言學習障礙兩組學生的口語敘事能力明顯落後一般學生。整體來說，閱讀障礙學生在敘事方面較常出現的問題有：語境不合，指示詞（例如：這、那、那個、這個、那邊、這邊等）及詞彙錯用，敘事過程也出現較多的停頓、重複、中斷又重新再說（即迷走語）的狀況。從他們的口語敘事來看，反應出詞彙提取困難、言語不流暢。

2　迷走語乃是指說話時出現中斷、重複、重新再說或說了之後放棄不說等現象，例如：（1）在述說的話語中不當或贅加地使用「這個」、「那個」、「這」、「那裡」，如：「他就說撞到那個」；（2）在述說的話語中不當地重複使用「嗯」、「啊」、「就是」、「ㄜ」等無意義語，如：「就是紅氣球，就是飛到那裡」、「腳踏車，啊，腳踏車」；（3）在述說的話語中不當地重複詞彙，如：「讓你們不要、不要刺、刺破」；（4）在述說的話語中不當地重複短語或句子，如：「他們就去，他們就去那個」；（5）在述說的話語中說了詞彙之後放棄再說，如：「紅氣球，他們就沒有追上紅氣球」；（6）說了短語或句子之後放棄再說，如：「紅氣球還是，火車還是追不過紅氣球」（引自林寶貴、錡寶香，2002）。

第二節　提升口語能力的教學策略

　　林寶貴、錡寶香（2000）指出，兒童語言發展和學習的四個重要條件，分別是：（1）口語輸入；（2）重複接收；（3）有意義的情境；（4）實際應用。換句話說，口語教學時一定是提供頻繁的口語輸入，讓學習者經常重複接收刺激，且是在有意義的情境脈絡下，並非獨立做口語技巧訓練，所以在生活中隨處可教，而不是在特定的診療時間和地點才教口語。最後，就是讓學習者實際應用所學，有溝通需求可以提高學習動力，例如：孩子想喝飲料但打不開，在這時候教他說：「請幫我打開。」馬上能夠和其需求相連結，提高學習動力。

　　在引導口語困難的孩子說話，常用的技巧有仿說（imitation）、自我談話（self-talk）、平行談話（parallel talk）、提供訊息的談話（informative talk）、示範（modeling）、擴展（expansion）、延伸（extension）、詳述（expatiation）等〔有興趣的讀者可參閱錡寶香（2006）所著《兒童語言障礙：理論、評量與教學》一書〕。基本上，都是在有意義的情境下，教學者提供語言刺激讓接收者有模仿學習的對象，知道怎樣以適當的語詞和規則表達出所見所想，或透過擴展、延伸、詳述的方式，進一步讓孩子學習怎樣說出更豐富的內容。

　　本節並未全面討論口語教學策略，僅針對上述幾項學習障礙學生常見的口語困難，說明透過哪些教學策略進行處理，分述如下。分述僅是為了行文方便，不表示要各自獨立訓練，有意義的練習才是重點。另外，在教學前需要評估學生的口語困難所在，才能建立適切的學習目標。

壹、語音方面

　　雖然中文是意符文字系統（logographic writing system），不同於拼音文字，但任何語言的學習都脫離不了語音，能夠聽出語音的差異對於學習中

文仍有其重要性（Lee, Hung, & Tzeng, 2006）。在臺灣，國小一年級學生正式學習漢字的前 10 週，會先學注音符號，注音符號認讀扮演輔助文字發音的功能，讓低年級學生得以唸出課文，之後再慢慢導入漢字教學，課文是中文與注音並列，四年級之後再撤除注音輔助。

　　由於注音符號認讀與拼讀是語文課程的一部分，對於語音辨識有困難的學習障礙學生就是個挑戰。注音符號學習與英文拼音類似，從英語學習相關研究中得知：音韻覺識（phonological awareness）結合字母拼讀（phonics）訓練組在後續學習閱讀和拼寫的表現優於單純教導音韻覺識組，有給予音韻覺識訓練的兩個實驗組都比沒有訓練的對照組來得好（Bradley & Bryant, 1983）。所以，有研究者也以音韻覺識的概念進行課程設計，例如：楊淑蘭（2000）的音韻覺識訓練課程，從詞彙層次、音節層次、到音素層次，逐步漸進練習（引自楊淑蘭，2015，頁 363-365）。該課程同時結合注音符號，內容有聽辨句子裡的字數（例如：聽到「垃—圾—車」，拍三下）；刪除音節（例如：「小狗」，「小」不見剩下什麼）；音素聽辨（例如：八—背—包—貓，哪一個聽起來最不一樣）；聽辨單音節字由哪些音素組成〔例如：花（ㄏㄨㄚ），有哪三個聲音〕等，只是該課程並沒有涉及中文聲調覺識（tone awareness）訓練，尚有所不足。

　　曾世杰、陳淑麗（2007）亦有發展注音補救教學課程，其注音教學成分包括：文字覺識、注音符號識符、語音的切割與表徵、混合成音、聲調察覺與表徵，以及自動化的訓練，也是融合注音符號教學與音韻覺識訓練，且納入聲調覺識的教學（如表 7-2 所示），符應中文語音的特色。關於聲調學習，包括「聲調區辨」和「連結聲調與符號」兩部分。曾世杰（2010）認為，一聲及四聲的聲調區辨較為明確可以先教，二、三聲混淆相當普遍，唸第三聲的音節時，教學者要表現出其聲音的轉折，並輔以手勢和動作特別強調。在聲調與標示聲調符號的連結上，則建議依四聲順序的練習，而不單獨只教某一個聲調，例如：常練習「衣、姨、蟻、意」、「滴、笛、底、弟」、「哥、隔、葛、各」之類的口頭朗誦，可一邊朗誦一邊示範扳手指頭計數，幫助兒童將口語中的聲調與「第幾聲」連結起來。在注音符號補救教學課程中，也可用「烏鴉的故事」，將聲調以趣味

表 7-2　注音教學的教學成分與教學設計

成分	教學目標	教學方法
文字覺識	1.提高動機。 2.理解內容。 3.文字覺識。	選擇適當教材、聯繫舊經驗、說故事、範讀課文、朗讀、領讀、文字覺識。
識符	1.認識符號。 2.自動化。	從文章→句子→記憶術、符號閃示卡流暢訓練。
拼音	正拼：能拼讀出注音寫成的音節。	大聲公、快快藥、閃示卡、直接教學、讀注音字詞、流暢訓練。
斷音	反拼：能口頭說出所聽到的音節中有幾個注音。	慢慢藥。
聲調	1.能分辨四聲的聲調。 2.能用聲調符號。	烏鴉的故事；肢體表徵聲調的遊戲。
書寫	1.寫注音符號。 2.口頭說出音節中的音素。 3.以注音寫出聽到的音節。	筆順、書寫練習。

資料來源：取自曾世杰（2010，頁 110）

的方式帶入故事中，將不同的聲調結合不同的肢體動作，讓學生能藉由故事情節和動作來記憶聲調及其書寫方式〔有興趣的讀者請參閱《突破閱讀困難：理念與實務》（王瓊珠、陳淑麗主編，2010）一書第 119 頁〕。

貳、詞彙方面

一、豐富口語詞彙庫

在小小孩開始認識世界之初，大人常常透過「指物命名」的方式，讓孩子知道物品的名稱，例如：在生活中每次看到貓，就告訴孩子，這是「貓咪」，讓他們建立詞彙。若不是常可以在生活中遇見真的貓，大人也可能透過圖片或影像輔助，來告訴孩子這個樣子的動物叫做「貓咪」。在

指物命名之外，大人也可以帶出該物體的其他相關特質，例如：貓咪的叫聲「喵喵喵」，「喜歡」吃魚；這隻母貓「很胖」，「肚子」大大的，好像快生「寶寶」（小貓）等。換言之，建立詞彙庫不僅是讓孩子看圖說出名稱，還會延伸與該主體有關的詞彙，也能透過活動讓孩子增加知識。

　　孩子的口語詞彙增進方式多半是從環境或與他人互動而來。Harty 與 Risley（1995）透過長期記錄 42 個美國不同社經背景（藍領與白領）家庭的親子互動，到孩子 3 歲時，發現兩組孩子平均每小時接收到的口語詞彙量之差異約 300 個，一年內，白領階級的孩子所聽到之詞彙可能多達一千一百萬之多，但是在接受社會福利補助的家庭中，孩子聽到的詞彙大概是三百萬，所以孩子的語言差距在學前就已經拉開。他們後續的研究追蹤個案到 9 歲，發現孩子在早期語言經驗的差異和他們後來的學習表現有密切關係。此研究提醒大人，別忘記透過日常生活與孩子的口語互動，就可以豐富其詞彙庫，產生有意義的差距，也影響孩子後來的學習表現。

二、建立詞彙系統

　　詞彙庫如果是一個大型資料庫，接下來要關心的是：「怎樣建立存放系統，將來才好找？」研究指出，概念以「關聯強度」、「功能關係」、「類別關係」進行排列組合比較容易提取，因此在詞彙教學時，老師可以運用「語詞聯想」，引導學生把相關的語詞說出來，例如：教到關於秋天的主題時，老師可以問學生：「秋天，你們會聯想到什麼？」學生可能想到「落葉」、「楓葉」、「感冒」、「中秋節」、「開學」、「涼爽」等。語詞產出後，可以進一步做語意構圖（semantic mapping）練習，將語詞按「氣候」、「節日」、「景色」等類別進行「概念分類」。又如指導學生健康飲食時，可以先讓其記錄一天三餐吃了什麼，然後讓他們從三餐吃的食物中，找出哪些是「蔬菜」，哪些是「水果」，看看是否達到「天天五蔬果」的飲食建議。這些都是語詞類別關係的建置。另外，也可以從「語意特徵」（semantic features）來進行語詞學習，例如：請一位學生想一樣教室內的物品，然後讓其他學生來猜這個人腦子想的是什麼？對方不能直接

講答案，只能回答「是／不是」，像是其他學生問道：「這東西是綠色的嗎？」「這東西能夠用來寫字嗎？」「這東西是在牆壁上的嗎？」……他都只能回答：「是／不是」，最後讓大家根據所有特徵猜出這個人的腦中所想的東西。在活動當中，不僅練習到語詞，也有用到疑問句的句法練習。

三、提供記憶策略

　　針對詞彙搜尋有困難的學習者，教學者可以提供其記憶策略，讓事後較容易回想（German, 1992）。German提及記憶策略，像是從音韻相似去聯想，或是用經常結合的語詞來進行設計，例如：某個學生很難記住顏色名稱，即便是已經教過很多次，仍然講不出顏色名稱。以「藍色」一詞為例，「藍色」容易結合的語詞是「天空」，就在呈現該顏色時，跟他說這是「藍色天空」的「藍色」，改天他可能又忘記怎麼命名，你可以提示：它是「天空」的顏色、「（？色）天空」，給予當時記憶的線索。如果孩子比較會從聲音去連結，老師或許可以運用類似的聲音來幫助提取，以「香菇」一詞為例，發音類似「想哭」，「想哭」就成了提取「香菇」的線索（註：此例僅是聲音相近，意義則無連結，可以用一朵香菇在哭的圖片當輔助），改天若他又忘記怎麼命名，你可以提示：「想哭的（　　）？」

　　記憶策略可協助提取，不過很難替每個詞彙都找到適當的記憶線索，且靠記憶策略也不是最有效率的增進語詞方法，但對於懂詞彙卻苦於搜尋的個案而言，多一些記憶線索或許有幫助。面對詞彙搜尋困難者，藉助科技輔助幫忙也是一種替代方式，例如：按手機上的圖片就知道該物品的名稱如何發音，不會因為詞彙搜尋困難而無法溝通。與詞彙搜尋困難者互動時，也可以多一些候答時間，或給予選擇，降低搜尋困難，例如：孩子說不出要吃的水果名稱，只是一直指盤子的東西，我們可以問：「你要吃水果，是嗎？你要吃『蘋果』？還是『火龍果』？」協助其搜尋水果名稱，講出要吃的水果名稱。

四、提供語境脈絡

比喻性詞彙因為不容易從字面理解，因此教學時需要透過比較喻體和喻詞之間的相似性來理解，例如：「他的衣服像蚊帳」，得從兩件物品的相似性來推敲。首先，孩子要知道「蚊帳」的樣子，一般都是大大、寬寬的罩在床上，但衣服又不是蚊帳，怎麼會說像蚊帳？因此，**提供脈絡是重要的，像是透過圖片比較**，找出兩者相似的特徵——大大、寬寬，罩在外面，推敲他的衣服是大大、寬寬的，甚至是過大了。

除了比喻，到國小中高年級以後的國語文，成語使用的頻率愈來愈多，成語多有其歷史典故，若能知其來龍去脈，比較能夠深入知其含意。對於學習障礙學生來說，該如何理解成語的意思？透過漫畫故事是可以嘗試的作法，例如：「亡羊補牢」，透過四格成語漫畫（因圖片版權的關係，讀者可自行上網閱讀範例：https://zhidao.baidu.com/question/2139428826149532068.html），讓讀者可以理解到此成語表示「即時補救，以免後來損失更多」。不過，若只出現一次未必能記住，還是要經常練習使用，學生才有印象。

對於詞彙教學，特別是多種含意的字詞或比喻，語境脈絡的設計如果適切，有助於從上下文推敲字義。目前中央研究院已建置「全球華語文數位教與學資源中心」網站（http://elearning.ling.sinica.edu.tw/），係根據語言學家鄭錦全院士「一詞泛讀」的學習模式，利用電腦所蒐集的文本，針對一個詞語，閱讀許多出現該詞語的句子。透過閱讀各種該詞語和其他詞語共同出現的句子情境，也就是語言環境，讀者更能掌握該詞語的用法。該資料庫包含古今典籍，也包含了現代使用的國小國語課本以及《唐詩三百首》等語文啟蒙書，能提供教學者不少參考例句，同時也可以查詢該語詞的詞頻，了解詞頻高低，以作為教學與否的參考。

參、敘事方面

從錡寶香（2004）以及粘玉芳（2008）對低閱讀能力學童或閱讀障礙學生在敘事方面所做的研究，可以發現這些孩子較常出現的問題有：語境

不合、指示詞及詞彙錯用、敘事過程較多迷走語。從他們的口語敘事來看，反應出詞彙提取困難、言語不流暢。針對敘事不流暢的部分，教學者可以從提供敘事架構和圖片提示線索來協助。

「順序圖卡」可以用來作為敘事的話題，也能降低學生的認知負擔，因為他們不用一直記住要說的故事情節，同時又要費力搜索描述的語詞。以信誼出版的「順序圖卡」（2011）為例，該套包含數組圖卡，每一組圖卡代表生活中的一個事件，孩子可透過觀察到的線索，例如：形狀、顏色或行為，來推斷事情發生的先後順序及因果關係。教學時可先讓學生排列圖卡順序，然後再說一說事情怎樣發生的。如果沒有順序圖卡的教具，也可以使用無字書〔例如：《雪人》（上誼）、《紅氣球》（青林）、《很慢很慢的蝸牛》（和英）〕，或自製事件照相簿（例如：個案的生活照），都是可用的敘事教材。

再者，人們在述說故事多半遵循著某種型態，經由分析之後這些元素又稱為「故事結構」（story grammar），儘管不同的研究者有不同的分類法，但多大同小異，它們分別為：（1）主角和主角特質；（2）時間與地點；（3）主要問題或衝突；（4）事情經過；（5）主角反應；（6）故事結局，此六項元素基本上囊括了故事前、中、後的發展經過。也有研究者會將敘事分為幾個插曲情節，每個情節再細分為「背景」（主角、時間、地點）、「引發事件」（主要問題或衝突）、「內在反應」（主角反應）、「行動計畫」（事情經過）、「嘗試」（事情經過）、「結果」（故事結局），以及「回應」（故事結局）。黃舒瑄、楊淑蘭（2015）的研究指出，國小一至三年級注意力缺陷過動症兒童與一般兒童在有教師重述故事的示範下，可以提升其敘事能力（引自楊淑蘭，2015，頁93）。所以，在口語教學時，教學者可以運用故事結構作為敘事骨幹，加上示範故事重述，讓孩子知道說故事的時候，把故事元素按時間順序說出來，別人比較能夠理解故事怎麼發生。對於口語能力較低的孩子，在故事結構元素的擬定上可以從簡，先把握「主角」、「時間」、「地點」、「事件經過」、「結果」的幾個要素就可以，至於主角特質和內在反應屬於精緻化或是較為隱晦的描述，之後可以慢慢加上。

第三節　個案討論

小魚是國小五年級學生。據媽媽回憶，小魚小時候有很長一段時間處於沒有語言的狀態，小二所做的「魏氏兒童智力量表」，落在邊緣性智力範圍，語文理解（PR7）和專心注意（PR1 以下）是最弱的部分，知覺組織（PR19）相對稍優。特教老師觀察到小魚的口語表達和理解都比同儕來得落後，學習上若遇到挫折或感到被催促，發現自己無法完成指定的任務時，多以哭泣回應。

從老師蒐集的語料發現，她的語彙和語法的使用狀況不如同儕，她會說：「我媽媽**不准禁止**我去玩」、「**白色的黑衣**」，或說：「老師我**星期幾**要表演魔術，你要下來看喔！」當老師繼續追問：「是星期幾呢？」小魚答：「對，是**星期幾**！」並沒有察覺自己的表達是不正確的。

小魚的記憶不佳，非常健忘，能認得的字不多，句子短，不會的國字便以注音呈現，但拼音不一定都正確。小魚喜歡畫圖，老師會讓她在作業的空白處畫上插圖。有時從造詞作業和插圖之間的不一致，可以發現小魚對語詞理解有誤，例如：「段」字，造「一『段』路」的句子，插圖是一條中間「斷」掉的路。又如老師問:「**現在午睡了？**」（暗示此刻是午休時間）小魚卻回答：「**我今年 11 歲。**」把「午睡」聽成「5歲」，音義連結錯誤。

以國小五年級學生的生理年齡來看個案的語言發展，得知小魚不論在詞彙、語法皆與同儕有一大段落差，加上記憶力弱，因此語言輸入必須一再反覆才行。由於知覺組織是她相對較佳的能力，故教導口語時，不妨多運用圖片輔助，像是選用可預測讀本（predictable picture book），經由不斷重複類似的情節，使其透過閱讀可以熟悉語詞和句型，在不斷反覆的過程中，漸漸熟悉故事發展後，更容易一起參與閱讀活動，例如：在分享閱讀

（shared book reading）時，老師故意在重複的語句上停住，由學生接著唸。以可預測讀本《手套》（林真美譯，1998）一書（節錄如下）為例，故事是講一位老公公在森林裡掉了一隻手套，很多動物都想要擠到手套內，於是故事情節不斷出現不同動物輪番來請求入住，此時動物要報上自己名字並說特徵，然後徵求對方的入住同意。從聽讀故事中，學生能反覆學到幾種動物的名稱、形容詞出現在名詞之前，以及問話跟請求的基本句型。透過圖畫故事書的情境做脈絡，讓口語聽和說的練習不至於流於僅是機械式的套用。

老公公到森林裡散步，小狗跟在後頭。老公公走著走著，掉了一隻手套。

小老鼠跑了過來，鑽進手套裡說：「我要住在這裡。」

小青蛙跳了過來，說：「是誰住在手套裡面呢？」「是貪吃的老鼠，你是誰呢？」「我是愛跳的青蛙，讓我進去好嗎？」「請進。」

你看，手套裡面有兩隻動物了。

兔子跑了過來，問：「是誰住在手套裡面呢？」「是貪吃的老鼠和愛跳的青蛙，你是誰呢？」「我是長腿兔子，讓我進去好嗎？」「請進。」

（節錄自《手套》）

除了透過閱讀來豐富個案的詞彙量並建立基本句型概念外，在日常生活中使用語言溝通的能力對小魚也很重要。老師觀察到小魚很熱心服務，例如：她喜歡幫忙買飲料，卻因為講不清楚要的品項或是找錯金額而感到沮喪。為增進溝通成功的機會，剛開始可以讓選項和問題單純化，像是飲料只有紅茶和冬瓜茶兩種選項，價錢都是 15 元，出發前先把數量和金額都統計好，再到店裡購買。其他購買早餐或簡單物品的購物訓練，也是先把清單寫好，確認她的表達是可以被理解之後，再讓她前往實體店採買。等小魚簡單的表達方式穩固後，再慢慢加深情境的複雜度。

為什麼要結合故事閱讀和日常生活的溝通訓練？因為在生活中練習口

語溝通能立即得到反饋，也具實用性。但是，日常用語比較窄，例如：飲料、早餐的品項通常是固定幾類，要經由生活口語互動或觀看電視來增加詞彙量的效果是比較有限。因此，若能透過聽讀故事也不失為增進口語能力的方法，故建議兩者並用。

第四節　結語

很多科學家對於「小小孩是怎樣學會說話的？」非常感興趣。美國語言學家 Chomsky 假設兒童與生俱來就有適用於所有人類語言的基本語法結構之知識（稱為 universal grammar，普遍語法），透過語言習得裝置（language acquisition device，簡稱 LAD），小小孩就有辦法在接受有限的語料之後，產出一堆詞彙和句子，甚至有些都未必有他人示範教學過。心理學家 Kuhl 對小嬰兒做了很多語言發展的研究，她的研究團隊發現：外在的語音輸入對於小嬰兒的語音辨識能力有關鍵之影響，6 至 8 個月的美國和日本嬰兒對於[r]和[l]兩個音的辨識是相近的，但是到了大概 1 歲左右，兩組小孩的表現就明顯有差異，日本小孩不太能辨識[r]和[l]兩個音的差異，但美國小孩可以，此差異跟兩種語言對於[r]和[l]是否帶來意義的不同有關。在英語中，[r]和[l]得要分清楚，才不會把 rice（米）和 lice（蝨子）混為一談，但是日語的這兩個音是差不多，日本小孩聽不出兩個音的差異並不會帶來日語學習的困擾（Kuhl, Stevens, Hayashi, Deguchi, Kiritani, & Iverson 2006）。他們也發現，讓孩子看電視節目或聽錄音帶播放對其語言能力的提升效果，和在真人互動之下學習語言的效果是不同的，和人互動時才能提升小嬰兒的語言能力，只靠機器播放是達不到效果的（Kuhl, Tsao, & Liu, 2003）。換言之，語言習得和特定環境中的語音輸入多寡有關，在孩子 1 歲左右就幾乎產生關鍵的影響力。再者，語言學習不單是刺激輸入多寡問題，還涉及社會互動（social interaction），透過與他人進行溝通交流，對於孩子的語言發展是很重要的（有興趣的讀者可觀看 Kuhl 博士在 TED 的演講，http://www.ted.com/talks/patricia_kuhl_the_linguistic_genius_of_babies）。

　　綜而言之，語文學習要給孩子語料，同時引發其溝通的慾望，要容許錯誤，經由慢慢修正，然後漸漸學會它（劉漢初，2016）。在教學時，大人要扮演鷹架的角色，不斷透過仿說、自我談話、平行談話、提供訊息的談話、示範、擴展、延伸、詳述等，讓接收者有模仿學習的對象，知道怎樣以適當的語詞和規則表達出所見所想，或透過擴展、延伸、詳述的方式，進一步教孩子怎樣說出更豐富的內容，因此有意義的練習永遠是必要的。提升口語能力的方法可以透過日常生活的溝通，也可以藉助文字閱讀、圖片輔助口語敘述等方式。日常口語溝通可獲得立即反饋，具實用性，而文字閱讀能學到較多元的詞彙，兩者相輔相成，故建議雙管齊下，以增進孩子的口語能力。

參考文獻

中文部分

王建邦（2005）。學前幼兒中文隱喻理解的初探（未出版之碩士論文）。國立中正大學，嘉義縣。

王瓊珠、陳淑麗（主編）（2010）。**突破閱讀困難：理念與實務**。臺北市：心理。

李佳穎（2010）。語言與閱讀。載於李俊仁、阮啟弘（主編），**大腦、認知與閱讀**（頁167-185）。臺北市：信誼。

周泰立、翁巧涵（2016）。語言發展的大腦奧秘。載於阮啟弘（主編），**心智科學研究（二）**（頁26-31）。臺北市：科技部人文及社會科學研究發展司。

林真美（譯）（1998）。**手套**（原作者：艾烏格尼‧M‧拉裘夫）。臺北市：遠流。

林寶貴、錡寶香（2000）。**語言障礙學生的教育**。臺北市：教育部。

林寶貴、錡寶香（2002）。聽覺障礙學童口語述說能力之探討：語意、語法與迷走語之分析。**特殊教育研究學刊，22**，127-154。

粘玉芳（2008）。不同閱讀障礙類型兒童與普通兒童口語敘事表現之比較研究（未出版之碩士論文）。國立臺灣師範大學，臺北市。

曾世杰（2010）。注音與聲韻覺識教學。載於王瓊珠、陳淑麗（主編），**突破閱讀困難：理念與實務**（頁103-128）。臺北市：心理。

曾世杰、陳淑麗（2007）。注音補救教學對一年級低成就學童的教學成效實驗研究。**教育與心理研究，30**（3），53-77。

順序圖卡（2011）。臺北市：信誼。

楊淑蘭（2015）。**溝通與溝通障礙：理論與實務**。臺北市：心理。

劉漢初（2016）。語文教學浮想錄。**小語匯，43**，9-11。

錡寶香（2004）。國小低閱讀能力學童與一般學童敘事能力之比較：語言表現、篇章凝聚與故事結構之分析。臺北市：五南。

鈴寶香（2006）。兒童語言障礙：理論、評量與教學。臺北市：心理。

鈴寶香（2009）。兒童語言與溝通發展。臺北市：心理。

英文部分

Bloom, L., & Lahey, M. (1978). *Language development and language disorders*. New York, NY: John Wiley & Sons.

German, D. J. (1992). Word-finding intervention in children and adolescents. *Topics in Language Disorders, 13*(1), 33-50.

Gough, P. B., & Tunmer, W. E. (1986). Decoding, reading, and reading disability. *Remedial and Special Education, 7*(1), 6-10.

Halliday, M. A. K. (1975). *Learning how to mean: Explorations in the development of language*. London, UK: Edward Arnold.

Harty, B., & Risley, T. R. (1995). *Meaningful differences in the everyday experience of young American Children*. Baltimore, MD: Paul H. Brookes.

Kuhl, P. K., Stevens, E., Hayashi, A., Deguchi, T., Kiritani, S., & Iverson, P. (2006). Infants show a facilitation effect for native language phonetic perception between 6 and 12 months. *Developmental Science, 9*, 13-21.

Kuhl, P. K., Tsao, F.-M., & Liu, H.-M. (2003). Foreign-language experience in infancy: Effects of short-term exposure and social interaction on phonetic learning. *Proceedings of the National Academy of Sciences, 100*, 9096-9101.

Lee, J. R., Hung, D. L., & Tzeng, O. J. L. (2006). Cross-linguistic analysis of developmental dyslexia: Does phonology matter in learning to read Chinese? *Language & Linguistics, 7*(3), 573-594.

Scarborough, H. (2001). Connecting early language and literacy to later reading (dis)abilities: Evidence, theory and practice. In S. Newman, & D. Dickinson (Eds.), *Handbook of early literacy research* (pp. 97-110). New York, NY: Guilford Press.

Vaugh, S., & Bos, C. S. (2015). *Strategies for teaching students with learning and behavior problems* (9th ed.). New York, NY: Pearson.

第八章

字詞教學

> 我打開我的書，注視著那些符號，試著想像它們的聲音。我將那些符號畫在地上，試著猜出它們怎麼唸、代表什麼意思。但是，有時候我覺得自己好像一個沒有腿的人在學跳，我的想法會溜走，我離夢想很遠。
>
> ——摘自《最想做的事》（黃迺毓譯，2013）

《最想做的事》這本書描寫的是美國黑人教育家 Booker T. Washington（1856-1915）渴望學習閱讀的故事。人要從不會閱讀進入到閱讀的世界並不會自然發生，如果沒有人為我們提供解開神祕符號的鑰匙，光靠個人的想像與模仿是很難達成的。

本章從最多學習障礙者普遍有的識字困難談起。由於中文屬於意符（logographic）文字系統，一個中文字（character）包含一個音節，絕大多數漢字都與詞素（morpheme）對應。所謂詞素（或譯為「語素」）是「最小的意義結合體，也是最小的語法單位」（劉月華、潘文娛、故韡，2004）。「字」既是中文書寫的基本單位，有時也是具有完整意思的詞，例如：車、水。中文透過詞素的組合產生眾多語詞，其中又以雙字詞為大宗，例如：水車、水管、公車（Hoosain, 1991）。所以，中文字和詞的關係並不易完全切割，老師教學時也常一起進行，少有單獨教字，卻不談由該字所組成的語詞，因此本章將包括字和詞符號的教學兩部分。首先討論字詞教學的理論基礎，接著舉例說明要怎樣教字詞，最後以個案說明介入方式。

第一節　字詞教學的理論基礎

　　早在 1986 年，Gough 與 Tunmer（1986）便提出「閱讀簡單觀點模式」，他們用一個簡單的公式：R（reading）＝ D（decoding）× C（linguistic comprehension），說明閱讀背後的兩項重要因素——識字解碼與語言理解。從公式可推論出：若識字解碼為零，就算語言理解佳，閱讀理解表現也是零。不過，識字解碼沒問題，並不代表一定能讀懂文章，還需要有一定的字彙知識、語言經驗、知識基模才行。因此，識字和解碼可說是閱讀理解的核心元素之一，雖不是萬靈丹，但是讀者不可能捨棄或跳過解碼或識字的學習歷程而讀懂書面文字符號。再者，從訊息處理理論（information processing theory）的觀點來說，一個人的認知資源容量有限，當識字耗掉太多資源之後，能夠處理閱讀理解的資源就相對減少許多，以致於即使認出全部的字，也未必能懂得文章的意思。而 Chall（1996）閱讀發展階段論的前三期，也是以建立個體基本讀寫概念和識字正確性、流暢性為主軸。因此，無論是閱讀簡單觀點模式、訊息處理理論、閱讀發展階段論都指向：識字是閱讀的一項重要成分，一旦有嚴重識字困難，閱讀理解和閱讀量也會受波及。另外，國際讀寫障礙協會（International Dyslexia Association，簡稱 IDA）對讀寫障礙（dyslexia）提出新的修正定義，也清楚反映其核心問題在於「認字正確性和（或）流暢性有困難，以及表現出拼字和解碼能力差」（Lyon, Shaywitz, & Shaywitz, 2003）。

　　根據 PIRLS 2006 的報告（柯華葳、詹益綾、張建妤、游婷雅，2008）之數據得知，臺灣教師在課堂上「經常」進行字詞教學（占 67.29%），反觀，閱讀策略教學的部分只有 33.33%表示屬於經常性的活動。顯見字詞教學占掉了不少上課時間。這是否意味學生識字或運用詞彙的能力就沒問題呢？不需要關注呢？王瓊珠、洪儷瑜、陳秀芬（2007）對低識字量學生（指識字量在負 1 個標準差以下者）的研究發現，這一群學生即便已經到了國三，其識字量仍約有半數未達小學中年級學生的平均識字量，有三分之

一左右的學生未達脫盲標準[1]，約占全體受測國三學生的5%。至於偏遠國中學生的識字落後程度，恐怕更大（甄曉蘭，2007）。可見低識字量學生與一般學生的閱讀發展將出現馬太效應（Matthew effect）（Stanovich, 1986），即學生認知方面的個別差異會造成學習閱讀的成效有所差異，而閱讀能力又會影響學生後來學習的能力。Stanovich（1986）引用 Nagy 與 Anderson（1984）的研究，該研究估計：「中年級不太喜歡閱讀的學生一年約可讀到 100,000 個詞，而一般同儕一年可能讀到 1,000,000 個詞，至於求知慾更強的同儕一年可能讀到 10,000,000 個詞，甚至更多。」擁有較多詞彙的學生可以在大量閱讀中進一步獲得新的語言經驗和詞彙，亦可在教室以外的場所進行閱讀活動，而不會受限於只在教師的協助下才能閱讀。如此滾雪球般的交互影響，將導致不同閱讀能力者在學習的機會和成效都有所不同。因此，字詞量的影響力不應該被低估，因為識字量愈少的學生，閱讀經驗將趨於更貧乏，也更無法累積知識。

在西方拼音文字系統的研究報告中，閱讀障礙的原因多指向聲韻處理缺陷（phonological processing deficit），依此假定提出聲韻解碼教學是最有效的教學（Adams, 1991; Foorman, Francis, Fletcher, Schatschneider, & Mehta, 1998; Hatcher, Hulme, & Snowling, 2004）。但在非拼音文字的中文裡，「聲韻覺識（尤其是音素層次）並非中文閱讀的必要條件」（曾世杰，2004）。注音符號補救教學雖可以提升國語低成就學童於聲韻覺識測驗的表現，卻無法遷移至國字和閱讀理解的分數上（曾世杰、陳淑麗，2007）。因此，中文識字教學有其獨特性，並不是直接移植拼音文字的識字教學法即可，必須另闢蹊徑。

漢字教學的目標是什麼？黃沛榮（2009）認為，應加強學生對漢字之「辨識」、「書寫」、「使用」上的能力。除了由字形、字音、字義切入識字教學外，也有學者從後設語言的角度來思考學習漢字所需的特殊知能

1　依據黃富順（1994）的研究，我國一般成人日常生活所需之基本字彙為 2,328 字，能認 1,680 字，並具有書寫日常生活之簡單應用文字能力者為「識字者」，才可以脫離文盲。

（Nagy & Anderson, 1999）。他們認為，學習閱讀的歷程基本上是在發現口語和書面符號之間的對應規律，一旦學習者能洞察其關係之後，便容易掌握特定文字系統。諸多文獻都指出，能否掌握字母和字音對應規則（grapheme-phonology correspondence rule，簡稱 GPC rule），對學習閱讀拼音文字的人很重要。中文雖然不屬於拼音文字系統，但有 80%的字是形聲字，形聲字包括部首和聲旁兩部分——部首表義，聲旁表音，讀者可以從部首推測字義，例如：從「珥」字的部首「玉」部，推測「珥」可能與玉石類有關。另外，詞素也有幫助讀者推測詞義的功用，例如：小朋友讀《仙履奇緣》的故事時，雖然沒有真的看過玻璃鞋這種東西，但是從「玻璃鞋」一詞包含「玻璃」和「鞋」兩個詞素，便推測它可能是用玻璃做成的鞋子，就像用皮革做的鞋子稱為「皮鞋」一樣。

　　基於不同文字系統在閱讀學習所需的後設語言能力可能不同的假設，近年來中文詞素覺知（morphological awareness）的研究漸漸增多（例如：Ku & Anderson, 2003; Kuo & Anderson, 2006; Nagy, Kuo-Kealoha, Wu, Li, Anderson, & Chen 2002; Shu & Anderson, 1997; Shu, McBride-Chang, Wu, & Liu 2006）。這些研究指出，詞素覺識與識字和閱讀理解有高相關，其影響力比唸名速度、詞彙、聲韻覺識更大（Ku & Anderson, 2003; Shu et al., 2006）。換言之，詞素覺知對學習中文的重要性，就如同音素覺知（phonemic awareness）對學習拼音文字一般重要。綜而言之，無論就閱讀理論、閱讀發展或讀寫障礙者的核心問題來看，識字或解碼的重要性都不言而喻。另外，基於中文的特性，提升詞素覺知也可能是進入詞彙學習的一個途徑。

第二節　提升識字能力的教學策略

　　一般來說，識字教學的主張分為「集中識字」和「分散識字」兩大主流。學校國語科的識字教學屬於「分散識字」，即「字不離文」，其優點是讓學童以比較自然的方式在閱讀文章中了解字義，不過考量到中文字的規律性不易立即掌握，因此在國小一年級的前 10 週會先教注音符號認讀及

拼讀，再以注音輔助國字認讀，直至高年級才將注音輔助認讀的任務去除。反觀國內對特殊需求學生的識字教學實驗則多採「集中識字」，其優點是以系統化的方式教導識字，能於短期間內收效，學童也較容易掌握文字的規則，但易與文章閱讀脫節，流於單調的識字活動。

關於閱讀困難學童的識字教學，Taylor、Harris、Pearson 與 Garcia（1995）曾揭示幾項重要的觀點，包括：（1）認字是閱讀理解的重要歷程，但識字只是達成閱讀理解的一種方法而已；（2）識字教學要儘量以在日常生活中會遇到的字為主；（3）老師進行識字教學時，要明白的告訴學生這是什麼樣的識字方法、這方法為何很重要、如何使用這個方法，以及何時使用它；（4）必須教導識字困難學生如何使用拼音和上下文線索來猜測不熟悉的字；（5）識字教學要增進學生識字的正確性和流暢性（p. 161）。Taylor 等人提醒教師，進行識字教學時不要忘記識字的終極目的在於促進學生的閱讀理解，並非僅是為了識字而教識字，如果只是多認字卻沒有運用到真正的閱讀情境中，便失去它原本的用意。另外，識字的途徑包含「由下而上」的拼讀，也包含了「由上而下」的「上下文線索分析」，無須固著於只用一種方法識字。最後，識字不僅要求正確也要求速度，讀者要能夠縮短識字時間，才能將更多的時間投入篇章理解。以下介紹涵蓋字形、字音分析，脈絡線索分析，以及識字自動化等不同切入點的教學法，茲分述如下。

壹、字形、字音分析

對於拼音文字，初學閱讀的學童如果能洞察字音和字母之間的對應關係，就能夠以拼音方式讀出許多生字，而能自行閱讀課外讀物。但是中文並非拼音文字系統，不能從國字的部件直接拼出字音，因此臺灣學童多倚賴注音符號輔助國字學習，只是抽象的注音符號對於閱讀困難學童而言，未必是助力，有時還是阻力！

黃秀霜（1999）比較三種國字教學法（傳統國字教學法、直接認讀國字、國字教學輔以文字學知識）對學習困難學生的國字學習成效後發現，

輔以文字學知識組在看字讀音方面優於其他兩組學生。如果文字學知識對識字有幫助，老師該如何將深奧的文字學教給學生呢？秦麗花（2000）在《文字連環炮》一書提到，她會用孩子比較容易懂的比喻，介紹形聲字的組合方式，例如：要教「清」、「情」、「晴」，她就會以自述方式介紹文字的來龍去脈：

> 我是水部，水部代表水的意思，我的長相有三種：一種是水的樣子……「氵」也是我的另一種形狀，如果「青」小姐妳願意嫁給我，那我們的孩子便是「清」，一半有爸爸的樣子，一半有媽媽的樣子，因為「青」小姐有美好的意思，所以「清」就是乾淨美好的意思。（頁174）

除了善用比喻之外，為了加深印象，老師可以利用朗讀韻文、繞口令、兒歌等方式，讓孩子不容易忘記。陳秀芬（1999）在論文中引用大陸教師所編的「堯」字歌，介紹有「堯」部件的字：「燒」、「澆」、「繞」、「蟯」、「僥」、「饒」，之後將這些字和字所屬的部首編成韻文：「用火燒，用水澆，有絲好纏繞。害蟲叫做蟯，依靠旁人是僥倖，豐衣足食財富饒。」避免孩子學了太相近的字之後又弄混亂了。

另外，也可以將識字與寫字做結合，像呂美娟（2000）的「基本字帶字加自我監控」教學便是一例。所謂「基本字」是指一組字共同的部件，例如：「清」、「情」、「晴」、「蜻」、「菁」、「睛」、「精」的基本字是「青」，先教基本字的目的是讓孩子熟悉共同的部分，等弄熟了，再加上其他部首，就可以成為很多不同的字，如此一來，可減少孩子記憶的負擔並增加他們的識字量，但相似字也得避免混淆，因此可配合「口訣」，例如：寫「情」字時，邊唸「心加青，心情的情」，跟著範例寫，再將前面的字蓋起來，自行默寫，寫好之後再核對答案，若寫對則打勾，若寫錯則再寫一次正確寫法，這部分即稱為「自我監控」，因為是由孩子自己核對答案，自己監督字寫得對不對。

貳、脈絡線索分析

　　從字形和字音分析的角度介入是國內識字教學實驗之主流，但應該避免孩子過度依賴某一種特定的方法識字，造成孩子對閱讀的誤解，以為閱讀就是認得每個國字。事實上，閱讀的最終目標是理解，有時即便我們無法認得每個單字，卻無損我們對文章的了解。一位成熟的讀者會懂得運用各種線索推測文意，上下文脈絡線索分析就是識字（詞）策略之一，例如：讀到「那推著手推車，一邊搖著鐵片罐子，一邊喊『阿—奇毛』[2] 的賣烤番薯的老頭」（摘自陳黎的〈聲音鐘〉，康軒版國中國文第四冊），就算不知道「阿—奇毛」是什麼意思，也會猜測它是一種叫賣東西的聲音；又如看到「從鄉村到都市，從簡窳到繁華；路，像無數縱橫錯綜的血管，連繫各個不同的體系」（摘自艾雯的〈路〉，康軒版國中國文第三冊），假如不認得「窳」字，我們或許也能從上下文脈絡猜測它在形容鄉村道路的狀況，和「繁華」的意思不同，不一定得唸出「窳」的音才能理解句意。

　　其實，閱讀障礙孩子常常利用上下文線索猜測生字，閱讀能力好的孩子因為識字量夠，反而不必經常倚賴上下文線索猜測字義（吳芳香，1998）。所以，教師要想一想：如何讓學童正確地使用上下文的脈絡線索？想要善用上下文的脈絡線索，必須藉助孩子的語言經驗和知識，也就是當他們唸錯時，能否察覺自己的錯誤並做調整？否則孩子很容易誤用此項策略，只抓到部分相似線索就隨意猜測，而扭曲原文的意思卻無自覺。不過，對於識字能力很差的孩子要教他們正確地使用上下文脈絡並非易事，改良作法可以參考歐素惠（2002）設計「翻翻小書」的概念（如圖 8-1所示），將圖和文字搭配，讓學生學習文字和圖的配對，再慢慢將圖片提示去除，讓學生獨立唸文章。

2　「阿—奇毛」是「烤蕃薯」的日語發音。

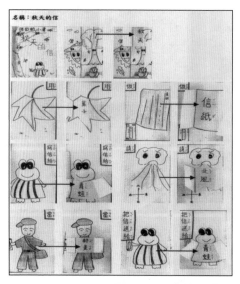

圖 8-1 《秋天的信》翻翻書

資料來源：歐素惠（2002，頁 32）

參、識字自動化

從認知心理學訊息處理的角度看「自動化」之形成，多次練習是一項必經的歷程，將此觀念用到閱讀就是流暢性教學（fluency instruction），其中的重複閱讀（repeated readings）是最普遍的方式。「重複閱讀」顧名思義是多次反覆閱讀同一篇文章，以到達一定的正確性和流暢性為止，至於重複幾次才夠，則沒有固定的答案，會因人、因目的而異。O'Shea、Sindelar 與 O'Shea（1987）曾比較過 29 位 11 至 13 歲學習障礙學生重複唸 7 次、3 次、1 次文章的效果，結果顯示：次數愈多，閱讀流暢性愈佳（即 7 次＞ 3 次＞ 1 次），但在故事重述部分，重複閱讀 3 次就和 7 次的效果相當，而兩者都比只讀 1 次的效果好。

總括地說，雖識字教學方法眾多，但其本質多不離字形區辨、字音搜尋、字義抽取，以及三者間的聯繫。識字教學的目標涵蓋正確性與速度兩個面向，近來流暢性在識字所扮演的角色已愈來愈受到重視。而識字教學

的目標是讓學生達到對字的自動反應〔又稱瞬識字（sight words）〕，同時也要學會面對生字時的猜測能力，例如：藉由一般字彙知識與上下文脈絡線索分析的方法，解出近似字義，以幫助全文理解。

　　表 8-1 乃係整理文獻中提到各類識字教學法的簡介及其優缺點比較，這些識字教學法大半從字形著眼，例如：析字法、形似字教學、基本字帶字、部件識字，而字族文識字也是從字形著眼，只是又利用字族文輔助識字。以字義為主導的教學法只有字源教學。另外，形聲字規則、一般字彙知識是以漢字的造字規律為教學主體，而意義化識字則著重在記憶策略的使用，無需受限於特定的造字原理，以容易記住為上策。

表 8-1　識字教學法簡介及其優缺點比較

方法	簡介	優缺點比較
字源教學	根據六書（即象形、指事、會意、形聲、轉注、假借）的造字原理入手，指導學習者明白漢字造字時的源頭。	・合乎漢字的科學研究，字理的解釋不致於前後矛盾，且符合學童對象形而具體事物容易接受的特點。 ・漢字經歷代演進後，意義已經轉化，有些字不易回溯其本源。
析字法	把字分解，變成口訣，例如：「李」分解成「木＋子」，「張」分解成「弓＋長」，「劉」分解為「卯＋金＋刀」，「贏」分解為「亡＋口＋月＋貝＋凡」。	適用於易拆解的字，但不是所有的字都好分割，如：「四」、「素」、「亞」就不容易解析，即便解析後也不知如何「命名」部分的字。
形似字教學	將字形相近的字歸為同一組，並用顏色標示出不同的地方，期待能降低記憶負荷，例如：「朋」與「明」。	對有些學習者而言，「形似字」放在一起教確實能促進異同之比較，但必須放在語詞和語句中學習，以免混淆。

表 8-1　識字教學法簡介及其優缺點比較（續）

方法	簡介	優缺點比較
一般字彙知識	一般字彙知識教學，包括：部首表義、聲旁表音、漢字組字規則等三項內容。	• 適用於所有漢字，特別是形聲字。 • 組字規則指導有助於漢字結構的掌握。 • 無助於精確字義／字音學習。
基本字帶字	基本字是指組成字的核心字，由此核心字加入不同的元素，便可再組成一組字，例如：基本字「包」可以加上不同的元素，變成「胞」、「跑」、「泡」、「炮」、「砲」、「抱」等字。	• 「基本字帶字」之目的是希望降低學習者的記憶負擔，達到舉一反三的效果。 • 問題和形似字教學類似，須避免學習上的混淆。
部件識字	部件識字是從部件的分析著眼。「部件」不同於筆劃和部首，它是漢字組成的零組件，解析時必須有一致性，例如：「應」字是由「广」、「亻」、「隹」和「心」組成。	• 以部件作為教學的單位，較不受制於文字的類別是否屬於圖畫性較強的字類，可使用在所有漢字的學習。 • 它面臨的問題包括：如何分析漢字的部件才妥當？當部件不是完整的字時，如何命名以便於記憶？相似的部件（像「阜」和「邑」在字裡的形狀都一樣）如何做區隔，以免混淆？
形聲字規則	介紹形聲字包含聲旁與義旁，聲旁通常表示發音，義旁通常是指類別，但有時聲旁也會兼及意義的部分，例如：「青」既是聲旁，也有表示美好的意思。因此，「人＋青」便成「倩」（美人）、「米＋青」是謂「精」（好米）。	• 只適用於形聲字。 • 形聲字的聲旁若相似，對語音處理困難的閱讀障礙學生而言也是一種干擾。

表 8-1 識字教學法簡介及其優缺點比較（續）

方法	簡介	優缺點比較
字族文識字	與基本字帶字的構念相同，但不只是單獨認字，而是將目標字組成短文，以方便記憶，例如：由基本字「巴」衍生出「爸」、「爬」、「笆」和「疤」等四個字，再編出「我的好爸爸，帶我去爬山，走路絆到竹籬笆，摔得全身都是疤」（羅秋昭，2006）的短文，以幫助記憶。	・「字族文識字」之目的是希望降低學習者的記憶負擔，達到舉一反三的效果。 ・如何避免學習字形混淆是重點。 ・字族文屬限制用字，短文讀起來不一定符合文學味和趣味。
意義化識字	利用六書原理及文字本身可能的形音義線索或記憶線索，設計有助於記憶漢字的方法，例如：「瞎」是「眼睛被害，就是瞎子了」。	・能降低記憶負荷量，有利於記憶力差的學習者記字。 ・外加的記憶策略可能形成干擾或降低識字自動化。 ・記憶線索的設計可能違反文字學的原理。

資料來源：引自王瓊珠（2010，頁 135-136）

肆、小結

　　根據王瓊珠（2012）整理國內字詞教學研究的文獻後指出，目前研究上固然還不足以為最佳識字教學方法下一個定論，不過從若干基礎研究中得知：（1）字形是小一學童初學認字的主要線索，因形似發生誤認的比率最高（柯華葳，1986）；從不同閱讀發展階段的學生來看，「字形混淆」的錯誤也是最高的（黃秀霜，2000）；（2）中文的同音字眾多，若從字音進行教學必然受到限制，在中文辨識中，形碼訊息比音碼訊息重要（吳瑞屯，1990）；（3）「無論是字的偏旁、部件或是字的本身，只要具有基本表徵的特性，便可以在視知覺初期一下子被偵測到」（吳壁純、方聖平，

1988），這些在字詞中具有「概念區辨性」（conceptual distinctiveness）的部分就成為字詞辨識之基本單位，例如：「山」、「石」是「岩」字的基本辨識單位。因此，從字形辨識單位著眼所衍生出的教學法，如「基本字帶字教學法」、「部件識字教學法」是能呼應科學研究的發現。然而，字形辨識只是第一步。實際上，形義連結也是識字教學很重要的一環，而「字源教學法」或「以文帶字識字教學法」就是讓學習者不單只是記憶字形，還知其所以然，並經由上下文的脈絡線索，鞏固形義連結。然而，不管是從字形辨識基本單位切入，抑或是加強學習者對字義來源的理解，根本上仍無法跳脫個體識字量的影響。洪儷瑜（2003）的研究指出，部件教學對於識字量 500 字以上的學生比較有優勢，若學童識字量過低，便難以應用所學的規則。因此，我們可以從降低個體認知負荷、避免不合字理的解釋自相矛盾、中文形碼訊息的重要性、形義連結比形聲連結更穩固，以及識字量的影響力等面向來思考，或許可提供實務工作者未來選擇中文識字教學法之參考。

第三節　提升詞彙能力的教學策略

　　詞彙是基本的意義單位，也是閱讀的基礎，假若缺乏對應的詞彙概念，即便學生能夠認得每個字，也不容易理解句子或文章的意思，例如：「光合作用」、「黑洞」、「自肥」、「白日夢」等詞，字雖不難，但是組合之後的詞並不是直翻每個字即可得知。換言之，詞彙知識不是識字後的自然產物，詞彙教學無論是對於語文領域或其他特定學科領域都很重要。詞彙教學策略可分為三大類：詞彙定義教學法、詞彙分類教學法、文句脈絡教學法，茲說明如下。

壹、詞彙定義教學法

　　「詞彙定義教學法」是指，直接教導學生詞彙的意義，讓學生透過查

字典的方式來認識詞義，重視學生對每個詞彙定義的背誦記憶，這是目前教學現場最常見的方法。像是中學老師要求學生背國文注釋，要背出「淚潸潸」是「流淚不止的樣子」，可是學生背完未必知道怎麼用。「淚潸潸」如果換成「淚流滿面」、「痛哭不已」，可以嗎？又如國小老師經常在教完生字之後，要學生造詞或造句，例如：教了「省」字之後，讓學生造詞，可能出現「節省」、「省錢」、「省事」、「省市」、「中書省」、「反省」、「省親」等，學生雖然把字典或自修內的例子抄了下來，但是因該字延伸的意義各有不同，包括：「減少」、「行政單位」、「古代機關」、「檢查」、「探視問候長輩」等狀況，因此學生縱然能背出注釋或完成造詞作業，並不代表他們真的理解詞義。簡言之，詞彙定義教學法的限制在於較少考慮到語詞使用之場合或脈絡。

貳、詞彙分類教學法

　　為改變詞彙學習只留在表層的理解，有些學者進而提出詞彙分類的概念。「詞彙分類教學法」主要是依據語詞的不同概念做分類，使學生了解語詞之間的關係，強化語詞概念以及批判思考能力。詞彙分類教學法有不同的方式，例如：詞彙分類（word sorts）、語意特徵分析（semantic feature analysis）、語意構圖（semantic mapping）等（Vacca, Vacca, & Gove, 2000）。

　　「詞彙分類」是先將語詞寫在卡片上，然後請學生將語詞做分類，把性質相近的語詞歸在一類，例如：呈現「可樂」、「薯條」、「蘋果」、「紅茶」、「香蕉」、「漢堡」、「白菜」、「紅蘿蔔」等語詞，學生可以將這些語詞分成「速食」和「蔬果」兩大類。或是反過來，先告訴學生我們有兩個「大人」（「速食」和「蔬果」）要找他們的「小孩」，請學生把同一家人的詞卡放在一起。

　　另外，「語意特徵分析」和「語意構圖」也是文獻上提到的兩種詞彙教學方法，它們是由 Johnson 與 Pearson（1984）所提出。「語意特徵分析」是指，透過團體討論的方式，將語詞的意義作更細節的比較，以釐清同類或意思相近之語詞的差異。比較時，若該語詞有某個特質的畫「＋」號，

沒有某個特質的畫「－」號（如表 8-2 所示）。「語意構圖」是指，將詞彙依其所涵蓋的概念多寡，以圖表方式來呈現詞彙間的關係：一般性、概括性的概念排在上層，比較特定、具體的概念排在下層（如圖 8-2 所示）。「語意構圖」是教學生如何去組織訊息，透過視覺的方式來呈現概念間的關係，對詞義學習與閱讀理解有助益（Vacca et al., 2000）。

　　總括來說，詞彙分類教學法能夠讓學生對詞義作更精準的分類，也能增加詞彙量，不過考慮學習障礙學生的詞彙比較有限，因此需要教學者提供更多的鷹架才能完成，也可以採取比較簡易的語詞聯想（如圖 8-3 所

表 8-2　語意特徵分析

	美麗	漂亮	豔麗	可愛	清秀	英俊	高雅
形容女性	＋	＋	＋	＋	＋	－	＋
形容男性	－	－	－	＋	＋	＋	＋
形容東西	＋	＋	＋	＋	－	－	＋

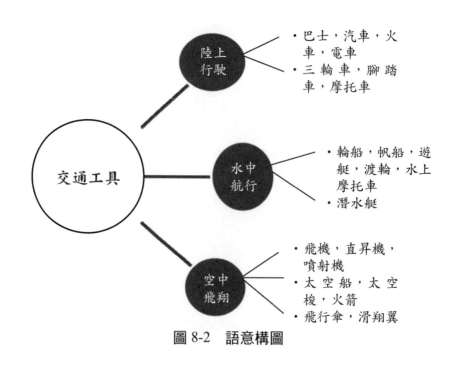

圖 8-2　語意構圖

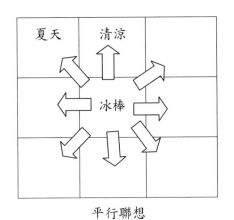
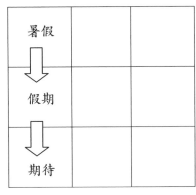

平行聯想　　　　　　　　　　　　　垂直聯想

圖 8-3　語詞聯想

示），先不考慮分類，以誘發出更多的詞彙為優先。

參、文句脈絡教學法

　　第三種學習詞彙的方式，不是直接教導定義或做詞彙分類，而是從閱讀中學習詞彙，畢竟詞彙的多樣性在文本中最能體現。文句脈絡（context clues）教學法是指，學生運用文章內容或上下情境來推敲字義，其優點是能讓學生了解到詞彙本身有很多的意義，缺點是較少解釋詞彙本身的意思，而是認識詞彙在上下文中的意思，例如：某新聞報導指出：「現在有些官員會利用職務之便『自肥』，取得不少好處。」學生或許不一定理解「自肥」的意思，但是從上下文來猜測，「自肥」可能是讓自己「獲得好處」的意思。如果該詞出現在：「現在有些<u>貪官</u>會利用職務之便『自肥』，取得不少好處。」學生可能又能了解到「自肥」是指讓自己「**不當的獲得好處**」，是帶有負面意思的詞彙，用在不好的事情。換句話說，怎樣透過文句脈絡讓學生達到詞義理解，和我們將語詞放在什麼句子內有關，假如我們只用「『自肥』是不對的」，就沒有充分將語詞的意思表現出來，學生可能誤以為「自肥」是讓自己很「肥胖」的意思。

肆、小結

除了國字形、音、義的連結外，詞彙教學在閱讀的重要性也不容忽視。過去很多老師是從詞彙定義進行教學，但學生即便能完整的背出國文注釋和查字典造詞，並不代表對該語詞有充分的了解。若要深入語詞學習，還要對不同語詞之意涵進行辨識，或能妥善運用在適當的語境中，因此不管是詞彙分類教學法或是文句脈絡教學法，從閱讀中學習詞彙，都不失為一種可行的途徑。

從 PIRLS 2006 的報告得知，閱讀素養高分組學生是有較多獨立閱讀的時間且由自己選書（柯華葳等人，2008）。從識字量發展的研究來看（王瓊珠、洪儷瑜、張郁雯、陳秀芬，2008），國中小學生的識字量遠超過課本內累計的生字量，顯見字詞習得不可能單靠教師在課堂上一字一字的教導，而透過自由自主的閱讀（free voluntary reading，簡稱 FVR），可能是增進字詞量的必經途徑之一。Krashen 博士在《閱讀的力量》一書中（李玉梅譯，2009），多方舉證 FVR 對母語和第二外語學習的影響力，從研究數據來看，FVR 對個體閱讀成就的影響力不是立竿見影的，而是滴水穿石、慢慢累積的。誠如 Nagy 與 Anderson（1984）的研究所估計，喜愛閱讀的學生和不愛閱讀的學生之一年字詞量可能差上百倍。吳慧聆（2007）、洪儷瑜、黃冠穎（2006），以及歐素惠、王瓊珠（2004）的研究結果皆指出，文章脈絡可以幫助學生學習字詞意思。因此，教學者可以善用各種機會，讓學生學習語詞，而不限定在課文內容出現的生字詞。

第四節　個案討論

小俊是國小二年級的讀寫障礙學生，能認得並正確寫出的國字非常少。他對國字的筆劃似乎沒有概念，寫字跟畫畫一般，但老師發現小俊的視覺記憶和推理能力還不差，有時會自己聯想字的樣子，例如：看到

「火」字，他會說這個字上面有很多火焰，下面是兩根木頭。從識字量
評估測驗的結果來看，小俊目前的識字量約為 400 字，與一般小二學童
平均 1,200 字的估計字量有一大段落差。寫國字時，他會模仿學校老師
教生字的方式，邊寫邊數筆劃 1、2、3⋯⋯，但是數筆劃好像沒有辦法
幫他提取出正確的國字，寫出來的依然是零碎之部分字形而已。

　　從個案的能力現況描述得知，小俊的估計識字量不到 500 字，依據中文
字特性衍生的識字教學法，對他而言未必有舉一反三的效果，老師可以考
慮先從常見字的教學著手。常見字的判斷可以參考教育部國語推行委員會
出版的《國小學童常用字詞報告書》一書中的字頻統計（教育部，
2002）。另外，也可以配合課文中的生字，教導其覺察中文字的基本架構
（如圖 8-4 所示），包括：獨體字（如：我、車）、上下結構（如：尖）、
左右結構（如：林），以及包圍結構（如：回）。請他抄寫時，把握先上
後下、先左後右、先外後內的原則，從筆劃簡單的字練習仿寫。

　　由於小俊的識字量少，老師可考慮用短文作為識字教學的材料，以避
免生字過多，造成認知負荷過重，反而無法聚焦在特定的目標字。以《念
兒歌學國字》（馬景賢，1997）一書中的〈小象站在小球上〉一文：「小
象站在小球上， 小小老鼠嚇一跳， 小象如果不下
來， 砰———小球一定會破掉」為例，對國小低年級學生來
說，「小」、「上」、「下」、「球」、「鼠」、「象」都是常見字，老師
在教的時候可以參考一些關於字源的書，若是象形字（例如：鼠、象）可
以搭配古字對照，讓學生看到這些字是仿造動物的外型寫出來的，例如：
「鼠」字的上面是牙齒，下面代表四隻腳和一個尾巴，很有趣（如圖 8-5 所
示）。至於「上」和「下」的一橫表示地平線，在地平線上面的就是
「上」，在地平線下面的就是「下」；「小」是由三個小點組成，小點表
示好小好小的意思。

　　關於識字教學是否要搭配書寫練習，可依據個案的程度和需求決定。
以小俊而言，「小」、「上」、「下」、「球」是常見且筆劃較少的字，可
以優先練習書寫，但是「鼠」、「象」基本上不是最高頻的字，且最容易

獨體字	上下結構	左右結構	包圍結構
例字：大、小	例字：尖、香	例字：明、俊	例字：回、國
	例字：煎、魚	例字：樹、謝	例字：廷、越
			例字：周、問
			例字：石、痛

圖 8-4　漢字的基本結構

圖 8-5　鼠字的小篆體、圖片與正體字

出現的詞彙也以「老鼠」、「大象」居多，並不是可以衍生許多語詞的詞素，加上筆劃也較多，老師可以列為認讀字，不需要當成優先練習書寫的國字。

除了學習目標字之外，也可以擴充學生的詞彙量。老師可以請學生口頭造詞，然後由老師和學生共同將該語詞寫在卡片上（約名片大小），目標字讓學生寫，生字部分由老師寫，例如：學生口頭造出「小心」一詞，「小」是本課的目標字，由學生來寫，「心」如果學生不會，則由老師協助完成。這些字詞卡完成後，可放置在學生個人專屬的盒子內，每天拿出來複習，一旦通過老師的測試，就可以放在另一個盒子中（暱稱生字銀行），讓學生知道他現在的存款有多少，但是如果忘記了，就要被領出來，請他重新再賺回來。

綜而言之，老師對小俊的字詞教學目標先放在建立字形的基本結構以及增加識字量上。由於他的識字量還不夠多，直接教導規則也不容易類化，因此採用高頻字優先的概念，在教導國字時，也將國字結合個案的視覺記憶優勢，採用圖像記憶。另外，也將字放入短文中，加深字在語詞和文章中的運用，再以生字銀行的方式，加強常見字的自動化。

第五節　結語

字詞是學習閱讀的敲門磚，也是重要的一哩路。本章介紹各種不同的字詞教學法，有的從字形區辨開始，有的強化字義，有的則從偏旁表音的特徵著眼，但是規則的學習並不是一蹴可幾，還需要建立在個案的基本識字量之上，因此為學生建造基本字庫是必要的。識字量的增加除了透過課堂練習寫字之外，也可以讓學生主動去蒐集課本以外的字，例如：教到「水」部的「河」字時，便讓學生去找找還有哪些字也是「水」部的家族，再寫進自己的「生字銀行」。另外，廣泛閱讀也是學習字詞的途徑之一，透過閱讀學習詞彙在文句脈絡中的運用，可避免脫離情境的表層理解。

參考文獻

中文部分

王瓊珠（2010）。識字教學。載於王瓊珠、陳淑麗（主編），**突破閱讀困難：理念與實務**（頁 129-149）。臺北市：心理。

王瓊珠（2012）。臺灣中文字詞教學研究之文獻回顧與展望。**教育心理學報，44**（2），253-272。

王瓊珠、洪儷瑜、張郁雯、陳秀芬（2008）。一到九年級國字識字量發展。**教育心理學報，39**（4），555-568。

王瓊珠、洪儷瑜、陳秀芬（2007）。低識字能力學生識字量發展之研究：馬太效應之可能表現。**特殊教育研究學刊，32**（3），1-16。

吳芳香（1998）。**國小二年級優讀者與弱讀者閱讀策略使用與覺識之研究**（未出版之碩士論文）。國立高雄師範大學，高雄市。

吳瑞屯（1990）。中文字辨識歷程的個別差異。**中華心理學刊，32**，63-74。

吳慧聆（2007）。字族文識字策略對國小學習障礙學童識字學習成效之研究。**特殊教育學報，25**，1-30。

吳壁純、方聖平（1988）。以中文字形的概念區辨性探討字形辨識的基本單位。**中華心理學刊，30**（1），9-19。

呂美娟（2000）。基本字帶字識字教學對國小識字困難學生成效之探討。**特殊教育研究學刊，18**，207-235。

李玉梅（譯）（2009）。**閱讀的力量**（原作者：S. D. Krashen）。臺北市：心理。

柯華葳（1986）。由兒童會錯意字的分析探討兒童認字方法。**華文世界，39**，25-32。

柯華葳、詹益綾、張建妤、游婷雅（2008）。**臺灣四年級學生閱讀素養 PIRLS 2006 報告**。桃園縣：國立中央大學學習與教學研究所。

洪儷瑜（2003）。**中文讀寫困難學生適性化補救教學：由常用字發展基本**

讀寫技能（I）。行政院國家科學委員會專案研究報告（編號 NSC91-2413-H-003-020）。

洪儷瑜、黃冠穎（2006）。兩種取向的部件識字教學對國小低年級語文低成就學生之成效比較。**特殊教育研究學刊，31**，43-71。

秦麗花（2000）。**文字連環炮：如何指導學生做個認字高手**。高雄市：復文。

馬景賢（1997）。**念兒歌學國字**。臺北市：國語日報。

教育部（2002）。**國小學童常用字詞報告書**。臺北市：作者。

陳秀芬（1999）。中文一般字彙知識教學法在增進國小識字困難學生識字學習成效之探討。**特殊教育研究學刊，17**，225-251。

曾世杰（2004）。**聲韻覺識、唸名速度與中文閱讀障礙**。臺北市：心理。

曾世杰、陳淑麗（2007）。注音補救教學對一年級低成就學童的教學成效實驗研究。**教育與心理研究，30**（3），53-77。

黃沛榮（2009）。**漢字教學的理論與實踐**。臺北市：樂學。

黃秀霜（1999）。不同教學方式對學習困難兒童之實驗教學助益分析。**課程與教學季刊，2**（1），69-82。

黃秀霜（2000）。不同國語成就兒童認讀錯誤類型之兩年縱貫分析。**初等教育學報，13**，63-87。

黃迺毓（譯）（2013）。**最想做的事**（原作者：M. Bradby）。臺北市：遠流。

黃富順（1994）。**我國失學國民脫盲識字標準及脫盲識字字彙之研究**。教育部專題研究報告。臺北市：國立台灣師範大學成人教育研究中心。

甄曉蘭（2007）。偏遠國中教育機會不均等問題與相關教育政策初探。**教育研究集刊，53**（3），1-35。

劉月華、潘文娛、故韡（2004）。**實用現代漢語語法**。臺北市：師大書苑。

歐素惠（2002）。**我的小書＆繪本：一位腦傷兒童的閱讀教學**。臺北市：作者。

歐素惠、王瓊珠（2004）。三種詞彙教學法對閱讀障礙兒童的詞彙學習與

閱讀理解之成效研究。**特殊教育研究學刊，26，**271-292。

英文部分

Adams, M. J. (1991). *Beginning to read: Thinking and learning about print.* Cambridge, MA: The MIT Press.

Chall, J. S. (1996). *Stages of reading development* (2nd ed.). Orlando, FL: Harcourt Brace.

Foorman, B. R., Francis, D. J., Fletcher, J. M., Schatschneider, C., & Metha, P. (1998). The role of instruction in learning to read: Preventing reading failure in at-risk children. *Journal of Educational Psychology, 90*(1), 37-55.

Gough, P. B., & Tunmer, W. E. (1986). Decoding, reading, and reading disability. *Remedial and Special Education, 7*(1), 6-10.

Hatcher, P. J., Hulme, C., & Snowling, M. J. (2004). Explicit phoneme training combined with phonics reading instruction helps young children at risk of reading failure. *Journal of Child Psychology and Psychiatry, 45,* 338-358.

Hoosain, R. (1991). *Psycholinguistic implications for linguistic relativity: A case of study of Chinese.* Hillsdale, NJ: Lawrence Erlbaum Associates.

Johnson, D. D., & Pearson, P. D. (1984). *Teaching reading vocabulary.* New York, NY: Holt, Rinehart and Winston.

Ku, Y., & Anderson, R. C. (2003). Development of morphological awareness in Chinese and English. *Reading and Writing: An Interdisciplinary Journal, 16,* 399-422.

Kuo, L., & Anderson, R. C. (2006). Morphological awareness and learning to read: A cross-language perspective. *Educational Psychologist, 41*(3), 161-180.

Lyon, G. R., Shaywitz, S. E., & Shaywitz, B. A. (2003). A definition of dyslexia. *Annals of Dyslexia, 53,* 1-14.

Nagy, W. E., & Anderson, R. C. (1984). How many words in printed school English? *Reading Research Quarterly, 19,* 304-330.

Nagy, W. E., & Anderson, R. C. (1999). Metalinguistic awareness and literacy acquisition in different languages. In D. Wanger, R. Venezy, & B. Street (Eds.), *Literacy: An international handbook* (pp. 155-160). Boulder, CO: Westview Press.

Nagy, W. E., Kuo-Kealoha, A., Wu, X., Li, W., Anderson, R. C., & Chen, X. (2002). The role of morphological awareness in learning to read Chinese. In W. Li, J. S. Gaffney, & J. L. Packard (Eds.), *Chinese children's reading acquisition: Theoretical and pedagogical issues* (pp. 59-86). Norwell, MA: Kluwer.

O'Shea, L. J., Sindelar, P. T., & O'Shea, D. J. (1987). Error correction in oral reading: Evaluating the effectiveness of three procedures. *Education and Treatment of Children, 7*, 203-214.

Shu, H., & Anderson, R. C. (1997). Role of radical awareness in the character and word acquisition of Chinese children. *Reading Research Quarterly, 32*(1), 78-89.

Shu, H., McBride-Chang, C., Wu, S., & Liu, H. (2006). Understanding Chinese developmental dyslexia: Morphological awareness as a core cognitive construct. *Journal of Educational Psychology, 98*(1), 122-133.

Stanovich, K. E. (1986). Matthew effects in reading: Some consequences of individual differences in the acquisition of literacy. *Reading Research Quarterly, 21*, 360-407.

Taylor, B., Harris, L. A., Pearson, P. D., & Garcia, G. (1995). *Reading difficulties* (2nd ed.). New York, NY: McGraw-Hill.

Vacca, J. L., Vacca, R. T., & Gove, M. K. (2000). *Reading and learning to read* (4th ed.). New York, NY: Longman.

第九章

基礎英語教學

　　我每天都在路邊的餐車買早餐，花一塊錢買一個貝果（bagel）加一杯咖啡，我不知道英語該怎麼講，只能用手指指指點點。……後來我自己練習說："Cinnamon raisin bagel with cream cheese. Cinnamon raisin bagel with cream cheese."。剛開始還是不敢講，終於有一天我整句說出來了，"Cinnamon raisin bagel with cream cheese and coffee, please."，小販居然也聽懂了，哇哈哈，我高興得不得了！

——摘自《不怕我和世界不一樣：許芳宜的生命態度》

（林蔭庭，2013）

　　教育部自 90 學年度起將英語教育納入國小正規課程，從五年級起開始實施英語教學；而後又於 94 學年度起將英語課程向下延伸至三年級開始實施，也有部分縣市甚至將英語課程向下延伸至一年級就開始。政府看似重視英語課程，但是從 2016 年的國中英語會考結果來看，拿到 C（未達標準）的學生約將近三分之一（31.54%），其實英語會考或基測成績多年來都呈現「雙峰現象」（萬世鼎、曾芬蘭、宋曜廷，2010）。到底英語往下延伸是好，還是壞？已經說不清，但是英語卻是國中課程的「主科」之一，許多資源班老師會安排英語課程給學習障礙學生上。

　　英語對我們國家而言屬於外語，學習障礙鑑定不會因為個案的英語能力差，而成為研判的指標。然而，筆者考慮到基礎英語能力對於學習障礙

學生往後的學習仍可能扮演一定的角色，哪怕只是像許芳宜小姐想在專業技藝上求精進，而隻身前往紐約考專業舞團，一旦決定走出原本熟悉的生長環境，英語可能就變成重要的溝通工具。再者，Sparks、Ganschow 與 Pohlman（1989）也提出「語言譯錄缺陷假設」（linguistic coding deficits hypothesis）[1]，其研究結果指出：母語聲韻／字形或聲音和符號編碼有困難的人，外語的學習也會發生解碼困難。雖然中文和英文分屬不同書寫系統，但是語音處理是所有語言都無法避免的部分（Lee, Hung, & Tzeng, 2006），只是各語言因為形符和語音對應的一致性高低不同，因此需要將語音分析到何種細緻程度的要求也不同（Ziegler & Goswami, 2005）。

有不少學習障礙學生在學習閱讀的初始階段，其中文認字或注音符號拼讀就有困難者，學習英語是否也比較困難？黃柏華、洪儷瑜（2007）對國中讀寫障礙學生所做的研究，發現學生在中文聽寫測驗的得分是預測英文讀寫字表現的主要變項，中文和英文之間的學習似乎不是完全脫鉤，故筆者決定把基礎英語教學放入書中的一個章節來討論。本章首先討論基礎英語教學之內涵，再談學習障礙學生英語學習困難所在，最後是分享基礎英語的教學與教材。

第一節　基礎英語教學的內涵

由美國國會所任命的閱讀小組（National Reading Panel）綜合諸多之閱讀研究文獻，試圖找出重要的閱讀教學內涵（詳見 https://www.nichd.nih.gov/about/org/der/branches/cdbb/nationalreadingpanelpubs），該小組在 2000 年提出五大閱讀教學要素，分別為音素覺識（phonemic awareness）、字母拼讀（phonics）、流暢（fluency）、字彙（vocabulary），以及閱讀理解（reading comprehension）（National Reading Panel, 2000），前四項也是學習基礎

1　原先提的「語言譯錄缺陷假設」，後來考量外語的學習困難程度是連續性的，並非僅有特定障礙學生才有學習困難，因此將缺陷（deficits）一詞更改為差異（difference），改稱為「語言轉錄差異假設」。

英語的基本工夫。另外，筆者參考國中小英語科補救教學的基本學習內容（教育部，2012a，2012b，2016a，2016b），納入基本句型與常用語兩部分，將此六項作為基礎英語教學之內涵。茲簡述如下。

壹、音素覺識

　　音素（phoneme）是能產生不同意義的最小語音單位。音素覺識是指，能夠洞察、合成、分離、刪除、置換口語詞彙中的個別語音，例如：可以聽出 cat（貓）有/k/、/æ/、/t/三個音素；如果不唸出/k/，會變成 at；把/k/換成/m/，就變成 mat（墊子）。至於語音覺識（phonological awareness）所洞察的語音單位更廣，從字、音節、韻腳（rhymes）到音素都可以涵蓋，例如：可以聽出"I love you."這句話有三個字音；telephone（電話）假如慢慢唸，可以拆成 te-le-phone 三個音節；cake（蛋糕）、take（拿取）、lake（湖）的韻尾都一樣是 ake。

　　語音覺識為什麼重要？因為英語屬於拼音文字系統，Share（1995）認為語音覺識可以幫助初學英語者掌握字母原則（alphabetic principle），例如：每次聽到/t/的語音時，出現的字母也多是 t，之後看到 tea、eat、cat、net，雖然未必知道單字的意思，但預期字母 t 也是發/t/的音，故能產生依此規律類推的自學效果（self-teaching）。學習拼音文字若不透過數量有限的語音組合來學習，而僅依賴視覺記憶，把每一個字當成一個圖檔存放，將是費力而無效率的，這是因為字形相似的字眾多，像 book（書本）、look（注視）、cook（廚師）、hook（勾子）、took（拿取），意思卻差了十萬八千里。面對多音節的長字（例如：international、impossible、encyclopedia、antidisestablishmentarianism），若沒有語音輔助，把長串的字拆成音節，變成數個組串（chunk），記憶的負荷就會更沉重了。

貳、字母拼讀

　　字母拼讀是指印刷字母和語音之間的關係，例如：英文單字內的字母

b，幾乎都是發/b/的音，boy、boat、bat、bee 皆是如此，但也有少數特例，像 comb（梳子）的 b 並沒有發音。根據語言學的統計，在英文字裡的 26 個字母對應到 44 個語音，兩者的對應關係不是剛好一對一，字音和字形有對應關係的，占了 80%左右，因此學會字母拼讀可以解決大約八成的單字讀音問題，剩下 20%非規律的字卻常是高頻字，例如：英文字 come、one、do、does、have 等，都屬於無法從字形直接看出發音線索，這部分就要靠其他方式來學習。以臺灣的英語課程設計為例，國小英語以字母拼讀為主，先建立語音和字形的對應關係，國中再引入 KK 音標教學，讓學生在面對非規律對應的字時，可以透過標音系統輔助把字音讀得正確。

美國的閱讀教學界曾經對於初學閱讀的孩子是要採取字母拼讀或全語言（whole language）教學法有很大的爭議（Chall, 1967）〔關於字母拼讀和全語言的爭議，有興趣的讀者可以參閱曾世杰、簡淑真（2006）的文獻〕。主張字母拼讀法的學者認為，唯有讓學童理解字母和語音之間的關係，並建立字母與發音之間穩固的連結，他們才能夠看字讀音，成為真正的讀者，而不用一直仰賴他人協助或其他不確定的線索，例如：上下文、插圖、字形等。但主張全語言教學的學者則重視語言學習的脈絡性，認為語言若脫離脈絡，只是不斷強化字母和語音之間的連結，就像教導孩子游泳時只是不斷練習分解動作（例如：閉氣、漂浮、划手、打水），並不算是真正的游泳。他們強調「真實」的重要性，主張教師要讓學生面對有意義脈絡的語文活動，例如：因為要寫卡片給家人／老師，所以孩子必須學習把收信者和寄信者的名字寫出來，並知道書寫名字的位置，以及卡片中傳達的訊息。後來，也有學者提出平衡閱讀教學（balanced reading instruction），主張融合全語言教學之文學活動和字母拼讀法教學，納入解碼、視覺字、字彙發展、理解技巧、社會脈絡、廣泛閱讀、自我監控、自我引導、流暢性，以及正確性等多元因素（請參閱曾世杰譯，2010）。雖然不同的教學派典都有其各自的優點，但閱讀小組於 2000 年的報告等於是替字母拼讀教學法背書，提醒教學者不要忘記學習字母和字音的對應關係，對於往後孩子英語讀寫能力發展占有重要的一席之地。

參、流暢

流暢係指，看到文章可以不用太費力、快速地讀下去，基本上是一種狀態。何以流暢是重要的？訊息處理理論指出，一個人的認知資源容量有限，若無法達到識字解碼的自動化，將占去很多認知資源，能夠處理閱讀理解的資源就相對減少許多，而造成「有看卻沒有懂」的狀況。Chall（1996）閱讀發展階段的前三期也是以建立個體基本讀寫概念和識字正確性與流暢性為主軸。目前國際讀寫障礙協會（IDA）對讀寫障礙（dyslexia）的界定，也清楚反映其核心問題在於「認字正確性和（或）流暢性有困難，以及表現出拼字和解碼能力差」（Lyon, Shaywitz, & Shaywitz, 2003）。

由於流暢是一種狀態，沒有具體內容，所以有些教學者會忽略它的重要性，而沒有特別指導。英語教學要如何提升流暢度？途徑之一是建立學生的英文瞬識字（sight word）庫，讓他們看到常見的高頻字能立即反映，無須再特別費力拼讀，此途徑對於形音對應不規律的高頻字特別受用。此外，教學者也可以透過重複閱讀（repeated reading）、共讀（read-along）、配讀（paired reading）、跟讀（echo reading）等方式，讓學生的閱讀速度加快。

肆、字彙

字彙是學習英語的基本元素，但是國中小學生要懂多少英語字彙才夠用？還有，字彙要懂到什麼程度才行？依據教育部頒布之「英語課程綱要」規定，國中畢業時應學會 1,200 個字詞，並應用於聽、說、讀、寫的溝通中。「國民中學英語科補救教學基本學習內容」考量低學習成就者的學習速度較為緩慢以及補救教學時數之限制，最後選出以國小字詞 144 字，另加 281 字，共計 425 字（約為課綱所訂 1,200 字的三分之一），作為低學習成就者國中畢業時應具備的最基本英語應用字彙量。亦即國中低學習成就

者，除了需掌握國小階段的 144 個基本字詞外，還需再習得至少 281 個英語應用字彙（教育部，2016a）。

「國民中學英語科補救教學基本學習內容」基本字彙挑選原則是以教育部英語課程綱要所列 1,200 基本字詞為本，並參考國中英語教科書各版本所提供字詞表，若多個英語教科書版本都有出現該單字，並能與溝通功能、基本文法句型及主題搭配者，便列為優先選用的字彙（詳見本書附錄 E）。至於國中 1,200 字詞中未被選用為國小或國中「英語科補救教學基本學習內容」的「應用字彙」（word for production）者，則視為「認識字彙」（word for recognition）。「應用字彙」是指學生必須能聽懂、口說、認讀及書寫，「認識字彙」則只須聽懂和認讀即可（教育部，2016a）。另外，美國英語教學也有分析小三以前常見的 220 個瞬視字（Johnson, 1971），該字表分為五個等級，囊括 50 至 70%的書寫常見字（詳見本書附錄 F），因此基礎英語字彙的學習應從高頻的常用字先著眼。

伍、基本句型

從表 9-1 國中小「英語科補救教學基本學習內容」所羅列的文法句型來看，多屬於 Wh-問句（以 What、Who、Where、Which、How 為首），以及 Be 動詞或助動詞（Do/Does、Can）為首的疑問句；涉及的時態從最基礎的現在式、現在進行式（國小至七年級）、過去式、未來式（八年級）、現在完成式到被動語態（九年級）。課程重點在於培養日常基本溝通，而能夠以英語詢問基本資料（例如：姓名、關係、年紀、職業、時間、地點、喜好、顏色、品名、天氣等）或問問題（例如：能不能、是不是）。

陸、常用語

表 9-2 和表 9-3 國中小「英語科補救教學基本學習內容」所羅列的常用語，多是課室英語和生活中的禮貌性應對短語（例如：請、謝謝、對不起、打招呼、問安、情緒回應）。在「英語科補救教學基本學習內容」試

表 9-1　國中小「英語科補救教學基本學習內容」（文法句型）

四年級		五年級		六年級	
內容	說明	內容	說明	內容	說明
1. A: What's your name? 　 B: (My name is) Ben. 2. A: What's this/ that? 　 B: (It's) an apple. 3. A: What color is it? 　 B: (It's) red. 4. A: Is it/this/that a banana? 　 B: Yes (, it is)./ No (, it's not).	一、能聽懂 二、能口說 三、能認讀	1. A: Who is he/ she? 　 B: (He's/She's) my father/ mother. 2. A: How old are you? 　 B: (I'm) eleven (years old). 3. A: What can you do? 　 B: I can read. 4. A: Can you dance? 　 B: Yes (, I can). No (, I can't). 5. A: What do you want/see? 　 B: (I want/see) (three) apples. 　 A: What do you like? 　 B: (I like) apples. 6. A: What time is it? 　 B: (It's) nine (o'clock).	一、能聽懂 二、能口說 三、能認讀	1. A: Are you a student? 　 B: Yes (, I am (a student))./ No (, I'm not (a student)). 　 A: Is he/she a nurse? 　 B: Yes (, he/she is (a nurse))./ No (, he's/ she's not (a nurse)). 2. A: What are you doing? 　 B: (I'm) reading a book. 　 A: What is he/ she doing? 　 B: (He's/She's) drawing. 3. A: Do you like art? 　 B: Yes (, I do)./ No (, I don't).	一、能聽懂 二、能口說 三、能認讀
註： 1. 句中畫底線的部分可以其他字詞代換。 2. 括號內字、句可省略。		7. A: How's the weather? 　 B: (It's) sunny. 8. A: He's tall. 註： 1. 句中畫線的部分可以其它字詞代換。 2. 括號內字、句可省略。		4. A: Where are you? 　 B: (I'm) in the kitchen. 5. A: Where are you going? 　 B: (I'm going) to the park. 6. A: where is my book? 　 B: (It's) in the box. 註： 1. 句中畫底線的部分可以其它字詞代換。 2. 括號內字、句可省略。	

表 9-1　國中小「英語科補救教學基本學習內容」（文法句型）（續）

七年級		八年級		九年級	
內容	說明	內容	說明	內容	說明
1. A: What is her/Jane's phone number? B: It is 8765-4321. 2. (Please) open the window. 3. A: Is she your sister/a cook? B: Yes, she is./No, she is not/isn't. She is my daughter/a nurse. 4. A: Where is/are my new cellphone/glasses? B: It is/They are on the table. 5. A: What is John/What are John and Mary doing? B: He is/They are doing the dishes (in the kitchen). 6. There is/are a monkey/five monkeys in the picture.	一、能聽懂 二、能口說 三、能認讀 四、能書寫 註： 1. 句中畫底線的部分可以其它字詞代換。 2. 括號內字、句可省略。	1. A: Which do you like, beef or pork? B: I like (them) both. 2. A: How many sandwiches do you want/need? B: We want/need ten. 3. Tom was/Tom and Mary were here last summer. 4. A: What did you do last weekend? B: I went to Green Island. 5. A: Did you invite Jean? B: Yes, I did./No, I did not/didn't (But I invited Mary.) 6. A: Will you play baseball tomorrow morning?	一、能聽懂 二、能口說 三、能認讀 四、能書寫 註： 1. 句中畫底線的部分可以其它字詞代換。 2. 括號內字、句可省略。 3. 自八年級起因人稱不同所造成的（助）動詞變化（如依句型 1 所產生的變換：Which does he like, beef or port? 等）不再逐一詳列。	1. A: How does he feel? B: He feels sick. 2. A: Who is taller, Sam or Jack? B: Sam (is taller than Jack). 3. A: Who is the tallest in your class? B: Peter (is the tallest in my class). 4. A: How long has Mary studied Chinese? B: (She has studied Chinese) for one year/since last year. 5. The park was cleaned (by the students) yesterday.	一、能聽懂 二、能口說 三、能認讀 四、能書寫 註： 1. 句中畫底線的部分可以其它字詞代換。 2. 括號內字、句可省略。

表 9-1　國中小「英語科補救教學基本學習內容」（文法句型）（續）

七年級		八年級		九年級	
內容	說明	內容	說明	內容	說明
7. A: Do you have a pink marker? B: Yes, I do./ No, I do not/ don't. (But I have a blue one.) 8. A: Does he have big eyes? B: Yes, he does./ No, he does not/doesn't.		B: Yes, I will./ No, I will not/won't. (But I will play basketball.) 7. A: How do I get to the train station? B: Turn right. Go along Green Street. It is in front of the post office.			

註：國小三年級無內容。

資料來源：教育部（2016a，2016b）

表 9-2　國小「英語科補救教學基本學習內容」（常用語）

三年級		四年級		五年級		六年級	
內容	說明	內容	說明	內容	說明	內容	說明
1. Hi!/Hello! 2. Good morning. 3. Good afternoon. 4. Goodbye./Bye. 5. Thank you.	一、能聽懂 二、能口說	1. How are you? 2. (I'm) fine. 3. (I'm) sorry. 4. See you.	一、能聽懂 二、能口說 註：括號內之字、句可省略。	1. Are you OK? 2. Sorry, I'm late. 3. I don't know. 4. Good idea!	一、能聽懂 二、能口說	1. Excuse me. 2. You're welcome. 3. Happy birthday. 4. This is for you.	一、能聽懂 二、能口說

表 9-2　國小「英語科補救教學基本學習內容」（常用語）（續）

三年級		四年級		五年級		六年級	
內容	說明	內容	說明	內容	說明	內容	說明
1. Be quiet. 2. Good job. 3. Listen! 4. Look! 5. Open/Close your book. 6. Sit down. 7. Stand up.	能聽懂	1. Come here. 2. Let's play. 3. Raise your hand. 4. Put down your hand. 5. Take out your book. 6. Put away your book. 7. Are you ready? (Yes./No.)	能聽懂 註：括號內之字、句可省略。	1. Stop. 2. Line up. 3. Hurry up. 4. That's OK. 5. Try again.	能聽懂	1. Watch out! 2. Here you are. 3. Cool! 4. What's wrong? 5. Don't worry.	能聽懂

資料來源：教育部（2016b）

表 9-3　國中「英語科補救教學基本學習內容」（常用語）

七年級		八年級		九年級	
內容	說明	內容	說明	內容	說明
1. Good afternoon. 2. Good evening. 3. Good night. 4. How are you? 5. Fine, thank you. 6. Not bad. 7. So so. 8. Not so good. 9. Nice to meet you. 10. Very good. 11. You're welcome. 12. Listen! 13. Look! 14. Stand up (, please). 15. Sit up (, please). 16. Please spell it. 17. Come in (, please). 18. Wow! 19. Really? 20. I see! 21. Sorry, I don't know. 22. Oh, no!	一、需認讀 二、需聽懂 三、需口說 註：國小已選用之常用語22句（包含能使用者及能聽懂者），以網底表示，以達螺旋式學習之效。	1. Let's go. 2. Don't run. 3. Stop! 4. Cool! 5. Pretty good. 6. What day is today? 7. See you later! 8. It's time to go! 9. Smells good. 10. I love it. 11. How much is it? 12. Hi, there! 13. What's up? 14. See you. 15. I can't believe it. 16. I can't wait! 17. What's wrong? 18. Sorry, I'm late. 19. How about you?	一、需認讀 二、需聽懂 三、需口說 註：國小已選用之常用語22句（包含能使用者及能聽懂者），以網底表示，以達螺旋式學習之效。	1. I had a good time. 2. It was fun. 3. What happened? 4. May I help you? 5. I don't think so. 6. Say cheese. 7. To go, please. 8. Any questions? 9. Try again. 10. That's OK. 11. Well done. 12. It's not my day! 13. It's a long day! 14. Take care. 15. Watch out! 16. Excuse me.	一、需認讀 二、需聽懂 三、需口說 註：國小已選用之常用語22句（包含能使用者及能聽懂者），以網底表示，以達螺旋式學習之效。

表 9-3　國中「英語科補救教學基本學習內容」（常用語）（續）

七年級		八年級		九年級	
內容	說明	內容	說明	內容	說明
23.Speaking.					
24.Hold on, please.					
25.Sorry. You have the wrong number.					
26.Are you sure?					
27.Good job.					
28.Great.					
29.Of course!					
30.Hurry up.					
31.Too bad.					

資料來源：教育部（2012a）

行版（教育部，2012a，2012b）的國中小階段都有列常用語，但 2016 年的版本則僅有國小階段有，國中則無。目前的重點放在課室英語的使用，主要是希望教學者多用基本英語，讓低成就學生也有更多聽、講英語的機會，也會依據教學者的英語指令來回應，實踐英語課多說英語的目標。

第二節　學習障礙學生的英語學習困難

　　學習障礙學生學習英語的困難可能是一言難盡，其實外語學習困難也會發生在一般學生身上，有時僅是程度上的差異。英語書寫符號和中文完全不同，因此多數的英語入門課程是從 26 個字母開始教起，然後慢慢把英文字母拼讀、單字引入，先強化口語聽和說的能力，再進入書面文字的閱讀和書寫。學習英語的困難可能發生在聽、說、讀、寫各個面向，但是針對初階英語方面，字母認讀與書寫以及形音對應規則的連結可能是最常見之問題，特別是後者。學習者如果一開始沒有把字母名稱（letter name）和字母發音（letter sound）的差異和關係弄明白，就很難理解為何 b-o-o-k 幾個字母名稱寫成 book（書本）以後，卻發出/buk/的音，聽起來跟四個字母原來的名稱差了十萬八千里。

　　黃柏華、洪儷瑜（2007）曾比較國中讀寫障礙學生和配對的普通學生，兩組在英文讀寫字的表現，結果發現：讀寫障礙學生在字母認讀（含大小寫）、英文組字規則區辨（判斷字像不像英文字，例如：bck 不符合英文組字規則，但 bek 符合組字規則）、基本的音—形連結（以假字測學生是否能根據英語發音規則，看字讀音）有明顯困難。普通學生在字母認讀方面已達天花板效應，絕大部分的普通學生具備英文組字規則之基本概念，能從英文真字的發音規則類化假字的發音，增進文字解碼的能力。研究也指出，「假字認讀」是預測兩組學生在英文讀寫字表現最有效的變項，而「英文組字規則」對於讀寫障礙學生在英文讀寫字表現的解釋量高於普通學生。換言之，國中讀寫障礙學生的英語學習困難是從字母認讀開始可能就有落後，包括大小寫認讀不完全正確，其中又以小寫的認讀困難較大；對英文字的規律不太清楚，例如：符合組字規則的英文字一定會出現至少一個母音字母（a、e、i、o、u）。此外，「假字認讀」[2]（即學生能根據英語發音規則看字讀音）更是一項很重要的能力，其評估的是基本音—形連結的能力，表現佳表示個案能夠根據拼音規則唸出字音，例如：grep 雖然是假字，但仍然可以發出/grɛp/的音，只要它符合拼音規則。

　　筆者過去教英語時常發現無法運用拼音規則的學生，會用國臺語諧音來記單字和片語，例如：more（莫耳）、book（不可）、facebook（非死不可）、long time ago（弄他耳垢）、teacher〔鐵尺、啼笑（臺語）〕。也有學生會用注音標注發音，例如：so（ㄙㄛ）、bad（ㄅㄟˋ ㄅㄜ·）。坊間也有英語教學材料是採用諧音配上圖片的記憶策略教導單字認讀，例如：動物 animal（愛你摸）、經理 manger（賣你酒）。雖然業者宣稱效果神速，但長遠來說，是否有效、是否可以記憶足夠的基本單字量恐怕值得商榷。

　　若從 Spear-Swerling 與 Sternberg（1994）對閱讀困難形成的路徑模式來看（如圖 9-1 所示），個體在閱讀能力的發展過程中，會經歷不同的階段，如果卡關、無法上去，則會出現不同類型的閱讀障礙。舉例來說，當學習

2　假字是符合拼音規則，但是不存在的字。為何研究上特別選用假字，而不用真字呢？主要是想避免學生因為熟悉單字而能讀出字音，但其實並不能夠掌握拼音規則。

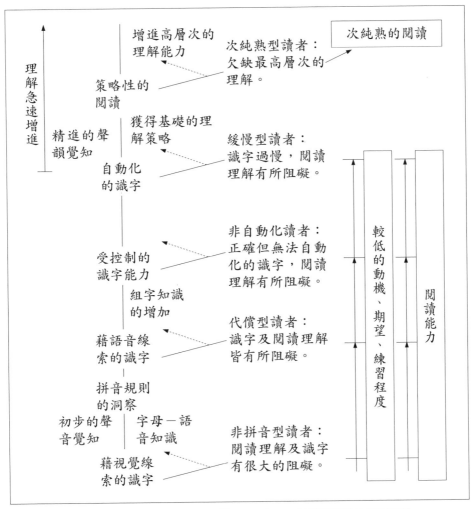

圖 9-1　Spear-Swerling 與 Sternberg 的閱讀發展路徑圖

資料來源：取自呂偉白譯（2002，頁 98）

者未具備有字音處理的技巧，會留在閱讀發展的第一階段，而過度依賴視覺線索識字，這一類型的閱讀障礙者稱為「非拼音型讀者」（nonalphabetic reader）。當學習者漸漸脫離過度依賴視覺線索後，也具備有限的拼音技巧時，他們開始可以拼讀一些簡單的字，但仍需要依賴語句的上下文脈絡或常見字的知識，雖然可以串聯簡易的文句，卻難以理解難度較高的文章或

文本內較深層的含意，此類型的閱讀障礙者稱為「代償型讀者」（compensatory reader）。之後，當讀者具備識字解碼技巧，但尚無法有效的、自動化的識字，因而耗費太多的心智在識字上，此類型的閱讀障礙者稱為「非自動化讀者」（nonautomatic reader）。另外，還有一種閱讀障礙的類型稱為「緩慢型讀者」（delayed reader），他們雖然具有自動化識字的能力，但連貫性低、識字速度慢，在時間限制之下會影響閱讀的理解能力。根據 Spear-Swerling 與 Sternberg 的觀點，這些障礙類型具有階層性的關係，閱讀能力愈高者，具備較多的閱讀技能；反之，閱讀能力愈低者，停留在愈低的發展層次，在識字能力的表現上顯現出更多的問題與困難。換言之，讓學習困難學生學會拼讀的規則，進一步將規則練到自動化程度，可以快速看字讀音，而不需要太倚賴視覺線索，可能是突破英語學習阻礙的關鍵。

第三節　基礎英語的教學策略

基礎英語要從哪些方面著手？起碼有字母認讀與書寫、字母拼讀教學，以及瞬識字自動化，而閱讀理解、文法基本句型、常用語也要學習，但是如果沒有前面的基礎工夫，就很難有所成就。故以下將從這幾個方面進行討論。

壹、字母認讀與書寫

多數學生在 26 個字母大小寫的學習上並沒有太大問題，但也有少數個案即便念完國中小共七年的英語課程，26 個字母仍然認不全。所以，即便國小都已經學過 26 個字母大小寫，理當要能認讀，但國中英語教師仍然要再確認。

劉佩雲、吳玉珍（2016）基於正確而快速認讀字母是學習英語的基本功，乃發展國小學生「英文字母朗讀流暢度電腦化測驗」（Computer-based Letter Naming Fluency，簡稱 C-LNF），以作為臺灣學童早期英語閱讀能力

發展篩檢工具。該研究以國小一、二、三年級初學英語之學童為樣本，於第一年學期末進行電腦化及紙本版之 LNF 測驗，測試包括共 110 個字母，大、小寫字母共 52 個隨機排列，平均每個字母出現 2 至 3 次。研究發現：小一到小三學生的字母朗讀正確率由 77% 進展到 93%，平均為 83%，雖呈現成長趨勢，但仍有 23% 的學童在初學字母一年後，未能達到 100% 的朗讀正確率。建議教學者若是學生 1 分鐘的正確朗讀低於 27 個字母（後 20%），有可能是潛在閱讀困難的高風險群，應該要加以關注。

　　根據英語課程綱要之目標，英文大小寫的字母認讀、聽辨和書寫都要會。一般英語教材的編輯是依照字母順序呈現，從 A 到 Z，大寫和小寫一起配對出現（例如：A a、Bb，以此類推），此建立字母順序對於往後查字典有幫助。不過，如果不按字母順序教，也可以從書寫的容易度來思考，例如：大寫印刷體字母 ABC……XYZ，因為書寫位置都一樣，比較容易學；小寫印刷體字母 abc……xyz，書寫位置變化較多，有上兩格（b、d、t、f 等 7 個字母）、有下兩格（p、q、y 等 5 個字母）、有中間格（a、c、e、z 等 14 個字母），因此老師可以先教大寫，再教小寫，小寫先從字母最常出現的位置（中間格）學起。若考慮大小寫的字形相似度，在 26 組大小寫字母當中，有 9 組的大小寫字母像是雙胞胎（C 和 c、M 和 m、O 和 o、S 和 s、U 和 u、V 和 v、W 和 w、X 和 x、Z 和 z），它們小寫的位置也都在中間格，是記憶負擔最小、也最容易從大寫類化到小寫的字母，可以先教。

　　另外，學習障礙學生在辨識上容易混淆的字母常是形近字（如表 9-4 所示）。有的教材設計會把字母結合圖像，讓學生加深印象。另外，教學者也可以配合肢體動作和口訣，例如：b 是「舉起自己的左手，比個讚」（左讚 b），d 是「舉起自己的右手，比個讚」（右讚 d）。再者，生活周遭也有不少招牌和品名都有英文字母皆可用來做為教材（如圖 9-2 所示）。

表 9-4　字形相近之大小寫字母印刷體

大寫字母	小寫字母
1.C 和 O	1.b 和 d
2.E 和 F	2.p 和 q
3.I 和 J	3.v 和 w
4.M 和 N	4.t 和 f
5.O 和 Q	5.m 和 n
6.V 和 W	

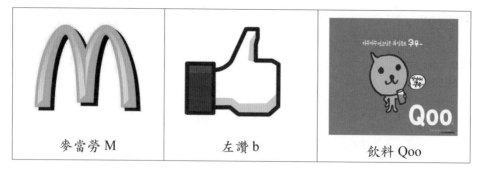

| 麥當勞 M | 左讚 b | 飲料 Qoo |

圖 9-2　字母圖像記憶

貳、字母拼讀教學

　　字母拼讀教學乃是藉由字母與發音的對應關係來幫助學生看字讀音。使用字母拼讀法閱讀時，首先必須能辨識字母，然後將字劃分為字母拼讀單位，最後利用字母與發音的對應關係將字拼讀出來。因此，字母拼讀教學前，學生必須能清楚辨識字母的形狀，否則就無法正確的將字母與發音對應起來，例如：若無法辨別字母 b 與 d，就不容易正確地將 b 與/b/和 d 與/d/對應（鄭錦桂，2006）。研究亦指出，在學習字母拼讀及拼字時，熟識英文字母的學童比不熟識英文字母的學童學得更有效率（Adams, 1990）。再者，音韻覺識結合字母拼讀教學，在增進學童閱讀和拼寫的效果優於單純教導音韻覺識組（Bradley & Bryant, 1983）。換言之，字母拼讀教學需要

學童具備字母認讀能力，同時在指導字母拼讀時，也要把聲韻覺識之訓練融入進去，透過語音的分解、合成、替換等方式，讓學生更熟悉字形和字音之間的對應關係。

坊間有不少英語教材設計是「字母名稱」和「字母發音」一起出現，透過反覆刺激連結，希望學生看到字母即能連結發音，例如：教學者帶著學生以 RAP 的節奏唸出：BBB—/b//b//b/—bird；DDD—/d//d//d/—dog。不過，多半沒有特別講 B/bi/怎麼變成是/b/，bird 又是怎麼變成/bɜ˞d/的？而是訴諸刺激—反應密集連結，先教整字的發音。或許對於初學者來說，教學者很難用複雜的語言學知識去解說箇中的道理，但是當學生有困難時，教學者應該要思考：學生為什麼會卡關？該怎樣重新建構字母拼讀課程之內容？是不是沒有在關鍵處說清楚、講明白？

教育部（2016b）目前所建構的國小「英語科補救教學基本學習內容」（如表 9-5 所示）之字母拼讀教學設計是結合音韻覺識訓練，讓學生從能聽辨 CVC（子音—母音—子音）組合的單字尾韻，記住 21 個單字母子音（例如：/b/、/k/、/d/、/f/、/g/等）；聽辨 CVC 組合的單字首音，記住 a、e、i、o、u 五個字母所代表的短母音；聽辨 CVC 組合的單字尾韻所對應的字母，然後練習將單子音和母音拼在一起，再到雙字母子音（例如：sh、ch、th、br、bl、st、sk）、字尾 e 不發音（例如：cake、lake、take、safe），以及雙字母母音（例如：ee、ea、ay），以逐漸加深的方式，先聽辨語音，再認讀所對應的字母。再者，字母拼讀是以字為學習單位，特別是常見的 CVC 組合字，例如：先聽辨 book 的首音是/b/，bad 的首音也是/b/，ball 的首音還是/b/，又發現這些字的第一個字母都是 b，漸漸形成一個規則：「單字裡字母b，多發/b/的音」。而不是讓學生不明就裡的跟著老師唸 BBB—/b//b//b/—bird；DDD—/d//d//d/—dog，卻不知道字母的發音其實是會因為它是單獨存在或放在單字內，而有所不同。

表 9-5　國小「英語科補救教學基本學習內容」（字母拼讀）

年級	三年級		四年級		五年級		六年級	
項目	內容	說明	內容	說明	內容	說明	內容	說明
字母	Aa－Zz 26 個字母 大小寫	一、能聽懂 二、能口說 三、能認讀 四、能書寫						
字母拼讀	音韻覺識	能聽出 CVC 之起始子音	1.音韻覺識 2.單字母子音 3.單字母母音	1-1 能聽出 CVC 之 VC 組合。 2-1 能辨識 21 個單字母子音所代表的音。 2-2 能辨識 CVC 中起始子音所對應的字母。 3-1 能辨識 a, e, i, o, u 所代表的短母音。 3-2 能辨識 CVC 中 VC 所對應的字母。 3-3 能拼讀單字母子音與母音之組合。 註：需能運用所學之字母拼讀法拼出學過的單字。	1.雙字母子音 2.子音串	1-1 能辨識雙字母子音 sh, ch, th 與其對應發音。 1-2 能拼讀雙字母子音 sh, ch, th 與母音之組合。 2-1 能辨識子音串 br, bl, st, sk 與其對應發音。 2-2 能拼讀子音串 br, bl, st, sk 與母音之組合。 註：需能運用所學之字母拼讀法拼出學過的單字。	1. silent e 母音 2. 雙字母母音	1-1 能辨識含 silent e 的母音與其對應發音。 1-2 能拼讀子音與 silent e 母音之組合。 2-1 能辨識雙字母母音 ee, ea, ay 與其對應發音。 2-2 能拼讀子音與雙字母母音 ee, ea, ay 之組合。 註：需能運用所學之字母拼讀法拼出學過的單字。

資料來源：教育部（2016b）

參、瞬識字自動化

瞬識字是指，印刷文字中出現頻次最高的字。Rinsland（1945）歸納英文中最常用的 250 個字，就涵蓋了兒童全部使用字彙的 70 至 75%，其中有五分之一是功能字彙（function words），例如：a、the、and、he、she、in 等；實詞（content words）較少，冠詞（例如：the、a、an）、代名詞（例如：I、he、she 等）、連接詞（例如：and、but、or 等）或介系詞（例如：in、on、under、by、of、from 等）居多。功能詞雖然字義不具體，但精熟瞬識字對於閱讀的流暢性有很大的影響。也有人將瞬識字定義為不符合字母拼讀規則的常見字，例如：come、one、do、does、have、love 等，讀者必須整字辨識，直接連結所表徵的語音（Ehri, 1994）。

曾世杰、陳瑋婷、陳淑麗（2013）將 32 名七年級英語低成就學生隨機分派成實驗組及對照組各 16 名，再以 220 個瞬識字和一套依直接教學法設計、有逐字教案的字母拼讀教材（即《字母拼讀直接教學 100 課》（曾世杰譯，2015）的前半部）為補救教材，對實驗組學生進行為期 10 週、每週 4 次、每次 40 分鐘的英語補救教學，而對照組學生只接受原校提供的英語課程。教學者則是修習英語補救教學課程的大學生。經過教學實驗之後，實驗組學生的前後測差異由平均 41.19 字提升至 182.63 字，對照組學生的前後測則無顯著差異。實驗組對目標字的認讀率達 73.9%；對照組學生的平均僅 42.8%。但是，補救教學的效果還未反映至學校段考成績，兩組並沒有顯著差異。

曾世杰等人（2013）的瞬識字教學是採閃式卡方式（如圖 9-3 所示），由老師直接示範該字的讀音，然後請學生複誦，反覆約三次之後，將此字套用在簡單句子裡，例如：先讓學生熟悉 red 的發音，然後由老師示範用該字造一個簡單句子："The apple is red."，the 是功能詞，無法直接翻譯中文意思，可以說 "the apple" 是指「這一顆蘋果，不是其他蘋果」，另外，也可以加上圖輔助意義的理解，例如：椅子上放一個蘋果，然後說："The apple is on the chair."，而不需要花太多時間鉅細靡遺的說明文法規則。研究者為確

圖 9-3　瞬識字教學閃式卡

資料來源：引自曾世杰等人（2013）

保瞬識字達到自動化程度，每次教學前幾分鐘會先複習單字，然後把字分為學生「已經會」和「還不會」的字，「還不會」的字再教學和練習，再依據學生學習狀況，每節教 5 至 10 個左右的單字。

肆、《字母拼讀直接教學 100 課》

《字母拼讀直接教學 100 課》（曾世杰譯，2015）一書的原作名為 *Teach Your Child to Read in 100 Easy Lessons*，由 Engelmann、Haddox 與 Bruner 所著。此教材採直接教學法設計，主要目標放在指導初學英語的孩子學會看字讀音（即字母拼讀）。教材有詳細教案（教學者說的話以紅字標示），估計每課所花的時間約在 20 分鐘以內，每課的內容不求多，但求百分之百的正確與熟練。教材涵蓋單音、拼音、短句到短文，同時融合聲韻覺識訓練，涵蓋音節覺知（syllabic awareness）、首音—尾韻覺知（onset-rime awareness）、音素覺知（phonemic awareness），對於不會看字讀音的孩子來說是一套不錯的訓練教材。不過，此書與國內初階英語教材的設計有些不同，筆者將兩者的差異簡單說明如下。

一、從字母發音開始教，而非字母名稱

　　教材以教會孩子解碼為優先目標，所以第一課就從/m/和/s/兩個單音開始，讓學生學會發音並拉長語音（如圖9-4所示）。首先，老師以手指著箭頭的起點，提醒學生「準備了！」等孩子注意力集中在目標時，老師將手指快速移到第二個點（停2秒），然後順著箭頭方向滑去，在指的同時，發出 mmmmmm（拉長音）。

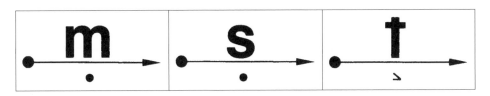

圖 9-4　　/m/、/s/、/t/三個單音

資料來源：節錄自曾世杰譯（2015，頁19）

　　教材到第73課以後才開始介紹小寫字母名稱，第81課才開始介紹大寫字母名稱，這與國內先教完26個大小寫字母，再進入字母拼讀教學的順序不同。另外，教材將可以拉長的語音下方標示一個小點，對於語音聽辨能力較弱的學障生有更長的反應時間。再者，拉長語音也在為之後的字母拼讀做預備，例如：me，拉長慢慢唸，會聽到 mmmeee 兩個語音在裡頭，若能洞察語音的組成（即聲韻覺識）將有助於英文拼字。不過要注意的是，如果是無法拉長音的語音，例如：/b/、/d/、/k/、/g/、/h/、/p/、/t/、/j/，下方並沒有標示小點，手指是直接滑過，不要特意停留。因為拉長語音反而會扭曲原來的語音，加入其他母音。

二、保持拼字原貌，加註字母發音提示

　　英語子音的對應比較明確，較容易學習，但是母音的變化較多，國內「英語科補救教學基本學習內容」的建議是先處理21個子音，再處理 a、e、i、o、u 五個字母所代表的短母音，然後練習將單子音和母音拼在一起，

再到雙字母子音（例如：sh、ch、th、br、bl、st、sk）、字尾 e 不發音（例如：cake、lake、take、safe），以及雙字母母音（例如：ee、ea、ay）。

此教材的編輯順序則是子音和母音穿插出現，而不是個別學習子音和母音之後，再來學習拼音，例如：第一、二課上完/m/和/s/兩個單音，第三課就教導 a 的短母音/æ/，第三、四課就練習 am、sa、ma，將兩個語音拼出來。教學時，對於母音發音有不同變化時，該怎樣標示，例如：a 的短母音/æ/，如果是長母音時，則會標示為 ā，同理，ē 和 e 各自代表也是長母音/i/和短母音/ɛ/，如果是雙字母子音或雙字母母音則成對出現，例如：th、sh、ch、qu、ar、er、oo、ea、ai（詳見本書附錄 G 的發音說明）。

在學習單字拼音的初始階段時，孩子常會被字母相同、發音卻不同的五個母音弄混，很難把握何時要唸短音、何時要唸長音，有時候甚至是不發音。這套教材的設計是維持單字拼寫的原貌，但加註發音提示，例如：she、went、lake，三個 e、三種狀況，怎麼辦？圖 9-5 是三個單字的發音標示。但是，這些人為的提示並不是一直都在，等到學生的發音穩固（大概在第 50 課之後），能夠看字直接讀音，達到瞬識字的自動化程度時，特殊的標音符號會逐漸退除，字體也會回復到一般的正常狀態。

shē 長音/i/	went 短音/ɛ/	lāke 長音/e/，e 不發音， 字體縮小

圖 9-5　she、went、lake 三個單字 e 的發音標示

三、字母拼讀融合閱讀理解

國內在字母拼讀的教材設計多以單字為主，例如：呈現圖片，請學生注意聽辨 CD 或老師的發音，然後寫出（或圈選）對應的字母（如圖 9-6 所示）。通常不會在字母拼讀教學階段就進到句子朗讀，甚至是課文朗讀。

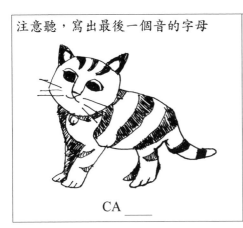
注意聽，寫出最後一個音的字母

CA ____

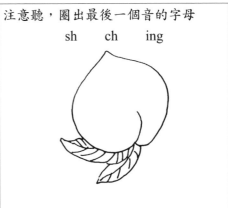
注意聽，圈出最後一個音的字母
sh　　ch　　ing

圖 9-6　字母拼讀評量

　　《字母拼讀直接教學 100 課》一書的教材不只是練習單音、拼音和拼單字，還有短句和短文朗讀，因此從第 13 課開始有單句出現，例如："See me eat"並配上一個男孩大口吃漢堡的圖。這是一個很簡單的句子，對於母語是英語的小孩，一旦能唸出這三個字，意思就很容易明白，老師還可以接著問一些關於圖片理解的問題，讓孩子口頭回答，例如：「What does the boy do?」、「What is he eating?」、「What do you like to eat?」，對於英語非本國母語的學生來說，能唸出這三個字的發音並不表示懂句子的意思，因此譯者在徵得原作者的同意後，把中譯版的圖片理解改為中英對照翻譯，由老師指著圖說："See me eat"就是「看我吃」的意思，之後透過中文問答方式聊聊圖片。老師問：這男孩在做什麼？他在吃什麼？之後，句數會逐漸增加，從單句，變兩三句，最後是短文故事。同時，為了讓學生可以熟悉單字拼音，教材經常循環使用相同單字，例如：See me eat（第 13 課）、See me read（第 14 課）、Mad at me（第 15 課）、Sam is mad at me（第 18 課）。在形成句子之前，這些單字都已經拼讀練習過多次，所以組合成句子時就不會太困難。不過，因為教材要控制單字難度，因此文本閱讀的內容受到一定程度的牽制，前面的課文顯得較單調無趣，到後面的短文因為能用的字彙較多，才顯示出趣味和變化的部分。

伍、小結

　　本節係從英語基礎教學談起，如何系統化的指導字母拼讀，目前已有專書《字母拼讀直接教學 100 課》的問世，可供老師或家長選用。只是字母認讀與書寫、字母拼讀、瞬識字自動化都僅是打底工夫，英語學習之路還不止於此。若想要再精進，英語閱讀的比重需要強化，在閱讀中增進字彙量。針對初學英語的學生，常用英語字族（word family）（詳見本書附錄 H）和可預測文本來擴增詞彙量和練習句型。

　　字族是指該群單字具有共同的拼字組合，例如：pay、may、day、way、away，全部以 ay 結尾，就是同一個字族。就像中文識字教學也會將相同部件的字加以歸納，讓學生更容易記憶和提取。至於可預測內容文本是以規則性的句型、反覆出現的字彙或語詞，以及可預測的故事情節發展來呈現（Cullinan, 1989），例如：在 Martin 與 Carle（1996）的經典繪本 *Brown Bear, Brown Bear, What Do You See?* 一書中，就反覆出現相同的問句：What do you see?，以及複述前一種動物名稱和顏色。

> Brown bear, brown bear, *what do you see?*
> *I see* a <u>red bird</u> looking at me.
> <u>Red bird</u>, <u>red bird</u>, *what do you see?*
> *I see* a <u>yellow duck</u> looking at me.
> <u>Yellow duck</u>, <u>yellow duck</u>, *what do you see?*
> I see a...

　　蔡銘津、何美慧（2016）指出，可預測性故事繪本能夠配合兒童的語言及認知能力，幫助兒童學習閱讀技巧，閱讀這類圖書，兒童不需要具備大量詞彙也能讀。在朗讀、討論、預測的過程中，學童的閱讀能力得以提升，信心與樂趣也跟著提高，故教師可以用可預測性故事繪本指導閱讀障礙學生學習基礎英語。

第四節 結語

英語作為本國的第一外語課程，是國中小的正式課程之一，但是長久以來卻跟數學一樣，學生的表現都呈現雙峰現象，好的很好、差的很差。從會考成績來看，有三分之一左右的人數未達標準，顯示在基礎英語能力指導上還有許多待努力的空間。教育部也看到此警訊，在 2012 年公布「補救教學基本學習內容」（國語文、英語、數學三科），2016 年又進一步對其內容進行微調。目前，「英語補救教學基本學習內容」由召集人臺灣師範大學程玉秀教授帶領其團隊進行增修，又根據基本學習內容編寫基礎英語教材（學生版和教師版），提供補救教學之用（有興趣的讀者，可至「國民小學及國民中學補救教學資源平臺」，網址 http://priori.moe.gov.tw/下載），顯現教育當局對此問題的重視。

不過，目前國中小補救教學的時間未必足夠，加上教材編序與練習的密度不像《字母拼讀直接教學 100 課》一書那樣，所以如果想運用額外時間補強學生在字母拼讀能力的不足，不妨參考《字母拼讀直接教學 100 課》一書。但無論如何，這些都是基礎英語入門而已，多聽、多說、多讀、多寫才是學習語言的不二法門。千萬不要認為學習障礙學生的程度不好，上英文課只讓他們背單字、寫中文意思（例如：book 書，book 書，book 書，寫三次），或反覆練習制式的文法句型（例如：主詞＋ Be 動詞＋主詞補語：I am a student. You are a student. He is a student. She is a student.）才能學會英語。多引發學生想說英語的慾望也很值得努力。

參考文獻

中文部分

呂偉白（譯）（2002）。探索學習障礙兒童（原作者：R. J. Sternberg, & E. L. Grigorenko）。臺北市：洪葉。

林蔭庭（2013）。不怕我和世界不一樣：許芳宜的生命態度。臺北市：天下文化。

教育部（2012a）。補救教學基本學習內容試行版【國民中學語文學習領域（英語）】。臺北市：作者。

教育部（2012b）。補救教學基本學習內容試行版【國民小學語文學習領域（英語）】。臺北市：作者。

教育部（2016a）。補救教學基本學習內容第一版【國民中學語文學習領域（英語）】。臺北市：作者。

教育部（2016b）。補救教學基本學習內容第一版【國民小學語文學習領域（英語）】。臺北市：作者。

曾世杰（譯）（2010）。有效的讀寫教學：平衡取向教學（原作者：M. Pressley）。臺北市：心理。

曾世杰（譯）（2015）。字母拼讀直接教學100課（原作者：S. Engelmann, P. Haddox, & E. Bruner）。臺北市：心理。（原著出版年：1983）

曾世杰、陳瑋婷、陳淑麗（2013）。大學生以瞬識字及字母拼讀直接教學法對國中英語低成就學生的補救教學成效研究。課程與教學季刊，16（1），1-34。

曾世杰、簡淑真（2006）。全語法爭議的文獻回顧：兼論其對弱勢學生之影響。臺東大學教育學報，17（2），1-31。

黃柏華、洪儷瑜（2007）。國中讀寫障礙學生在英文讀寫字能力表現之相關研究。特殊教育研究學刊，32（3），39-62。

萬世鼎、曾芬蘭、宋曜廷（2010）。國中基測英語科雙峰分配探索。測驗學刊，57（1），107-137。

劉佩雲、吳玉珍（2016）。國小學生字母朗讀流暢度電腦化測驗之編製與發展。**師資培育與教師專業發展期刊，9**（1），53-82。

蔡銘津、何美慧（2016）。可預測性故事之英語繪本及其在英語教學上的應用。**樹德科技大學人文社會電子學報，11**（2），93-111。

鄭錦桂（2006）。國小英語教科書之內容探究與省思。**國教新知，53**（3），15-22。

英文部分

Adams, M. J. (1990). *Beginning to read: Thinking and learning about print.* Cambridge, MA: MIT Press.

Bradley, L., & Bryant, P. E. (1983). Categorizing sounds and learning to read: A causal connection. *Nature, 301*, 419-421.

Chall, J. S. (1967). *Learning to read: The great debate.* New York, NY: McGraw-Hill.

Chall, J. S. (1996). *Stages of reading development* (2nd ed.) (pp. 9-39). Orlando, FL: Harcourt Brace.

Cullinan, B. E. (1989). Literature for young children. In D. S. Strickland, & L. M. Morrow (Eds.), *Emerging literacy: Young children learn to read and write* (pp. 35-51). Newark, DE: International Reading Association.

Ehri, L. C. (1994). Development of the ability to read words: Update. In R. B. Ruddell, M. R. Ruddell, & H. Singer (Eds.), *Theoretical models and processes of reading* (4th ed.) (pp. 323-358). Newark, DE: International Reading Association.

Johnson, D. D. (1971). A basic vocabulary for beginning reading. *Elementary School Journal, 72*(1), 29-34.

Lee, J. R., Hung, D. L., & Tzeng, O. J. L. (2006). Cross-linguistic analysis of developmental dyslexia: Does phonology matter in learning to read Chinese? *Language & Linguistics, 7*(3), 573-594.

Lyon, G. R., Shaywitz, S. E., & Shaywitz, B. A. (2003). A definition of dyslexia. *Annals of Dyslexia, 53*, 1-14.

Martin, B. Jr., & Carle, E. (1996). *Brown bear, brown bear, what do you see?* New York, NY: Henry Holt and Co.

National Reading Panel. (2000). *Teaching children to read: An evidence-based assessment of the scientific research literature on reading and its implications for reading instruction: Reports of the subgroups.* Washington, DC: National Institute of Child Health and Human Development.

Rinsland, H. D. (1945). *A basic vocabulary of elementary school children.* New York, NY: The Macmillan Company.

Share, D. L. (1995). Phonological recoding and self-teaching: Sine qua non of reading acquisition. *Cognition, 55*, 151-218.

Sparks, R., Ganschow, L., & Pohlman, J. (1989). Linguistic coding deficits in foreign language learners. *Annals of Dyslexia, 39*, 179-185.

Spear-Swerling, L., & Sternberg R. J. (1994). The road not taken: An integrative theoretical model of reading disability. *Journal of Learning Disabilities, 27*(2), 91-103.

Ziegler, J. C., & Goswami, U. (2005). Reading acquisition, developmental dyslexia, and skilled reading across languages: A psycholinguistic grain size theory. *Psychological Bulletin, 131*(1), 3-29.

第十章

閱讀理解教學

　　閱讀是可怕的酷刑。輪到艾琳或湯米的時候，他們讀得好輕鬆。派翠西亞不禁看著他們的頭頂，有人在那裡施展法術嗎？為什麼我沒有？

　　　　　　　——引自《謝謝您，福柯老師！》（丁凡譯，2008）

　　《謝謝您，福柯老師！》一書是美國童書作者派翠西亞・波拉蔻（Patricia Polocoo）的故事，她有讀寫障礙，卻一直沒有被發現，直到升上五年級來了一位好老師——福柯先生。他發現派翠西亞的障礙，一步一步地教導她學習閱讀。這本書是波拉蔻對恩師最深的致敬，從故事中我們可以感受到有讀寫障礙的小派翠西亞深深的恐懼與無望，在她心中，會閱讀似乎跟有魔法沒兩樣。

　　閱讀理解確實是很多學習障礙者的罩門所在，之所以「有看沒有懂」的原因很多，可能是太多字不認得、語詞不理解、語言理解太弱、背景知識太少、工作記憶不足等。Scarborough（2001）曾用繩索比喻閱讀力的形成。在閱讀繩索（reading rope）中有兩股重要的線索，分別是語言理解和字詞認讀，兩股重要的能力要再加上日益精進的閱讀策略和自動化，才能造就後來純熟的閱讀表現（如圖 10-1 所示）。本章主要就閱讀策略和流暢度兩個層面加以說明，首先要討論的是閱讀理解的理論基礎為何、發生困難的原因在哪裡，接著討論有哪些閱讀理解策略可以幫助學生，最後再透過個案做綜合討論。

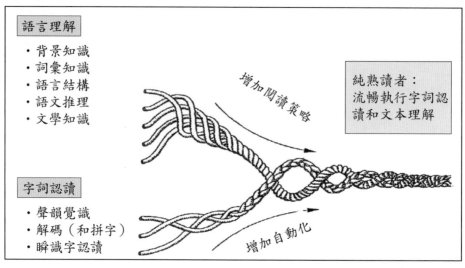

圖 10-1　Scarborough 的閱讀繩索

資料來源：Scarborough（2001）

第一節　閱讀理解的基礎與難點

　　閱讀理解是看懂一段文字的意思，但是要透過哪些輔助，讀者才能理解呢？從「閱讀簡單觀點模式」來說，閱讀是識字解碼與語言理解交互作用的結果（Gough & Tunmer, 1986），此主張也被 Scarborough（2001）運用到閱讀繩索的比喻。識字解碼和語言理解雖然很重要，但是還無法完整解釋閱讀理解的原因，例如：有時候我們可以認得每個字，口語能力也還好，但是依然讀不懂，為什麼？舉 Bransford 與 Johnson（1972）的實驗為例，他們讓大學生讀了一篇短文（見專欄 5），分成有事先告知標題、事後告知標題，以及沒有告知標題三組研究參與者，結果發現：有事先告知標題是「洗衣服」這一組的表現明顯優於其他兩組；換句話說，雖然大學生認得每個字，但是沒有相對的「先備知識」（prior knowledge）去解讀時，還是會產生很大的理解障礙。又如，該文中的「洗衣服」是指用洗衣機

洗，還是用手洗衣服？假設讀者沒有洗衣機如何洗衣服的「基模」（sche-ma）[1]在腦中，即便研究者告知本文的標題是「洗衣服」，他未必能理解為何「你把東西安排成數組」、「如果錯誤，也可能須付出昂貴的代價」？換言之，閱讀不單是翻譯文字符號的過程而已，讀者還要有一定的先備知識或基模。因此，在閱讀教學過程中建立或喚起讀者的相關經驗是很重要的。

專欄 5　先備知識對閱讀理解的重要性

1. 請你讀一讀下面這篇短文，評定自己懂多少，並重述本文內容。
2. 如果感覺自己讀不懂，可以說一說困難在哪裡嗎？

短文

　　程序實際上是相當簡單。首先，你把東西安排成數組。當然，或許分成一堆也就夠了，這需視多少事情要做而定。除非在下一步驟中你缺乏某項用品而需到別處去拿，否則你已經完全就緒。重要的是，東西不要過多。換句話說，每次東西少要比東西多為佳。這一點在短時間的進行時也許並不重要，但如果不加以注意，則複雜性將隨之而生。如果錯誤，也可能須付出昂貴的代價。剛開始，整個步驟似乎有點繁瑣，但隨即此項工作就成為生活的一部分。很難預先看得出步驟的將來何時可以不需要做這種工作，即使將來也沒有人能夠告訴我們。過程結束後，再次把東西安排成數組。然後，它們可以被放在適當的位置上。最後，它們又被拿來使用，那時又需要重複另一個循環。不論怎樣，這是生活的一部分。

資料來源：Bransford 與 Johnson（1972）

1　「基模」是指，個體的知識體中用以理解和組織外在事物之參考架構，例如：一般人對「廚房」的基模，大體上包含鍋碗瓢盆、火爐、瓦斯、抽油煙機、冰箱、櫥櫃、水槽、柴米油鹽醬醋茶等事物，當讀者閱讀到和廚房相關的文章時，即便該文作者沒有提到這些細節，讀者也可以很容易的根據原有之基模，將空缺訊息填入。

Kintsch 與 Rawson（2005）以「建構整合模式」（Construction-Integration Model）來解釋閱讀理解。他們認為閱讀的歷程涉及三個層次，分別是語言（linguistic）、微結構（microstructure），以及巨結構（macrostructure）。語言的層次是指，讀者能夠辨識文章中的字詞意思。微結構是指，能夠跨越數個字詞，整合成一個意思。巨結構則是指，跨越數個句子和段落的意思，進而能夠掌握文章的主旨。這三個層次都是源自於閱讀的文本，所以稱為「文本本位」（textbase）。除了文本之外，Kintsch 與 Rawson 也沒有忽略讀者在閱讀中所扮演的角色，他們認為閱讀是透過文本和讀者背景知識的交流之後，而形成讀者對該文本獨特的詮釋和感受，他們將此稱為「情境模式」（situation model）。也就是說，即便是同一篇文章，每個人的閱讀理解可能是不一樣的，這跟讀者能否洞察作者的心思，或有沒有相對應的經驗去填補文章中沒有言明的部分都有關係。以本章一開始的引言為例：「閱讀是可怕的酷刑。輪到艾琳或湯米的時候，他們讀得好輕鬆。派翠西亞不禁看著他們的頭頂，有人在那裡施展法術嗎？為什麼我沒有？」（丁凡譯，2008）。要看懂這一段，在語言層次中，讀者必須知道「酷刑」是痛苦的懲罰。在微結構層次中，讀者要知道「『他們』讀得好輕鬆」、「不禁看著『他們』的頭頂」，句中的「他們」指的是艾琳或湯米──波拉蔲的同學。在巨結構層次中，則要整合出「波拉蔲覺得閱讀很困難，反觀她的同學似乎都不必費力，有如神助」的結論。除了文字層面的解讀外，讀者可能會在腦中想到一個小女孩皺著眉、歪著頭，痛苦地看著書本的畫面。儘管作者並沒有描述這些場景，卻是讀者自己賦予的詮釋和感受。換言之，閱讀理解有部分來自於文本本身，也有部分是讀者用自己的經驗去建構的。

此外，後設認知對閱讀理解也很重要（Clarke, Truelove, Hulme, & Snowling, 2014）。後設認知（metacognition）指的是知道自己的理解狀況，例如：覺得讀起來很簡單或很艱深。假使有不理解或讀不懂的地方，會停下來想一想，問問自己：「作者在講什麼呢？」或回過頭重新閱讀一次，或是找一些解決的方法，例如：遇到某個不懂的生字，決定先跳過去不管它，但後來發現這個生字出現很多次，若一直跳過去不處理是不行的，因

此決定去查字典或問人。又如，有時候讀者只想輕鬆的翻閱八卦雜誌，並不想深究，對於不懂的生字也就不予理會。但如果是參加大考，讀者可能不想放棄任何細節，務必把不懂的字詞弄到熟為止。換句話說，後設認知可以幫助讀者在閱讀過程中，選擇目標，邊讀邊想，遇到困難時，決定繼續往下讀、回頭重讀，或是停止、找方法修補自己的漏洞等。

　　最後，則是關於閱讀流暢度的問題，這是過去比較被忽略的區塊。有不少閱讀困難學生在閱讀上遇到的第一個關卡是識字詞量少，文章當中有太多生字詞，他們只好猜測、藉助注音拼讀，或看插圖找線索，然而這些方法的正確性都有限，因此教學者多會傾全力教導閱讀困難學生基本的字詞，並著力於正確性上；殊不知正確性之外，還要達到一定的流暢度才行，不然之後想要透過閱讀來學習的路途就會很辛苦。因為過慢的識字速度會占去大量的工作記憶，以致於無法留住先前的訊息，因此 Perfetti（1985）的語文效能理論（verbal efficiency theory）就建議，可透過高效率的識字速度，降低工作記憶負荷，以提升閱讀理解。Chall（1996）將閱讀發展分為六個階段，分別為閱讀前期、識字期、流暢期、閱讀新知期、多元觀點期，以及建構和重建期，每個階段各有不同的任務。前三期為「學習閱讀」（learning to read），後三期則為「由閱讀中學習」（reading to learn）。從識字到理解中間的一個重要橋梁階段就是「流暢期」（一般約在國小二、三年級階段）。Silverman、Speece、Harring 與 Ritchey（2013）對於「閱讀簡單觀點模式」（Gough & Tunmer, 1986）是否應該納入流暢度也有進一步的探究。他們以 248 名小四學生為對象，測試他們在流暢度（含字詞辨識速度、朗讀流暢度、字母唸名速度、拼字流暢度）、識字解碼、語言理解、閱讀理解等幾部分的表現，運用結構方程模式（structural equation modeling）和潛在迴歸分析（latent regression analyses）得到的結論是：流暢度扮演調節的角色（mediating role），當流暢度的變項放入之後，識字解碼對閱讀理解的直接影響就變小，而是透過流暢度影響到閱讀理解表現，不過語言理解還是對閱讀理解最有影響力。Silverman 等人的研究似乎也在提醒我們，國小中年級的字詞辨識教學不能僅停留在正確性層次，還要達到一定的流暢度才行。

從上述的討論可知，要帶領學生進入閱讀的世界，得讓他們具備一定的閱讀流暢度，連結他們的先備知識與經驗，並能夠在文本中進行詞義理解、句義整合、跨段意義的統整。此外，當遇到理解困難時，也能有相對應的解決策略可以排除障礙。

第二節　提升閱讀流暢度的教學策略

閱讀流暢是指，能快速、順暢、不費力地閱讀文本。從認知心理學訊息處理的角度來看，它相當於一種自動化的狀態，欲達其目標，多次練習是一項必經的歷程。不過，有些研究者會進一步區分「流暢」與「自動化」的差異，他們認為兩者雖然都有「快速」的特徵，但閱讀流暢還需要帶出文字的感情（language expression）、能斷句在有意義的理解單位上、聲調恰當地反映出作者想傳達的氣氛（Center for the Improvement of Early Reading Achievement [CIERA], 2003）。如果是從評量流暢度的角度來思考，單純計算平均一分鐘唸多少字是比較容易的方法，但如果連同抑揚頓挫和語氣都要考慮，勢必加深評分的難度。因此，一般閱讀流暢度評估多以自動化程度做為指標，例如：一分鐘可以正確地唸多少字。以下將分別介紹閱讀流暢度的教學策略、教學研究，以及教學原則。

壹、閱讀流暢度的教學策略

閱讀流暢度的教學型式主要有兩種（Levy, Abello, & Lysynchuk, 1997; Mather & Goldstein, 2001）：一種是從快速認單字著手，它假設當學生熟悉單字後，唸文章自然比較快，因此要建立流暢度可以多用閃示卡練習重要字詞；另一種是從唸有上下文脈絡的故事開始建立流暢度，例如：輔助閱讀（assisted reading）、重複閱讀（repeated readings）、語言經驗法（language experience approach）、讀者劇場（reader's theatre）。CIERA（2003）在報告中指出：「能快速唸字的學生未必能自動轉嫁至文章朗讀的速度與

正確性，提供學生有前後文的讀物，對於教導他們閱讀流暢很重要」（p. 23）。茲將數種常見的閱讀流暢度之教學策略說明如下。

一、輔助閱讀

「輔助閱讀」主要是讓閱讀不流暢和閱讀流暢的學童一起讀，閱讀流暢者先做示範，再引導閱讀不流暢者進行多次朗讀或默讀的練習。此處所指的「閱讀流暢者」可能是老師，也可能是班上閱讀能力較佳的同學，甚至是預先錄製的有聲光碟。

二、重複閱讀

「重複閱讀」顧名思義是多次反覆閱讀同一篇文章，以到達某個預設的正確性和流暢性為止；至於重複幾次才夠並沒有一定的答案，會因人、因目的而異。

三、語言經驗法

「語言經驗法」是讓學生先寫故事（或口述故事，由老師代寫），再讓學生唸自己寫的故事。由於文章是學生的自身經驗，因此藉由學生對文章的熟悉度和興趣幫助學生建立閱讀流暢性。但是，此方法會受到一些限制，例如：有些學生的口述故事能力不佳，口述的內容少（詞彙量少），或常使用重複的用字（詞彙相異性低），這類文章對提升學生的閱讀能力有其侷限性。

四、讀者劇場

「讀者劇場」是透過劇場的形式，讓讀者唸劇本、扮演劇中的角色或擔任旁白，該方法讓教學者有充分的理由要求學生大聲朗讀故事，學生也可以透過演戲的方式，熟悉臺詞內容與書面文字所要營造的氛圍（李晏戎譯，2005）。

貳、閱讀流暢度的教學研究

閱讀流暢度的實證研究整理如表 10-1 所示。從表 10-1 得知，在研究對象方面，多數研究係以國小中年級的學生為主。Chall 的閱讀發展理論也提及國小三年級開始進到流暢期，學生除了具備解碼能力外，解碼還必須漸漸達到自動化的程度，而大量閱讀熟悉的故事是必要的工作。

表 10-1　閱讀流暢度實證研究

研究者（年代）	研究對象	目的與成效
Rashotte 與 Torgesen（1985）	12 名學習障礙學生	比較學生在朗讀不同文本（篇與篇之間的文字重複少、文字重複多）和不同朗讀次數（每次一篇重複 4 次，以及一次四篇只唸 1 次），對其朗讀速度、正確性、閱讀理解之影響。研究發現在三種實驗狀況下，學童的閱讀理解表現並無差異，主要差異在於重複 4 次朗讀文本，且篇與篇之間的重疊字數多之狀況，學童後測的朗讀速度與正確性皆最佳。
Herman（1985）	8 名閱讀低成就的國小中、高年級學生	學生自由挑選適合並且有興趣的故事閱讀，每次讀故事 10 分鐘，之後錄音，老師只在學生請求協助發音時才提供協助。老師將學生每次的朗讀速度記錄下來，等到每分鐘的正確字數達 85 字時，再繼續選讀下一個故事，整個過程約歷經 3 個月。研究者比較學生剛開始和最後的故事朗讀表現後發現，學生朗讀速度增加，朗讀錯誤也明顯減少，不過停頓的頻率前後差異不大。

表 10-1　閱讀流暢度實證研究（續）

研究者（年代）	研究對象	目的與成效
Stoddard、Valcante、O'Shea 與 Algozzine（1993）	30 名低閱讀能力的國小四、五年級學生	將 30 名學生分成兩組：（1）句子分析組；（2）語調訓練組。句子分析組指導學生分析句子結構。語調訓練組主要是透過聲調的方式，指導學生依照標點符號／停頓的位置做句子切割。在兩個實驗組中，重複朗讀的次數從 1 次、3 次到 7 次不等。研究結果發現：朗讀速度隨練習次數的增加而變快；朗讀的次數明顯影響閱讀理解表現，重複 3 次或 7 次的效果皆優於只唸 1 次；句子分析組的學生在朗讀速度和閱讀理解的表現優於語調訓練組，但兩組的差異並未達顯著水準。
Tan 與 Nicholson（1997）	42 名閱讀能力中下的國小學生（小一至小四）	將學生分成三組：（1）閃示卡訓練組；（2）短句／片語訓練組；（3）控制組。讓三組學生接受 5 次教學，兩個實驗組皆在朗讀文章前先給予目標字的反覆練習（目標字會出現在之後的文章中，數量約占文章字量的 7 至 8%）；控制組的教學重點則在評量前討論目標字詞的意思（沒有呈現書面資料）。結果發現：兩個實驗組無論在朗讀速度或閱讀理解的表現都優於控制組，其中在朗讀速度方面，短句／片語訓練組又優於閃示卡訓練組。

表 10-1　閱讀流暢度實證研究（續）

研究者（年代）	研究對象	目的與成效
Levy 等人（1997）	28 名國小四年級弱讀者（實驗 1） 40 名國小四年級弱讀者（實驗 2）	探討經反覆練習字表的方式，是否能將其學習成效轉移至含有該字表的文本？以加快其朗讀速度、正確率，以及閱讀理解表現。 實驗 1 結果顯示：重複練習目標字次數愈多（1 至 3 次），其閱讀時間愈短，在含有目標字的文本之表現優於沒有出現目標字的文本；另外，錯誤也有降低。但是，回憶文章的命題數或閱讀理解的答對率並未有顯著差異。 實驗 2 進一步改良實驗 1，將所有文中出現的字都先單獨練習過，且每個字呈現的時間縮短（1.5 秒），並加入快速唸名測驗與聲韻覺識測量，結果顯示：不管唸名速度快或慢的學生都能透過反覆唸字表的方式，轉移其學習成效至含有該字表的文本。另外，經由加快唸字表的速度後，學童的閱讀理解表現較實驗 1 為佳。
Vaughn 等人（2000）	111 名小三學生（其中含 16 名閱讀困難學生）	比較夥伴閱讀（partner reading）與合作式策略閱讀（collaborative strategic reading）對朗讀流暢度與閱讀理解之影響。結果發現：兩種教學方法皆可顯著提升學童每分鐘朗讀的正確字數，但是對於閱讀理解並無助益。
Allinder、Dunse、Brunken 與 Obermiller-Krokikowski（2001）	49 名七年級有閱讀障礙或閱讀困難的學生	比較兩種重複閱讀的方式。將學生分為兩組，一是有指導朗讀策略組，這些策略包括：（1）朗讀有抑揚頓挫；（2）不加字；（3）在句點和逗

表 10-1　閱讀流暢度實證研究（續）

研究者（年代）	研究對象	目的與成效
		號的地方停頓；（4）自我監控正確率；（5）朗讀速度得宜；（6）注意字尾；（7）用手指字。另一則是沒有特別強調策略組，讓學生用原有的方法，只鼓勵學生盡力而為。經過 10 週的練習時間，發現兩組學生在標準化閱讀理解測驗皆有顯著的進步，但是有指導朗讀策略這一組的學生在課程本位閱讀測量（MAZE）的表現較另一組更好。

　　在教學設計上，研究者各有不同的主張。有些係以熟練目標字為先，再進到文章朗讀（Levy et al., 1997; Tan & Nicholson, 1997）；有的是採用篇與篇之間字彙重複很多的文章做訓練（Rashotte & Torgesen, 1985），或是讓學生自由選擇合適和感興趣的故事閱讀，而老師只提供少量的發音協助（Herman, 1985）。另外，也有研究者從句子結構／詞組等較大單位著手，讓學生先熟練一個句子或詞組之間的連貫，再進到文章朗讀（Stoddard et al., 1993; Tan & Nicholson, 1997），或重複朗讀 1 至 7 次不等（Levy et al., 1997; O'Shea et al.,1987; Rashotte & Torgesen, 1985; Stoddard et al., 1993）。綜而言之，約略可以分成兩大教學途徑：一是直接朗讀適合程度的文章，另一種是先練習目標字或詞組，再進到文章朗讀。採用第一種方式的文章不能太難，否則就無法達成流暢的目標。若是採用第二種方式，則可以用難一點的文章，如使用同年級閱讀材料，不降級處理。

　　在成效方面，多數研究皆從幾個面向來評估：朗讀速度、朗讀正確率，以及閱讀理解。前兩項所獲得的訊息比較一致，幾乎都呈現教學介入後，學生的朗讀速度和正確性有明顯提升之狀況（例如：Herman, 1985; Levy et al., 1997; Mercer, Campbell, Miller, Mercer, & Lane, 2000; Rashotte & Torgesen, 1985; Stoddard et al., 1993; Tan & Nicholson, 1997; Vaughn et al., 2000），而且重複閱讀的次數愈多，速度就愈快。但是在閱讀理解方面的成效則較不穩定，有的研究並未發現閱讀理解有顯著改善（例如：Levy et al., 1997; Rashotte & Torgesen, 1985; Vaughn et al., 2000），原因可能是文章的難度不高，因此速度慢並未嚴重影響其理解。另一種可能性是學生的朗度速度雖然提升了，但仍不夠快，以致於無法有效節省認知資源，所以當 Levy 等人（1997）在實驗 2 把每次閃示卡出現的時間縮短成 1.5 秒做訓練時，學生的閱讀表現比實驗 1 好。

　　從國外的研究發現，流暢度並不是絕對有助於閱讀理解，還需要看測驗的材料難易，而且也不需要唸得非常快才行，此因個體間的朗讀速度本來就有快慢之別，但是並不影響理解。換言之，流暢度是指閱讀速度能達到一個「基本門檻」，不是比快就是好。但是，基本門檻是多少呢？

　　王梅軒、黃瑞珍（2005）的研究指出，一般小二學生朗讀課文平均 1 分鐘約 128 個字，若 1 分鐘朗讀的字數在 60 個字以下就屬於低閱讀能力兒童。張毓仁、吳明隆、胡芝妮（2011）以國小四、五、六年級一般學生為對象，測量他們的課文朗讀速度，結果發現：隨年級增加，朗讀速度也會增加，四、五、六年級學童平均 1 分鐘的朗讀字數分別是 186、191、232 字（綜合有學過和沒學過的課文版本之後之平均表現），而朗讀流暢度與閱讀理解的相關隨年級遞減。換言之，朗讀流暢度固然需要保有一個水準，但愈高年級要理解複雜文章，光是認讀速度快是不夠的。另外，吳明隆、張毓仁、曾世杰、柯華葳、林素貞（2013）針對國小一、二年級學童進行長期的追蹤研究後發現，學童的朗讀速度也是隨年級增加而成長，只是版本是否為學校使用的課本有些許差距。以學校用的國語課本做施測，平均 1 分鐘朗讀的速度從一上學期末 144 個字到二下 198 個字，以其他非學校使用的國語課本做施測，平均 1 分鐘的朗讀速度稍慢，從一上學期末 97 個字到二下 155 個字。該研究指出：識字對於朗讀成長扮演重要的關鍵，識字多的學童朗讀速度也較快。從研究得知，朗讀速度會因人、因學習經驗之有無而有所不同，但它不是一個絕對值，大體上隨年級增加而成長。綜合張毓仁等人（2011）以及吳明隆等人（2013）的研究，各年級在已學過和未學過

的課文版本中，1 分鐘朗讀的字數如表 10-2 所示。

表 10-2　國小不同年級學童在課文 1 分鐘朗讀之平均字數

年級	一上	一下	二上	二下	四	五	六
已學過	144	160	190	198	222	223	259
未學過	97	113	142	155	169	176	218

參、閱讀流暢度的教學原則

　　Chard、Vaughn 與 Tyler（2002）曾對 1975 至 2000 年間以國小階段的學習障礙學生為對象之 24 篇流暢度教學研究做統合分析（含期刊、論文、專書），以了解包含哪些特質的閱讀流暢性教學法比較有效。他們歸納出有效教學具有以下幾個特色：（1）明示流暢閱讀的典範；（2）多次重複閱讀熟悉、可獨立閱讀的文本；（3）具有回饋更正的機制；（4）建立流暢度的通過標準，以逐步增加文本難度。

　　對閱讀低流暢性學生而言，有示範比無示範的重複閱讀好，不論是錄音筆或是電腦語音示範都會比沒有示範好。先有示範的重複閱讀可以幫助學生在朗讀前，對文章有一番通盤的理解。另外，在文本的選擇上要控制其難度，以逐步增加文章難度的方式比較好；也要對學童漏唸的字詞提供回饋機制（Rashotte & Torgesen, 1985），避免一錯再錯，愈來愈不容易更正。Compton、Appleton 與 Hosp（2004）的研究發現：對於低閱讀能力學生，文本中高頻字的多寡將影響其朗讀流暢度。他們以 248 名小二學童為對象（44 位為低閱讀能力者，簡稱 LA 組，其餘為一般閱讀能力者，簡稱 AA 組），所有參與者都需要讀 15 篇故事，依照課程本位測量的方式，計算其朗讀正確性（正確字數的比率）與流暢度（1 分鐘朗讀的字數）。結果發現：對於 LA 組學童而言，只有高頻字多寡影響文本的難易度；但對 AA 組學童來說，除了高頻字比率外，拼音規律性高的字數也與朗讀正確性與流暢性達顯著水準。

肆、小結

對低閱讀能力者而言，高頻字多、字彙重複出現的教材對於增進閱讀流暢都有其助益。不管何種指導方法，不外乎是建立流暢閱讀的模範與多次練習。示範是很重要的一環，若沒有好的引領，任由學生自己土法煉鋼，將有重複練習錯誤之虞。在教材的選擇上，可先從「簡易」和「大量」入門（Richek, Caldwell, Jennings, & Lerner, 2002），讓學生得以集中注意力在朗讀流暢性的監控，而不是在吃力的解碼工作上，例如：選用容易朗朗上口的短文或兒歌做練習，或是用相同句型反覆出現的故事書作為閱讀材料。

在教學現場上，也可以直接用課本來做流暢度練習的素材，可採取同儕輔助學習策略（peer assisted learning strategies，簡稱 PALS）（崔夢萍，2006；陳奕卉、孔淑萱，2016），讓學生兩兩一組，並擔任彼此的小老師，由程度較好的 A 生讀給 B 生聽，再交換身分，由 B 生讀給 A 生聽。在資源班中，假如沒有剛好能配對的閱讀夥伴，則可以採用跟讀，讓學生聽課文光碟播放，然後一句一句跟著唸，等熟悉之後，再來找老師做 1 分鐘的朗讀測量，由學生記錄自己每分鐘朗讀的字數是否愈來愈多。

第三節　提升閱讀理解的教學策略

閱讀理解不只是要對文本作分析，還會涉及讀者的經驗與能力，即使是讀同一篇文章，不同的人可能看到的和領悟的點也會不同。然而，很多課堂內的國語文教學似乎非常強調固定的內涵，例如：國中課本談到朱自清的〈背影〉一文，編者就直接點出本篇文章是要描寫「父愛」，但有沒有可能是作者的懺悔文？他在後悔年少時不懂事？換言之，閱讀是以文本為基礎，但也有讀者的主觀感受融入其中。因此，閱讀不單是由下而上（bottom-up）的歷程，僅是串連字詞句的意思，或由上而下（top-down）的

猜測，而是交互建構的歷程。閱讀理解要怎樣教？若從 Kintsch 與 Rawson（2005）的「建構整合模式」來思考閱讀的話，閱讀理解策略可從文本的層面著眼，也可從讀者的經驗著眼，當然，重要的是要整合文本和讀者兩造，而不是各行其是。

　　以下將從幾方面來討論，首先是談如何指導讀者從文本找線索，接著來談如何設計引導讀者思考的提問，最後希望讀者可以學到如何整理文本重點，做到自我監控閱讀理解的狀況，這才算是真正深化閱讀理解策略。

壹、從文本找線索

　　一般來說，如果是繪本類的圖畫書，插圖會是重要的線索。若是非圖畫類的書，文本線索可能來自話語標記（discourse marker）、句型結構、文章結構。掌握關鍵字和句型結構可以幫助微結構的理解，而洞察文章結構可以幫助巨結構的理解。茲說明如下。

一、辨識話語標記

　　平時在與人對話或寫作時，說話者或作者會加入若干「話語標記」，以作為句子間的潤滑和轉換，使話語間或句子間更為順暢或意思更為明確，例如：說話時，會用「嗯……」來讓聽者知道我們還在想下一句，只是一個短暫停頓，還會繼續說下去。寫作時，為表達進一步引申的意思、對立／相反意見、發生順序，以及下結論時，也經常會出現一些話語標記（如表 10-3 所示）。

　　從〈古代的造紙過程〉一文中（見專欄 6），我們可以讀到有表示順序的「最初、最後」；表示結論的「因此、總的說」；進一步補充訊息的「如、不但……而且、仍是、甚至……也都是」；以及相反立場的「但、雖然……但」。

表 10-3　話語標記舉例

作用	發生順序	對立／相反	進一步論述	結論
舉例	首先／開始／起先／最初 其次／再者／第二 第三 接著 然後 最後	相反地／反之 然而 在另一方面 儘管如此 但是 雖然……但是	相似地／同樣地 也／也是／也都是 仍是 如／例如／舉例來說 以……為例 如同 以及 除此之外 還有 不但……而且	小結 綜而言之 總括來說 總的說 因此 結論是…… 結果是……

專欄 6　話語標記在文章的作用

古代的造紙過程

　　最初的製紙完全是出於手工製造，**因此**自古以來，中國造紙匠便明智地選擇最適當與最經濟的造紙植物作為原料。紙坊通常設在近山臨水之地，近山是便於取材及燃料，臨水可就地浸漬、搗舂及洗滌。用水做媒介，既經濟效果亦佳，水**不但**使造紙纖維膨脹和黏合，**而且**加強了紙的機械強度。**總的說**，造紙技術或因原料、時代、地區的不同而略有所異，但製紙基本過程卻歷代未改。

　　在造紙工具的使用上，中國數百年前所用的漿槽、簾模、壓榨機，**仍是**今日造紙的基本用具。而古代造紙程序上的浸漬、洗滌、抄撈、壓榨、焙乾，也**仍是**今日的基本程序。**甚至**近代造紙機的設計及運用，**也都是**依據古時造紙的原理及實踐所得的成果。

　　中國古時造紙經歷了採用各種不同的植物纖維為原料的實驗，**最後**發現，**雖然**任何植物都有纖維，**但**真正適合造紙的植物，必須是纖維素豐富、供應不乏、容易處理，且價格低廉的材料。特別重要的是，理想

的植物應該是以含有較多長纖維素，與較少浸漬時必須去除的雜質為主。符合這種條件的植物，**如**桑楮、竹蘆稈以及棉花等。其中大麻和棉花尤為其中的上選，可供給大量的纖維素。

資料來源：國立科學工藝博物館（無日期）

二、掌握句型結構

　　有些學習障礙學生對稍微複雜的語句或語句順序不同的句子有理解困難，例如：「小明追打小華」和「小華追打小明」的字數都一樣，意思卻完全不同；或是不同的呈現方式但意思沒變，例如：「小明追打小華」和「小華被小明追打」；「我比你高」和「你比我矮」；「難道時間**不珍貴**嗎？」是在強調「時間**很珍貴**」。因此，句型教學的主要目的是要提供一些無法把訊息陳述的十分完整，或經常出現病句的學生一個架構，希望學生能夠寫出通順的句子，或經由句型練習掌握複雜句意，協助推論文章意思。

　　句型教學不是讓學生記住各種句法的專有名詞，如同語言學家分析各類句型，而是透過老師明示句子組合的規律，以明白使用的時機及句子的意涵。老師不能期待只要出現句型，學生就一定能照樣照句，例如：列出「一邊……一邊……」或「雖然……但是……」，就期待學生會造出「妹妹**一邊**唱歌**一邊**跳舞」、「**雖然**她唱得不好，**但是**敢上臺表演，勇氣可嘉」之類的句子。老師要告訴學生各句型使用的狀況，像「一邊……一邊……」可用在兩件事情可以同時進行的狀況；「雖然……但是……」是用於前後兩件事情的意思相反或對立時。若僅是讓學生練習硬套句型，將衍生出符合句型，但是語意矛盾的句子，例如：「他**一邊**跳繩**一邊**喝汽水」，「**雖然**她做得很好，**但是**勇氣可嘉」。

　　筆者將句型教學時可以運用的練習方式整理如表 10-4。為使學生清楚了解句意，建議句型練習時要提供上下文線索（如以圖片表示），以免學生弄不清楚句子內各元素間的關係是什麼，而只是依樣畫葫蘆。

表 10-4 句型練習示例

方法	舉例
語句完成	小真很愛照顧（　）， 許多小動物都會乖乖地（　）在小真的手裡， 她說長大後想當獸醫。 （小真）
句子重組	請重新排一排這些詞卡，讓這個句子唸起來很通順。 手裡 小真 貓咪 抱著 （註：不同顏色詞卡可做為區辨主詞、動詞、受詞、副詞之用）
句子縮短	「小真緊緊地抱著她心愛的貓咪。」 這句話，在講誰？（　）做什麼事情？（　） 所以，我們可以把句子縮短為（　）
句子擴充	桌子 （　）桌子（問：怎樣計算桌子的數量？） （　）（　）桌子（問：這是一張什麼材質的桌子？） 我們（　）買了（　）（　）桌子。（問：哪裡買的？）
句意整合	試著用「因為……（原因），所以……（結果）」，把兩句話併成一句話。 (1)現在下雨又打雷。（問：是原因，還是結果？） (2)到戶外游泳很危險。（問：是原因，還是結果？）
語意判斷	「與其A，不如B。」表示有兩件事情要選擇，後來決定選B那件事情，例如：「與其在家裡看電視（A），不如去戶外走走（B）。」這句話的意思是： (1)要在家裡看電視。 (2)要去戶外走走。 (3)想在家看電視又想去戶外走走。
換句話說	換個方式說： (1)小明追小華。→也就說「小華（　）小明追」 (2)我比你高。→也就說「你比我（　）」

表 10-4　句型練習示例（續）

方法	舉例
修改病句	讀一讀，下列句子正確嗎？要不要改？如何改？ 「我去公園昨天」→對不對？ 　　　　　　　　→怎樣改？ 　　　　　　　　（人）（時間）（事情） 　　　　　　　　（時間）（人）（事情）

資料來源：引自王瓊珠、王宣惠（2014）

三、分辨文章結構

（一）故事體的文章結構

　　不管是故事體（narrative）或是說明體（expository）的文章都各有其獨特之書寫樣式。故事體的文章結構稱之為「故事結構」〔也稱為故事文法（story grammar）〕，它係從1900年代初期人類學家分析民間傳說中演變而來的（引自 Dimino, Gersten, Carnine, & Blake, 1990）。他們發現儘管文化不同，人們在述說故事時都遵循著某種型態——故事中多包括：主角、問題或衝突、主角試圖解決問題的經過，以及結局，後來這些元素被稱為「故事結構」。儘管研究者對故事結構元素的分類不相同，但都大同小異（Bacon & Carpenter, 1989; Dimino et al., 1990; Gardill & Jitendra, 1999; Gersten & Dimino, 1989; Idol, 1987; Idol & Croll, 1987; Ouellette, Dagostino, & Carifio, 1999），以包含 5 至 7 個故事結構元素居多，而以分成 6 項結構元素占大宗，它們分別為：（1）主角和主角的特質；（2）時間與地點的情境；（3）主要問題或衝突；（4）事情經過；（5）主角的反應；（6）故事的結局。6 項結構元素基本上囊括了故事前、中、後的發展經過，同時也考慮主角的特質及其內在心理感受。

　　許多研究者都發現：閱讀困難者在閱讀新資訊時較少運用故事結構幫助自己解決問題。Gersten（1998）指出，學習障礙學生較無法組織思考及

計畫方法，以解決複雜的問題；閱讀時，較無法將資訊與事實作連結；在重述故事時會加入無關的事件，而這些事件多半與他們的個人經驗與感受有關，並非來自閱讀時所獲得的內容資訊。Vallecorsa 與 DeBettencourt（1997）在研究中發現：學習障礙者在閱讀時對故事形式顯得較不敏感，且常無效的使用內容結構，造成無法理解故事內容、無法寫出有組織結構的故事內容。Fitzgerald 與 Spiegel（1985）亦發現在故事回憶時，閱讀困難的孩子無法說出有順序且內容豐富之故事，經常是缺少了某些重要的結構內容，甚至混亂了各結構內容之間的時序關係，說出的故事內容缺乏結構順序。

過去，國內的研究已經指出，教導讀寫困難學生故事結構有助於提升其閱讀理解（王瓊珠，2004；陳姝蓉、王瓊珠，2003），而且故事體是國小低年級學生最容易接觸的文章型態，因此老師可以在低年級就進行故事結構教學。小二的學習障礙學生也能學會故事結構（王瓊珠，2004；陳姝蓉、王瓊珠，2003），指導方式可以用搭鷹架的概念，從「示範」、「引導」到「獨立完成」，循序漸進。在引導學生認識故事結構的過程，開始示範時，老師先說明各元素的意涵，然後帶著學生看故事找出答案。接著到引導期，就可以由師生一起回想各元素的意思，讓學生自己找答案。最後，則是完全由學生來尋找各故事元素的答案，事後再討論大家找到的內容。為幫助學童記住故事的結構，有的教學者會設計圖示，例如：故事花、故事屋、故事列車，基本上都是同一件事情〔有興趣的讀者可以進一步參考王瓊珠（2010）所著的《故事結構教學與分享閱讀》一書〕。

（二）說明體的文章結構

說明文也有特殊的文章結構，依據學者（Englert & Hiebert, 1984; Taylor, 1992）的歸納，最常見的五種是：簡單列舉（listing, description）、依序列舉（sequence, time order）、比較與對照（compare, contrast）、因果關係（cause-effect），以及問題解決（problem-solution）。與故事體的文章結構相比，說明體的文章結構比較多變，對於文意理解的助益並不直接（Beck

& McKeown, 1991），教學者還是要對文本內容進行指導才有效。另外，有些教學者會配合示意圖（如表 10-5 所示），協助學生辨識文章結構類型。

　　另外，說明文不一定是一篇一種結構，以專欄 6〈古代的造紙過程〉一文為例，就有「比較與對照」古今造紙過程、技術、工具之異同，有「簡單列舉」適合造紙的植物種類，也提及紙坊選擇近山臨水而設的原因，說

表 10-5　不同類型之說明文結構及其關鍵詞和概念示意圖

類型	關鍵詞	示意圖
簡單列舉	有 X、Y、Z……（沒有層級差別） 包含 A、B、C……（沒有層級差別） 以……為例	
依序列舉	首先、其次……最後 第一、第二……最後	
比較／對照	類似於…… 相似於…… 相異點是 A，相同點是 B 相反地…… 跟……相比／相較	
因果關係	引起、導致、造成 因為……，所以……	
問題解決	問題 X，解決方法 A、B、C	

資料來源：引自王瓊珠、王宣惠（2014）

明原物料和工廠設置位置的「因果關係」。這對初學文章結構的學生而言，不是單純的例子。可以的話，在指導文章結構的初期階段，儘量先挑選結構明確的文章讓學生閱讀，以掌握最典型的說明文樣貌。誠如曾世杰（2013）所言，連續幾課都閱讀以「問題解決」方式撰寫的文章，比較能夠鞏固學生對文章結構的概念。

> 連續三課的文章都是「研究問題、假設、驗證」的結構，像是〈鰻魚搭飛機〉這一課就是在講如何將鰻魚送到日本而不會死。研究問題是「活的鰻魚和死的鰻魚價差很大，如何讓臺灣鰻魚搭飛機到日本時還是活的？」接著提出三個假設，漁民依假設去做，前兩個失敗，第三個放冰塊讓鰻魚睡覺，成功活下來，問題得到了解決。這樣的文章結構連續上了三課，第二課是〈長毛象為什麼滅絕？〉，第三課是〈臺灣還有沒有雲豹？〉，透過能吸引孩子的主題，重複用同一個文章結構，他就學得會新的閱讀理解策略。（曾世杰，2013）

綜而言之，文章結構教學是把文章典型的書寫格式讓學生知曉，教學過程中能輔以視覺化的示意圖，也可以和做筆記策略結合，一舉兩得。在教學時，若擔心學生程度不夠，可先以一個小段落來練習即可，減少要同時閱讀文章內容又要能辨識結構類型的雙重負擔。再者，選文時儘量以結構明確又有趣的文章優先，以建立文章結構的概念與閱讀信心。

貳、從提問引導思考

一、提問的目的

在課堂上，老師常用問問題來確認學生有沒有注意聽講，有沒有聽到重點。為什麼要問問題？只是給學生考試或提神嗎？筆者認為，問問題得視目的而定，閱讀前、中、後的提問可能是有不同的目的。

（一）閱讀前：連結舊經驗和引起好奇

　　在開始導入主題時，老師或許會先問學生：「你有沒有……經驗？你是否看過／聽過／去過／買過／想過……？」此時的提問是想引起學生提取舊經驗，連結自身經驗，為即將閱讀的內容預作準備，也是教學中引起動機的一種手法，例如：上到〈雅量〉（作者：宋晶宜）這一課，老師可以先問同學：「你們有沒有買過自認為很不錯的東西，結果卻被好朋友或家人嫌棄的經驗？說說看，當時你的心情如何？」「你有沒有想過，為什麼你覺得是寶，別人卻不認為，原因是什麼？」有時候也要在閱讀前讓學生做預測，例如：「你看到課文題目『紙船印象』（作者：洪醒夫）時，你覺得這篇文章會寫什麼？」這些問題是與課文主題有關的生活經驗，但不是直接隸屬於課文內容的提問，學生的答案可能會是五花八門。

（二）閱讀中：尋找訊息和整合段落意義

　　等讀到課文內容時，此時的提問是在確認學生的理解，老師可要求學生根據課文回答問題。再以〈雅量〉這一課為例，閱讀中可以問學生：

1. 朋友買了一件衣料，綠色的底子帶白色方格。請問：一位對圍棋十分感興趣的同學說這塊衣料好像什麼呢？
2. 作者說：「人人的欣賞觀點不盡相同，那是和個人的性格與生活環境有關。」請問：作者在本文中用什麼例子當佐證呢？
3. 作者認為「雅量」最重要的精神是什麼？

這些提問和課前引起動機或連結舊經驗的目的不同，讀者必須閱讀並從文本中找出答案，而答案可能出現在同一句或同一段內，也可能是需要跨段整合。此外，閱讀中仍可以進行預測下文的提問，此刻的預測下文係根據先前的訊息並融合讀者的背景知識往下推論，也就是說，預測不等於隨意亂猜，仍要有合理性。預測後再往下讀，看看猜對了嗎？預測下文的過程中會激發學生的背景知識，監控自己的理解和喚起大腦的主動閱讀（幸曼玲，2010）。預測的目的不在於猜對與否，而是引發讀者主動思考

與探究的心，教學者不要太強調對錯，或一定要學生改成正確答案，這樣一來一些個性謹慎的學生就不敢預測了。

以〈倒立的老鼠〉（作者：Roald Dahl）故事第一、二段為例：

> （第一段）從前，有一位 87 歲名叫羅伯的老先生，他的一生過著寧靜祥和的生活，他雖然貧窮但卻非常快樂。
>
> （第二段）當他發現家中有老鼠的時候，起初他並不以為意。但是老鼠開始繁殖。他開始感到困擾。牠們不斷大量繁殖，羅伯終於再也無法忍受。

教師可以問學生：「你覺得羅伯接下來會做什麼事情？」「你是怎麼猜的？」等學生預測之後，再往下讀，看看故事發展和自己想的一不一樣。教學者可以讓學生口頭發表，也可以用引導式的學習單（如表 10-6 所示）讓學生討論或直接在文本中畫線。

表 10-6　預測下文學習單

預測（舉例）	根據的線索或理由	閱讀後核對
A.羅伯想把老鼠趕走，要買老鼠藥或捕鼠器。	「過著寧靜祥和的生活，……發現家中有老鼠的時候，起初他並不以為意。……開始感到困擾……終於再也無法忍受。」羅伯覺得不能再置之不理，應該要將老鼠消滅。	☐猜對 ☐部分猜對 ☐猜錯
B.羅伯為失眠所苦，要買安眠藥或耳塞。	「老鼠開始繁殖，……，不斷大量繁殖，……再也無法忍受。」羅伯可能被許多老鼠吵得都睡不著覺，失眠了。	☐猜對 ☐部分猜對 ☑猜錯
C.羅伯想把老鼠趕走，要養一隻貓來捉老鼠。	「老鼠開始繁殖，……，不斷大量繁殖，……再也無法忍受。」羅伯受不了，要去找老鼠的剋星幫忙。	☐猜對 ☑部分猜對 ☐猜錯

註：在閱讀中進行預測時，要先把文章分成數個段落，逐一出現。若先看到全文，就不用預測了。

（三）閱讀後：組織訊息或進行批判思考

　　閱讀後的提問通常範疇比較大，不一定要跟著課本內容，讀者也可以有自己的判斷。此時的提問是引導學生整理閱讀的內容，或是自己的心得和看法。閱讀後老師可以請學生說說看：「這一篇主要是在講什麼？」「作者用什麼方式來寫？」「你同意作者的說法嗎？」以國中課文〈王藍田食雞子〉（出自《世說新語》）這一課為例，閱讀後可以問學生：

1. 〈王藍田食雞子〉這一課主要在講什麼？
2. 作者用什麼方式來講道理？你喜歡他講道理的方式嗎？
3. 作者覺得王藍田是脾氣暴躁又沒什麼才德的人，你同意他的看法嗎？你是從哪些地方判斷的？

二、問題的層次

　　從「國際學生能力評量計畫」（the Programme for International Student Assessment, PISA）不同閱讀理解的層次來看，閱讀理解涉及「擷取訊息」、「解釋文本」，以及「省思評鑑」（張貴琳、黃秀霜、鄒慧英，2010），因此問題的設計也可以涵蓋不同的層次。所謂的「擷取訊息」，多涉及句子層次，讀者須就問題從文本中找出適合的訊息。「解釋文本」是指，讀者能解釋文章中各部分的意義，了解各部分之間的關係並整合成一個主要的概念，此要結合自己的知識結構，並聯繫文本中的不同訊息，從而得出文本中沒有明確陳述的結果。至於「省思評鑑」則包括兩部分：一是內容，二是形式。前者是指，將所閱讀的內容與自己原有的知識、想法和經驗相連結，經過判斷與省思過後，就文本內容提出自己的見解，並捍衛自己的觀點；後者是指，學生能不受文本的影響，評鑑文本的品質和適當性。

　　另外，Raphael（1986）提出「問答關係」（Question-Answer Relationship，簡稱 QAR）策略，希望透過 QAR 策略協助學生找出問題的答案，而不同的問題類型，對應的找法也不同。有些理解問題是直接從文本擷取下

來，只要「找一找」（right here）就有答案；有時候則要「找一找加上想一想」（think and search），因為答案不是很明顯寫在文本上，必須將訊息串在一起才能推出答案；還有一些問題是在問讀者的意見，因此要「自己想」（on my own）。與前述「擷取訊息」、「解釋文本」和「省思評鑑」三種閱讀理解層次的對應，約略是「找一找」、「找一找加上想一想」和「自己想」。在設計閱讀理解問題或指導學生自問自答策略時，都可以從這三個不同的層次來思考，而不僅限於事實性的問題。

鄭圓鈴、許芳菊（2013）提出的閱讀策略亦將問題分成多個層次，包括：「找一找」、「說出主要的」、「為什麼」、「想一想」，以及「你認為」（頁 22-23）。他們用的命名方式雖然不同，但是同樣呼應前述的概念，即閱讀理解包括「擷取訊息」（找一找）、「解釋文本」（說出主要的、為什麼、想一想）和「省思評鑑」（你認為），都是有層次之別。王政忠（2016）的 MAPS（Mind mapping、Asking、Presentation、Scaffolding 的字首縮寫）教學是把提問的問題，按難度分為「暖身題」、「基礎題」、「挑戰題」。「暖身題」的目的在連結學生學習的新舊經驗，並對文章主題及內容進行猜測，用於閱讀前；「基礎題」引導學生擷取並理解文章的重要訊息，用於閱讀中；「挑戰題」則是透過更高層次的問題，逐步形成讀者的觀點，進而讓學生具有解釋與思辨的閱讀素養，用於閱讀後。茲將不同的問題層次與例子整理如表 10-7 所示。

表 10-7　不同理解層次的問題與示例

	層次一	層次二	層次三
PISA 閱讀評量	擷取訊息	解釋文本	省思評鑑
Raphael（1986）	right here 找一找	think and search 找一找加上想一想	on my own 自己想
鄭圓鈴、許芳菊（2013）	找一找	說出主要的 為什麼 想一想	你認為

表 10-7　不同理解層次的問題與示例（續）

	層次一	層次二	層次三
王政忠（2016）	基礎題	基礎題＋挑戰題	挑戰題
範例	朋友買了一件衣料，綠色的底子帶白色方格。請問：對圍棋十分感興趣的同學說這塊衣料好像什麼呢？	作者說：「人人的欣賞觀點不盡相同，那是和個人的性格與生活環境有關。」請問：作者在本文中用什麼例子當佐證？	作者用什麼方式來講道理？你喜歡他講道理的方式嗎？

綜而言之，提問也有層次之別，透過不同層次的提問，學生的理解才不會停留在表面層次。提問時可以循序漸進，先從「擷取訊息」著手，再進到「解釋文本」和「省思評鑑」，以免學生感覺問題難度過高。另外，如何讓學生從回答老師有層次的提問，進到自問自答也需要指導，不妨讓學生從「何時、何地、何人、主要問題、過程、結果」這些基本問題開始練習發問，畢竟好問題的產出是建立在對文本有深刻理解，而這不是一般中下程度學生能夠馬上達成的目標。因此，不妨先著眼於讓學生能夠用完整的句子提問基本問題。

參、摘要與理解監控

「摘要」是指，閱讀後用簡要的話語重述內容的重點，能說出文章重點也表示有理解文本內容。「理解監控」指的是在閱讀過程中，讀者能設定目標，注意到自己所讀的訊息是否有矛盾、不清楚的地方，需要停下來重看或查資料，修補理解上的漏洞，檢視是否達成設定的目標。

一、摘要

Kinstch 與 van Dijk（1978）認為，摘要就是文章的主要命題。也就是說，讀者可依據其本身既有的知識，擷取文章中的重點或精華，然後用自己的話寫下來，使原本繁雜、細小的概念單位經過縮減、重新組織之後，形成一個較大的概念單位。他們認為摘要就是文章的主要觀念，可以在學習者的記憶中產生巨結構（macrostructure），以幫助學習者記憶文章內容的重要資訊。Hidi 與 Anderson（1986）認為，摘要是讀者濃縮訊息，以代表文章主旨的簡要敘述，可以幫助學習者理解閱讀材料，並且表現學習者的組織能力。

Brown 與 Day（1983）透過分析專家摘取要點的口語報告（verbal protocols analysis）後指出，摘取文章大意的過程，讀者應有下列五項能力：

1. 刪掉不重要的訊息：不重要訊息是指文章中的瑣碎訊息，刪掉也不會影響到整篇文章的意思。
2. 刪除重複的訊息：重複訊息在文章中可能是重要的，但因為重複出現，所以刪掉。
3. 語詞歸納：以一個概括的類名詞來取代相同的類別舉例，例如：用「水果」概括「蘋果、李子、柳丁、香蕉」。
4. 選擇主題句：主題句是很重要的訊息，是作者對此篇文章所作的大意，若文章中有主題句，讀者可直接選來當作主題句。
5. 自行寫出主題句：如果文章中沒有出現明顯的主題句，則讀者可依文章內容，自己寫出主題句。

Brown 與 Day 所用的摘要策略是由下而上，先刪除不重要與重複的訊息，再逐一篩選出重點，最後以統整的語詞或主題句來撰寫摘要。對於閱讀能力本來就不是很好的學生，光要刪除不重要與重複的訊息也很不容易，老師也可以改用其他方式進行。

幸曼玲（2010）以文本各自然段先做濃縮大意，再串連各段大意，最後修整句子使之通順，也不失為一種摘要的指導方式。再以〈倒立的老鼠〉故事為例，第一、二段的大意濃縮後如表 10-8 所示。如果是故事體文

章，教學者也可以用 6W（是誰？在什麼時候？什麼地方？他遇到什麼事情？他要怎麼做？最後呢？）來提問，最後將各小題的答案串成一篇摘要。

表 10-8　按自然段進行摘要練習

自然段	濃縮大意
（第一段）從前，有一位 87 歲名叫羅伯的老先生，他的一生過著寧靜祥和的生活，他雖然貧窮但卻非常快樂。	有個老先生叫羅伯。
（第二段）當他發現家中有老鼠的時候，起初他並不以為意。但是老鼠開始繁殖。他開始感到困擾。牠們不斷大量繁殖，羅伯終於再也無法忍受。	老鼠不斷大量繁殖，羅伯終於再也無法忍受。

結合第一、二段
有個老先生叫羅伯。老鼠不斷大量繁殖，羅伯終於再也無法忍受。
修飾後
從前，有個老先生叫羅伯，他家的老鼠不斷大量繁殖，讓他受不了。

二、理解監控

根據Gagne等人的閱讀理解成分分析，理解監控（或後設認知）包括：目標設定（goal setting）、策略選擇（strategy selection）、目標檢視（goal-checking），以及修正補強（remediation）（引自岳修平譯，1998）。理解監控的功能乃在確保讀者的閱讀既有效率又有效能。閱讀能力佳的讀者在閱讀中能隨時監控自己的理解情形，並依據評估的結果隨時做修正，例如：為了應付期末考的申論測驗，學生設定的「閱讀目標」和「策略選擇」是仔細詳讀並做閱讀大綱，也要找同學一起讀，然後互相問答。「目標檢視」則是看看自己是否已經融會貫通，足以回答別人的考問，如果還不行，就要做「修正補強」，將不清楚的地方弄明白，多加強記憶。

蘇宜芬、林清山（1992）曾對國小國語低成就學生進行後設認知閱讀

策略指導，他們的研究係以「錯誤偵測」讓國語低成就學生在閱讀文章時能夠注意前後不一致的地方。臺南縣特殊教育資源中心（2009）的教材「閱讀公路」也特意在文章加入不同的提示符號，提醒讀者重讀（迴轉標誌）、尋找線索（放大鏡標誌）、做摘要（鑰匙標誌）、推論（金頭腦標誌），以及調整不同閱讀速度（快、中、慢的標誌），讓讀者在閱讀中想一想，確認自己是否讀懂，再往下看（見《學習障礙教戰手冊：閱讀公路》的教材，有興趣的讀者可上網下載，http://web.tn.edu.tw/serc/?p=295）。

肆、小結

本節所談的閱讀理解策略，包括：從文本找線索、從提問中引導思考，以及透過摘要練習和理解監控，提升讀者整合訊息的能力，而不只是被動的接收文本的訊息，也能激發學生的背景知識，監控自己的理解，並喚起大腦主動閱讀。讀者不是單向吸收訊息，同時也要透過閱讀建構自己的知識和思考力。

不過，策略的運用不一定是各自切開、獨立的，還有一些是綜合數個策略而成，例如：Palincsar 與 Brown（1984）所提出的交互教學（reciprocal teaching），就融合摘要、預測、提問和澄清四項策略，並且在教學過程中強調師生的角色互相輪替：從剛開始由教師示範策略、主導討論歷程，到漸漸放手給學生練習擔任教師的角色，而教師都只是從旁協助。王政忠（2016）在語文教學實踐中提出 MAPS 教學法，其引導學生學習的過程中還分為四個階段，讓學生逐步從與他人合作學習到能夠獨立自學。

要注意的是，閱讀教學並不是單靠策略就能理解，除了策略之外，學生還需要綜合文本訊息、先備知識等相關訊息。在教導閱讀策略的過程中，必須先將策略內涵程序化，教學者可先以放聲思考（thinking aloud）的方式，讓學生明白策略運用的步驟以及使用的理由，之後再逐步讓學生於部分協助下進行練習，終至能夠獨立作業，監控的責任也能從教學者慢慢轉移到學生身上。

第四節　個案討論

> 　　小俊是國小四年級的讀寫障礙學生，現在已經比小二的時候能夠認得較多國字，約 1,700 字（接近一般小三程度的識字量），但是流暢度還不夠，閱讀時總需要比同儕花更長的時間才能看完故事，1 分鐘平均只唸完 120 個字（約小一程度）。看完故事之後，請他重述時卻是零零落落、不完整，情節順序也會跳來跳去。老師多次觀察到，他的理解大概只能回答直接提取的問題，其餘問題就搖頭表示不會或低頭不語。

　　從個案的能力描述並參照 Chall 的閱讀發展階段後發現，小俊目前雖然有一定的識字量，但止於正確性，若要進入透過閱讀學習的階段，其識字仍要達到一定的流暢度才行。因此，小俊的閱讀教學目標有二：一是提升朗讀流暢度；二是建立文章結構概念，協助他組織所閱讀的文章內容。另外，為使小俊不至於停留在直接提取的理解層次，老師還要透過不同層次的提問，慢慢加強其推論理解的能力。以下從這幾個部分來說明。

一、提升朗讀流暢度

　　每次上完課，老師會給全班學生 3 分鐘的朗讀練習時間。老師可運用同儕輔助學習策略，將全班同學兩兩一組（能力高低配對），互相唸給彼此聽。小俊先聽他的夥伴唸，之後再由小俊唸給夥伴聽，遇到唸不出來的字，若 3 秒鐘還是無法唸出，夥伴可以告知小俊正確的讀音，讓他繼續唸下去。每次朗讀都計算 1 分鐘朗讀多少字，以了解其速度是否愈來愈快（可參考表 10-2 的數據）。

二、建立文章結構概念

　　根據現況描述，小俊閱讀之後還是無法完整重述故事的來龍去脈，教

師可以運用故事結構策略輔以圖示方式，指引小俊在閱讀後找出：（1）時間與地點；（2）主角；（3）主要問題；（4）事情經過；（5）結局，之後再將這些故事元素按順序組織成一段簡要的內容。

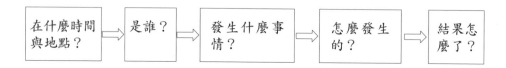

三、強化推論理解能力

在閱讀時，由於作者不可能鉅細靡遺的交代所有過程，因此讀者必須部分仰賴自己的生活經驗與背景知識，加上文中提供的線索進行推測。一般的因果推論可能涉及「原因」（為什麼？）、「行動」（怎麼做？）、「結果」（會怎樣？）。以〈倒立的老鼠〉一文為例，老師可以設計一些需要因果推論的提問，像是：

1. 當老鼠大量繁殖後，羅伯「為什麼」再也無法忍受？（原因推論）
2. 當老鼠愈來愈多時，羅伯會怎麼做？（行動推論）
3. 如果羅伯不處理愈來愈多老鼠的問題，結果會怎樣？（結果推論）

第五節　結語

閱讀理解不單靠正確的識字解碼即可，還要有對應的語言理解和背景知識；識字也不單求正確性，還要有一定的流暢度才行。本章第二、三節分別就流暢度和閱讀理解策略提出許多的實例。最後，McKeown、Beck 與 Blake（2009）提醒我們：閱讀理解策略教學和文本內容要結合，理解文本內容最重要，不能為策略而策略。單獨教策略並不是穩固學習成效的好方法，將文本閱讀融入策略學習之中才能發揮其功能，學生也才能明白策略究竟該如何使用才適切。

參考文獻

中文部分

丁凡（譯）（2008）。**謝謝您，福柯老師！**（原作者：P. Polacco）。新竹市：和英。

王政忠（2016）。**我的草根翻轉：MAPS 教學法**。臺北市：親子天下。

王梅軒、黃瑞珍（2005）。國小課程本位閱讀測量方法之信度與效度研究。**特殊教育研究學刊，29**，73-94。

王瓊珠（2004）。故事結構教學加分享閱讀對增進國小閱讀障礙學童讀寫能力與故事結構概念之研究。**臺北市立師院學報，35**（2），1-22。

王瓊珠（2010）。**故事結構教學與分享閱讀**。臺北市：心理。

王瓊珠、王宣惠（2014）。國語文補救教學。載於陳淑麗、宣崇慧（主編），**帶好每一個學生：有效的補救教學**（頁 95-124）。臺北市：心理。

吳明隆、張毓仁、曾世杰、柯華葳、林素貞（2013）。國小低年級學童中文朗讀流暢能力的發展軌跡分析。**臺東大學教育學報，24**（2），33-65。

李晏戎（譯）（2005）。**RT 如何教：讀者劇場**（原作者：L. Walker）。臺北市：東西圖書。

岳修平（譯）（1998）。**教學心理學：學習的認知基礎**（原作者：E. D. Gggne, C. W. Yekovich, & F. R. Yekovich）。臺北市：遠流。

幸曼玲（2010）。摘大意找主旨策略。載於**閱讀理解策略教學手冊**（頁 97-136）。臺北市：教育部。

國立科學工藝博物館（無日期）。**古代的造紙過程**。取自 http://www3.nstm.gov.tw/chinascience/E/e-index5.html

崔夢萍（2006）。運用同儕協助學習策略於國小融合教育國語文學習之研究。**特殊教育研究學刊，30**，27-52。

張貴琳、黃秀霜、鄒慧英（2010）。從國際比較觀點探討臺灣學生 PISA

2006 閱讀素養表現特徵。**課程與教學季刊**，**13**（1），21-46。

張毓仁、吳明隆、胡芝妮（2011）。國小四、五和六年級學童國語文課程本位朗讀流暢能力之比較。**教育研究月刊**，**210**，49-61。

陳奕卉、孔淑萱（2016）。同儕協助學習策略對提升國小學習障礙學生閱讀理解成效之研究。**特教論壇**，**21**，1-25。

陳姝蓉、王瓊珠（2003）。故事結構教學對增進國小閱讀障礙學生閱讀理解能力之研究。**特殊教育研究學刊**，**25**，221-242。

曾世杰（2013 年 11 月）。基礎再差，國中開始都來得及。**親子天下專特刊**，**23** 期。取自 https://www.parenting.com.tw/article/5054187-

鄭圓鈴、許芳菊（2013）。**有效閱讀：閱讀理解，如何學？怎麼教？**臺北市：天下文化。

蘇宜芬、林清山（1992）。後設認知訓練課程對國小低閱讀能力學生的閱讀理解能力與後設認知能力之影響。**教育心理學報**，**25**，245-267。

英文部分

Allinder, R. M., Dunse, L., Brunken, C. D., & Obermiller-Krokikowski, H. J. (2001). Improving fluency in at-risk readers and students with learning disabilities. *Remedial and Special Education, 22*, 48-54.

Bacon, E. H., & Carpenter, D. (1989). Learning disabled and nondisabled college students' use of structure in recall of stories and text. *Learning Disability Quarterly, 12*(2), 108-118.

Beck, I., & McKeown, M. G. (1991). Social studies texts are hard to understand: Mediating some of the difficulties. *Language Arts, 68*, 482-490.

Bransford, J. D., & Johnson, M. K. (1972). Contextual prerequisites for understanding: Some investigations of comprehension and recall. *Journal of Verbal Learning and Verbal Behavior, 11*, 717-726.

Brown, A. L., & Day, J. D. (1983). Macrorules for summarizing texts: The development of expertise. *Journal of Verbal Learning and Verbal Behavior, 22*, 1-14.

Center for the Improvement of Early Reading Achievement. (2003). *Put reading first: The research building blocks for teaching children to read.* Retrieved from http://www.ciera.org/library/products/others/putreadingfirst/index.htm

Chall, J. S. (1996). *Stages of reading development* (2nd ed.). Orlando, FL: Harcourt Brace & Company.

Chard, D. J., Vaughn, S., & Tyler, B. (2002). A synthesis of research on effective interventions for building reading fluency with elementary students with learning disabilities. *Journal of Learning Disabilities, 35*(5), 386-406.

Clarke, P. J., Truelove, E., Hulme, C., & Snowling, M. J. (2014). *Developing reading comprehension.* Oxford, UK: Wiley Blackwell.

Compton, D. L., Appleton, A. C., Hosp, M. K. (2004). Exploring the relationship between text-leveling systems and reading accuracy and fluency in second-grade students who are average and poor decoders. *Learning Disabilities Research & Practice, 19*(3), 176-184.

Dimino, J. A., Gersten, R., Carnine, D., & Blake, G. (1990). Story grammar: An approach for promoting at-risk secondary students' comprehension of literature. *Elementary School Journal, 91*, 19-32.

Englert, C. S., & Hiebert, E. (1984). Children's developing awareness of text structure in expository material. *Journal of Educational Psychology, 26*, 65-74.

Fitzgerald, J., & Spiegel, D. L. (1985). Development of children's knowledge of story structure and content. *Journal of Education Research, 79*, 101-108.

Gardill, M. C., & Jitendra, A. K. (1999). Advanced story map instruction: Effects on the reading comprehension of students with learning disabilities. *Journal of Special Education, 33*, 2-17.

Gersten, R. (1998). Recent advances in instructional research for students with learning disabilities: An overview. *Learning Disabilities Research & Practice, 13*, 162-170.

Gersten, R., & Dimino, J. (1989). Teaching literature to at-risk students. *Educational Leadership, 46*(5), 53-57.

Gough, P. B., & Tunmer, W. E. (1986). Decoding, reading, and reading disability. *Remedial and Special Education, 7*(1), 6-10.

Herman, P. A. (1985). The effect of repeated readings on reading rate, speech pauses, and word recognition accuracy. *Reading Research Quarterly, 20*, 553-565.

Hidi, S., & Anderson, V. (1986). Producing written summaries: Task demands, cognitive operations and implications for instruction. *Review of Education Research, 56*(4), 473-493.

Idol, L. (1987). Group story mapping: A comprehension strategy for both skilled and unskilled readers. *Journal of Learning Disabilities, 20*, 196-205.

Idol, L., & Croll, V. J. (1987). Story-mapping training as a means of improving reading comprehension. *Learning Disability Quarterly, 10*, 124-229.

Kintsch, W., & Rawson, K. A. (2005). Comprehension. In M. J. Snowling, & C. Hulme (Eds.), *The science of reading: A handbook* (pp. 209-226). Malden, MA: Blackwell.

Kintsch, W., & van Dijk, T. A. (1978). Toward a model of text comprehension and production. *Psychological Review, 85*, 363-394.

Levy, B. A., Abello, B., & Lysynchuk, L. (1997). Transfer from word training to reading in context: Gains in reading fluency and comprehension. *Learning Disability Quarterly, 20*, 173-188.

Mather, N., & Goldstein, S. (2001). *Learning disabilities and challenging behaviors: A guide to intervention and classroom management*. Baltimore, MD: Brookes.

McKeown, M., Beck, I., & Blake, R. (2009). Rethinking reading comprehension instruction: A comparison of instruction for strategies and content approaches. *Reading Research Quarterly, 44*(3), 218-253.

Mercer, C. D., Campbell, K. U., Miller, M. D., Mercer, K. D., & Lane, H. B. (2000). Effects of a reading fluency intervention for middle schoolers with specific learning disabilities. *Learning Disabilities Research & Practice, 15*(4), 179-189.

O'Shea, L. J., Sindelar, P. T., & O'Shea, D. J. (1987). Error correction in oral reading: Evaluating the effectiveness of three procedures. *Education and Treatment of Children, 7*, 203-214.

Ouellette, G., Dagostino, L., & Carifio, J. (1999). The effects of exposure to children's literature through read aloud and an inferencing strategy on low reading ability fifth graders' sense of story structure and reading comprehension. *Reading Improvement, 36*, 73-89.

Palincsar, A. S., & Brown, A. L. (1984). Reciprocal teaching of comprehension-fostering and comprehension-monitoring activities. *Cognition and Instruction, 1*(2), 117-175.

Perfetti, C. A. (1985). *Reading ability*. New York, NY: Oxford University Press.

Raphael, T. E. (1986). Teaching question-answer relationship, revisited. *The Reading Teacher, 39*, 516-622.

Rashotte, C. A., & Torgesen, J. K. (1985). Repeated reading and reading fluency in learning disabled children. *Reading Research Quarterly, 20*, 180-188.

Richek, M. A., Caldwell, J. S., Jennings, J. H., & Lerner, J. W. (2002). *Reading problems: Assessment and teaching strategies*. Boston, MA: Allyn & Bacon.

Scarborough, H. (2001). Connecting early language and literacy to later reading (dis)abilities: Evidence, theory and practice. In S. Newman, & D. Dickinson (Eds.), *Handbook of early literacy research* (pp. 97-110). New York, NY: Guilford Press.

Silverman, R. D., Speece, D. L., Harring, J. R., & Ritchey, K. D. (2013). Fluency has a role in the simple view of reading. *Scientific Studies of Reading, 17*(2), 108-133.

Stoddard, K., Valcante, G., O'Shea, L., & Algozzine, B. (1993). Increasing reading rate and comprehension: The effects of repeated readings, sentence segmentation, and intonation training. *Reading Research and Instruction, 32*(4), 53-65.

Tan, A., & Nicholson, T. (1997). Flashcards revisited: Training poor readers to read words faster improves their comprehension of text. *Journal of Educational*

Psychology, 89, 276-288.

Taylor, B. M. (1992). Text structure, comprehension, and recall. In S. J. Samuels, & A. E. Farstrup (Eds.), *What research has to say about reading comprehension* (pp. 220-235). Newark, DE: International Reading Association.

Vallecorsa, A. L., & DeBettencourt, L. U. (1997). Using a mapping procedure to teach reading and writing skills to middle grade students with learning disabilities. *Education & Treatment of Children, 20*, 173-184.

Vaughn, S., Chard, D. J., Bryant, D. P., Coleman, M., Tyler, B., Linan-Thompson, S., & Kouzekanani, K. (2000). Fluency and comprehension interventions for third-grade students. *Remedial and Special Education, 21*, 325-335.

第十一章

書寫教學

　　我想寫信告訴她，她很漂亮！我想寫信告訴她，我多麼想見到她！

　　我只想待在她身邊，安安靜靜地躺在大樹下，一起看天上的星星——

　　有這麼難嗎！

　　獅子大吼大叫，把所有他想寫給母獅子的話，全部大聲喊出來。

　　但是獅子不會寫字，他只能一遍又一遍不停地吼叫。

　　　　　　——引自《不會寫字的獅子》（吳愉萱譯，2012）

　　《不會寫字的獅子》是 Martin Baltscheit 為兒童所寫的一本故事書，書中的主角獅子個性凶猛，有一天遇到心儀的母獅子，想寫信給她表達自己的愛慕之意，因為獅子不會寫字，於是請很多動物幫忙寫信，但沒有一封信可以確切表達他的心意，讓他非常的挫折與懊惱。書寫對於一些學習障礙者而言，又何嘗不是挫折的來源？

　　「書寫」在英文裡常包括三個不同的層次，即寫字（handwriting）、拼寫（spelling），以及寫作（composition）。「寫字」是指用手寫方式輸出文字，評量重點在於字體是否可以辨識。「拼寫」是指字母的正確組合，例如：a-p-p-l-e（蘋果）的五個字母必須按此順序寫出才算對，若寫成 apl、aple、alepp 都是不正確的，評量重點包括正確字母和順序兩部分。至於「寫作」則是將想法加以組織，再用適當的文字語彙、段落，加上標點，形成

一篇語意完整的文本。

在國語文教學中所稱的「書寫」通常是指寫字和寫作，而沒有像英文還有拼寫的項目。寫字評量的重點是寫的字是否可辨識？各部件是否組織正確？至於寫作則是更高階的書寫能力。以國中會考的作文評量重點為例，作文評分包括立意取材、結構組織、遣詞造句，以及標點符號幾項。本章主要係介紹學習障礙學生在寫字和寫作的困難，以及相對應的教學策略，最後再透過個案討論來綜合所學的概念。

第一節　書寫障礙與評量

能讀、能寫是一個文化人的基本素養，但對某些學習障礙學生來說，書寫並不是一件容易的事。書寫困難的孩子有些是握筆不當（過輕、過緊）或姿勢歪斜；字的結構忽大、忽小、鬆散；沒寫幾個字，就抱怨手酸。另外，有些孩子的問題是寫不出來，常以畫圖或注音取代國字，或寫出很多錯別字、同音字、增減筆劃的字、部件位置錯置的字等。在抄寫國字時，有些孩子沒有筆順概念，像是在畫字一般，必須抬頭反覆確認黑板上的目標字多次，才能把它抄寫下來，因此寫字速度緩慢。此外，有些孩子雖然可以寫字，但是在寫作文時，卻無法根據題目或文章旨趣抒發己見，常出現文章離題、字彙少、文句不通順、缺乏組織等狀況。

圖 11-1 是一位成人寫的字，雖然可以讀出文字的意思，但細究起來，個案寫的字很多都是不完整的，似乎只能記住部分字形或約略外形，再加上注音、補筆劃而形成。

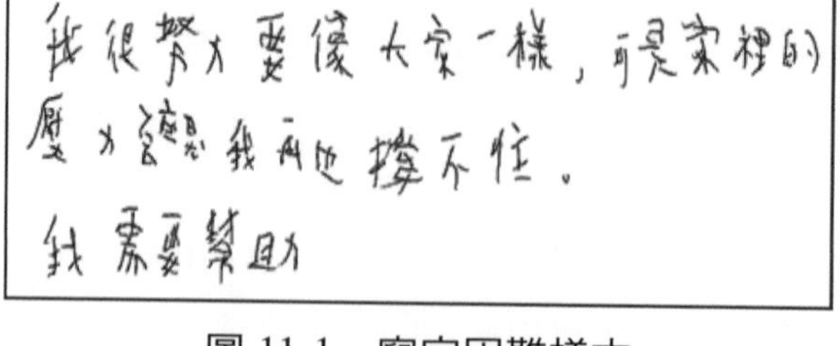

圖 11-1　寫字困難樣本

壹、書寫障礙的徵兆和相關因素

　　目前，不論是臺灣對於學習障礙的定義或 DSM-5 都沒有特別列出書寫障礙亞型的名稱，DSM-5 僅以行為描述書寫困難的狀況（見本書第二章）。在文獻上，有些研究者或臨床工作者將書寫障礙稱為 dysgraphia。Dysgraphia 一詞是由希臘字源 dys（受損）和 graphia（手寫字）組合而成，其意思是指手寫字的能力受損。書寫障礙者究竟有哪些行為徵兆呢？根據 Patino（2016）的整理，包括：

1. 視覺空間困難（visual-spatial difficulties）：表現在個案對於形狀的區辨困難，例如：「b、d、p、q」、「t、f」、「日、目」、「木、本、大」，看起來都差不多。字母間距掌握困難，個案不容易把字寫在一直線上或格子內。閱讀有方向性的地圖也是有困難。看圖之後，很難把圖的形狀再畫出。抄寫速度緩慢。

2. 精細動作困難（fine motor difficulties）：握筆姿勢怪異，不太會用剪刀剪東西或把顏色塗在線條內。舉凡切食物、綁鞋帶、玩拼圖等需要精細動作的任務都有困難。

3. 語言處理困難：很難把想法快速記下來，思緒會很快散掉。不容易遵循指令和理解遊戲規則。

4. 拼字寫字困難：不容易察覺自己的字到底寫對了沒，寫字時經常擦拭，寫錯的方式常常沒有一致性，字母大小寫混雜，寫完之後也看不懂自己寫的字。有時，口頭拼字是對的，但寫出來卻是錯的。

5. 不懂書寫規則：如句子一直連下去寫，不知道如何使用標點符號和分段。句子開頭第一個字母沒有大寫，句子不完整等。

6. 書面語言組織不佳：陳述故事沒頭沒尾，缺少必要的訊息，總認為別人應該懂他要講的意思。意思模糊或東拉西扯，沒有切中要點。若讓他用講的，可能比寫得更好。

　　國內學者對寫字方面也有一些研究，例如：陳美文（2002）以國小二、三年級學生為對象，依據個案在「基本讀寫字綜合測驗」的表現，分

為「普通對照組」、「識字困難組」、「寫字困難組」，以及「讀寫困難組」。結果發現：寫字表現（指看注音寫國字和聽寫兩部分）會受到個案手寫能力（指抄寫表現）和識字能力的影響，但手寫能力不受識字能力影響而可獨立運作，也就是說，有些個案是單純手寫能力不佳，輸出文字符號有問題，但辨識文字沒有問題。三者的關係如圖 11-2 所示。另外，吳玉珍（2004）以抄寫困難的兒童為對象，探討其各項認知表現時，發現其視覺動作統整能力、精細動作注意力、記憶力都與正常兒童有顯著差異。

綜合上述的行為徵兆和研究結果來看，個案若視覺記憶、注意力、視覺空間處理能力、精細動作能力、手寫能力或識字能力不佳，都可能影響寫字表現。至於，寫作方面則不僅涉及寫字能力，還涉及語言處理、書寫規則、文意組織等。Berninger 與 Amtmann（2003）提出了「寫作簡單觀點模式」（simple view of writing），認為寫作需要整合三方面的能力，即作者自我調節能力、寫字技能（手寫和拼寫），以及意念轉譯成書面的能力，同時，寫作還會受制於個體的注意力和記憶力之限制（如圖 11-3 所示）。

值得注意的是，有書寫困難的人不一定就有口語表達困難，有些孩子的口語表達能力不錯，只是書寫錯誤百出（例如：第一章「個案討論」中的耐森）。另外，有些個案能認讀國字，但是手寫字就很差，如果改以電腦打字方式寫作文，以選出正確國字取代手寫輸出，也可能有不錯的作文產出（例如：第二章的圖 2-2）。因此，若提供適合的評量調整（例如：電腦打字或口述作文取代手寫作文），對某些書寫障礙個案是有助益的。但

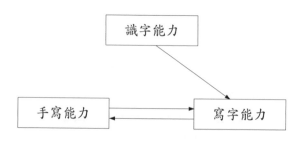

圖 11-2　寫字能力與手寫能力和識字能力之間的關係

資料來源：引自陳美文（2002）

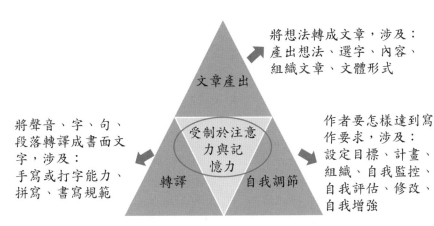

圖 11-3　寫作簡單觀點模式

資料來源：Berninger 與 Amtmann（2003）

是，如果個案的識字能力很差，口語表達能力也不足，則上述的評量調整之效益也不大。

貳、書寫能力的評量與觀察

　　要判斷個案是否有書寫障礙並不是光從行為表象即可確知，還要思考個案的意願問題，例如：個案有沒有可能是沒有好好寫字？懶得寫？隨便應付、草草了事，題目看都不看，直接交白卷？或真的是因為有嚴重的識字困難，根本記不住字形，所以也就寫不出來？或是有注意力缺陷，以致於影響書寫表現，假如注意力集中時，寫字錯誤是否會明顯降低，抄寫漏字的情形是否也跟著明顯下降？因此，研判書寫障礙要兼顧結果和歷程兩方面。國內常見的標準化書寫評量工具有「基本讀寫字綜合測驗」（洪儷瑜、張郁雯、陳秀芬、李瑩玓、陳慶順，2003）以及「國小兒童書寫語文能力診斷測驗」（第二版）（楊坤堂、李水源、張世彗、吳純純，2003）。

　　「基本讀寫字綜合測驗」的部分分測驗可以評估個案之寫字能力和手寫能力，包括：聽寫、看注音寫國字（以上兩者為寫字能力）、近端抄

寫、遠端抄寫（以上兩者為手寫能力）。抄寫分測驗有提供文字刺激，學生只要照著寫即可，施測者即可觀察個案的手寫能力、握筆姿勢、寫字歷程，例如：是否需要多次看目標字才能抄正確？是否頻頻擦拭？握筆姿勢是否過緊？或過鬆？至於「聽寫」和「看注音寫國字」屬於國字再生能力測試，僅提供語詞脈絡，例如：要學生寫出「老師的『師』」（聽寫），或給予「老『ㄕ』」一詞（看注音寫國字），請學生寫出該目標字，則個案必須從記憶中將國字字形提取出來，並正確的組織部件。此兩項分測驗的評估比較接近英文拼字（spelling）的能力檢視。

「國小兒童書寫語文能力診斷測驗」（第二版）主要是在評量學童的寫作能力。該測驗係提供一張圖片，請學童根據該圖片寫一篇作文，透過自發性的書寫樣本，分析作文產品（總字數、總句數和平均每句字數）、造句商數（錯別字與用字能力），以及文意層次（從「無意義的語文」、「具體—敘述」、「具體—想像」、「抽象—敘述」到「抽象—想像」共有五個層次）（楊坤堂等人，2003）。

此外，個案的書寫樣本也可以作錯誤類型分析。林欣儀（2006）將錯字分為「部件正確、結構正確」、「部件正確、結構錯誤」、「部件錯誤、結構正確」、「部件錯誤、結構錯誤」四種類型，將別字分為「形似音異」、「形似音似」、「音似形異」、「音同形異」、「音同形似」、「義似」六種類型（如表 11-1 所示）。

表 11-1　寫字錯誤類型分析

錯字類型與示例		別字類型與示例	
部件正確、結構正確	吐→口士	形似音異	因，困
部件正確、結構錯誤	鎮→真金	形似音似	分，份
部件錯誤、結構正確	越→走成	音似形異	花，發
部件錯誤、結構錯誤	秋→才木	音同形異	家，加
		音同形似	進，近
		義似	吉，祥

　　林素貞（1998）對國小一年級讀寫困難學生在字詞書寫表現的觀察後指出，這群孩子有經常寫不出字、寫錯字、筆劃數正確但空間位置不當等問題。當教師要求全體學生拿出課本時，他們的動作比其他同學慢一些；要將黑板上的資料抄到作業簿時，也經常是先看看別人怎麼做，再開始寫，且會一筆一劃的分解，抬頭看黑板數次之後才能夠抄完，抄寫速度很慢，也容易出錯。李瑩玓（2004）的研究顯示，寫字困難學生在抄字、抄短文或自發性的書寫方面較正常學生差。寫字困難的特徵，包括：字體忽大忽小；在遠端抄寫及抄短文時，字形結構問題較為明顯；抄寫時易犯部件錯誤、結構正確的錯字；自發寫時易犯部件正確、結構正確的錯字。這些對於讀寫困難學童的行為觀察以及錯誤類型分析，可作為教師設計寫字教學的參考。

第二節　提升寫字能力的教學策略

　　認字和寫字教學在國小低年級的國語課占了很多教學時間。一般傳統的寫字教學方式是：教師先展示國字卡，唸出該字的字音並造詞，接著說明字形結構及筆順，然後在黑板上示範該字如何書寫（即筆順），之後要學生舉起手跟老師一起在空中寫字（即書空），並數出筆劃1、2、3……，最後由學生在作業簿上練習寫目標字數遍。整個活動基本上是先認、再寫，寫又分書空和紙上練習，並經常用反覆練習的方式來教學，例如：要求孩子每個生字寫一行或半行，其他半行是針對該目標字進行造詞。

　　讓一些老師和家長很不解的是，明明已經練習過很多次，書寫障礙的孩子為何還是記不住國字怎麼寫？怎麼辦？寫字問題可以分為手寫和拼寫兩方面：前者是有目標字可看，但是孩子抄不好；後者是沒有目標字可看，孩子不容易從腦中提取字形，寫不出完整的字。根據不同的狀況，處理策略也不一。以下有的研究是針對抄寫有問題的個案（李安世，2006；孟瑛如，2002），有的是針對讀寫字皆有困難的個案（邱清珠、劉明松，2008），還有些是針對有寫字困難，但識字沒有太大問題的個案所做的建

議（李怡靜，2013）。茲舉例說明如下。

李安世（2006）以中文字的「部件」為單位，分析漢字結構，然後運用部件教學，幫助兒童在抄寫時更容易掌握字形，例如：「李」字由「木」和「子」兩個部件組成，寫的時候要組織「木」和「子」兩部分，成為「李」字。此法對於無法拆成部件的字就不適用，例如：「車」、「我」之類的字，仍需要整字記憶。孟瑛如（2002）對於書寫字體控制不佳的孩子，建議用放大字體和顏色變化，凸顯出學生常少掉或多出的筆劃，以增強其視覺印象；並且可利用透明格子的墊板，墊在寫字本的下面，讓學生可以隱約看到格子，以幫助他控制字盡可能寫在格子內。

邱清珠、劉明松（2008）以2位國小二年級寫字困難學生為受試者，運用單一受試研究法之交替處理實驗設計，比較寫字策略和傳統寫字教學的效果。他們所運用的「寫字策略」，是由教師先展示字卡、唸出字音並造詞，接著說明字形結構，再進行「手指描寫」活動，讓受試者依照字卡上的箭頭及數字，用手指在字卡上描寫字形 10 次。之後，以競賽方式進行「補上缺少的部件」活動，逐步減少提示，讓學生寫出完整字形。最後，以競賽方式進行「訂正錯誤字」活動，請受試者寫出正確的字形。結果發現：此寫字策略教學效果比傳統寫字教學更好，有助於受試者聽寫和看注音寫國字，不僅有立即效果，還有保留效果。雖然寫字教學策略的前半部活動與傳統寫字教學相同，但後面的寫字練習則不僅有書空和紙上作業，還融合手指描寫（觸覺）、箭頭與數字提示（視覺）、練習從部分提示（補缺少的部件）到整體，最後還要能夠偵錯、改錯，逐步增加寫字活動的難度，直到學生能夠獨立寫字。

李怡靜（2013）針對1名國小五年級書寫障礙學童進行寫字教學，該學童能認讀大部分的國語各課生字，但書寫表現差，常忘記生字如何寫，或只記得字中的某些部件，字體潦草且大小不一，對於單獨一字中各個部件的相對位置及大小比例無法拿捏得宜，有時會將部件的左右缺口寫顛倒，對國字書寫缺乏信心，不愛寫字。其作業練習的持續度不高，不太能坐得住，總需要他人在旁叮嚀。優勢能力是會聽教師的指令，喜愛協助操作性或實用性的任務作業。研究者針對該生的狀況，綜合運用各項策略，包括：

1. 國字部件描寫：利用 Microsoft Word 軟體將字的格式製成外框字並將字體放大，讓學生用彩色筆描繪部件，不同部件用不同顏色。

2. 格線輔助定位：儘量在任何紙本上提供格線，讓學生知道字的部件大小與相對位置。

3. 基本筆順教學：教導常用字中的一些基本筆順之寫法及萬用部件的基本規則，例如：女、子，提醒學生要留意筆劃的起始點與方位。

4. 部件累加設計：依部件識字法的原則來進行教學，先單部件、再複部件；先引導學生熟悉成字部件，再練習不成字部件。讓學生依獨體字、簡單合體字、複雜合體字之順序作為練習步驟，以提升學生的學習效率。

5. 多重感官教學：利用觸覺感應的方式，請學生在裝滿顆粒狀物的底盤上（例如：小沙堆、綠豆堆），直接用手指書寫以記憶字形，或以「發泡筆」書寫文字，待風乾後可觸摸突起的國字；或者搜尋各種有助學習的玩具，例如：「神奇畫筆電動車」可隨學生書寫的筆跡行駛，加深印象；也可和學生輪流玩背部寫字猜字的遊戲，以手指在彼此的背上寫字，利用觸覺來強化對字形的記憶。再者，亦可透過電腦輔助教學軟體或網站（例如：「常用國字標準字體筆順學習網」，網址 http://stroke-order.learningweb.moe.edu.tw/），提供學生練習及了解國字的字形及筆順，並且能直接操作練習，還能建立學生自我學習、立即回饋的機會。

6. 部件組合練習：讓學生將國字個別寫在小卡片上，將每個字的部件分割剪下，再讓學生試著拼部件，組合成完整字，以利學生掌握國字中的部件位置關係。

7. 逐步增加難度：從提供部分提示逐漸減少至無提示，可搭配「部件缺空丟球遊戲」：在白板畫上九宮格，每一格中寫上目標字與注音，再將字的某些部件擦拭掉，讓學生以丟球的方式自行選擇有把握的字來補齊部件，看誰可先連成三格一條線，教師再針對較不熟悉的字進行加強練習。

8. 自我監控書寫：在發下學習單後，向學生說明寫字要留意的細節，

再以計時器記錄完成時間，過程不打斷。待完成後，讓個案記錄花費在學習單上的時間，若有進步，隨時給予正向回饋。也可以指導學生進行自我核對及批閱，從中培養逐字比對、檢核等靜態作業的專注力。

李怡靜（2013）的教學策略主要係透過部件分析，將國字組成的元件解構，以降低認知負荷，便於學生抄寫國字。再者，寫字練習則採多感官刺激，先提供畫格子、格線輔助，再逐步退除視覺提示線索，最後則是提高個案自我監控能力，而無須仰賴他人的糾正。由於該名個案還伴隨專注力的問題，因此老師允許他坐在大治療球上進行書寫練習，以滿足欲動的感受又能坐著專注於紙本練習上；或是在靜態的寫字作業活動中，穿插短暫的動態活動，以提升後續活動的警醒度。

寫字的問題從職能治療的角度來看，有些人會考慮使用握筆器或特殊設計的筆來幫助兒童寫字，以改善其握筆的姿勢和力道。另外，也有治療師會進行手指、手和手臂的運動、手眼協調運動等，來改善一些發展性協調障礙所衍生的寫字困難〔有興趣的讀者可參閱黎程正家、周美琴（2012）所寫的《戰勝孩子的書寫困難》一書〕。

總之，寫字問題的背後可能是多種原因造成的，教學者在選擇介入策略時，可以先評估問題出在哪個環節。若單純是精細動作、動作協調、視動協調問題而衍生出的寫字問題，例如：字跡潦草難辨、字體忽大忽小、歪七扭八，則運用書寫輔具加上職能治療或許可以改善。特別是抄寫表現的穩定性不高（陳美文，2002），可能比較容易因為個體其他能力的增進而獲得改善。若是精細動作、動作協調、視動協調能力都沒有問題，但字還是寫不好，則要考慮個案的識字能力如何？如果識字和寫字能力皆低落，由於寫字能力會受識字和手寫能力的影響，建議先強化其識字能力，先從能夠選字、辨字、拼字（例如：組合部件）著手，會比讓學生一直重複抄寫或罰寫來得有用。基本上，罰寫之所以沒用，是因為寫字不是讓學生無意識地照抄而已，學生若能理解字的結構和構成的原理，能減少寫錯的機會，例如：「羨慕」兩字的下半部，學生常以為只有兩點，其實「羨」下面並不是「次」，而是「三點水」加上「欠」（該字為唾液的意

思）；「慕」的下面也不是「小」，而是「心」的變形。對於容易寫錯的字，有的老師會用不同的顏色標示，提醒學生注意盲點。有的老師還會加上文字學知識輔助說明，例如：「羨慕」是「喜歡到流口『水』，『心』裡很喜歡」，因此「羨」的下半部是三點「水」，「慕」是多一點小「心」。

第三節　提升寫作能力的教學策略

　　寫作是將意念轉成文字的過程。學者 Graham、Harris、McArthur 與 Fink（2002）將寫作歷程細分為數個階段，分別是「寫作前期」（prewriting）、「打草稿」（drafting）、「修改」（revising），以及「分享」（sharing with an audience）（引自 Lerner & Johns, 2009）。在寫作之前，要先把腦中想到的點子說出來、寫下來或畫下來；接著，先不管拼字和標點符號等細節，僅概略地將想法寫成篇章段落的草稿；之後，再反覆地修改到滿意為止。修改時，才考慮用字遣詞是否恰當、段落意思是否分明、前後意思有無呼應或自相矛盾、原先不會寫的國字要查出來等，也就是說，「修改」是很多次的淬鍊，非一次到位。最後，則是和他人分享，讓別人來當裁判，看看該文章哪裡值得欣賞？哪裡不清楚？

　　西方學者所提出的寫作歷程和國內傳統的寫作教學很不同，我們比較少強調反覆修改文章的重要性，改作文似乎是國文（或作文）老師的責任。老師固然可以幫忙學生改文章，但意思可能已非作者原先想要表達的意念，而是批閱者的喜好和意志，這樣作者會失去透過寫作表達心情和抒發己見的作用，也無法讓作者精進自己駕馭文字的能力，這是因為缺乏對寫作問題的洞察，就不知道哪裡需要修正。因此，「20 世紀之後的寫作教育，開始轉移傳統的教學重點，從注重寫作的『結果』，轉而更聚焦於寫作的『產出過程』，與『寫作的動機』」（林玉珮，2007，頁 64）。

　　由臺灣師範大學研發的「語文精進教材」，將寫作步驟分為五項：（1）文體欣賞：用範文或課文當引導，建立文體結構之概念；（2）引導

討論形成主題：依據撰寫的主題，引導學生蒐集相關資訊，透過討論聚焦出主題；（3）擬稿：將資訊放入結構表中，再利用結構表來檢查草稿架構的完整性；（4）寫作；（5）檢核：利用檢核表自我檢核和修改（洪儷瑜、劉淑貞、李珮瑜，2015，頁123）。基本上，整個歷程與Graham等人（2002）的說法相似，不同的地方在於該教材更重視將寫作與閱讀結合，透過閱讀增加詞彙和文體結構概念。同時，考慮到國語文低成就學生需要更多的外在支持，因此研發者設計摘要表、架構表、檢核表等，以減少學生寫作的認知負荷，先讓學生專注在當下的小任務。以下擬從寫作型態、文體類型、寫作引導與修正等幾方面進行討論。

壹、寫作型態

寫作不只是學習障礙學生感到有挑戰性，即使是對一般學生，聽到要寫作文，也常怨聲載道。一些老師因為不想讓學生停留在記流水帳、文句過短、辭藻不優美的狀態，便要求學生要寫滿多少字和段落才能交，或要求學生引用成語、經典話語才行。其實，寫作型態絕對不限一種，舉凡能引導學生產出想法，有組織、有目的之產出，都可以列入寫作活動之列，包括以下幾項。

一、口述作文

「口述作文」顧名思義是用說的方式來作文。此方式對於國小低年級學生或寫字能力低落的學習障礙學生也是一種組織想法的鍛鍊，它著重於立意取材、結構組織、遣詞造句，而非寫字和標點符號的使用能力等技術層面。

二、圖畫作文

對於國小低年級或寫字能力不好的學生，老師也可以讓學生用畫圖或照片做輔助，一部分版面貼照片或畫圖，一部分版面寫文字說明。這樣一

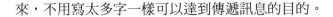

來，不用寫太多字一樣可以達到傳遞訊息的目的。

三、功能性寫作

功能性寫作是指有應用性質的書寫活動，例如：練習填寫個人基本資料表、寫購物清單、請假單、卡片、留言便箋，甚至是簡報 PPT 製作。透過功能性寫作活動讓學生獲得最基本的文字傳遞訊息能力，對於未來生活和工作也有助益。

四、讀者回應

回應式寫作指的是，請學生對某件事情或某篇文章的說法提出一些回應，而非主觀的心得與感受，例如：新聞事件報導「印度科技大城在跨年慶祝活動時，發生婦女受到性騷擾的事件，有些官員認為這是因為婦女穿著過於暴露，沒有維護印度文化傳統使然。」針對該新聞事件：「你同意印度官員的說法嗎？你認為女生如果穿得太辣，如短褲、短裙、露太多的服裝，容易被男生騷擾嗎？你有看過或遇過類似的事情嗎？遇到這樣的事情時，你認為可以怎樣處理比較好？」回應時，先給學生素材，讓他們針對特定問題進行思考，之後才能言之有物。

五、引導作文

引導作文是提供素材讓學生進行聯想，例如：給一、兩張圖或四格漫畫（吳善揮，2015），或給一小段開頭，請學生接下去寫（黃瑞珍、黃玉凡，2001）。臺中教育大學語文教育學系的國語文教學資料庫（http://www.ntcu.edu.tw/lan/Chinese%20center/main1-6-3.html）針對引導作文提供了數個範例，以「一張舊照片」的作文題目為例，引導作文中就羅列出一些提示的問題，希望寫作者可以聚焦在一個具有特別意義的照片來描寫，從「形」（照片內容影像）寫到「情」（對作者的意義）（如表 11-2 所示）。此類型的寫作說是引導，實則是限制，目的是讓學生不會東拉西扯、沒有重點。

表 11-2　引導作文示例

題目：「一張舊照片」
說明：很多人會利用照片記錄成長的經驗、與他人接觸的情景、環境的變遷，以及美麗的景象等。
請你寫出一篇<u>涵蓋下列條件</u>的文章： ◎選擇一張令你印象深刻的照片。 ◎說明令你印象深刻的原因。 ◎詳述照片中的影像。 ◎說明背後的故事。

資料來源：國立臺中教育大學語文教育學系（無日期）

貳、文體類型

　　文體要如何分？有多少分法？各家不同。認識文體對於寫作有什麼作用呢？筆者認為可以提供寫作的基本架構（非絕對標準）。基本上寫作無定法，架構只是參考，但是對於毫無頭緒的學生，還是有助於組織思緒。以下僅針對三種常見的文體做說明。

一、記敘文

　　「記敘文」（narrative）簡單來說就是交代事情的來龍去脈，何時（when）、何人（who）、何地（where）、何事（what）、為何（why）、如何（how），這 6W 亦稱為「六何法」。有些會按敘寫的對象，分為寫人（例如：朱自清的〈背影〉）、寫景（例如：徐志摩的〈我所知道的康橋〉）、寫物（例如：古蒙仁的〈吃冰的滋味〉）。敘述手法有順敘、倒敘、插敘等，是要從第一人稱（我）或第三人稱（他／她）來寫作？是要從現在回溯往事，還是從古說到今？

　　寫記敘文需要有描述的語詞可用，再來就是能把過程交代清楚。在臺灣師範大學研發的「語文精進教材」中有設計詞庫單，讓學生在平時閱讀

時，將可以用的語詞整理出來，例如：要寫與人物有關的題目，多會涉及到該人物的外貌、身材、表情、膚色、形象、性格、動作等，如果有一定的詞彙量，才不會詞窮，而無法找到適當的語詞來敘說描寫的對象。

二、說明文

「說明文」（expository）簡單來說就是說明某個概念或過程，使讀者明白。說明文在學科知識相關的文本很常見，例如：社會科介紹「臺灣原住民的社會組織」、生物科討論「植物行光合作用的歷程」、烘焙課教導「鬆餅的製作方法」等，都是透過說明文的介紹，讓讀者得以獲得該方面的知能。再者，百科全書、使用說明書等都是說明文的一種。

說明文的寫作手法，最常見的五種是簡單列舉、依序列舉、比較與對照、因果關係，以及問題解決（Englert & Hiebert, 1984; Taylor, 1992）。在傳統的作文課，國文老師不常出說明文的寫作題材，然而在學科相關的報告中，卻極需要寫說明文的能力，例如：整理自然課的實驗過程與結論，或是寫一篇小論文探討「聖嬰現象的由來與影響」，都需要具備將各項資訊整理和清楚說明的能力，而不能在網路上 Google 後直接「複製」和「貼上」，這是抄襲，不算寫作。

三、議論文

議論文（persuasive essay）簡單來說就是把主張的道理說清楚，以說服讀者同意自己的看法。「議論文」要有說服力，通常包括三個基本的元素：論點、論據、論證。「論點」是作者對這個議論題目的主張、立場及看法；「論據」是作者用來佐證論點的根據，提出事實或例子以支持他的論點；「論證」是作者運用論據證明論點的過程，例如：透過舉例說明、反駁對方、歸納或演繹、對比或比喻等方式來闡述自己的見解（陳麗雲，2009）。

蘇軾的〈教戰守策〉就是一篇議論文的範例。該文共分八段，第一段提出「論點」，表達「現在太平，但未必能永久太平」的基本立場，若不

讓人民備戰，將來恐有後患。接著在第二、三、四、五、六段提出事例、比喻、剖析現今局勢，作為支持主張的「論據」。第七段則是提供具體作法，第八段結尾仍再次強調平時人民就要備戰的重要性，以呼應第一段的主張。蘇軾運用舉例說明、反駁對方觀點、歸納或演繹、對比或比喻等方式，來強化自己的觀點是有所本，而非空穴來風、無的放矢。

參、寫作引導與修正

寫作開始之前要先有想法或感受想抒發，很多學生在面對寫作任務時，常腦筋一片空白，不知如何下手。因此，寫作之前需要加以引導。寫作當中，教學者也需要提供鷹架，例如：老師和學生一起討論每一段可以怎樣組織。而文章寫完並不代表結束，還需要加以檢視與修正。以下提供幾種寫作引導與修正的方式。

一、腦力激盪

腦力激盪（brainstorming）是請學生根據主題將聯想到的事物分享出來，例如：談到「畢業旅行」時，學生們想到什麼？是地點？時間？心情？旅程中一、兩件特別的事情？旅行中的紀念品？還是旅行後的收穫？透過腦力激盪蒐集寫作素材，並將可能用到的語詞寫下來。另外，有些寫作任務需要事先查資料，例如：談到「同性婚姻之我見」之類的議論文，就需要從各種角度來查證論點的可信度，思考自己所支持的論點與理由為何，而不能單純地只是說「我喜歡，我信仰，所以我認為……是應該／對的」。

二、從架構摘要到短文

有了想法和觀點之後，要如何組織也是一大學問。臺灣師範大學研發的「語文精進教材」中提供數種文章架構摘要的範例。以記人為主的文章，可能從幾方面來著手，包括：描寫誰、長相、人格特質、嗜好、對寫

作者有何特殊的意義（如表 11-3 所示）。寫作時，要從點擴及到線和面，例如：要說某個人為人豪爽，得接著說他豪爽的事蹟，才會讓人有具體的感覺。就像胡適寫的〈差不多先生〉一文，也是從長相寫到他對很多事情是怎樣的不精確，總以為什麼事情都「差不多」，實際上卻「差很多」的荒謬。他透過很多事件——「紅糖、白糖」、「山西、陝西」、「千、十」、「火車差兩分」、「獸醫與大夫」、「活人與死人」不分的故事，

表 11-3　寫人記敘文寫作練習單

你想寫的對象（跟你的關係）	我的同學：阿昌
讓你印象深刻的特質	外在：臉型長長的，眼睛眯眯的，說話很大聲 內在：喜歡助人，很有想法，有禮貌
展現出特質的行為或事件	喜歡助人：有不會的功課都可以問他，他會耐心教導我 很有想法：經常舉手回答問題，提出自己的看法 有禮貌：見到師長和同學會問好，接受幫忙會誠懇道謝
他對你的意義	他是我的好朋友，學習的典範，畢業後仍會聯絡
寫作檢核	☑完整性：每一個內在特質都有例子可以支持 ☑詞語運用：請檢查例子的描述是否清楚明白
安排順序	1.先寫外在，再寫內在 2.內在舉例順序（很有想法、喜歡助人、有禮貌） 3.最後寫對我的意義
組織短文	阿昌是我國中最要好的同學，他的臉型長長的，眼睛眯眯的，說起話來很大聲，很有精神。 　　他有很多值得我學習的地方。首先，他很有想法，經常舉手回答問題，提出自己的看法。再者，他也很喜歡幫助別人，我有不會的功課都可以問他，他總會耐心教導我。最後，他為人很有禮貌，見到師長和同學會問好，接受幫忙會誠懇道謝。 　　很高興能在國中結交到這位好同學，即使畢業後，我還是要繼續跟他保持聯絡，做一輩子的好朋友。

資料來源：修改自洪儷瑜等人（2015，頁 140-141）

作為佐證說明，讓人充分理解到差不多先生的荒唐行徑，也透過差不多先生影射當時不講求科學精神的中國人。

三、從他評到自評

　　寫作的最後是分享與修正，也就是寫得好不好，不一定只能由老師決定，也可以透過他評或自評的方式來進行。如何評定作文的好壞，確實不容易，需要指導學生批改方式。在設計評分表時，不必過於艱深，其目的主要是讓學生注意寫作的基本原則即可，例如：王敏薰（2008）就以 COW 作為修改的主軸，C 是代表內容（content），O 是代表組織（organization），W是代表字（word）。每一項各有 3 到 4 小點，提供給學生閱讀他人文章時的評判依據，進行時只需要勾選「有達成」、「未達成」或「不知道」，再給予整體的回饋意見（如表 11-4 所示）。而臺灣師範大學研發的「語文精進教材」則仿造電視歌唱選秀節目《星光幫》的設計，由學生擔任評審委員，在回饋表中，給予寫作者分數回饋，其設計如表 11-5 所示。在評分項目中，「描述生動」是指文章讓人讀起來有身歷其境的感覺；「文句優美」是指使用的詞彙恰到好處，會用不同的詞彙或成語，以及複雜的句子；「文章結構」是指所描述的故事，包括：人物、時間、地點、事情經過、情節完整；「特色」則是讀者特別喜歡和欣賞的地方。這些檢核的項目並非固定如此不可，端視教學時，老師想強調的重點而擬定。

　　綜而言之，寫作是一個複雜的任務，要有想法，還要有方法。傳統的寫作教學較忽略過程，多看重最後的成果。以國中會考的作文評量重點為例，作文優劣看的是立意取材、結構組織、遣詞造句、標點符號幾項。然而，這些都無法自然天成，需要教學者花心思指導，從寫作過程一步一腳印的打下基礎。平時在閱讀課就可以指導學生認識文體結構，從文體結構學習整理重點摘要，練習運用重點摘要或心智圖、概念圖組織成段落文章（周恬宇，2015；洪儷瑜等人，2015；劉欣囍、劉惠美，2016），最後是檢

表 11-4 作文修改檢核表

【修改、評閱作業單】—修 COW				
日期：_____ 姓名：_____ 評閱者：_____				
寫作三大步驟：想、寫、修—修：檢查—COW				
再讀一次，檢查有沒有符合下列要求				

檢查項目		未達成	不知道	有達成
C 內容 （Content）	看得懂內容			
	內容和題目有關			
	文章字數超過 500 字			
O 組織 （Organiz- ation）	文章有至少四段			
	第一段和最後一段想法一致			
	第一段和第四段不會少於三行			
	第二段和第三段都比較長			
W 字 （Word）	沒有錯字			
	標點符號正確			
	每個句子都看得懂			

※評閱者回饋意見：

這篇文章的優點：_____

_____

覺得還有哪些部分應該修改？_____

_____

_____

資料來源：王敏薰（2008）

表 11-5 星光幫評分回饋表

姓名	日期	月　日	題目		
	描述生動 （0-3）	文句優美 （0-3）	文章結構 （0-3）	特色 （0-1）	總分 （0-10）

資料來源：洪儷瑜等人（2015，頁 148）

視與修正，將語句不順、意思重複、前後意見矛盾的部分修掉，不確定的字要查證。

另外，西方學者也常運用「自我調整策略發展」（self-regulated strategy development，簡稱 SRSD），對寫作困難學生進行寫作教學（註：此策略不限於寫作教學）（Graham & Harris, 1999）。國內也有研究運用 SRSD 於學習障礙學生的寫作教學上（例如：李安妮，2005；陳宜君、葉靖雲，2009；陳瑋婷，2005，2007），成效也不錯。SRSD 主要是在教導學生運用特定的策略來學習，例如：寫作基本三步驟——「想一想」（think）、「計畫」（plan）、「寫下來，多說一點」（write and say more）。針對議論文的文體，寫作時可以採取 TREE 策略〔四個字母分別代表 topic sentence（主題句）、reasons（理由）、examine/explanation（檢視／解釋）、ending（結論）四個字的字首〕。在教學時，老師可先與學生討論為何需要有策略，學生才能理解和認同使用策略的必要性，再透過示範，逐漸讓學生獨立練習該項寫作策略（Santangelo, Harris, & Graham, 2007）。表 11-6 是以寫議論文的步驟為例。

表 11-6 自我調整策略發展（SRSD）於議論文之教學步驟

步驟	提問
一、想一想	1.誰要讀這篇文章？ 2.我為什麼要寫這篇文章？
二、計畫	TREE 策略： 1.每段的主題句（topic sentence）是什麼？ 2.支持主題句的理由（reasons）是什麼？ 3.檢視（examine）理由解釋（explanation）充分嗎？有說服力嗎？ 4.結論（ending）是什麼？ 標示論點的順序（第一、第二、……）
三、寫下來，多說一點	

　　SRSD 如果用於故事體文章時，其策略也有所不同。因應文體的差異，此時改以「W-W-W、What＝2、How＝2」，即回應故事體文章的主要結構——人、地、時、主要問題、過程、內在感受，以及結局七個問題，七個問題有五個 W、二個 H 開頭的問句（Mason, Harris, & Graham, 2011）。也就是說，SRSD 會因為要學習的內容不同，而在細部方面有所調整，但是最終的目標皆是要將策略內化為個體所用，讓學習者將來在面對相似文體時，可以自己調控策略的使用，以達到表達想法的目的。

第四節　個案討論

> 　　小松是國三學生，其「魏氏兒童智力量表」全量表分數為89，各分項測驗表現接近，比較弱的是記憶廣度（6）和詞彙（6），低於平均數1 個標準差。他寫的作文很短，意思通順，平均一篇文章約有五分之一的國字是寫不出來的，而直接以注音替代；也不太會用標點符號，因此很多時候是一長串的句子，一直連下去，沒有斷句。

　　以小松為例，他的文意通順，也可以用注音標示寫不出的國字，作文之所以偏短，有可能受限於國字輸出困難，因此只能侷限在會寫的國字上打轉。教學者可以從幾方面來設計寫作指導策略：（1）練習口述作文，於寫作前整理寫作大綱；（2）練習電腦打字，考慮用電腦文書處理取代手寫文章；（3）擴增詞彙量並指導標點符號的使用。茲說明如下。

一、寫作前整理寫作大綱

　　為避免寫字困難對寫作產生的限制，可以讓小松先以口述方式將想寫的內容錄音，或透過架構圖把各段要表達的內容寫成寫作大綱。在寫作時，可以參考錄音檔或大綱架構圖分段書寫。從智力測驗的表現來看，小松的短期記憶和工作記憶較弱，因此寫作前先錄音或構思文章架構，可減少因為記憶廣度不佳而很快忘記原先腦中浮現的重點。

二、用電腦文書處理取代手寫

從小松的書寫評估資料來看，他有很多國字想不起來怎麼寫，但是他會用注音拼音取代國字，因此如果改用電腦注音輸入法打字，再讓個案從眾多同音字中選出要寫的國字，應可以減少個案因為國字書寫困難，而產生認知負荷過重的問題。

三、擴增詞彙量並指導標點符號的使用

注音輸入法固然可以減少國字輸出困難，但也經常會有同音字或音似字的混淆出現，加上小松的詞彙量相對較不豐富，可能也不容易覺察用錯字。因此，平時在閱讀文章時，可以指導小松順便整理該文章所用的語詞：哪些語詞係用來描寫形狀、顏色、聲音、味道、質地，哪些是在描寫人物長相，哪些是講人品、談性格的詞彙。有較多的語彙時，寫作也比較不會詞窮。

標點符號是書面文字特有的，一般說話只是用停頓、語調變化就可以輔助語意，但是寫作僅有文字，如果沒有標點符號，意思可能就有歧異，例如：「下雨天留客天天留我不留。」（「下雨天，留客天。天留，我不留。」或「下雨天，留客天。天留我不？留。」）、「大富大貴沒有災難。」（「大富大貴，沒有災難。」或「大富大貴，沒有。災難！」），究竟是留或不留？是福是禍？全憑標點符號怎麼斷句，因此不用標點符號會造成文章的意思不清。簡單的來說，標點符號的功用是使語意表達得更加明確，且能助長文詞的氣勢或神態。中文常用的標點符號有十幾種，其中以句號、逗號、問號、頓號、驚嘆號、冒號、引號最常出現，可以優先指導。標點符號使用的時機和例句，整理如表 11-7 所示。

表 11-7　常用標點符號使用時機與範例

名稱	形狀	使用時機	範例
句號	。	意思完整，語氣已足的句子，在句末要加句號。	自此，我家永不養貓。
逗號	，	在較長的句子中，必須停頓、分開、重讀的地方，都要加逗號。	聽說，杭州西湖上的雷峰塔倒掉了，聽說而已，我沒有親見。
問號	？	表示疑惑、發問、反詰或詫異的地方，要加問號。	・請問貴姓大名？ ・你還有什麼問題嗎？
頓號	、	連用並列的同類詞，語氣短暫的停頓，要加頓號分開。	柳丁、橘子、蘋果、香蕉都是水果。
驚嘆號	！	帶有情感或表示願望、讚美、感嘆等語氣的詞句末尾要加驚嘆號。	・我永無改正我過失的機會！ ・祝你生日快樂！
冒號	：	在總起下文或總結上文，或提出引語的地方，要加冒號。	・我最愛從事的休閒活動：打球、逛街、看電影。 ・老師問：「誰來擦黑板？」
引號	「　」 『　』	引用別人的文句或敘述對話的詞句，或特別提示語、性質或特別重用的詞句，在起始和末尾或前後，都要加上引號。引號分為單引號「」和雙引號『』，如果是先使用了單引號，必須再用引號時，便使用雙引號。	・愛迪生說：「天才是一分天賦加上九十九分努力。」 ・所謂「行行出狀元」：就是說各種職業都有傑出的人才。 ・爺爺常告訴我：「做人要腳踏實地，『一步一腳印』才是處事的原則。」

第五節　結語

　　本章主要係介紹學習障礙學生在寫字和寫作的困難，以及相對應的教學策略，最後再透過個案討論來綜合所學的概念。舉凡視覺記憶、注意力、視覺空間處理能力、精細動作，以及識字能力等都與寫字表現有關。至於在寫作方面，則不僅是寫字的問題，還涉及語言處理、書寫規則、文意組織。因此，在選用教學策略時，要分析主要的核心問題。

　　以讀寫障礙（dyslexia）為例，其主要問題在於識字的正確性和（或）流暢性不佳，因為識字問題連帶影響其閱讀量以及寫字表現不佳，而想不出字怎麼寫，所以可以先從增進他們的認字能力著手（「識字教學策略」請見第八章），並運用電腦文書處理系統輔助選字。另外，有些個案的識字能力並沒有太大問題，但字寫不好、字跡難辨、字形結構鬆散，可以評估是否有知覺動作上的問題，從職能治療的復健活動著手，或選用特殊設計的書寫筆、握筆器、方格紙，幫助個案在固定的方格內，正確寫出漢字。

　　至於比寫字更複雜的寫作，則除了寫字問題外，還要考慮文意組織和標點符號的運用。在寫作前，可以讓學生分組腦力激盪、口述作文、寫作文大綱、記錄各段重點等，以協助個案組織內容。另外，也可以參考「自我調整策略發展」（SRSD）的作法，運用寫作基本三步驟：「想一想」、「計畫」、「寫下來，多說一點」，配合不同文體，採取不同策略。在教學時，老師宜先與學生討論為何需要有策略，讓學生能理解和認同使用策略的必要性，再透過教師的示範，逐漸讓學生獨立練習該項寫作策略。作文後續的批改也可以讓學生練習，透過自評與他評的方式，更清楚好的作文應該把握的原則。

中文部分

王敏薰（2008）。亞斯伯格症學生寫作教學研究（未出版之碩士論文）。國立臺灣師範大學，臺北市。

吳玉珍（2004）。國小二年級遠端抄寫困難兒童認知能力之研究（未出版之碩士論文）。國立屏東師範學院，屏東市。

吳善揮（2015）。漫畫融入國中讀寫障礙學生的中文寫作學習之探究。雲嘉特教期刊，**21**，51-66。

吳愉萱（譯）（2012）。不會寫字的獅子（原作者：M. Baltscheit）。臺北市：米奇巴克。

李安世（2006）。漢字部件教學對國小二年級寫字困難兒童抄寫效果之研究（未出版之碩士論文）。國立臺南大學，臺南市。

李安妮（2005）。**Easy Writer** 寫作軟體對增進國中學習障礙學生寫作表現之研究（未出版之碩士論文）。國立臺灣師範大學，臺北市。

李怡靜（2013）。淺談資源班書寫障礙學生教學與個案實例分享。國小特殊教育，**55**，55-64。

李瑩玓（2004）。寫字困難學生寫字特徵之分析。師大學報：教育類，**49**，43-64。

周恬宇（2015）。神奇的小花圖作文法。臺北市：如何。

孟瑛如（2002）。學習障礙與補救教學：教師及家長實用手冊。臺北市：五南。

林玉珮（2007）。時數不足，教法凌亂。載於何琦瑜、吳毓珍（主編），教出寫作力：寫作該學什麼？如何學？（頁 56-67）。臺北市：天下。

林欣儀（2006）。以認知神經心理學的觀點探討寫字困難學童之寫字歷程缺損：個案研究分析（未出版之碩士論文）。中原大學，桃園縣。

林素貞（1998）。國小一年級中文讀寫障礙學生字詞學習特質之研究。特殊教育研究學刊，**16**，185-202。

邱清珠、劉明松（2008）。寫字教學法對國小二年級寫字困難學生學習成效之研究。**東臺灣特殊教育學報**，**10**，21-45。

洪儷瑜、張郁雯、陳秀芬、李瑩玓、陳慶順（2003）。**基本讀寫字綜合測驗**。臺北市：心理。

洪儷瑜、劉淑貞、李珮瑜（2015）。**國語文補救教學教戰手冊**。臺北市：心理。

國立臺中教育大學語文教育學系（無日期）。**國語文教學資料庫：引導式寫作解析**。取自 http://www.ntcu.edu.tw/lan/Chinese%20center/main1-6-3.html

陳宜君、葉靖雲（2009）。自我調整寫作策略教學對國小學習障礙學生寫作表現之影響。載於中華民國特殊教育學會（主編），**中華民國特殊教育學會 98 年度年刊**（頁 139-156）。臺北市：中華民國特殊教育學會。

陳美文（2002）。**國小讀寫困難學生認知能力之分析研究**（未出版之碩士論文）。國立臺灣師範大學，臺北市。

陳瑋婷（2005）。自我調整寫作策略教學對國中學習障礙學生寫作能力之研究。**特殊教育與復健學報**，**14**，171-194。

陳瑋婷（2007）。自我調整寫作發展策略（SRSD）教學對國三學習障礙學生議論文寫作能力之成效初探。**身心障礙研究**，**5**（3），198-214。

陳麗雲（2009）。議論文的寫法。小作家月刊，**180** 集。http://violetyun1.blogspot.tw/2009/04/blog-post.html

黃瑞珍、黃玉凡（2001）。課程本位測量寫作測驗之顯著性指標研究。**東臺灣特殊教育學報**，**3**，1-36。

楊坤堂、李水源、張世彗、吳純純（2003）。**國小兒童書寫語文能力診斷測驗**（第二版）。臺北市：心理。

劉欣靄、劉惠美（2016）。電子白板結合心智圖寫作方案對國中學習障礙學生寫作之成效。**特殊教育研究學刊**，**41**（1），1-32。

黎程正家、周美琴（2012）。**戰勝孩子的書寫困難：認識發展性協調障礙**。香港：新雅文化。

英文部分

Berninger, V., & Amtmann D. (2003). Preventing written expression disabilities through early and continuing assessment and intervention for handwriting and/ or spelling problems: Research into practice. In H. L. Swanson, K. Harris, & S. Graham (Eds.), *Handbook of research on learning disabilities* (pp. 345-363). New York, NY: The Guilford Press.

Englert, C. S., & Hiebert, E. (1984). Children's developing awareness of text structure in expository material. *Journal of Educational Psychology, 26*, 65-74.

Graham, S., & Harris, K. R. (1999). Self-regulation and writing: Where do we go from here? *Contemporary Educational Psychology, 22*, 102-114.

Lerner, J., & Johns, B. (2009). *Learning disabilities and related mild disabilities: Characteristics, teaching strategies, and new directions* (11th ed.). Boston, MA: Houghton Mifflin.

Mason, L. H., Harris, K. R., & Graham, S. (2011). Self-regulated strategy development for students with writing difficulties. *Theory into Practice, 50*(1), 20-27.

Patino, E. (2016). *Understanding dysgraphia.* Retrieved form https://www.understood.org/en/learning-attention-issues/child-learning-disabilities/dysgraphia/understanding-dysgraphia

Santangelo, T., Harris, K. R., & Graham, S. (2007). Self-regulated strategy development: A validated model to support students who struggle with writing. *Learning Disabilities: A Contemporary Journal, 5*(1), 1-20.

Taylor, B. M. (1992). Text structure, comprehension, and recall. In S. J. Samuels, & A. E. Farstrup (Eds.), *What research has to say about reading comprehension* (pp. 220-235). Newark, DE: International Reading Association.

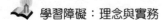

第十二章

數學教學

　　問 TY：「1＋1 等於多少？」他擺出左右手的食指，眼睛看著指頭，頭左點一次，右點一次，說：「2。」過 5 分鐘（要求不能拿出手），再問一次：「1＋1 等於多少？」他遲疑了幾秒說：「4！」……「不對，再想想看？」他說：「是 8 嗎？」（曾世杰、陳淑麗，2017，頁 293）

　　TY 是一位國小五年級的男童，沒有智能和感官障礙，然而到了小學五年級卻無法自動提取數學事實（math fact），即便是很簡單的「1＋1＝？」，還需要仰賴手指協助點數。經診斷過後，TY 是極嚴重的數學學習障礙個案〔有興趣的讀者可參考曾世杰、陳淑麗（2017）的文章〕，他的計算表現也讓很多人不解，為什麼會這樣？

　　根據《身心障礙及資賦優異學生鑑定辦法》（2013）第 10 條，學習障礙係：「統稱神經心理功能異常而顯現出注意、記憶、理解、知覺、知覺動作、推理等能力有問題，致在聽、說、讀、寫或算等學習上有顯著困難者；……」其鑑定基準第三款則具體指出，「算」是指「數學運算」有顯著困難。數學運算有顯著困難與數學困難是否為同一件事呢？

　　國內的數學課程分為幾個次領域：「數與量」、「幾何」、「代數」、「統計與機率」、「連結」等五大主題，數學能力之評量也多涵蓋上述不同層面。以 2017 年國中教育會考數學成績落入 C（待加強）的比例有 30.15%，2016 年有 31.98%，2015 年有 33.22%（國中教育會考推動工作委

員會，2015，2016，2017），表示有大約30%的國中生之數學能力無法達到年級水準。再以國際學生評量計畫 PISA 2012 為例，報告指出臺灣八年級學生有 12.8%未達基礎水準（臺灣 PISA 國家研究中心主編，2015）。如果從全面性的數學課程內容評估數學障礙之有無，將有不少學生會落入其中。然而，是否只要個體智力正常，而數學成就顯著低落（即未達基礎水準）便是數學學習障礙者？「數學學習障礙」所談的障礙是哪方面？本章首先要討論數學學習障礙的意涵，再分析數學障礙的困難所在，並針對其困難進行教學策略的介紹，最後則是個案討論。

第一節　數學學習障礙的意涵

「數學學習障礙」簡稱為「數學學障」（mathematics learning disabilities，簡稱 MLD），也有特定稱為「算術障礙」（dyscalculia）或「發展性計算障礙」（developmental dyscalculia，簡稱 DD）。MLD 是從個案的智力與數學成就有顯著差異的角度切入，而 DD 則是聚焦在計算的核心困難，非全面的數學成就表現。以下分別從 MLD 和 DD 兩個概念談數學學障的評量內容，以及不同數學學障類型的困難所在。

壹、不同數學學障概念下的評量

如果是 MLD 概念下所評量的數學障礙，其評估內容會廣泛地包含數學的各次領域，例如：秦麗花、吳裕益（1996）編製的「國小低年級數學診斷測驗」、郭靜姿、許慧如、劉貞宜、張馨仁、范成芳（2001）編製的「基本數學能力診斷測驗」、周台傑（2010）編製的「國民中學數學能力測驗系列」等，都係按照數學課程中重要且基本的次領域概念（例如：數與量、幾何、代數、統計與機率）來設計測驗內容。測驗目的在了解個體的數學成就是否顯著低於同儕，若與其智力水準不相稱，在排除其他外在因素（例如：感官障礙、情緒障礙、文化不利、教學不當等）後，便符合

智力與數學成就有顯著差距之數學學習障礙。

　　如果是 DD 概念下所評量的計算障礙，則會以數學核心能力（例如：數量大小比較、數字概念、基本加減乘除計算）來設計題目，例如：柯華葳（1999）編製的「基礎數學概念評量」、洪儷瑜、連文宏（2015）編製的「基本數學核心能力測驗」。測驗目的主要不在了解個體整體的數學成就如何，而是了解個體在數感（number sense）、數量概念（numerosity）（見專欄 7），以及基本計算能力的正確性與（或）流暢性是否有顯著缺陷。Ardila 與 Rosselli（2002）認為，數感或數量概念是計算能力的基礎，計算障礙是因為數感不佳，導致數量概念和計算的學習產生問題（引自洪儷瑜、連文宏，2017，頁 119）。

　　以目前臺灣對於學習障礙的定義，比較接近 DD 的概念，而非 MLD。DD 和 MLD 兩者是有差別的（引自趙文崇，2017，頁 3），有些人雖然在算術方面有困難，但並不表示就無法學習數學。但無論是 DD 或 MLD，學生在數學學習上都有不同程度的困難點。部分特教老師會反應為何用「基礎數學概念評量」（柯華葳，1999）篩選學習障礙學生？該測驗內容「太簡單」，就算學生能夠通過切截點，也未必能學習校內的數學課程！此亦事實。因此，有必要先釐清所談的是 MLD 或 DD，也才能明白何以選用某種測驗來進行評量。有些研究者會用廣義的「數學學習障礙」一詞將「算術障礙」也納入其中。為使後續的討論比較清楚，筆者會用 MLD 和 DD 來說明不同的狀況。

專欄 7　數感、數量概念與數學事實

　　在數學學習障礙的討論中，經常出現數感（number sense）、數量概念（numerosity）與數學事實（math facts、arithmetic facts）等詞彙，這些詞彙到底是什麼意思？與數學學習又有什麼關係？茲簡單說明如下。

　　「數感」是一種對「數」的直觀概念，是指無須透過實際計算而能察覺相對（relative）多寡與大概（approximate）數量（Krasa & Shunkwiler, 2009）。Wynn（1992）透過實驗觀察四、五個月的小嬰兒，看他們對於

數量的變化是否能察覺。首先，研究者讓嬰兒看到一隻米老鼠玩偶出場，然後用屏幕遮住玩偶，接著再推出另一隻米老鼠玩偶到屏幕後面，再把手移開。等屏幕移開時，如果出現兩隻米老鼠玩偶時（符合預期），小嬰兒的反應很一般，沒有感覺意外。反之，如果只出現一隻米老鼠玩偶時（不符合預期），小嬰兒會注視比較久。數量增加時如此，數量減少時亦如此，例如：研究操弄先讓小嬰兒看到兩隻米老鼠玩偶，再用屏幕遮住玩偶，接著伸出一隻手到屏幕後，讓小嬰兒看到這隻手移開一隻米老鼠玩偶，等屏幕移開，如果還是兩隻米老鼠玩偶（不符合預期），小嬰兒的注視時間會比符合預期（僅有一隻米老鼠玩偶）時來得久。換言之，即便是沒有正式學過計算和數數的四、五個月小嬰兒，也能隱約察覺數量變化合不合理。又如，放了兩堆糖果（如下圖）讓小朋友自己挑，很多小小孩即使不會確切計算實際數量有多少，但仍知道（A）比（B）的糖果多顆，會挑比較多的那一堆吃。

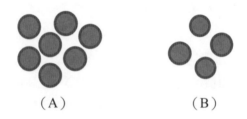

(A)   (B)

研究指出，數感對孩子之後的數與量學習很重要。數感好的學習者具備：（1）估算以及判斷數量的流暢性；（2）認知不合理結果的能力；（3）心算能力的靈活度；（4）在不同表徵之間轉譯的能力；（5）使用最合理的表徵，例如：無須拿紙筆計算，也能估出 196 ＋ 201 得到的數約在 400 左右（先將 196、201 都先用近似值 200 估計）（Kalchman, Moss, & Case, 2001）。

「數量概念」是一些離散事物或事件的總和及其屬性（amount of discrete things or events in a collection and is a property of the collection itself）（Krasa & Shunkwiler, 2009），例如：「**5 顆**」蘋果、小華「**2 歲**」、一週「**7 天**」，數字連結的屬性分別為物品數量、年紀、天數。數量不見

得是一個具體數字，有時是含糊的，例如：我的撲滿「很多」錢；小車子「全部」是小明的。

Butterworth（2005）認為，計算障礙和數量概念的特定能力有關，數量概念是將抽象數字和具體的概念相連結之能力，例如：「**奶奶今年70 歲，孫子 3 歲**」，70 和 3 兩個數字除了表示不同的數量外，同時也帶出「**奶奶比較老，孫子比較小，奶奶比孫子多很多歲**」的概念。

至於「數學事實」，則是指一些多次運算練習後產生的直接反應，例如：$2 + 5 = 7$、$2 \times 5 = 10$、$10 \div 2 = 5$、$100 - 70 = 30$、$10 \rightarrow 9 \rightarrow 8 \rightarrow 7$（依次倒數）等，因為已經熟練到自動化程度，就如同一種事實記憶。「數學事實」提取迅速，可以協助個體運算時降低認知負荷。當數學計算進入到「數學事實」的層次，也意味著它轉成記憶的一部分。

貳、數學學習障礙的類型與困難

針對 DD，Kosc（1974）將它細分成六種狀況，分別是：（1）語文型算術障礙（verbal dyscalculia）：不能以口語表達數學符號和數學操作；（2）實物操作算術障礙（practognostic dyscalculia）：不能藉由操作實物或圖片完成數學的目的，例如：不會數物品的數目或按物品大小排序，在數量比較有困難等；（3）字彙型算術障礙（lexical dyscalculia）：不能閱讀數學符號；（4）書寫型算術障礙（graphical dyscalculia）：不能寫出數字和運算符號；（5）意義型算術障礙（ideognostical dyscalculia）：不能理解數學概念及數學關係；（6）運算型算術障礙（operational dyscalculia）：運算程序上有困難。換言之，Kosc 的算術障礙是一個統稱的詞，底下有不同的算術障礙類型，有些個案是無法命名、閱讀、書寫、操作與算術相關的數字、符號、實物；有些個案的問題出在計算的程序；另有些個案或許可以正確計算，但是並不理解數字背後的數學概念與關係，例如：「籃子內有 5 顆紅蘋果、5 顆青蘋果、2 根香蕉，請問：籃子內共有幾顆蘋果？幾種水

果？」答案並不是把題目裡的三個數字加起來，個體必須連結數字所代表的概念，也理解同類物品可相加、異類不可，才不會張冠李戴。

另外，Geary 和其同事的研究指出，算術障礙學生的主要問題是數學事實（math facts）提取困難，數數過程中也有較多錯誤發生（Geary, 1993; Geary, Hamson, & Hoard, 2000）。若不要求時間限制，數學學習障礙學生還是可以做對（Jordan & Montani, 1997）。Geary（2003）觀察國小低年級學習障礙者的計算行為，發現他們大多數用手指或用嘴巴數，且數數策略不太隨年級增加而改變。換言之，算術障礙學生不易快速提取數學事實，計算速度相較於同年齡的學生是緩慢的，使用的計算策略也常是較無效率（如借用手指協助），策略不太有變化，例如：不論是「23 ＋ 3」（大數加小數）或「3 ＋ 23」（小數加大數），都固定用前項加後項，而不是看狀況，選擇從大數往上加 3 比較快。

柯華葳（2005）以「基礎數學概念評量」篩選 1,226 個經班級老師提名可能有學習障礙的國小學生，其中有 71 位數學學習障礙學生（約占 5.79%）。這些學生的智力一般，閱讀能力在中等或中等以上，但是在數學運作上有困難。該研究進一步針對其中的二、三、四年級共 10 位學生，提供一週 3 次、每次 40 分鐘的密集教學。經過密集的加法和減法練習，學生或許可以正確答題，但其解題所花費的時間顯示他們有計算技能自動化之問題。在解題時，這些學生需要藉助外力（如手算與點頭），此外他們亦有困難遷移所學。連文宏、洪儷瑜（2017）比較「數學學習障礙」與「數學合併閱讀障礙」國中生的計算表現，研究結果亦發現：數學學習障礙學生的主要核心缺陷在於數學事實提取困難，計算速度緩慢。

趙文崇（2017）指出，數學學障的種類可能包括：數字符號辨識不能（numerical symbolic agnosia）、計算障礙、數學理解障礙、其他：數學運算障礙（頁 12-13）。其中以「數字符號辨識不能」最嚴重，個案對於數字符號完全學不會，所以很難認識數字（0、1、2、3、4、5⋯⋯）和運算符號（＋、－、×、÷、＝），更不用說把數字和符號放在一起要進行運算。「計算障礙」是指個案沒有量的大小、前後、間距之概念，因為數感差，即使多次練習可以學會計算，但只要數字一大，速度就慢且很容易出

錯，算錯也不一定能察覺結果不合理。以十進位制來說，數字多一、二個零、少一個零，就差十倍、百倍，但個案未必察覺答案多一個零或少一個零，或是差別有多大。「數學理解障礙」主要源自於讀寫障礙，個案在純計算部分沒有太多問題，但是遇到用文字敘述的數學應用問題時，就很難弄懂問題在問什麼，常恣意把數字加加減減一番，或照當時的教學單元主題，學到乘法，全部題目用乘法處理，上到除法，全部題目都用除法運算。「其他：數學運算障礙」則是無法用適當的處理解題程序，特別是多步驟問題，個案往往需要看很多次才能理解題意，解題時可能前半部是正確的，但是中間就亂了套，也就是說，個案不是不懂題目，也不是不會計算，但執行過程因為注意力不足而產生失誤的結果。

綜而言之，DD 的困難有不同的狀況，有些是無法命名、閱讀、書寫、操作與算術相關的數字、符號、實物；計算程序不夠自動化，數數策略笨拙，即便是常見的數學事實仍然不能快速反應；或有些可以正確計算，但不理解數字背後的數學概念與關係。DD 的困難與個體對數的直觀概念（即數感）不佳有關。至於 MLD，並不限於計算障礙一種狀況，它可能會因為個案有讀寫障礙、注意力不足、語意記憶缺陷、程序處理缺陷、視覺空間缺陷等，以致於在數學學習有顯著困難。

參、小結

日常生活中有不少地方需要用到數學，舉凡買賣東西、分配資源、測量長度、重量、時間、容量等，一個人如果連基本計算都有問題勢必影響其生活。因此，學習障礙所指涉的基本學習技能缺損，會將個體的計算能力納入其中。

目前，評估學生數學有無學習障礙主要係從兩方面來切入：一者是成就差距取向；另一者則為核心能力缺陷取向（洪儷瑜、連文宏，2017）。以臺灣學習障礙的定義，我們比較偏重在算術核心能力缺陷方面，而並非單純是指數學成就與智力間有顯著差距。在數學學習障礙次類型與困難方面，研究者尚無一致的分法，故讀者需釐清所指涉的對象是較為特定的 DD

或較為廣泛的 MLD。由於影響 DD 和 MLD 的因素不同，介入重點也隨著其主要困難而改變。第二、三節將分別從算術和數學解題兩方面來介紹教學策略。

第二節　提升算術能力的教學策略

由於數感和數量概念不佳是影響 DD 的重要因素，因此在提升算術能力教學時要如何做，比較能夠幫助學生掌握數與量的觀念呢？在進行數字加、減、乘、除運算之前，要建立一些先備技巧（prenumber skills）。不要以為只要孩子能唱數（counting words），從 1 唸到 10 或 100，也學會認讀和書寫阿拉伯數字（1 到 10）就夠了，其實學算術前，孩童還要對數與量的關係有些洞察，能夠點數（counting）、分類、排序等。

壹、算術的先備技巧

一、系統性表徵方式

Chinn（2012）指出，建置一套系統化數量的表徵方式（如圖 12-1 所示），可以讓算術障礙的孩子比較好辨識與連結數量關係。該表徵方式係以一隻手有五根手指頭的概念來設計，並考慮系統的排列方式。若是用一般數學學習單以隨意排列或一長串排列的方式時，視覺空間技巧不佳的孩子很容易多算一個或少算一個（如圖 12-2 所示）。另外，此系統化數量的表徵方式也體現出 3 比 2 多 1，8 是 5 加上 3，8 比 5 多 3，從 10「拿走」2 剩 8 等概念。

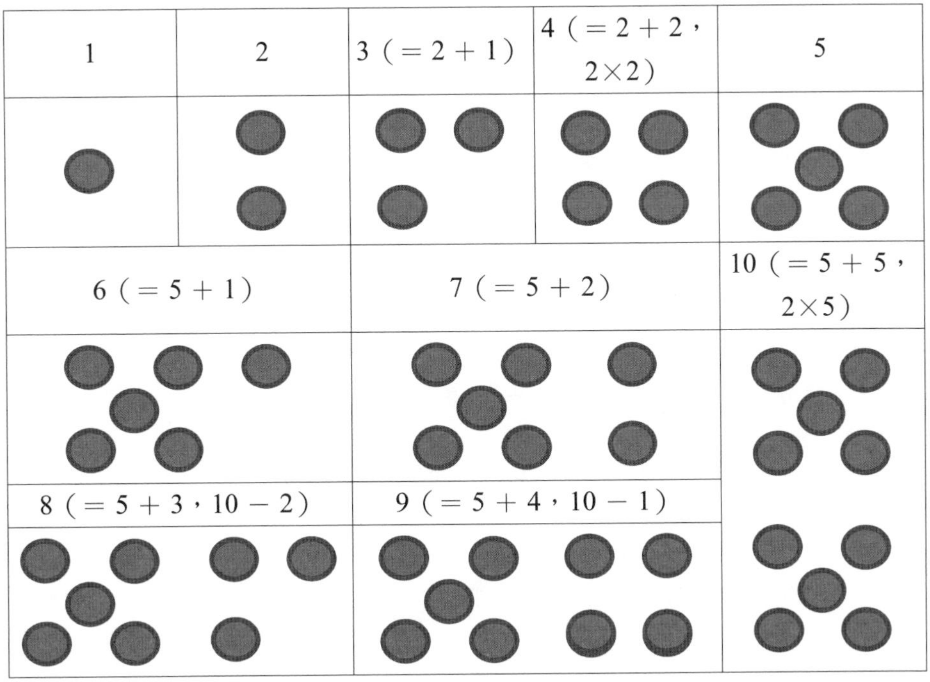
1
2
3（＝2＋1）
4（＝2＋2，2×2）
5
6（＝5＋1）
7（＝5＋2）
10（＝5＋5，2×5）
8（＝5＋3，10－2）
9（＝5＋4，10－1）

圖 12-1　系統化數量的表徵方式

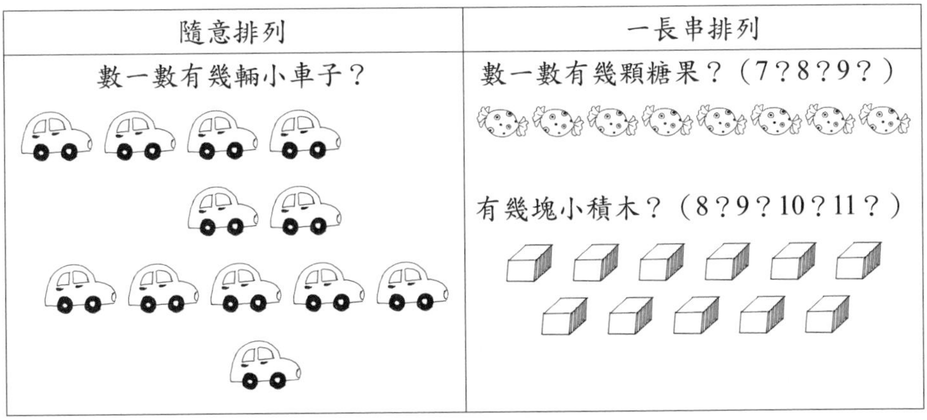
隨意排列
一長串排列
數一數有幾輛小車子？
數一數有幾顆糖果？（7？8？9？）
有幾塊小積木？（8？9？10？11？）

圖 12-2　一般數數作業單設計

二、點數

　　某些孩子雖然可以跟著大人複誦 1、2、3、4、5、6、……10，甚至唱數到 100，但是唱數不表示會點數，唱數只是一種語音的記憶，兒童要學會點數必須具備五個概念，分別是：固定順序原則（stable-order principle）、一對一原則（one-one principle）、基數原則（cardinality principle）、抽象原則（abstraction principle），以及順序無關原則（order-irrelevance principle）（Gelman & Gallistel, 1978，引自李源順，2013）。茲簡述如下：

1. 固定順序原則：計算時一定要遵循一個順序，比如 1 之後是 2，2 後面接著是 3，然後 4、5、6、7、……接下去。

2. 一對一原則：一件物件只能算一次，否則會重複計算。

3. 基數原則：在一個集合體中，數到最後一個物件時，即為該集合體的總數量，例如：桌上有 5 顆蘋果，當我們一對一點數 1、2、3、4、5，最後的 5 就是蘋果的總數量。

4. 抽象原則：不管任何物件，只要是可以分開的物件都可以數。

5. 順序無關原則：點數時，無論從何處開始，只要是一一對應，沒有重複計算，總數都一樣，與順序無關。

　　在孩童學會一個一個點數後，還可練習「接著數」（counting on）、「跳著數」、「倒數」（counting down）。「接著數」就是不從頭數，而是從某數開始，假設從 3 開始數起，接著就是 4、5、6、……。「接著數」是加法的先備技巧，像「3 + 2 = ？」並不需要從 1 開始數到 5，可以直接從 3 開始接著數 4、5，得到結果一樣是 5。

　　「跳著數」是指有固定間距的數，例如：兩個一數（2、4、6、8、……）、五個一數（5、10、15、20、……）、十個一數（10、20、30、40、50、60、……）。「跳著數」是乘法的先備技巧，李源順（2013）建議，可以讓學童每隔幾個就大聲數來建立此概念，例如：兩個一數，1（不出聲或小聲），2（大聲數），3（不出聲或小聲），4（大聲數），5（不出聲或小聲），6（大聲數），7（不出聲或小聲），8（大聲數）……，大聲數的數字把它寫下來，可以讓學童「看到」跳數的規律（頁 103）。

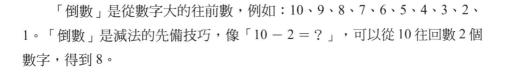

「倒數」是從數字大的往前數，例如：10、9、8、7、6、5、4、3、2、1。「倒數」是減法的先備技巧，像「10 − 2 ＝？」，可以從 10 往回數 2 個數字，得到 8。

三、分類

分類是按物品的屬性做歸類，目的在訓練學生注意物品之間的共同特性，例如：香蕉、木瓜、蘋果屬於水果類；鉛筆、尺、圓規、橡皮擦屬於文具類。教學者可以給學生一堆物品，請他們按照形狀、大小或顏色進行分類。當學生能學會分類時，比較能理解數學問題的題意。

四、排序

排序是按照某個條件排列，例如：長度、高度、重量、大小等。教學者可以給學生一堆物品，請他們按照某個條件進行排列，例如：給孩子幾枝長短不一的鉛筆，請他按筆的長度由長排到短。要正確排序就必須要有大小相對的概念，以及用相同的基準（如對齊起始點、轉換成相同單位等）進行比較。

貳、算術技巧

一、位值概念

「位值」（place value）是指，數字的位置不同所代表的值也不同，例如：14 和 41，雖然都有 1 和 4 兩個數字，但是因為位置不同，所代表的數值就不一樣。故進行算術教學時，要先把位值概念建立起來才行。在教學時，老師常用「定位板」表徵位值概念。阿拉伯數字是十進位，表 12-1 呈現 14 和 41 用定位板和圖畫之表徵，定位板表徵數值概念較精簡。等學生的位值概念穩固後，再慢慢退除位值提示。

表 12-1　位值表徵與數字唸讀

數字	14				41			
定位板表徵 （十進位）	千位	百位	十位	個位	千位	百位	十位	個位
			1	4			4	1
意涵	一個 10，四個 1				四個 10，一個 1			
讀作	十四				四十一			
圖畫表徵	○○○○○○○○○○ ○○○○				○○○○○○○○○○ ○○○○○○○○○○ ○○○○○○○○○○ ○○○○○○○○○○ ○			

　　有位值概念後，在進行直式加、減、乘運算時，要提醒學生注意對齊位值，即個位對個位、十位對十位、百位對百位，以此類推。若位值沒對齊，計算出的答案就會出錯。以「14 + 35 = ?」為例，位值對齊時，才是個位數跟個位數相加，十位數跟十位數相加的結果。反之，如果沒有對齊，則個位數可能加到十位數，十位數可能位移到百位數，已非原先的數值了（如表 12-2 所示）。

表 12-2　位值對算數運算的重要性

位值對齊（✓）				位值沒對齊（✗）			
	1	4				1	4
+	3	5		+	3	5	
	4	9			3	6	4

　　要提醒教學者注意，計算時要強調是對齊「位值」，而不是對齊「位置」，以免學生誤解為對齊最右邊的「位置」，此錯誤概念對整數運算結果尚無影響，但會影響小數（decimal）運算（李源順，2013，頁 302），例

如：「2.34 + 9.8 = ？」，如果以為是對齊最右邊，結果就錯了。小數點之後的數字，依次表示「十分位」、「百分位」、「千分位」等位值，因此要先對齊小數點，之後「十分位」、「百分位」、「千分位」才會跟著對齊，並非用對齊最右邊來說明（如下圖所示）。

$$
\begin{array}{r}
2.34 \quad \boxed{✓} \\
+ \ 9.8 \\
\hline
12.14
\end{array}
\qquad
\begin{array}{r}
2.34 \quad \boxed{✗} \\
+ \ 9.8 \\
\hline
3.32
\end{array}
$$

二、整數（whole number）化聚

「化」是指把大的單位化成較小的單位，「聚」是指把小單位聚成大單位，例如：10 個 1 可以「聚」成 1 個 10，1 個 100 可以「化」成 10 個 10。整數化聚是學童了解加、減法，進、退位的重要基礎（李源順，2013，頁92），例如：

$$
\begin{array}{r}
17 \\
+ \ 8 \\
\hline
25
\end{array}
\Longrightarrow
10 + \boxed{7 + 8} = 10 + \boxed{15} = 10 + \boxed{10 + 5} = 20 + 5 = 25
$$

$$
\begin{array}{r}
17 \\
- \ 8 \\
\hline
9
\end{array}
\Longrightarrow
10 + 7 - 8 = \boxed{10 - 8} + 7 = \boxed{2} + 7 = 9
$$

教學者可以透過錢幣兌換來說明化聚概念會更具體。如表 12-3 所示，10 個 1 元銅板可以換 1 個 10 元銅板，10 個 10 元銅板可以換 1 張 100 元鈔票。再以買 1 根 25 元的冰棒為例，我們可以拿出 25 個 1 元，也可以用 2 個 10 元加上 5 個 1 元，或是 5 個 5 元，都等於 25 元。

表 12-3　以錢幣為例說明整數化聚概念

聚→	←化
十個 1 元銅板	一個 10 元銅板
十個 10 元銅板	一張 100 元鈔票

三、基本的數學事實

（一）加減法

加法是往上數的策略，例如：「3 + 5 = ?」，從 3 開始往上連數 5 個數字，4、5、6、7、8，得出兩數相加為 8。減法是往下數的策略，例如：「7 − 3 = ?」，從 7 開始往下連數 3 個數字，6、5、4，得出兩數相減為 4。加法最基本的數學事實是從 0 + 0 到 10 + 10（如表 12-4 所示），其中又以三種加法基本事實最常用（Chinn, 2012），一定要精熟。它們分別是：

1. 相同的兩數相加（即兩倍），例如：1 + 1、2 + 2、3 + 3、4 + 4、5 + 5、6 + 6、……10 + 10。

2. 10 的合成，例如：2 + 8、3 + 7、4 + 6、……9 + 1。

3. 10 加上一位數，例如：10 + 1、10 + 2、10 + 3、……10 + 9。

加減法可互逆，例如：3 + 8 = 11，而 11 − 8 = 3、11 − 3 = 8（如圖 12-3 所示）。另外，相同的兩數相加，若將兩數和減去其中一數 X 後，也會得到 X，例如：9 + 9 = 18，而 18 − 9 = 9；6 + 6 = 12，而 12 − 6 = 6。以此類推。

表 12-4　加法基本事實

+	0	1	2	3	4	5	6	7	8	9	10
0	0	1	2	3	4	5	6	7	8	9	10
1		2	3	4	5	6	7	8	9	10	11
2			4	5	6	7	8	9	10	11	12
3				6	7	8	9	10	11	12	13
4					8	9	10	11	12	13	14
5						10	11	12	13	14	15
6							12	13	14	15	16
7								14	15	16	17
8									16	17	18
9										18	19
10											20

圖 12-3　加減法基本事實練習單

（二）乘除法

乘法概念是相同數量累加概念的速算法，例如：2＋2＋2＋2（2 連續加四次），可以寫成 2×4。除法則是相同數量累減概念的運思，例如：「12÷3 ＝？」可以想成，將 12 每次減 3，共可減四次。在國小學習乘法計算時，學生常被要求熟背九九乘法表，熟背之主要目的是希望學生做基本運算時更流暢，減少出錯率，但能背不等於理解。因此，在要求學生熟背之前，應該要讓學生理解乘法的意思，而不是單純的複誦。另外，乘除也可互逆，例如：3×5 ＝ 15、15÷5 ＝ 3、15÷3 ＝ 5。

在學生沒有抽象概念之前，教學者可以多用實物舉例，例如：「1 雙襪子有 2 隻，3 雙襪子有幾隻？」反過來說：「6 隻相同襪子，可以湊成幾雙襪子？」「每天存 5 元，5 天可以存多少錢？」反過來說：「每天存 5 元，要存幾天，才有 25 元？」

在 1 到 10 的倍數中，1、2、5、10 倍算是基本中的基本，由此可以延伸出各種結果。假設學生已記住 8×1 ＝ 8、8×2 ＝ 16、8×5 ＝ 40、8×10 ＝ 80，則 8×3 ＝ 8×1 ＋ 8 ×2 ＝ 8 ＋ 16 ＝ 24，其他以此類推。熟悉 1、2、5、10 倍算之後，再從 10 倍擴大到 100 倍、1000 倍的運算，再到 0.1 倍、0.01 倍的運算。等學習單位換算時，就需要 10 倍、100 倍、1000 倍、0.1 倍、0.01 倍的運算基礎。如下圖範例。

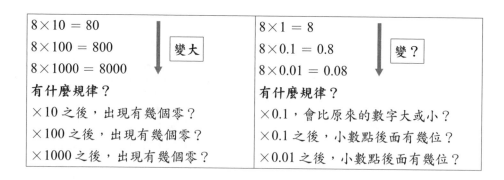

參、小結

研究指出，算術障礙者多缺乏數感（Krasa & Shunkwiler, 2009, p. 27），他們不容易將數量多少具象化。雖然現今科技進步，一臺小計算機就可以做加減乘除的運算，學生根本無須費九牛二虎之力在數字運算上打轉。話雖如此，培養學生數感仍然有其必要，以免學生只是機械式的按數字鍵，卻沒有發現按錯鍵，得到的答案是錯得離譜。

中央大學吳嫻教授的研究團隊指出，可透過「心理數線」遊戲讓孩子反覆將數量和空間感進行連結，增進數量相對大小的概念，例如：在紙上畫一條直線，從左到右標示 1 到 100 等數字，然後說出一個數字，讓孩子去標示這個數字的相對位置，比如「38、55、83」三個數字，38 距 1 較近、距 100 較遠，而 83 則相反，距 1 較遠、距 100 較近，50 約在數線中間，則 55 會在 50 的右邊一點點。若把「心理數線」用到加減法運算也是可行的，例如：學生將「19＋6」寫成 15 時，教學者可以問他：「你覺得 19 加上 6 之後，會比 19 大，還是比 19 小？」然後運用數線概念，將數字標示在數線上面，讓學生看到，加上一正數，數量將變大，要往右數。反之，減去一正數，數量將變小，要往左數（即 0 的方向）。這樣或許比直接提醒學生要記得「個位加個位，超過 10 要進位」有效。換言之，要讓學生在計算中連結數量變化，而不是只在處理一堆數字符號而已。

另外，數學基本事實的記憶和提取，也是不少算術障礙學生的難點。教學者可以運用生活實例或遊戲進行教學，例如：玩撲克牌時，請學生輪

流出牌，若能湊成 10 點就可以把對方的牌吃下（練習 10 的合成）；玩大富翁遊戲時，可以練習用假鈔買賣土地和房子；訂飲料時，可以讓學生先統計各種飲料的數量，算一算要帶多少錢才夠，或要找多少錢回來等（練習金錢使用）。班級的增強系統也可結合代幣制度，每次有好表現就加 1 元，5 個 1 元換 1 個 5 元，2 個 5 元換 1 個 10 元，10 個 10 元換 1 張 100 元（練習化聚），獲得代幣後能換取自己喜歡的文具或零食作為好表現的獎勵。而學校在辦園遊會賣東西時，可讓學生把東西分裝成一袋一袋的小包，同時學習包含除（quotitive division）的概念。學生定期量身高的紀錄也可以標記在牆上，讓學生具體看見數的變化，同時做長度的比較，誰最高？誰最矮？最高和最矮的差是多少？有興趣的讀者可以參考梁淑坤（2008，2012，2017）以及秦麗花（2017）的文章，文中提到不少透過生活實例和遊戲進行數學教學的點子。

第三節　提升數學解題的教學策略

　　在實務上，教學者常會發現有些學習障礙學生雖然會做基本的加減乘除運算，但是遇到文字題就亂了套，他們不懂得如何將文字轉譯為數學概念，也缺乏適當的表徵策略，而只是把題目中的數字恣意加減乘除一番。根據估計，閱讀障礙與數學障礙的共病率（comorbidity）介於 2.3 至 7.6% 之間（連文宏、洪儷瑜，2017），當算術與讀寫困難相遇時，數學文字題的解題表現很容易出現低落狀況，例如：看不懂題目的意思、計算錯誤等。楊坤堂（2007）提到，學習障礙學生解題時容易出現邏輯能力不足，不知道要採取哪一種計算方式，以致於運算錯誤，求得數值後也不會去審視答案是否合理。本節要討論的即是已經會基本運算的學生，但卻無法成功解數學文字題時，可以怎樣教？以下介紹三種教學介入方法，包括：基模本位教學（schema-based instruction，簡稱 SBI）、替換式數學教學，以及基模化影片教學。

壹、基模本位教學

　　基模本位教學是 Jitendra 與 Hoff（1996）從基模理論發展而來的，「基模」是知識組織的架構，它能幫助學習者整理資訊。SBI 的教學歷程包含兩大部分：問題表徵和問題解決（Jitendra, DiPipi, & Perron-Jones, 2002）。問題表徵階段是將文字轉化成圖示，在確認變項之間的關係後，問題解決階段才進入運算。換言之，SBI 既引導數學概念理解，也教導程序知識。

　　Jitendra 與 Star（2011）認為，數學教學若過度使用「關鍵字」決定解題策略會誤導學生思考。舉例來說，是不是有關鍵字「總共」就用「加法」、「拿走」就用「減法」？顯然不是！當問題是：「小明有一些糖，被小華『拿走』7 顆之後，還有 10 顆，請問小明原有幾顆糖？」如果只看到「拿走」，就決定用減法，將大數減小數，得到小明有 3 顆糖，這就錯了。為避免學生只抓到關鍵字的表層意思，SBI 把理解題目語意作為第一步重點，並輔以不同解題基模圖，協助學生把文字轉成對應的視覺表徵，最後再進入計算階段。

　　Jitendra 與其同僚將數學加減法文字題分成三種基本類型，分別是「改變型」（change）、「合併型」（group）、「比較型」（compare）；乘除法的文字題則有「倍數比較型」（multiplicative comparison）和「比例型」（vary）。不同的問題類型搭配不同的圖示，在學生解題時，需要先讀題，判斷題目類型，再用對應的圖示來組織訊息，然後才進行列式與解題（Jitendra, 2007）。茲將幾種常見的類型加以說明，如圖 12-4 所示。

　　SBI 的解題四步驟簡稱 FOPS。F 是找出題型（find the problem type），判斷問題屬於哪一種題型；O 是用圖示組織問題訊息（organize the information in the problem using the diagram），將問題訊息填入圖示中；P 是研擬解題計畫（plan to solve the problem），思考並列出算式；S 是解決問題（solve the problem），算出答案並檢查（Jitendra & Star, 2011）。在此四步驟中，F 和 O 是問題表徵階段，P 和 S 是問題解決階段（Jitendra et al., 2002）。以下以加減法文字題「改變型」為例，說明如何運用 FOPS 的步驟進行教學。

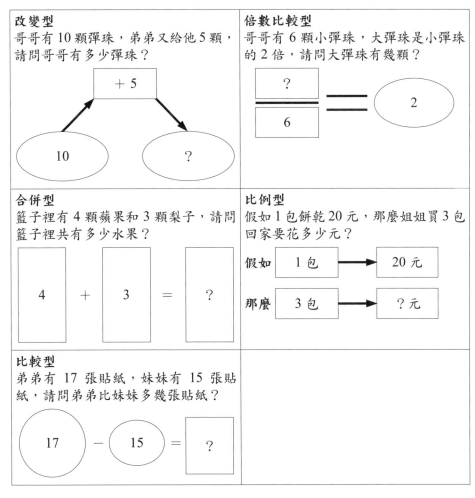

改變型
哥哥有 10 顆彈珠，弟弟又給他 5 顆，請問哥哥有多少彈珠？

倍數比較型
哥哥有 6 顆小彈珠，大彈珠是小彈珠的 2 倍，請問大彈珠有幾顆？

合併型
籃子裡有 4 顆蘋果和 3 顆梨子，請問籃子裡共有多少水果？

比例型
假如 1 包餅乾 20 元，那麼姐姐買 3 包回家要花多少元？

比較型
弟弟有 17 張貼紙，妹妹有 15 張貼紙，請問弟弟比妹妹多幾張貼紙？

圖 12-4　五種常見的數學文字題基模圖

資料來源：引自 Jitendra（2007, p. 4, 62, 87, 173, 220）

1. F（讀題找題型）：先呈現完整的題目，帶學生一起讀題目，例如：「阿珍有 3 顆糖果，媽媽再給她 4 顆糖果，現在她有 7 顆糖果。」問：「這是『改變型』的題目嗎？」答：「是，因為題目告訴我阿珍『開始』有 3 顆糖果，後來再增加 4 顆糖果，這是『改變』，『結果』變成 7 顆糖果。」

2. O（利用基模圖組織訊息）：再讀題目，問：「題目在講什麼東西？」答：「糖果。」請學生把「糖果」畫線，寫到基模圖內。再帶學生逐一把開始的數量 3，改變的數量 4，和結果的數量 7，重要的數字圈起來，並填入基模圖中（運用基模圖組織訊息是很重要的練習，開始先用完整訊息的文字應用題，等熟悉之後，再呈現「結果量未知」、「改變量未知」，以及「起始量未知」的題目類型，未知的部分就打問號）（如圖 12-5 所示）。

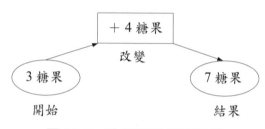

圖 12-5　改變型基模圖教學

3. P（解題計畫）：想一想：「這一題是用『加』或『減』？」答：「加，因為中間的改變是『增加』、『變多』。」數學式應該列成「3 ＋ 4 ＝ ？」

4. S（解題）：「3 ＋ 4 等於多少？」答：「7。」

基模本位教學運用於數學文字題解題之相關文獻已有多篇（例如：陳相如，2013；陳麗帆，2011；曾儀婷，2015；賴其豪，2014; Jitendra et al., 2002; Jitendra, Dupuis, & Rodriguez, 2012; Jitendra, Dupuis, Star, & Rodriguez, 2016; Jitendra, George, Sood, & Price, 2009; Jitendra & Hoff, 1996; Jitendra, Hoff, & Beck, 1999; Jitendra, Rodriguez et al., 2013; Jitendra, Star, Dupuis, & Rodriguez, 2013; Xin, Jitendra, & Deatline-Buchman, 2005）。至少有三篇後設分析研究（見 Jitendra et al., 2015; Peltier & Vannest, 2017; Powell, 2011），肯定 SBI 對提升數學文字解題的成效。

貳、替換式數學教學

數學文字題與純粹數學計算的最大不同就是得要讀懂題目在問什麼。是不是只要題目是同類型，即使問法不同，對學生的難度是一樣的呢？以下列問題 A、B、C、D 為例，A 和 B（倍數比較型）、C 和 D（改變型）都是同類型的問題，只是問法略有不同。但是對一些孩子而言，它們卻是完全不同的四個題目。做對 A，不表示 B 也對，同樣的，C 不會算，不一定 D 也不會。

> A：「小明有 100 元，小明的錢是小英的 2 倍，請問小英有多少錢？」
>
> B：「小明的錢是小英的 2 倍，小明有 100 元，請問小英有多少錢？」
>
> C：「小明被小華拿走 7 顆糖之後，還有 10 顆糖，請問小明本來有幾顆糖？」
>
> D：「小明給小華 7 顆糖之後，還有 10 顆糖，請問小明本來有幾顆糖？」

詹士宜（2013，2015）提出替換式數學教學，便是希望教學者能注意到文字題的表述方式可能左右學習者之理解。替換式數學教學從調整教材設計著眼，目標是使教材難度與數學學習困難學生匹配，以逐步穩固學習者的解題能力。替換式數學教材設計融合明確教學（explicit instruction）、認知負荷理論（cognitive load theory），以及建構教學（constructivist instruction）。明確教學強調教材設計應具有結構與系列階層性；認知負荷理論強調學習內容要能符合學生的認知容量與結合學生的背景知識；而建構教學則強調教學中的情境脈絡與教學引導，啟發學生的學習動力（詹士宜，2017，頁 198）。

替換式數學教材調整的方式，包括：「水平替換」和「垂直替換」。「水平替換」是增進學生對概念或題型的理解與練習，重點在於應用類

化；「垂直替換」是增加概念間的支持，以銜接更有挑戰性的數學問題，重點在於加深加廣（如表12-5所示）。以題目「買一本158元的故事書，和一枝 29 元的自動鉛筆，共要多少元？」為例，該題目要用到加法，是三位

表 12-5　替換式數學教材中水平和垂直替換示例

	水平題型 1	水平題型 2	水平題型 3	水平題型 4
垂替題型 1： ⇨個位數＋個位數，不需進位	買一包 5 元的餅乾，和一個 4 元的糖果，共要多少元？	買一包 3 元的餅乾，和一個 6 元的糖果，共要多少元？	買一枝 6 元的原子筆，和一枝 2 元的鉛筆，共要多少元？	買一張 2 元的圖畫紙，和一包 7 元的色紙，共要多少元？
垂替題型 2： ⇨個位數＋個位數，需進位	買一包 9 元的餅乾，和一個 5 元的糖果，共要多少元？	買一枝 6 元的原子筆，和一把 8 元的直尺，共要多少元？	哥哥有 8 元，弟弟有 4 元，兩人共有多少錢？	小明有 7 元，媽媽再給小明 5 元，小明現在有多少錢？
垂替改變 3： ⇨十位數＋個位數，需進位	買一包 19 元的餅乾，和一個 4 元的糖果，共要多少元？	花園有紅花15朵，黃花有 6朵，共有多少朵花？	買口香糖要18元，買小餅乾要 4 元，共要花多少錢？	小明有 16元，媽媽再給小明 8 元，小明現在有多少錢？
垂替題型 4： ⇨百位數＋十位數，不需進位	買一本 113 元的故事書，和一個 75 元的鉛筆盒，共要多少元？	志強原本有124 元，這一週再存 35元，他現在有多少錢？	爸爸早上開車開了 172 公里，下午又開了 25 公里，他一共開了幾公里？	遊樂場早上來了 127 位小朋友，下午來了51 位小朋友，今天一共來了多少位小朋友？
垂替題型 5： ⇨百位數＋十位數，需進位	買一本 125 元的故事書，和一個 36 元的鉛筆盒，共要多少元？	買一瓶 234 元的沙拉油，和一包 28 元的鹽，共要多少元？	買 337 元的魚，和 58 元的菜，共要多少元？	買一本 568 元的故事書，和一枝 29 元的自動鉛筆，共要多少元？

資料來源：引自詹士宜（2017，頁 208）

數加兩位數，且個位要進位的概念。假如學生有困難時，教材該怎樣調整？首先，可以考慮把數字變小，且不用進位；再來是數字變小，但是要進位。逐步把難度慢慢從一位數加一位數，加深到兩位數和三位數的加法，這屬於垂直替換。再者，也可以在相同難度下，考慮把語詞、語句、情境、表徵方式（例如：文字或圖示）進行調整，例如：題目是買兩種文具的價錢，換成存錢、入園人數、開車距離、食物採買等問題的計算，這屬於水平替換，目的是讓學習者有機會把概念類化到相似的情境中。

替換式數學教學成功的關鍵，不單是提供學生更多有層次的解題機會而已，教學者還必須掌握學生的數學能力，對數學學習困難者的難點有所了解，才能獲得較佳的介入效果，例如：甲生的程度很弱，即使已經退到數字變小且不進位（水平題型 1、垂直題型 1 的層次），還是無法正確解題，教學者可以考慮用圖示加上生活例子，例如：「你有 2 顆星星（具體增強物），老師再給你 3 顆星星（具體增強物），請你數一數共有幾顆星星？」如果乙生能夠列式「158 ＋ 29 ＝？」也有進位概念，卻因為沒有對齊位值產生錯誤，老師可以畫定位板輔助，標示「個位，十位，百位」，請學生依序填入數字，再重算一次。如果丙生能夠列式「158 ＋ 29 ＝？」但是進位概念不佳，以致於答案寫成 177，教學者可以從垂直題型 2 或 3 的層次，以較小的數字教導進位概念，再往數字大的題目練習（垂直題型 5 的層次）。目前，已有幾篇博碩士論文（林和秀，2014；張姵之，2016；許瓊文，2015；郭亭纖，2015；黃美潔，2015）以替換式數學來教導學習障礙或輕度認知障礙學生，獲得不錯的效果。

參、基模化影片教學

基模化影片（schematic video）係將影片加以基模化，強化影片中的物件或事件之間之關係，使學生易於了解生活中的問題情境，以建立學生解題基模，協助解類似之題目（引自朱經明、顏新銓，2015）。舉「劉小姐去早餐店買 19 元的奶茶 2 杯，若干元的蘿蔔糕一份，22 元的巧克力厚片 2 片，付了 200 元，剩下 60 元，請問蘿蔔糕一份多少錢？」一題為例，基模

化影片呈現不同的表徵，有圖像也有文字模式，可以互相切換，能依照學習者的程度選擇可理解的表徵方式，透過生活情境，讓學生清楚題意及要解決的是什麼問題。

朱經明、林政豪（2012）以及朱經明、顏新銓（2015）都運用基模化影片對學習障礙學生進行代數文字題教學。與基模化影片類似的概念是美國范德堡認知及科技團隊（Cognition and Technology Group at Vanderbilt University，簡稱 CTGV）於 1993 年提出的「錨式教學」（anchored instruction），他們運用電腦多媒體發展系列的生活化故事情境，讓學生可以透過電腦影片學習數學解題。國內的詹士宜、李鴻亮、李宜學（2004）、詹士宜、李鴻亮、李貞慧（2004）、詹士宜、李鴻亮、吳惠如（2004），以及詹士宜、李鴻亮、陳柏如（2004）亦運用相同的手法，發展出一些錨式數學教學影片（例如：開生日 Party、歡樂派對、園遊會策劃、看電影）。幾篇錨式數學教學實驗研究指出，此教學方式對於數學低成就和學習障礙學生有若干提升效果（呂佩真、黃秋霞、詹士宜，2015；潘文福、蔡敏潔，2014）

肆、小結

數學解題首先要克服的是怎樣將題意進行轉譯，然後才進入運算。Jitendra 與 Star（2011）認為，教學若過度使用「關鍵字」決定解題策略，會誤導學生思考。所以，在 Jitendra 與 Hoff（1996）提出的 SBI 中，如何引導學生讀懂題目，並運用適切的基模圖來整理資訊是很重要的解題步驟。除了基模圖之外，詹士宜等人的「錨式數學影片」和朱經明等人的「基模化影片」都參考 CTGV 設計，試圖透過多媒體影片提供學習障礙者解題情境，提升他們解題動機，以幫助學生了解問題在問什麼。至於替換式數學教學，則是在引導教學者注意教材難度序階和學生能力之間的適配性，不至於因兩者落差過大，而造成學習的無力與挫折。

第四節　個案討論

　　小竹是小二學生，基本生活自理能力沒問題，「魏氏兒童智力量表」全量表分數為 75，其中語文理解 81、知覺推理 83、處理速度 83，三項因素指數都有接近平均的表現，最弱的項目是工作記憶指數（69），特別是「算術」分測驗（2）。根據老師的觀察，小竹做簡單計算時，需要倚賴手指頭的幫忙，計算很慢，從「基礎數學概念評量」的施測結果亦發現，他在有限時間內，計算的正確率不高，但若不考慮時間限制，僅以做完的題目來看正確率，他的正確率是高的。當老師請他從某數往下接著數時，例如：21、22、……，他無法照順序接著唸，會唸出 23、25、30、27、……。

　　從小竹的測驗和觀察資料來看，他在算術方面確實有困難，雖然已經小學二年級，但很多基本數學事實尚未自動化，還需要倚賴手指協助計算。優勢能力是知覺推理、處理速度，語文理解還可以。教學時可以從知覺推理的優勢能力來帶動學習，教學目標先放在如何將數字符號和數量關係穩固連結，以及快速搜尋基本數學事實。

　　首先，教學可以從系統化數量表徵方式開始（參考圖 12-1），讓小竹先將數字 1～10 和對應的數量連結起來，然後按數量大小排序（從小到大或從大到小），之後可以把數字、數量和數線（空間概念）並陳，讓小竹熟悉從原點 0 開始往右數，數字愈來愈大，離原點 0 愈來愈遠；往左數，數字愈來愈小，離原點 0 愈來愈近。

　　熟悉 1～10 的順序後，再延伸到 11～20。剛開始數數時，可以一邊數一邊在格子內放入相對應數量的點點貼紙，慢慢改用數字卡取代點點貼紙，到後來只留下空白格子，數字卡也撤除，讓小竹直接用腦中的數字數數。不但要會順著數 1～10、11～20、21～30，還要能夠倒著數，以作為加減法計算的準備。

21	22	23	24	25	26	27	28	29	30
11	12	13	14	15	16	17	18	19	20
➡ 1	2	3	4	5	6	7	8	9	10

起點

圖 12-6　數字棋盤示例

　　在加法練習方面，可以先玩擲骰子跳棋遊戲（如圖 12-6 所示），例如：第一次丟出 1 點，跳一格，第二次丟 6 點，接著往下跳六格，到數字 7，透過玩跳棋遊戲讓小竹感受抽象數字 1 和 6 相加後得到 7。等加法一一往上數的概念建立後，可以進入直接從某數往上數，例如：第一次丟出 6 點，不必從頭數，而直接把棋子放在數字 6 上面，第二次丟出數字 3，才接著跳三格，走到 9 的位置。透過跳棋遊戲練習基本加法後，慢慢改以數字卡呈現 1＋6 、 6＋3 （卡片另一面寫出答案 7、9），讓學生兩兩配對，練習快問快答（因為卡片背面有解答，很容易知道算對算錯），或是分組競賽，看哪一組先把答案說出來，就可以得牌，得牌多的組獲勝。此遊戲之目的乃在加速小竹基本數學事實提取的時間。

第五節　結語

　　本章先從算術障礙（DD）和數學學習障礙（MLD）的意涵討論起，將兩者的差異做一些釐清。大體上，MLD 所包括的範圍較廣，可能包括 DD 以及其他因為閱讀障礙、注意力缺陷、工作記憶不佳、視知覺困難等因素而影響數學學習者。DD 是在數感、數量或計算上有顯著困難，數學事實的提取難以自動化。話雖如此，有些 DD 還是具有不錯的數學推理能力，不見得就沒辦法學習數學。

　　由於數學在生活中的運用相當廣泛，如果連基本計算都有問題，勢必影響個體的生活。本章第二、三節便針對算術和數學解題兩大領域進行教

學策略討論。算術並不只在於計算數字而已,學習者還需要連結數與量的概念,如此不同的數字才有意義。近年來,認知神經科學家除了研究大腦在處理數字與數量時,於不同腦區活化的狀況,科學家也思考怎樣透過電腦遊戲來促進孩子對數的感覺,例如:中央大學認知神經科學研究所吳嫻教授研究團隊的「心理數線」、法國認知神經科學家 Dehaene 教授研究團隊的「數字競賽」(number race)(Dehaene, 2011),都是在認知神經研究的基礎上,從神經可塑性的觀點提供改善 DD 的方法。

　　至於數學解題又有另一層問題,那就是如何把一串文字或圖表轉成數學訊息。某些孩子只要看到文字題就自動放棄,感到十分困難。在教學時,教師可以運用一些輔助的基模圖、情境影片、調整數字或文字陳述等方式,讓數學文字題不至於超乎學生的認知負荷,也讓學生知道閱讀題目和判讀問題類型比計算更優先,不是看到題目上的數字就直接拿來加加減減。數學需要思考,而不是求快就好。

參考文獻

中文部分

朱經明、林政豪（2012）。學習障礙學生應用基模化影片解原數未知多步驟文字題成效之研究。**特殊教育與輔助科技學報，8**，7-12。

朱經明、顏新銓（2015）。情境式基模化影片輔助學習障礙學生解多步驟代數文字題成效研究。**國立臺灣科技大學人文社會學報，11**（2），81-104。

呂佩真、黃秋霞、詹士宜（2015）。錨式情境教學對學習障礙學生的數學文字題解題的學習成效。載於**中華民國特殊教育年刊**（頁 135-156）。彰化市：國立彰化師範大學。

李源順（2013）。**數學這樣教：國小數學感教育**。臺北市：五南。

身心障礙及資賦優異學生鑑定辦法（2013 年 9 月 2 日修正）。

周台傑（2010）。**國民中學數學能力測驗系列**。臺北市：中國行為科學社。

林和秀（2014）。**應用替換式數學教學在國小五年級數學障礙學生學習「分數乘法解題」之成效探討**（未出版之博士論文）。國立臺南大學，臺南市。

柯華葳（1999）。**基礎數學概念評量**。臺北市：教育部特殊教育工作小組。

柯華葳（2005）。數學學習障礙學生的診斷與確認。**特殊教育研究學刊，29**，113-126。

洪儷瑜、連文宏（2015）。**基本數學核心能力測驗**。臺北市：中國行為科學社。

洪儷瑜、連文宏（2017）。數學學習障礙學生的鑑定。載於詹士宜、楊淑蘭（主編），**突破數學學習困難：理論與實務**（頁 115-136）。新北市：心理。

秦麗花（2017）。將生活技能融入數學領域教學的課程設計與實踐。載於

詹士宜、楊淑蘭（主編），**突破數學學習困難：理論與實務**（頁 303-325）。新北市：心理。

秦麗花、吳裕益（1996）。**國小低年級數學診斷測驗**。臺北市：心理。

國中教育會考推動工作委員會（2015）。**國中教育會考：104 年國中教育會考各科計分與閱卷結果說明**。取自 https://cap.nace.edu.tw/documents/PressRealease_1040605.pdf

國中教育會考推動工作委員會（2016）。**國中教育會考：105 年國中教育會考各科計分與閱卷結果說明**。取自 https://cap.nace.edu.tw/exam/105/Pressrelease1050603.pdf

國中教育會考推動工作委員會（2017）。**國中教育會考：106 年國中教育會考各科計分與閱卷結果說明**。取自 https://cap.nace.edu.tw/exam/106/1060609_3.pdf

張姵之（2016）。**替換式數學教學對國小認知功能輕度缺損學生小數概念學習成效之研究**（未出版之碩士論文）。國立臺中教育大學，臺中市。

梁淑坤（2008）。**逃吧！數學瞌睡蟲**。高雄市：格子外面文化。

梁淑坤（2012）。數學學習低落學生補救教學之策略。**教育研究月刊，221**，25-36。

梁淑坤（2017）。共舞數學：親子牽手跨越學習障礙。載於詹士宜、楊淑蘭（主編），**突破數學學習困難：理論與實務**（頁 253-283）。新北市：心理。

許瓊文（2015）。**替換式數學教學對國小二年級數學學習困難學生之乘法文字題解題與分心行為之影響**（未出版之碩士論文）。國立臺南大學，臺南市。

連文宏、洪儷瑜（2017）。數學學障與數學合併閱讀障礙國中生計算能力表現之特徵及其差異分析。**臺灣數學教育期刊，4**（1），35-62。

郭亭纖（2015）。**替換式數學結合圖示表徵對數學困難學生在分數乘法的學習成效與動機之研究**（未出版之碩士論文）。國立臺南大學，臺南市。

郭靜姿、許慧如、劉貞宜、張馨仁、范成芳（2001）。數學學習障礙之鑑定工具發展與應用研究。**特殊教育研究學刊，21**，135-163。

陳相如（2013）。**基模本位教學對國小學習障礙兒童加減法文字題成效之研究**（未出版之碩士論文）。臺北市立教育大學，臺北市。

陳麗帆（2011）。**基模本位教學對輕度智能障礙學生加減法文字題解題成效之研究**（未出版之碩士論文）。國立臺南大學，臺南市。

曾世杰、陳淑麗（2017）。數學和語文認知能力分離的數學學障個案。載於詹士宜、楊淑蘭（主編），**突破數學學習困難：理論與實務**（頁287-301）。新北市：心理。

曾儀婷（2015）。**基模本位教學對學習障礙學生乘除法文字題解題能力之成效**（未出版之碩士論文）。國立高雄師範大學，高雄市。

黃美潔（2015）。**替換式數學教學對國小數學學習障礙學生在長度單位化聚之學習成效研究**（未出版之碩士論文）。國立臺南大學，臺南市。

楊坤堂（2007）。**數學學習障礙**。臺北市：五南。

詹士宜（2017）。數學學習困難學生的補救教學：以替換式數學教學為例。載於詹士宜、楊淑蘭（主編），**突破數學學習困難：理論與實務**（頁195-225）。新北市：心理。

詹士宜（主編）（2013）。**替換式數學對數學學習困難學生之補救教學**。臺南市：國立臺南大學特殊教育中心。

詹士宜（主編）（2015）。**情境化的替換式數學教學**。臺南市：國立臺南大學特殊教育中心。

詹士宜、李鴻亮、吳惠如（2004）。**園遊會策劃**。國民小學數學學習領域教學光碟系列。臺南市：國立臺南大學。

詹士宜、李鴻亮、李宜學（2004）。**開生日 Party**。國民小學數學學習領域教學光碟系列。臺南市：國立臺南大學。

詹士宜、李鴻亮、李貞慧（2004）。**歡樂派對**。國民小學數學學習領域教學光碟系列。臺南市：國立臺南大學。

詹士宜、李鴻亮、陳柏如（2004）。**看電影**。國民小學數學學習領域教學光碟系列。臺南市：國立臺南大學。

臺灣 PISA 國家研究中心（主編）（2015）。**臺灣 PISA 2012 結果報告**。臺北市：心理。

趙文崇（2017）。兒童數量概念的發展與異常：從神經生理基礎談起。載於詹士宜、楊淑蘭（主編），**突破數學學習困難：理論與實務**（頁3-18）。臺北市：心理。

潘文福、蔡敏潔（2014）。運用強化錨式教學改善數學低成就學生文字題解題能力之研究。**課程與教學季刊，17**（2），141-166。

賴其豪（2014）。**基模本位教學對國中學習障礙學生比與比例式學習成效之研究**（未出版之碩士論文）。國立彰化師範大學，彰化市。

英文部分

Butterworth, B. (2005). The development of arithmetical abilities. *Journal of Child Psychology and Psychiatry, 46*(1), 3-18.

Chinn, S. (2012). *Maths learning difficulties, dyslexia and dyscalculia*. UK: The British Dyslexia Association.

Dehaene, S. (2011). *The number sense*. Oxford, UK: Oxford University Press.

Geary, D. (1993). Mathematical disabilities, cognitive, neuropsychological and genetic components. *Psychological Bulletin, 114*(2), 345-362.

Geary, D. (2003). Learning disabilities in arithmetic: Problem-solving differences and cognitive deficits. In L. Swanson, K. Harris, & S. Graham (Eds.), *Handbook of learning disabilities*. New York, NY: The Guilford Press.

Geary, D., Hamson, C., & Hoard, M. (2000). Numerical and arithmetical cognition: A longitudinal study of process and concept deficits in children with learning disability. *Journal of Experimental Child Psychology, 77*, 236-263.

Jitendra, A. K. (2007). *Solving math word problems: Teaching students with learning disabilities using schema-based instruction*. NY: Cambridge University Press.

Jitendra, A. K., & Hoff, K. (1996). The effects of schema-based instruction on the mathematical word-problem-solving performance of students with learning disabilities. *Journal of Learning Disabilities, 29*(4), 422-431.

Jitendra, A. K., & Star, J. R. (2011). Meeting the needs of students with learning disabilities in inclusive mathematics classrooms: The role of schema-based instruction on mathematical problem-solving. *Theory into Practice, 50*(1), 12-19.

Jitendra, A. K., Dupuis, D. N., & Rodriguez, M. C. (2012). *Effectiveness of small-group tutoring interventions for improving the mathematical problem-solving performance of third-grade students with mathematics difficulties: A randomized experiment.* Evanston, IL: Society for Research on Educational Effectiveness. (ERIC No.ED536317)

Jitendra, A. K., Dupuis, D. N., Star, J. R., & Rodriguez, M. C. (2016). The effects of schema-based instruction on the proportional thinking of students with mathematics difficulties with and without reading difficulties. *Journal of Learning Disabilities, 49*(4), 354-367.

Jitendra, A. K., George, M. P., Sood, S., & Price, K. (2009). Schema-based instruction: Facilitating mathematical word problem solving for students with emotional and behavioral disorders. *Preventing School Failure, 54*(3), 145-151.

Jitendra, A. K., Hoff, K., & Beck, M. M. (1999). Teaching middle school students with learning disabilities to solve multistep word problems using a schema-based approach. *Remedial and Special Education, 20*, 50-64.

Jitendra, A. K., Peterson-Brown, S., Lein, A. E., Zaslofsky, A. F., Kunkel, A. K., Jung, F. G., & Egan, A. M. (2015). Teaching mathematical word problem solving: The quality of evidence for strategy instruction priming the problem structure. *Journal of Learning Disabilities, 48*, 51-72.

Jitendra, A. K., Rodriguez, M., Kanive, R., Huang, J.-P., Church, C., Corroy, K. A., & Zaslofsky, A. (2013). Impact of small-group tutoring interventions on the mathematical problem solving and achievement of third-grade students with mathematics difficulties. *Learning Disability Quarterly, 36*(1), 21-35.

Jitendra, A. K., Star, J. R., Dupuis, D. N., & Rodriguez, M. C. (2013). Effectiveness of schema-based instruction for improving seventh-grade students' proportional reasoning: A randomized experiment. *Journal of Research on Educational Effectiveness, 6*(2), 114-136.

Jitendra, A., DiPipi, C. M., & Perron-Jones, N. (2002). An exploratory study of schema-based word-problem-solving instruction for middle school students with learning disabilities: An emphasis on conceptual and procedural understanding. *Journal of Special Education, 36*(1), 23-38.

Jordan, N., & Montani, T. O. (1997). Cognitive arithmetic and problem solving: A comparison of children with specific and general mathematical difficulties. *Journal of Learning Disabilities, 30*(6), 624-634.

Kalchman, M., Moss, J., & Case, R. (2001). Psychological models for the development of mathematical understanding: Rational numbers and function. In S. Carver, & D. Klahr (Eds.), *Cognition and instruction* (pp. 1-38). Mahwah, NJ: Lawrence Erlbaum Associates.

Kosc, L. (1974). Developmental dyscalculia. *Journal of Learning Disabilities, 7*, 164-177.

Krasa, N., & Shunkwiler, S. (2009). *Number sense and number nonsense*. Baltimore, MD: Paul H. Brookes.

Peltier, C., & Vannest, K. J. (2017). A meta-analysis of schema instruction on the problem-solving performance of elementary school students. *Review of Educational Research, 87*(5), 899-920.

Powell, S. R. (2011). Solving word problems using schemas: A review of the literature. *Learning Disabilities Research & Practice, 26*, 94-108.

Wynn, K. (1992). Addition and subtraction by human infants. *Nature, 358*, 749-750.

Xin, Y. P., Jitendra, A. K., & Deatline-Buchman, A. (2005). Effects of mathematical word problem solving instruction on students with learning problems. *Journal of Special Education, 39*, 181-192.

 學習障礙：理念與實務

第十三章

學習策略教學

　　相傳呂洞賓有點石成金的本領。一日，他在市場見一少年窮困潦倒，於是伸手一指，把地上的石頭變成了金子送給少年。少年瞠目結舌，不肯離去。呂洞賓以為他嫌一塊金子不夠，少年說話了：「先生，我不要金子，我想要你的手指頭。」

　　呂洞賓點石成金的故事本在暗喻少年貪心不足，但他想擁有呂洞賓的真本領，而不用事事靠人幫忙，也有道理，不是嗎？學習策略（learning strategy）常被比喻是給學生釣竿，而不是釣魚給學生吃，希望學生最後能獨立覓食，而不是只能被動等人送上魚來。換言之，怎樣讓學生學到捕魚本領的重要性，絕不亞於給他魚吃。

　　學習策略對學障生為什麼重要呢？Swanson（1999）注意到學障生的學業表現差跟他們不懂得使用有效的策略有關。若能透過學習策略教學，彌補其策略使用上的缺陷，也能有效提升其學業表現（Graham & Harris, 2003; Rogers & Graham, 2008）。故本書最後一章將對學習策略進行討論。到底學習策略和學習技能有什麼差別？學習策略要教什麼？有哪些學習策略對學障生可能有助益？這些學習策略又該怎麼教？茲說明如下。

第一節　學習策略的屬性與內涵

　　策略（strategy）和技能（skill）有什麼不同？Alexander、Graham 與 Harris（1998）指出，兩個用詞經常混用，但細究起來是有些不同。技能多是指一組自動化的行動，例如：當一個人會騎腳踏車之後，他一騎上車，手就會自動握住把手，兩腳不斷往前踩，也會跟著路況和號誌做轉彎、剎車、停止等動作，並不會特別想要怎樣協調手、腳、頭、眼，好讓腳踏車往前行。但是，策略就有些不同，它通常是為特定目的而刻意費心去做，例如：在「烏鴉喝水」的故事中，烏鴉非常渴，偏偏眼前只有一只水量少、瓶口窄的瓶子，於是烏鴉很費心的想辦法（策略），去撿小石頭丟入瓶子裡，讓水位上升，以方便牠取水解渴。所以，策略不是不假思索的自動反應，是隨著狀況條件不同而做選擇。假如烏鴉不是那麼渴，或水池就在一旁，或瓶口是大的，烏鴉的行動可能就不一樣。策略是見招拆招，不是照章行事、一陳不變、沒有彈性的行動。

　　Alexander 等人（1998）歸納出學習策略有幾個屬性，包括：（1）有程序（procedural）：解決問題時通常有章法步驟，而不是隨意行動；（2）有目的（purposeful）：即要解決目標和現況的落差；（3）有意願（willful）：學習者想要使用；（4）費心神（effortful）：使用策略要投入時間和心力，刻意為之；（5）有促進效果（facilitative）：策略使用對於學習表現有提升效果；（6）重要的（essential）：學到的方法對很多領域都很重要，不是可有可無的雕蟲小技。

　　學習策略包含哪些面向？不同學者也有不同的分法。文獻中大致上會提到幾種學習策略，它們是：（1）一般認知策略（general cognitive strategies）；（2）領域特定策略（domain-specific strategies）；（3）後設認知策略（metacognition strategies）；（4）自我調節策略（self-regulation strategies）（Alexander et al., 1998）。「一般認知策略」是指適用在許多領域的學習策略，例如：記憶策略、注意力策略、動機策略。「領域特定策略」顧

名思義是指適用於特定範圍的學習策略，例如：故事結構分析只適用在閱讀故事體的文章，或有人、事、時、地、物等要素的記敘文。「後設認知策略」係指個體對自己認知狀況的洞察，Flavell（1987）進一步把後設認知剖析成三部分：一是對自己能力的了解（知己）；二是對任務的了解（知彼）；三是知道達成目的的手段（有方法）。後來又有人提出「自我調節策略」（Zimmerman, 1989），它跟後設認知策略一樣，都強調個體對自己認知狀況的一種監控。不過，自我調節策略更強調自我在學習任務中的主動性，所以自我調節策略會談到「設定目標」（goal setting）、「自我教導」（self-instruction）、「自我監控」（self-monitoring）、「自我評估」（self-evaluation）、「自我增強」（self-reinforcement）等（Reid, Lienemann, & Hagaman, 2013）。換言之，「自我調節策略」更關心學習策略要怎樣維持住，即學習者不能一直被動等外人來監督其策略的使用狀況，個體必須願意為更好的自己而努力。

　　另外，從一些已經出版的學習策略量表也約略可以看出學習策略的內涵。以「大學生學習與讀書策略量表」（李咏吟、張德榮、洪寶蓮，1991）的十項內容為例，它包括：態度、動機、時間管理、焦慮、專心、訊息處理、選擇要點、學習輔助術、自我測驗、考試策略，十項中既有情意部分，也有認知策略和後設認知策略的部分。茲簡單說明如下：

1. 態度：個人在大學中的態度與興趣。
2. 動機：個人努力用功的意願及是否勤勉與自律。
3. 時間管理：對課業、課程時間安排的情形。
4. 焦慮：對學校或課業的擔心程度。
5. 專心：對學校課業能否集中注意的能力。
6. 訊息處理：如何將資料有效的分類、意義化、綜合控制、合理化的能力。
7. 選擇要點：能否在讀書時找出重要的資料或重點之能力。
8. 學習輔助術：能否使用支持性的技巧或材料來幫助學習和記憶的方法。
9. 自我測驗：對課程及考試複習時的準備情形。

10.考試策略：準備考試及考試時的技巧。

此外，「新編國中生學習與讀書策略量表」（李咏吟、韓楷檉、吳淑禎、林進材、吳珮瑄，2016）有六個向度，即態度與動機、時間管理、專心、訊息處理／閱讀理解、考試技巧、解決學習困難策略。「高中（職）學生學習與讀書策略量表」（李咏吟、張德榮、林本喬、賀孝銘、洪寶蓮，1995）則有九個向度，即學習態度、學習動機、專心、閱讀與考試策略、時間管理、自我測驗、焦慮、訊息處理、解決學習困難，皆是類似的構念。未來在進行學習策略教學時，教學者可以先評估學生在學習策略上有哪些面向比較不足，再進行策略指導，以達到對症下藥、事半功倍的效果。

基於學習策略的重要性，特殊教育新課綱的特殊需求課程也將學習策略納入其中。在此課程中，將學習策略定位於適用在跨不同領域或學科的學習策略教學，目的是使學生能夠掌握學習方法的知識、技巧、情意態度，以及適當的運用支持系統，以增加學生的學習成效（Bigge, Stump, Spagna, & Siberman, 1999）。至於特定領域或學科的策略則歸類於各學習領域的課程之中，沒有列在特殊需求課程中，以免重疊，但並非不重視特定領域之學習策略。特殊教育新課綱的學習策略課程主軸共分為四大部分：（1）認知策略的知識與技能：包含基礎認知策略中的注意力策略、記憶策略、組織策略、理解策略；（2）動機態度策略：包含提升學習動機和學習態度的有效策略，例如：認知調整、自我增強、自我決定、學習管理策略；（3）支持性策略：包含學習環境調整策略、工具書與網路資源運用等各種學習方法的輔助策略，以及考試策略；（4）後設認知策略的知識與技能：著重於自我認知的策略，以及學習相關之評估、計畫、檢核、監控、反思修正等的自我調整策略（引自教育部，2013）。

筆者認為，動機態度策略、後設認知策略可以融入在認知策略或支持性策略的指導中，會更貼近於學習現況。接下來的第二、三、四節乃針對一般認知策略及支持性策略做介紹，說明如何教導這兩類的策略，並以記憶策略、筆記策略，運用學習輔助工具為實例，這些學習策略和研讀技巧運用很廣泛，對於讀書、寫報告或參加考試都很有助益。

第二節　記憶策略

　　記憶是學習很多事物的必要能力，若一個人喪失記憶能力，那麼他的每一天都會是全新的開始，因為學過的都忘記了。有些老師會抱怨學障生教過就忘，彷彿船過水無痕一般。記憶力不佳確實是不少學障生的罩門。本節主要是討論記憶策略及該策略適用的狀況。

　　記憶策略或記憶術（mnemonics）一般分為三種類型，分別是：（1）複誦策略；（2）組織策略；（3）精進策略。「複誦策略」係指比較淺層的訊息處理，像是一直抄寫很多次或反覆唸，以多次重複的方式達到記憶效果，例如：一直寫同樣一個單字五十遍。「組織策略」係指將訊息先進行歸納整理再背誦，例如：把一長串手機號碼或身分證字號，分成三個組串（chuck）再進行背誦；或是將一整篇文章分段背誦；或把單元內容寫成大綱（例如：地理位置、氣候、主要物產、人文特色），再回憶大綱裡的重要內容。「精進策略」則更進一步將訊息進行轉化和聯想，增加記憶儲存的線索，讓記憶的線索不單有文字，還有圖像、聲音、空間位置等輔助線索，其策略有心像法（imaginary）、字鉤法（pegword）、諧音法、位置記憶法等。「心像法」是把訊息連結圖像畫面。「字鉤法」是先有一串記憶好的內容，往後所有要記憶的內容可以再跟已經熟記的字鉤串在一起。「諧音法」是把記憶內容轉成一組有意義的訊息（例如：$\sqrt{2}=1.41421$，記成「意思意思而已」；電話號碼 52-52-882 變成「我餓-我餓-爸爸餓」）。「位置記憶法」與「字鉤法」類似，要先設定一個位置（例如：教室或房間），然後把要記憶的訊息依次與此空間的事物做結合，回憶時就按空間順序逐一掃過，以減少掛一漏萬的情形。一般來說，如果只是單純反覆複誦，或許短時間可以記住，但不容易印象深刻；能夠記得比較持久、比較理想的策略為組織策略和精進策略。茲舉例說明如下。

壹、字首法

在英文裡，字首法（acronyms）是將字的第一個字母串在一起成為一個記憶的線索，例如：美國五大湖（Huron、Ontario、Michigan、Erie、Superior）的第一個字母串起來變成 HOMES（家），回憶時就是以 HOMES 來想 H 是哪個湖，O 是哪個湖，以此類推。SQ3R 讀書策略也是以字首提示步驟，此策略包括 **S**urvey（瀏覽）、**Q**uestion（提問）、**R**ead（閱讀）、**R**ecite（記憶），以及 **R**eview（複習）。

在中文裡，不一定要字首才行，也可選擇關鍵字串成好記憶的口訣即可，例如：「在十二年國民基本教育課程綱要」理念宣導時，「自發」、「互動」及「共好」的三大理念被簡化為容易記憶的「自動好」，而不是「自互共」。又如，防治腸病毒，政府衛生單位和學校皆不遺餘力宣傳勤洗手政策，將洗手的五步驟簡化為「濕、搓、沖、捧、擦」五個動作的口訣，把每個步驟最重要的關鍵字串在一起。另外，中華民國兒童燙傷基金會對於燙傷處理的五步驟「沖、脫、泡、蓋、送」，也是用類似的方式強化記憶。2017 年 10 月，相關學會為提升國人對腦中風的警覺性，以發現問題及早就醫，提出「臨、微、不、亂」的口訣（與「臨危不亂」同音易記），「臨、微、不」是指腦中風的症狀有「**臨**時手腳軟、**微**笑也困難、講話**不**清楚」，「亂」是指「別**亂**快送醫」的行動。

字首法記憶策略適用於需要程序記憶的事項，它有化繁為簡的功能，以減少記憶負荷。在指導學生寫生字或解數學題時，也可以用字首法將策略步驟化讓學生記住，例如：老師可以將寫生字的步驟變成「看、抄、蓋、核」，讓學生學習寫字，不是機械練習而已，要：（1）注意**看**目標字；（2）小心**抄**下目標字；（3）**蓋**住目標字，默寫一次；（4）打開**核**對目標字，看看自己寫對了沒。若擔心學生忘記口訣，也可以把小抄貼在生字簿上，隨時提醒孩子。

貳、故事聯想

　　故事聯想比字首法又更加精緻，它不單是提取關鍵字或字首來當記憶線索，還加入故事性，例如：臺中市大明國小張崴崙老師以「派瀟灑哥背夏太太走路？啊！不得打卡啦！」連結十六個臺灣原住民族的族名，分別是「排灣族」、「邵族」、「撒奇萊雅族」、「葛瑪蘭族」、「卑南族」、「賽夏族」、「太魯閣族」、「泰雅族」、「鄒族」、「魯凱族」、「阿美族」、「布農族」、「賽德克族」、「達悟族」、「卡那卡那富族」、「拉阿魯哇族」（吳佩旻，2017）。張老師用的方法就有字首法、故事聯想，以及諧音法。臺中市黃竹國小李雪娥老師在教導孩子識字時，也將文字學知識融入故事，例如：「神」字的故事是「聽說以前的人民求雨，需要在祭台（ㅜ）上擺酒祭祀，祭祀後再將酒灑於祭台四周（示），有了這樣的祝禱，神（示乚）明才會打雷（乙）下雨」（李雪娥等人，付梓中）。

參、心像圖

　　心像法是用圖畫把要記憶的內容串起來，例如：用一張圖畫把詩的內容表達出來。圖畫得像不像、美不美，不是重點，圖的作用只是幫助記憶而已。張佳燕（2012）把英文單字用心像圖加上諧音聯想，以協助國中學障生記憶單字，例如：「ant」（螞蟻）（發音類似臺語的「翻倒」），就用一隻螞蟻翻倒一杯水的圖片，作為記憶提示線索。在外語字彙學習常會用一個類似目標單字發音的關鍵字（keyword）當橋梁，讓學習者容易記住外語字彙。

肆、位置記憶法

「位置記憶法」是先設定一個位置，然後把要記憶的訊息依次與此空間的事物做結合，回憶時就按空間順序逐一掃過，而不會掛一漏萬，例如：等一下要去超市買「米、蛋、牛奶、番茄、小黃瓜、洋蔥、魚」七樣東西，假設我們以客廳作為記憶線索，將此七樣東西和客廳的家具連結在一起，想像有個畫面是：在客廳的「沙發上有一包**米**，茶几上有一粒**蛋**泡在**牛奶**裡，時鐘上的數字是**番茄**，指針是**小黃瓜**，電視櫃有一碗**洋蔥鮪魚**沙拉」。等一下要回想自己要買哪些東西時，就把客廳環顧一遍，從沙發、茶几、電視櫃到時鐘，想一想這些家具上有什麼東西，答案就呼之欲出。位置記憶法不用管東西出現的位置合不合理，例如：不用在意時鐘出現番茄和小黃瓜很奇怪，這僅是一種記憶的手段。

臺中市大明國小張崴崵老師以左手背做位置記憶法，把臺灣的地形分布（高山、盆地、臺地、平原等）對應手指位置，關節隆起和凹下處表示山脈和山谷，以協助學生記住複雜的臺灣地形全貌（吳佩旻，2017）

伍、小結

記憶策略的運用十分廣泛，其訣竅就在創造更多的提取線索，舉凡圖像、諧音、位置、組串、組織、唱歌、故事聯想等都不失為方法，也就是說，記憶不只是有反覆背誦一種方式。但是，記憶的前提仍要理解，否則從長遠來說，對知識建構並無多大幫助，何況現在有很多訊息透過搜尋引擎便可查詢，學習如何搜尋資料可能更有意義。

第三節　筆記策略

筆記（note-taking）大致上有兩種類型：一是聽講筆記，即在上課、開

會、聽演講時，邊聽邊將重點寫下來；二是閱讀筆記，即閱讀之後，把文本的重點整理出來。本節所談的筆記主要係針對閱讀筆記。聽講筆記對於很多人來說不是很簡單，聽講的訊息很快流逝，加上不同主講人組織訊息的方式也不盡然有明確的結構，甚至有些講者是天馬行空、跳來跳去、旁徵博引，聽者要在短時間內把重點抓出來並做記錄是有難度的。因此，本節先以難度較低、可以反覆閱讀和畫重點的課文作為閱讀筆記的指導入門。

　　做閱讀筆記對提升學生的閱讀理解也有效果（辜玉旻、張菀真，2017）。在做筆記的過程中讀者需要對文本進行思考與組織，而不是原封不動的「抄」下句子。對許多學生來說，只要是課本出現的文字似乎都是重點，記憶好的人就把課本全背起來，但不一定理解；記憶不好的人就完全混亂成一團。

　　教導學生做閱讀筆記時，就是讓學生弄懂什麼是重點？重點在哪裡？文中的哪些字眼在暗示我們關鍵概念的答案？筆記怎樣整理？如果沒辦法快速寫下許多字，可否有替代的符號輔助記錄？筆者綜合 Strichart 與 Mangrum（2002）、辜玉旻、張菀真（2017）、臺南市中山國中生物教師何憶婷（2016），以及高雄市民族國中歷史教師蔡宜岑（2016）指導學生做筆記的實務經驗，將做筆記策略的指導要領說明如下，分為四個步驟：一是瀏覽與提問，二是分析關鍵字詞句，三是辨識文章結構，四是濃縮精華。

壹、瀏覽與提問

一、瀏覽重點

　　以說明體的課文來說，重點最常出現的位置是「主標題」、「次標題」、「粗體或異色字」。以圖 13-1 的課文為例，次標題是「舊石器時代」、「新石器時代」、「金屬器時代」，粗體字有「史前文化」和「農業的出現」。因此，可以先帶領學生瀏覽重點，簡要說明課文重點的排版方式。

考古學者依據史前人類使用器物的種類與技術，將臺灣的**史前文化**分為舊石器、新石器和金屬器三個時代。

一、**舊石器時代**

臺灣目前發現最早的舊石器時代文化，是位於臺東縣長濱鄉的長濱文化。長濱文化存在時間大約距今五萬至五千年前，屬於舊石器時代晚期。當時人們已知用火，使用打製的石器，以採集、漁獵為主要的維生方式。

二、**新石器時代**

臺灣新石器時代大約距今七千至二千年前，早期的代表文化是新北市八里區的大坌坑文化，中期是臺北盆地的圓山文化，晚期則是臺東市的卑南文化。

這個時期的人類生活有重大改變，磨製石器、燒製陶器、飼養家畜以及**農業的出現**是新石器時代的四個重要特徵，此後人類對大自然的依賴程度逐步減少。

三、**金屬器時代**

金屬器時代大約距今二千至四百年前，以新北市八里區的十三行文化為代表。

十三行文化的經濟生活以農業為主，漁獵為輔。其遺址出土的鐵渣、煉鐵作坊，說明當時人們已開始使用鐵製工具。而玻璃手環、瑪瑙珠飾、中國銅錢等外來物品的發現，顯示了當地居民與其他地區有貿易往來的關係。

圖 13-1 臺灣的史前文化

資料來源：翰林出版（2014a，頁 76-77）

二、提問問題

接著是根據標題提問問題。以 Strichart 與 Mangrum（2002）舉 SQRW（S：survey 瀏覽，Q：question 提問，R：read 閱讀，W：write 寫出）為例，從圖 13-1 的文本標題與粗體字，可以提問的問題有：

Q：臺灣的史前文化是什麼時候？

A：_____

Q：臺灣的史前文化分為哪些時代？

A：_____

Q：舊石器時代是什麼時候？

A：_____

Q：舊石器時代有什麼特色？

A：_____

Q：新石器時代是什麼時候？

A：_____

Q：新石器時代有什麼特色？

A：_____

Q：金屬器時代是什麼時候？

A：_____

Q：金屬器時代有什麼特色？

A：_____

Q：農業出現在哪個時代？

A：_____

Q：農業出現帶來什麼變化？

A：_____

　　SQRW 的筆記法簡單來說，就是學生研讀之後能夠回答上述提出的問題。SQRW的問題不一定都是重要的核心問題，它也可能會流於各段落字面文字的記憶，對於回答事實性問題有幫助，但若要跨段落進行理解推論，則不一定能夠連結起來。SQRW的優點是能夠喚起讀者的主動性，讓讀者帶著問題，邊閱讀邊找答案。另外，老師還要提供學生一些預測內容的基模（如表 13-1 所示），如此提問才能更切中要旨，例如：歷史提到「甲午戰爭」時，常會連結到幾個問題，像是「何時發生？」、「為何發生？」、「主要的人物代表是誰？」、「事情經過為何？」、「結果怎麼樣？」、「事件對後代產生什麼影響？」。

表 13-1　從標題或粗體字預測段落內容

標題或粗體字	內容預測
臺灣的史前文化	年代、劃分依據、特色
甲午戰爭	年代、人物、背景、經過、影響
胚胎發育方式	類型、比較、實例
密度	概念、定義、單位、生活應用、實例
光合作用	定義、過程、功能、影響

貳、分析關鍵字詞句

做筆記既然不是抄課文，就必須引導學生先找出段落重點。標題和粗體字只是第一階段的初步架構，接著就要進入每一段的閱讀。如何不迷失在茫茫的文字大海中？可以從作者使用的標點符號和關鍵詞當線索。

一、用標點符號分段落

何憶婷（2016）以及蔡宜岑（2016）在教導國中學生閱讀自然或社會課本時，都提及用標點符號做段落切割。標點符號主要包括「句號」、「分號」、「冒號」，以及「問號」四種（特別是句號和分號兩種）。「句號」是一個概念的完整陳述；「分號」是多個平行概念並列；「冒號」通常用於「定義」或「說明」；「問號」一般是作者先提出問題，然後接著會出現「解釋或答案」。

以圖 13-1 裡的一小段落為例，本段共有四個句號。第一句指出考古學者劃分史前文化的「依據」和「臺灣史前文化的三個階段」。第二句到第四句描述「（一）舊石器時代」的例子（長濱文化）、時間（距今五萬至五千年前），以及當時人類使用的「器物種類與技術」（用火、石器）和生活方式（採集、漁獵）。

考古學者依據史前人類使用器物的種類與技術，將臺灣的史前文化分為舊石器、新石器和金屬器三個時代。╱（1）

一、舊石器時代

　　臺灣目前發現最早的舊石器時代文化，是位於臺東縣長濱鄉的長濱文化。╱（2）

　　長濱文化存在時間大約距今五萬至五千年前，屬於舊石器時代晚期。╱（3）

　　當時人們已知用火，使用打製的石器，以採集、漁獵為主要的維生方式。╱（4）

二、找關鍵詞當線索

　　課文中的關鍵詞大致上有兩個部分：一是專有名詞；二是暗示概念間邏輯關係的詞，例如：「A『導致』B」，句子中「導致」一詞串起 A 和 B 的關係，A 是因，B 是果，該類詞語又稱為話語標記（discourse marker）。

　　在上一段文字中，「史前文化」、「舊石器時代」、「新石器時代」、「金屬器時代」算是重要的概念，作者一般都會對它的內容加以說明。至於話語標記，例如：依據、分為、屬於（畫方框的詞）則暗示概念之間的邏輯關係（見表 10-3 話語標記舉例）。一般課文中常見的用語有「為了」（目的）、「因為、導致、由於、使得」（因果）、「但是、然而」（轉折，前後不同）、「有些、還有、加上、除了……也、不僅……也」（舉例）、「首先、其次、接著、然後」（次序）。這些「小」字並不是實詞（content words），但對於概念之間的關係說明確有很「大」的作用。

參、辨識文章結構

　　「分析關鍵字詞句」是在處理段落內不同概念間的關係，但整篇文章

跨段落之間的結構又是什麼呢？依據學者（Englert & Hiebert, 1984; Taylor, 1992）的歸納，有五種常見的說明文結構，分別是簡單列舉、依序列舉、比較與對照、因果關係，以及問題解決。

以圖 13-1 的課文為例，作者按不同的臺灣史前文化出現年代之先後，「依序列舉」說明，而不同階段的特徵又可進行「比較與對照」，以彰顯各時代的特色，以回應一開始所謂的「考古學者依據史前人類使用器物的種類與技術，將臺灣的史前文化分為舊石器、新石器和金屬器三個時代」之說法究竟是指什麼意思，提供進一步的支持證據。

肆、濃縮精華

一、參考結構做筆記

以圖 13-1 的課文為例，若採「依序列舉」的文章結構，可以寫流程圖（如圖 13-2 所示）表示時代先後順序。若採「比較與對照」的文章結構，則可以用表格（如表 13-2 所示）做不同時代的比較。

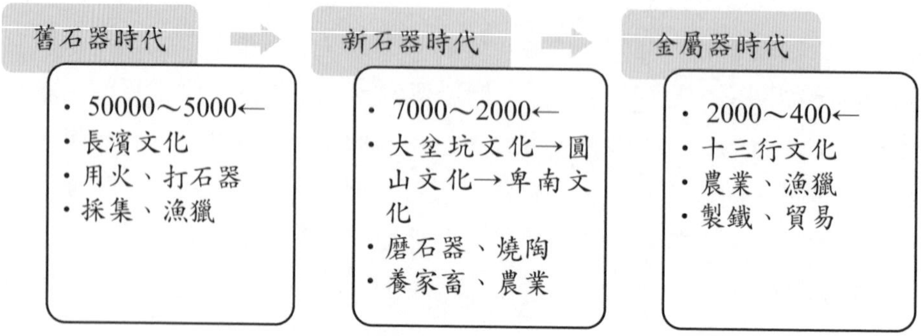

舊石器時代 → **新石器時代** → **金屬器時代**

- 50000～5000←
- 長濱文化
- 用火、打石器
- 採集、漁獵

- 7000～2000←
- 大坌坑文化→圓山文化→卑南文化
- 磨石器、燒陶
- 養家畜、農業

- 2000～400←
- 十三行文化
- 農業、漁獵
- 製鐵、貿易

圖 13-2　臺灣的史前文化筆記（一）

表 13-2　臺灣的史前文化筆記（二）

	舊石器時代	新石器時代	金屬器時代
年代（距今）	50000～5000←	7000～2000←	2000～400←
遺址代表	長濱文化	大坌坑文化→圓山文化→卑南文化	十三行文化
器物使用	用火、打石器	磨石器、燒陶	製鐵、貿易
生活方式	採集、漁獵	養家畜、農業	農業、漁獵

二、善用符號與圖示

　　筆記是重點的濃縮，不需要再詳述原文，記錄時可以善用符號與圖示輔助。符號與圖示之目的是減少文字書寫的時間，或把原本複雜的文字轉成易懂的圖。常用的筆記符號如表 13-3 所示，圖 13-3 則呈現圖示筆記取代純文字的原文。

表 13-3　常用筆記符號舉例

符號	意思	符號	意思
↓	減少，下降	∵	因為
↑	增加，上升	∴	所以
＋	增加，和	→	順序（往後），變化，導致
－	減少	←	順序（之前）
＝	等於，相當於	$	錢
≒	類似	&	和
≠	不同	ex	例如，例子

原文	圖示筆記
臺灣因為板塊擠壓，地形急遽抬升，短短數十公里內的距離，海拔高度由0公尺爬升到將近4000公尺。因為地形落差大，氣候呈現垂直變化，低海拔到高海拔依序為熱帶、副熱帶、溫帶、寒帶等氣候。多樣的地形和氣候，孕育出不同的動植物，因此自然景觀呈現垂直變化。	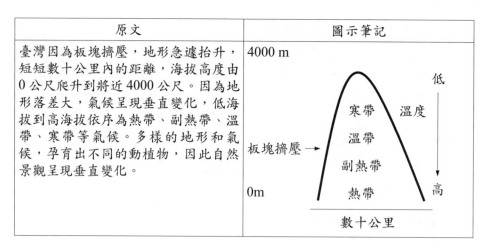

圖 13-3　圖示筆記

資料來源：原文出自翰林出版（2014b，頁 56）

伍、小結

　　本節主要是以說明文課文做閱讀筆記之介紹，將閱讀筆記指導分成四個任務，從瀏覽標題和粗體字開始，然後進入逐段閱讀，接著參採文章結構，使用符號和圖示輔助文字記錄，使文字量減少，只呈現精華。在學習做筆記的初始階段，學生或許還不能馬上掌握做筆記的各項要領，老師可以提供半結構的表格或樹狀圖（如圖 13-4 的引導筆記），讓學生上課時只要填入一些關鍵字詞即可。等到學生熟悉筆記的整理技巧後，再依照自己的組織方式書寫。再者，做筆記是在協助記憶和組織訊息，教學時還要指導學生用筆記做複習，試著用自己的話把內容進行還原，自我檢核是否已經懂了、也記住了。

主題：臺灣史前文化	
日期：　年　月　日	複習次數記錄：//// （畫記）
筆記要點	
一、考古學家分類依據	
A	
B	
二、臺灣史前三大時期	
A（　　　　）時代	
1. 時間：	
2. 遺址代表：	
3. 特色：	
B（　　　　）時代	
1. 時間：	
2. 遺址代表：	
3. 特色：	
C（　　　　）時代	
1. 時間：	
2. 遺址代表：	
3. 特色：	

圖 13-4　引導筆記——臺灣史前文化筆記（三）

第四節　運用學習輔助工具

在科技發達的世代，幾乎人手一機（智慧型手機），電腦也十分普及。因此，如何使用手機 APP 功能和網路來輔助學習也是重要的能力之一。以下從幾個部分來加以說明。

壹、時間管理

　　每個人一天都只有二十四小時，但是有些人可以完成很多事情，有些人則拖拖拉拉，還遲遲無法完工，其差別在於時間管理的能力好壞。學習障礙者對於事情往往低估所需的時間，以致於原本認為可以做完的，到時候卻做不出來，只好缺交或草草結束。

　　該怎樣做時間管理？首先要記錄平時活動所花的時間約有多少，掌握各項活動約略所需的時間後，先把每日一定要占掉的活動時間去掉，剩餘的就是可以自由支配的時間。接著，就是將工作排序，哪些事情先做？哪些事情可以慢一點做？簡單來說，就是分事情的輕重緩急，依據「重要」和「緊急」程度交織出四種可能：「重要、緊急」、「重要、不緊急」、「不重要、緊急」、「不重要、不緊急」。呂宗昕（2006）建議，「重要、緊急」的優先做，「不重要、不緊急」放最後，可做可不做，至於「重要、不緊急」和「不重要、緊急」，他認為可先處理重要的事。但是，熟重熟輕會隨每個人的價值和目標而有所不同，例如：對於想在高職畢業前通過證照考試的同學，練習考古題是重要的事情，即便不是這麼緊急，也應該列入時間規劃中。反之，對於不打算考證照的同學，這件事情就變成「不重要、不緊急」。換言之，時間管理不只是計算時間，也是一種價值判斷，就像有些人喜歡行程滿檔的日子，也有些人喜歡很多的空檔與留白。

　　在時間管理方面，可以指導學生依據工作屬性選用適切的工具。協助時間管理的工具，包括：計時器、週曆、月曆、年曆、時間提醒。茲簡要說明適用的時機。

一、計時器

　　計時器可用於任務時間不長的事務上，例如：照師傅指示，設定烤蛋糕的時間，或自我設定寫一份學習單的時間。手機內一般都有倒數計時功

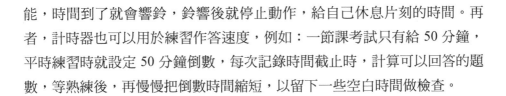

能，時間到了就會響鈴，鈴響後就停止動作，給自己休息片刻的時間。再者，計時器也可以用於練習作答速度，例如：一節課考試只有給 50 分鐘，平時練習時就設定 50 分鐘倒數，每次記錄時間截止時，計算可以回答的題數，等熟練後，再慢慢把倒數時間縮短，以留下一些空白時間做檢查。

二、週曆、月曆、年曆

週曆、月曆、年曆可用於需要較長時間完成的事務上，例如：記錄每週的小考和作業時間、規劃要完成期末報告的各次小作業進度（包括：擬定報告主題、各節標題、搜尋相關文獻資料、寫閱讀筆記、打期末報告、檢查報告等的日期）。時時檢視行事曆的內容，最理想的狀況是：最晚在時間截止前一天就做好，以免臨時有許多突發狀況。目前，手機一般都有行事曆功能可用，直接輸入事項內容即可。另外，電腦 OFFICE 系統內有很多設計好的行事曆模版可免費下載使用。

三、時間提醒

手機可以設定於多久以前給提示音，例如：30 分鐘前先預告活動，讓人提早準備，不錯過重要的事情。

貳、單字查詢與翻譯

早期除了紙本字典外，還有電子字典，但是現在幾乎都直接在手機或電腦上就可以使用英文單字查詢與外文翻譯功能，當輸入一個英文單字之後，可以聽到單字發音，也有例句。近來，手機 APP 的功能也擴增到照相翻譯和語音翻譯，甚至是翻譯整段文章。翻譯的精準度雖然不是百分之百，但可以作為參考，以減少學習障礙者因為英文單字量太少，無法閱讀而放棄學習。表 13-4 為英文單字查詢與翻譯的免費軟體舉例。

表 13-4　英文單字查詢與翻譯的軟體舉例

舉例	說明
Dictionary.com 免費英語詞典	下載適用版本：iPhone、iPad、Android 功能： 1.每日一字。透過小測驗檢視單字詞彙量。 2.英文單字讀音，聆聽並學習正確發音。 3.30 多種語言翻譯。 4.針對 ESL、EFL 的特別學習內容。 5.語音搜尋功能。 6.離線查詢單字。 7.儲存成單字表。
Google 翻譯 Google Translate Break through language barriers	下載適用版本：iOS、Android 功能： 1.翻譯單字或句子。 2.支援語音轉文本。 3.拍照翻譯，可即時翻譯 26 種語言的文字。
英漢字典 EC Dictionary	下載適用版本：iOS、Android 功能： 1.具備 200,000 個字庫量。 2.一般的英漢、漢英查詢。 3.提供發音、參考例句，以及「英譯中」和「中譯英」的整句翻譯功能。 4.可標記常用或容易忘記的單字來幫助記憶。

參、計算與換算

由於算術障礙學生經常容易出現手算錯誤，所以怎樣讓他們運用計算機協助數字運算也是聰明的辦法。目前，手機多有內建簡易計算機的功能，此外還有一些軟體可以幫忙處理度量衡的換算（例如：長度、面積、體積、重量、幣值等）。只要學會輸入方式，便可立即檢視答案算得對不對。表 13-5 為輔助計算和單位換算的免費軟體舉例。

表 13-5　輔助計算和單位換算的軟體舉例

舉例	說明
ＣＡＬＣＵ 時尚計算機	下載適用版本：iPhone、iPad、Android 特色： 1.畫面簡潔。 2.基本計算功能。 3.列式運算。
單位換算（免費版）	下載適用版本：iPhone、iPad、Android 功能： 常用的度量衡單位轉換程式，可輸入負數，提供重量、長度、面積、體積／容量、溫度、功率、速度、壓力、電腦記憶體單位、貨幣（使用時自動更新匯率）之單位換算。

第五節　個案討論

大雄是國中學生，小學三年級即被診斷有學習障礙並伴隨注意力缺陷問題，也有服藥控制。大雄放學回家雖然有看書和寫作業，但是所花的時間和其學習成效似乎不成比例。他常要花很多時間反覆看課本，卻抓不到重點，更不會整理筆記。寫功課時，也經常寫著寫著就玩起手邊的小東西或手機，到了晚上十一、十二點功課還是做不完，每天睡眠不足，白天上課經常打瞌睡。

雖然大雄的注意力問題已接受醫療診斷且有服藥控制，但是學習習慣的建立並非單靠吃藥就能改善，他還是需要學習如何學習（即學習策略）和研讀技巧，像是找重點、做筆記、時間管理，以及提升自我監控能力。茲簡述如下。

一、找重點

　　國中課本的排版方式，重點最常出現的位置是「主標題」、「次標題」、「粗體或異色字」。因此，可以先帶大雄瀏覽重點，接著根據標題提問問題，帶著問題去閱讀，邊讀邊想問題的答案是什麼。

二、做筆記

　　在學習做筆記的初始階段，老師可以提供如圖 13-4 的引導筆記，讓大雄上課時只要填入一些關鍵字、詞、句即可。等到他熟悉筆記的整理技巧後，再依照自己的組織方式寫。再者，做筆記是在協助記憶和組織訊息，因此還要指導大雄用筆記做複習，試著用自己的話把內容進行還原，自我檢核是否已經懂了、也記住了。

三、時間管理

　　對於注意力不佳的大雄而言，恐怕難以忍受冗長的寫作業時間。因此，可以先估計注意力最好的狀況大概能維持多久（例如：20 分鐘）。寫作業前，先排列將要繳交作業的優先順序，明天就要交的先寫。再者，教導大雄使用計時器幫忙倒數計時，設定的時間一到，就起來走一走、喝喝水，再換另一項作業做，兩種不同作業交叉進行，以免持續進行相同作業而產生注意力渙散的問題。

四、自我監控

　　在自我監控方面，可採取自我調節策略，讓大雄學習「自我監控」與「自我增強」，例如：在書桌上放一張作業檢核清單（如表 13-6 所示），包括：到固定的位置做功課、淨空桌面、把無關的雜物收起來、設定每次作業時間、給自己短暫的休息時間等。如果一週當中「完成當天的回家功課」和「十二點以前睡覺」的比率達 80%，週末就可以做自己喜歡的事情一小時（自我增強）。

表 13-6　自我監控檢核

檢核事項	檢核結果	
1.到固定的位置寫作業	□做到	□沒做到
2.只放必要的作業、書本和文具	□做到	□沒做到
3.設定計時器	□做到	□沒做到
4.有短暫休息（3 至 5 分鐘）	□做到	□沒做到

第六節　結語

　　本章從策略和技能的差異談起，技能通常係指一連串自動化的行為反應，而策略比較是考慮各項條件後決定出最佳方案。在指導學習策略時，要先確認學生缺乏該項策略，以取得學生願意嘗試新策略的意願。然後由教學者做明確示範，把策略運作歷程公開化、透明化（例如：運用放聲思考），學生才知道思考歷程。等到學生知道之後，教學者可以將策略步驟編成口訣，方便學生記住策略執行的程序。慢慢地，教學者就可以把練習的責任轉嫁給學生，自己漸漸淡出，畢竟學習策略成功的關鍵還是在於學習者會不會主動運用它，而不是老師教得多精彩。

　　再者，學習策略有不同的類型，像是一般認知策略、領域特定策略、後設認知策略、自我調節策略等。「學習如何學習」的主要目的在於提升學習成效，不是為策略而策略，所以一定要檢視策略教學後有無提升個體的學習品質，否則就只是徒增負擔而已。最後，本章並無窮究許多學習策略的內容，僅以最為普遍的記憶策略、筆記策略、時間管理，以及學習輔助工具的使用做主軸，一來是因應科技時代數位學習的新型態，同時這些策略亦有廣泛的適用性。

參考文獻

中文部分

何憶婷（2016）。閱讀理解策略融入自然領域教學。載於自然領域教師手冊（頁 17-27）。臺北市：教育部。

吳佩旻（2017 年 10 月 12 日）。地理課又唱又跳！張崴耑的學生 考試老是攤開左手。聯合新聞網。取自 https://udn.com/news/story/6898/2753896?from=udn-catelistnews_ch2

呂宗昕（2006）。時間管理高手。臺北市：商周。

李咏吟、張德榮、林本喬、賀孝銘、洪寶蓮（1995）。高中（職）學生學習與讀書策略量表。臺北市：中國行為科學社。

李咏吟、張德榮、洪寶蓮（1991）。大學生學習與讀書策略量表。臺北市：中國行為科學社。

李咏吟、韓楷檉、吳淑禎、林進材、吳珮瑄（2016）。新編國中生學習與讀書策略量表。臺北市：中國行為科學社。

李雪娥、高佩茹、陳曉依、陳雅嬿、陳寶玉、陳凱玫、劉至瑜、劉蘋誼（付梓中）。有生命的漢字：部件意義化識字教材。新北市：心理。

張佳燕（2012）。字母拼讀法結合記憶策略對國中學習障礙學生英文字彙學習之成效（未出版之碩士論文）。國立臺南大學，臺南市。

教育部（2013）。新課綱教學資源：特殊需求領域課程大綱。取自 http://sencir.spc.ntnu.edu.tw/site/c_principle_003/index/process_t_key/212/mode_t_key/-1/data_t_key/-1/code/005/kind_code/001

辜玉旻、張菀真（2017）。做筆記策略教學。載於柯華葳（主編），閱讀理解策略教學（頁 157-176）。臺北市：教育部國民及學前教育署。

蔡宜岑（2016）。社會領域教師手冊。臺北市：教育部。

翰林出版（2014a）。國民中學社會一上：歷史篇第一章。臺南市：作者。

翰林出版（2014b）。國民中學社會一上：地理篇第六章。臺南市：作者。

英文部分

Alexander, P. A., Graham, S., & Harris, K. R. (1998). A perspective on strategy research: Progress and prospects. *Educational Psychology Review, 10*(2), 129-154.

Bigge, J. L., Stump, C. S., Spagna, M. E., & Siberman, R. K. (1999). *Curriculum, assessment, and instruction for students with disabilities*. Belmont, CA: Wadsworth.

Englert, C. S., & Hiebert, E. (1984). Children's developing awareness of text structure in expository material. *Journal of Educational Psychology, 26*, 65-74.

Flavell, J. H. (1987). Speculation about the nature and development of metacognition. In F. E. Weinert, & R. H. Kluwe (Eds.), *Metacognition, motivation, and understanding* (pp. 21-29). Hillsdale, NJ: Lawrence Erlbaum Association.

Graham, S., & Harris, K. R. (2003). Students with learning disabilities and process of writing: A meta-analysis of SRSD studies. In H. L. Swanson, K. R. Harris, & S. Graham (Eds.), *Handbook of learning disabilities* (pp. 323-344). New York, NY: The Guilford Press.

Reid, R., Lienemann, T. O., & Hagaman, J. L. (2013). *Strategy instruction for students with learning disabilities* (2nd ed.). New York, NY: The Guilford Press.

Rogers, L., & Graham, S. (2008). A meta-analysis of single subject design writing intervention research. *Journal of Educational Psychology, 100*, 879-906.

Strichart, S. S., & Mangrum, C. T. (2002). *Teaching learning strategies and study skills to students with learning disabilities, attention deficit disorders or special needs*. Boston, MA: Allyn & Bacon.

Swanson, H. L. (1999). Cognition and learning disabilities. In W. Bender (Ed.), *Professional issues in learning disabilities* (pp. 415-460). Austin, TX: Pro-ed.

Taylor, B. M. (1992). Text structure, comprehension, and recall. In S. J. Samuels, & A. E. Farstrup (Eds.), *What research has to say about reading comprehension* (pp. 220-235). Newark, DE: International Reading Association.

Zimmerman, B. J. (1989). A social cognitive view of self-regulated academic learning. *Journal of Educational Psychology, 81*, 329-339.

附錄

附錄 A　特殊教育需求評估表

特殊需求向度	需求狀況		特殊需求內容
課程	□有	□無	□資源班課程　□課業輔導　□適應體育 □部分科目／學分免修　□其他：＿＿＿＿＿
考試評量服務	□有	□無	□至特殊考場應考　□延長考試時間 □使用調整之試題呈現方式 　○放大字體　○語音報讀　○點字 □使用調整之作答方式 　○使用 A4 代用紙　○使用電腦作答 　○使用點字機／盲用電腦 □使用調整之評量設計 　○試題減量　○試題簡化　○調整測驗題型 　○替代測驗　○以作業／報告代替紙筆測驗 □其他：＿＿＿＿＿
教育輔助器材	□有	□無	□擴視機 □放大鏡 □大字書、點字書或有聲書 □助聽器 □FM 調頻系統 □特製課桌椅 □行動輔具　□其他：＿＿＿＿＿
教師助理員	□有	□無	□協助行動　□協助生活自理　□其他：＿＿＿
巡迴輔導	□有	□無	□聽障巡迴輔導　□視障巡迴輔導
專業團隊	□有	□無	□物理治療　□職能治療　□語言治療 □心理諮商　□其他：＿＿＿＿＿
無障礙環境	□有	□無	□物理環境 　○適當教室位置　○教室靠近廁所或無障礙廁所 　○安排適當座位　○坡道、扶手、電梯 　○其他特殊設施＿＿＿＿＿ □心理環境 　○學友安排　○入班宣導　□其他：＿＿＿
交通服務	□有	□無	□復康巴士 □無障礙計程車 □交通費補助 □其他：＿＿＿＿＿
其他	□有	□無	請說明：

資料來源：高雄市高級中等教育階段特殊教育需求學生現況能力暨學習需求評估表
（感謝高雄市立高雄女子高級中學卓曉圓老師提供）

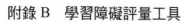

學習障礙：理念與實務

附錄 B　學習障礙評量工具

測驗名稱	編製者	年代	出版單位	適用年級／版本	評估領域
中文年級認字量表	黃秀霜	2001	心理出版社	G1～G9	識字
基本讀寫字綜合測驗	洪儷瑜、張郁雯、陳秀芬、李瑩玓、陳慶順	2003	心理出版社	G1～G3	識字、寫字
識字量估計測驗	洪儷瑜、王瓊珠、張郁雯、陳秀芬	2006	教育部	G1～G2、G3～G9	識字
常見字流暢性測驗	洪儷瑜、王瓊珠、張郁雯、陳秀芬	2006	教育部	G1、G2、G3～G4、G5～G7、G8～G9	識字
閱讀理解困難篩選測驗	柯華葳	1999	教育部	G2～G3，G4～G6	閱讀理解
國民小學閱讀理解篩選測驗	柯華葳、詹益綾	2006	教育部	G2、G3、G4、G5、G6	閱讀理解
國民中學閱讀推理測驗	柯華葳、詹益綾	2006	教育部	G7～G9	閱讀理解
國民小學一至三年級閱讀理解診斷測驗	孟瑛如、魏銘志、田仲閔、周文聿	2015	心理出版社	G1～G3	閱讀理解
國民小學四至六年級閱讀理解診斷測驗	孟瑛如、魏銘志、田仲閔、周文聿	2015	心理出版社	G4～G6	閱讀理解
修訂畢保德圖畫詞彙測驗	陸莉、劉鴻香修訂	1998	心理出版社	3～12 歲（甲乙式）	詞彙理解

附錄 B　學習障礙評量工具（續）

測驗名稱	編製者	年代	出版單位	適用年級／版本	評估領域
華語兒童理解與表達詞彙測驗（第二版）	黃瑞珍、簡欣瑜、朱麗璇、盧璐	2011	心理出版社	3～6 歲，或7歲以上疑似語言遲緩者	詞彙能力
華語學齡兒童溝通及語言能力測驗	黃瑞珍、蔡昀純、林佳蓉、張亦瑜、王亦群	2014	心理出版社	G1～G6	口語能力（理解與表達、語意與語法）
兒童口語理解測驗	林寶貴、錡寶香	2005	教育部	G2～G6	聽覺理解
圖畫式聽覺理解測驗	陳美芳、吳怡潔	2006	教育部	G1～G2	聽覺理解
聽覺理解測驗	陳美芳、吳怡潔	2006	教育部	G3～G4、G5～G6、G7～G9	聽覺理解
修訂學齡兒童語言障礙量表	林寶貴、黃玉枝、黃桂君、宣崇慧	2009	教育部	6～12 歲	聽覺理解、口語表達
國小兒童書寫語文能力診斷測驗（第二版）	楊坤堂、李水源、張世彗、吳純純	2003	心理出版社	G1～G6	寫作
基礎數學概念評量	柯華葳	1999	教育部	G2、G3、G4～G6	數學
基本數學核心能力測驗	洪儷瑜、連文宏	2015	中國行為科學社	G2、G3～G4、G5～G6，或小學以上懷疑有數學學習障礙的學生	數學

附錄C　適性輔導安置普通班、實用技能班各科具備能力參考標準表（節錄）

一、市立高雄高級中學

職群名稱	科別	科別所需具備能力	高	中	低	核心課程及具備特質	備註（特殊需求能力）
學術群	普通科	1. 聽覺理解能力	✓			本校為普通型高級中等學校，係提供國文、英文、數學、歷史、地理、公民與社會、物理、化學、生物、基礎地科、音樂、美術、藝術生活、家政、生活科技、資訊科技概論、健康與護理、體育、全民國防教育等基本學科為核心課程，輔以相關特色課程選修之學校，以強化學生之通識能力。	本校非常著重各式學習生活和團體活動參與，如有較高學習動機及主動人際互動意願較能促進群體生活和學校適應。
		2. 口語表達能力	✓				
		3. 閱讀理解能力	✓				
		4. 書寫能力（打字能力）	✓				
		5. 數學能力（邏輯概念、計算）	✓				
		6. 社會技巧（人際互動）		✓			
		7. 手眼協調能力		✓			
		8. 身體運動能力		✓			
		9. 空間藝術能力		✓			
		10. 音樂才能		✓			
		11. 自然觀察能力		✓			
		12. 其他：外語能力			✓		

二、市立高雄女子高級中學

職群名稱	科別	科別所需具備能力	高	中	低	核心課程及具備特質	備註（特殊需求能力）
學術群	普通科	1. 聽覺理解能力	✓			1. 核心課程：語文領域（國文、英文）、數學領域（數學）、社會領域（歷史、地理、公民）、自然領域（物理、化學、生物）、藝術領域（音樂、美術、藝術生活）、生活領域（生活科技、家政、相關科目）、體育領域（體育）。 2. 因各科課程中需要運用大量之閱讀、書寫、口語表達能力，對學術科目有濃厚興趣、具備學業基礎且願意接受學習挑戰者為佳。	
		2. 口語表達能力	✓				
		3. 閱讀理解能力	✓				
		4. 書寫能力（打字能力）	✓				
		5. 數學能力（邏輯概念、計算）	✓				
		6. 社會技巧（人際互動）		✓			
		7. 手眼協調能力		✓			
		8. 身體運動能力		✓			
		9. 空間藝術能力		✓			
		10. 音樂才能		✓			
		11. 自然觀察能力					
		12. 其他：無					

十三、市立楠梓高級中學

職群名稱	科別	科別所需具備能力	高	中	低	核心課程及具備特質	備註（特殊需求能力）
學術群	自然學程 社會學程	1. 聽覺理解能力		✓		1. 核心課程：國文、英文、數學、物理、化學、歷史、地理。 2. 學術學程學生在校修習課程重視基礎學科能力的累積，故需具備較強的數理及英文科能力、較能勝任學習。	對數字運算、敏感度較低、書寫閱讀有困難者，宜慎重考慮。
		2. 口語表達能力		✓			
		3. 閱讀理解能力	✓				
		4. 書寫能力（打字能力）	✓				
		5. 數學能力（邏輯概念、計算）	✓				
		6. 社會技巧（人際互動）		✓			
		7. 手眼協調能力		✓			
		8. 身體運動能力		✓			
		9. 空間藝術能力		✓			
		10. 音樂才能					
		11. 自然觀察能力		✓			
		12. 其他：無					
外語群	應用英語學程	1. 聽覺理解能力	✓			1. 核心課程：英語聽講、英文閱讀、寫作、英文文法與句型、英文摘要欣賞。 2. 因本科需要對語言學習有興趣者，且本科著重聽、說、讀、寫，須具備口語表達、閱讀理解、聽覺理解能力者佳。 3. 本科學生在未來需用語言來做溝通，且以助學生通過英文檢定為目標，故具備對英文的表達溝通能力者，並可持續在英語言能力自學及增長者才可適性發展。	對語言學習有困難、缺乏求知精神者或對英文學習缺乏熱忱者宜慎重考慮。
		2. 口語表達能力	✓				
		3. 閱讀理解能力	✓				
		4. 書寫能力（打字能力）		✓			
		5. 數學能力（邏輯概念、計算）					
		6. 社會技巧（人際互動）		✓			
		7. 手眼協調能力		✓			
		8. 身體運動能力		✓			
		9. 空間藝術能力		✓			
		10. 音樂才能					
		11. 自然觀察能力					
		12. 其他：外語能力		✓			

十五、市立高雄高級工業職業學校

職群名稱	科別	科別所需具備能力	高	中	低	核心課程及具備特質	備註（特殊需求能力）
化工群	化工科	1. 聽覺理解能力		✓		1. 核心課程：普通化學、普通化學實驗、分析化工、分析化學實驗、基礎化工、化工裝置、儀器實習、化工裝置實習、審查。 2. 因本科核心科目較複雜且涵蓋面廣泛，適合自然科學能力及數學程度中上，具備邏輯概念與數學計算能力者就讀為佳。 3. 本科實習課程著重在化學及化工操作技術的實作訓練，且操作過程中容易接觸酸鹼或強酸鹼等危險性與刺激性的藥品，故手眼協調中上、情緒控制得宜者為佳。	1. 適合數理科目具備基礎等級以上的學生，在邏輯思考計算困難、學習能力較弱者宜需填。 2. 因需操作化學藥劑，視力上肢活動能力較弱、視力困難者能力較弱，宜愼選填。 3. 化學藥劑及實驗過程保持一定危險，為確保精神及行為，上課出現困難及抽象速度守團體紀律能力差者、宜愼考慮選填。
		2. 口語表達能力		✓			
		3. 閱讀理解能力		✓			
		4. 書寫能力（打字能力）		✓			
		5. 數學能力（邏輯概念、計算）	✓				
		6. 社會技巧（人際互動）		✓			
		7. 手眼協調能力		✓			
		8. 身體運動能力					
		9. 空間藝術能力			✓		
		10. 音樂才能					
		11. 自然觀察能力			✓		
		12. 其他：無					
動力機械群	汽車科	1. 聽覺理解能力		✓		1. 核心課程：汽車引擎原理與實習、汽車底盤原理與實習、汽車電系原理與實習、汽車原理與實習、電子概論與實習、機械論與實習。 2. 本科核心課程在教授學生汽車原理和應用力學等專業知識。另外在技能方面訓練能勝任汽車之維修、保養、檢查、修理、調整和試驗等能力，因此肢體與手眼協調能力佳者較適合。	1. 肢體或機件拆裝、修理或有困難者，宜愼選填。 2. 本科實習課程因診斷、維修、零組件的分解組合和機件拆裝，為操作上具一定危險，保學生安全、上課守團體紀律能力較弱者、宜愼選填。
		2. 口語表達能力		✓			
		3. 閱讀理解能力		✓			
		4. 書寫能力（打字能力）		✓			
		5. 數學能力（邏輯概念、計算）	✓				
		6. 社會技巧（人際互動）	✓				
		7. 手眼協調能力	✓				
		8. 身體運動能力		✓			
		9. 空間藝術能力		✓			
		10. 音樂才能					
		11. 自然觀察能力					
		12. 其他：外語能力					

四十八、私立高英高級工商職業學校

職群名稱	科別	科別所需具備能力	高	中	低	核心課程及具備特質	備註（特殊需求能力）
動力機械群	汽車修護科	1. 聽覺理解能力		✓		1. 核心課程：汽車原理、汽車學、基本電學、動力機械概論、機械工作法、汽油引擎實習、燃料引擎、機踏車修護基礎實習、汽車檢診實習。 2. 技能專長：能正確操作各項儀器，對汽車、機車實施完整檢修各項調整，能對引擎控制外接電路、汽車冷氣檢修、全車電路配線、汽車音響配線。 3. 就業進路：自行創業、汽車維修技師、汽機車保修人員、汽車百貨、零件專員、汽車駕駛教練。 4. 檢定職類及職別：汽車修護乙、丙級或機器腳踏車修護乙、丙級。	
		2. 口語表達能力			✓		
		3. 閱讀理解能力		✓			
		4. 書寫能力（打字能力）			✓		
		5. 數學能力（邏輯概念、計算）			✓		
		6. 社會技巧（人際互動）					
		7. 手眼協調能力					
		8. 身體運動能力			✓		
		9. 空間藝術能力			✓		
		10. 音樂才能					
		11. 自然觀察能力			✓		
		12. 其他：無					
電機與電子群	電機修護科 微電腦修護科	1. 聽覺理解能力			✓	1. 核心課程：基本電學ⅠⅡ、基礎電子學、電子學ⅠⅡ、數位邏輯、工業電子學、實用電子電路、感測器、微電腦結構、微電腦週邊電路、未來科技。 2. 技能專長：電子電路製作之能力、電子材料與電子電路製作之能力、電腦組裝與維修之能力。 3. 就業進路：電腦組裝及銷售人員、電腦軟體建置人員、文書處理人員、網路管理人員、電腦及周邊設備維修人員、電子電路技術人員。 4. 檢定職類及職別：電腦硬體裝修乙、丙級技術士技能檢定、電腦軟體應用乙、丙級技術士技能檢定。	
		2. 口語表達能力			✓		
		3. 閱讀理解能力			✓		
		4. 書寫能力（打字能力）			✓		
		5. 數學能力（邏輯概念、計算）		✓			
		6. 社會技巧（人際互動）					
		7. 手眼協調能力			✓		
		8. 身體運動能力			✓		
		9. 空間藝術能力			✓		
		10. 音樂才能			✓		
		11. 自然觀察能力			✓		
		12. 其他：外語能力			✓		

資料來源：節錄自高雄區 107 學年度身心障礙學生適性輔導安置普通班、實用技能班各科具備能力參考標準表（感謝高雄市立高雄女子高級中學卓曉園老師提供）

附錄 D　成功的學習障礙人士

姓名	成就領域	參考資料
蕭敬騰	臺灣知名歌手，音樂作品有〈收藏〉、〈王子的新衣〉、〈原諒我〉、〈王妃〉、〈阿飛的小蝴蝶〉、〈狂想曲〉、〈你〉、〈只能想念你〉、〈以愛之名〉、〈Marry Me〉、〈Kelly〉、〈到不了的地方〉等，主演過電影《殺手歐陽盆栽》。	《親子天下》46 期（2013）、民視《臺灣演義》（2016.1.24）、維基百科
謝哲青	旅遊節目主持人、作家，著有《走在夢想的路上》（2014）等書。	《my plus 加分誌》（2014）
龐德（藝名）	NEWS98 電臺《汽車俱樂部》節目主持人、007 汽車網／汽車修配廠負責人。	《親子天下》42 期（2013）
盧蘇偉	法院少年保護官。著有《看見自己的天才》、《盧蘇偉開講：陪孩子走對的路》等書。	《看見自己的天才》、「有礙無礙」網站
盧冠廷	香港知名創作歌手、電影配樂家、演員、環保人士。	維基百科
史蒂芬史匹柏（Steven Spielberg）	美國知名導演，拍過電影《大白鯊》、《辛德勒名單》、《侏羅紀公園》等。	維基百科
湯姆克魯斯（Tom Cruise）	美國影星，主演過《雨人》、《阿甘正傳》、《不可能的任務》等。	維基百科
琥碧戈柏（Whoopi Goldberg）	美國演員、作家、創作歌手、脫口秀主持人，亦是美國娛樂界史上寫下「演藝圈大滿貫」的藝人，即奧斯卡金像獎、艾美獎、東尼獎、葛萊美獎得主。主演過電影《修女也瘋狂》、《第六感生死戀》。	維基百科 The Yale Center for Dyslexia and Creativity（http://dyslexia.yale.edu/）

附錄 D 成功的學習障礙人士（續）

姓名	成就領域	參考資料
傑・雷諾（Jay Leno）	美國脫口秀主持人，從 1992 年至 2009 年，一直在 NBC 電視臺主持脫口秀《傑・雷諾今夜秀》，該節目一直保持著高收視率。	維基百科 The Yale Center for Dyslexia and Creativity（http://dyslexia.yale.edu/）
傑奇・史都華（Sir Jackie Steward）	蘇格蘭 F1 車手，在 1965 年至 1973 年之間，他共贏得 3 座世界冠軍獎盃。	維基百科
史蒂芬・雷德格雷夫（Sir Steve Redgrave）	英國划船傳奇人物，他於 1984 年洛杉磯奧運首度贏得金牌，至 2000 年創下連摘 5 金偉大成就，終於在 2000 年退休，還獲英國女王授予爵士爵位。	Yahoo 新聞（2016.7.31）、維基百科
派翠西亞・波拉蔻（Patricia Polacco）	這位繪本作家到 41 歲開始從事童書寫作。她的作品《謝謝您，福柯老師！》就是向發現她有困難並幫助她學習閱讀的恩師致敬。	有礙無礙網站
理察・布蘭森（Richard Branson）	英國著名企業維珍集團（Virgin）的執行長。集團旗下包括：維珍航空、維珍鐵路、維珍電訊、維珍可樂、維珍能源、連鎖零售店維珍唱片行，以及維珍金融服務。	維基百科、MBA 智庫百科
飛利浦・舒茲（Philp Schultz）	美國知名的詩人，曾榮獲普利茲獎，代表性的詩集名為 *Failure*。	The Yale Center for Dyslexia and Creativity（http://dyslexia.yale.edu/）
傑克・霍拿（Jack Horner）	美國蒙大拿州立大學古生物學家（paleontologist），專門研究恐龍化石及其演化。	
查爾斯・史華伯（Charles Schwab）	美國金融投資公司總裁。創立 Schwab Learning 幫助讀寫障礙孩子的家長，以及 sparktop.org 給有讀寫障礙的孩子。	

附錄 D　成功的學習障礙人士（續）

姓名	成就領域	參考資料
理察‧羅傑斯（Richard Rogers）	英國知名建築設計師。法國龐畢度國家藝術文化中心就是其重要的作品之一。	The Yale Center for Dyslexia and Creativity（http://dyslexia.yale.edu/）
班安瑟那夫（Beryl Benacerraf）	這位醫生是第一位在超音波觀察時，注意到唐氏症寶寶的生理特徵，像是脖子有多餘的皺折。	
尤多佛斯基（Stuart Yudofsky）	這位醫生的專業是在精神醫學方面。主要探討藥物治療對情緒行為的影響。	

推薦網站

‧ The Yale Center for Dyslexia and Creativity

　http://dyslexia.yale.edu/successfuldyslexics.html

　介紹許多成功學習障礙人士的故事

‧「有礙無礙」網站：學障名人榜

　http://general.dale.nhcue.edu.tw/ld-famous/index.php

推薦圖書

呂偉白（譯）（2004）。**心靈之眼**（原作者：T. G. West）。臺北市：洪葉。

　（原著出版年：1997）

附錄 E　英語補救教學基礎英語字彙字表

四年級	五年級	六年級	七年級	八年級	九年級
a (an)*	am*	art	afternoon	a lot (of)	again*
apple	are*	at*	and*	about*	already
banana	big*	bag	aunt	across	also
bird	boy	bathroom	bad	after*	animal
black*	brother	bed	ball	ago	be*
blue*	can*	bedroom	bear	all*	best*
book	cold*	bike	beautiful	along	better*
cake	cool	bookstore	but*	ask*	bring*
cat	dance	box	call*	baseball	busy
color	do*	bus	catch	basketball	cheese
dog	eight*	car	cellphone	beach	coat
egg	eleven	Chinese	chair	beef	computer
fish	father	cook	class	before*	expensive
green*	five*	doctor	clean*	between	fast
is*	four*	draw*	clock	birthday	feel
it*	girl	dress	close	boat	fine
lion	happy	eat*	cute	both*	finish
marker	he*	ear	daughter	bread	give*
milk	hot*	eye	day	breakfast	hear
name	I*	English	desk	buy*	heavy
no*	juice	fly*	dish	by*	hit
not*	like*	go*	door	card	ice cream
pen	mother	have*	driver	chicken	just*
pencil	nine	head	eraser	cloudy	large
pig	one*	home	evening	coffee	lucky
rabbit	pie	in*	every*	come*	more
red*	pizza	jacket	face	dinner	most
ruler	rainy	kitchen	flower	dollar	never
that*	read*	living room	foot	drive	pants

附錄 E　英語補救教學基礎英語字彙字表（續）

四年級	五年級	六年級	七年級	八年級	九年級
this*	rice	long*	Fri. (Friday)	dry	popular
tiger	sad	lunch	friend	early	really
white*	see*	math	glasses	easy	shorts
yellow*	seven*	mouth	good*	fall*	sick
yes*	she*	music	goodbye	family	since
	short	nose	Grandfather (grandpa)	floor	smell
	sing*	nurse	Grandmother (grandma)	food	sometimes
	sister	on*	hair	for*	speak
	six*	park	hand	front	sport
	sunny	play*	handsome	fruit	strong
	swim	ride*	hat	fun	subject
	tall	school	her*	game	sure
	tea	shoe (s)	him*	get*	sweater
	ten*	skirt	his*	gift	taste
	the*	sleep*	homework	great	than
	thin	small*	house	gym	tomato
	three*	student	housewife	hamburger	toy
	time	supermarket	how*	hard	try*
	tired	Taiwan	its*	help*	use*
	twelve	teacher	jeans	here*	usually
	two*	T-shirt	jump*	hike	wall
	want*	TV	key	hospital	well*
	warm*	under*	know*	hot dog	work*
	water	walk*	leg	hungry	(right)
	write*	watch	Listen (to)	invite	
	you*	zoo	look*	last	
			make*	late	

附錄 E　英語補救教學基礎英語字彙字表（續）

四年級	五年級	六年級	七年級	八年級	九年級
			Man	learn	
			me*	left	
			Mon. (Monday)	library	
			monkey	love	
			morning	many*	
			my*	money	
			new*	month	
			number	much*	
			old*	need	
			open*	next	
			our*	night	
			phone	noodle	
			picture	now*	
			pink	or*	
			please*	orange	
			put*	party	
			run*	people	
			Sat. (Saturday)	place	
			say*	plane	
			shirt	pork	
			singer	post office	
			sit (down)*	practice	
			socks	rain	
			sofa	right*	
			son	road	
			song	salad	
			sorry	sandwich	

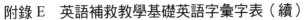

附錄 E　英語補救教學基礎英語字彙字表（續）

四年級	五年級	六年級	七年級	八年級	九年級
			spell	scooter	
			stand (up)	sea	
			study	shop	
			Sun. (Sunday)	snowy	
			table	soup	
			talk	spring	
			teach	start*	
			thank*	station	
			their*	street	
			there (is/are)*	summer	
			these*	take*	
			they*	taxi	
			thirteen	tell*	
			those*	them*	
			Thu. (Thursday)	tomorrow	
			today*	train	
			tree	turn	
			Tue. (Tuesday)	umbrella	
			uncle	us*	
			very*	wait	
			wash*	was*	
			Wed. (Wednesday)	we*	
			weekend	wear	
			what*	weather	

附錄 E　英語補救教學基礎英語字彙字表（續）

四年級	五年級	六年級	七年級	八年級	九年級
			where*	week	
			who*	were*	
			window	wet	
			woman	which*	
			young	will*	
			your*	windy	
			(cook)	winter	
			(dad)	year	
			(mom)	yesterday	
				(next to)	

註：＊表示該單字也是 DOLCH 220 常用字。

資料來源：教育部國中小英語補救教學基本學習內容（105 年版）

附錄 F　Dolch 的 220 個瞬識字表

Pre-Primer		Primer		First Grade		Second Grade		Third Grade	
the	one	he	now	of	take	would	write	if	full
to	my	was	no	his	every	very	always	long	done
and	me	that	came	had	old	your	made	about	light
a	big	she	ride	him	by	its	gave	got	pick
I	come	on	into	her	after	around	us	six	hurt
you	blue	they	good	some	think	don't	buy	never	cut
it	red	but	want	as	let	right	those	seven	kind
in	where	at	too	then	going	green	use	eight	fall
said	jump	with	pretty	could	walk	their	fast	today	carry
for	away	all	four	when	again	call	pull	myself	small
up	here	there	saw	were	may	sleep	both	much	own
look	help	out	well	them	stop	five	sit	keep	show
is	make	be	ran	ask	fly	wash	which	try	hot
go	yellow	have	brown	an	round	or	read	start	far
we	two	am	eat	over	give	before	why	ten	draw
little	play	do	who	just	once	been	found	bring	clean
down	run	did	new	from	open	off	because	drink	grow
can	find	what	must	any	has	cold	best	only	together
see	three	so	black	how	live	tell	upon	better	shall
not	funny	get	white	know	thank	work	these	hold	laugh
		like	soon	put		first	sing	warm	
		this	our			does	wish		
		will	ate			goes	many		
		yes	say						
		went	under						
		are	please						

資料來源：Dolch Word: Dolch Word List by Grade (frequency). Retrieved from http://www.dolchword.net/dolch-word-list-frequency-grade.html

附錄 G　直接教學法發音標示系統

呈現符號	發音	例子	有聲（V）無聲（W）	呈現符號	發音	例子	有聲（V）無聲（W）
m	mmm	ra**m**	V	ō	ōōō	**o**ver	V
s	sss	bu**s**	W	v	vvv	lo**v**e	V
a	aaa	**a**nd	V	p	p	sa**p**	W
ē	ēēē	**ea**t	V	ar	ŏřrr	c**ar**	V
t	ttt	ca**t**	W	ch	ch	tou**ch**	W
r	rrr	ba**r**	V	e	ĕĕĕ	**e**nd (ed)	V
d	d	ma**d**	V	b	b	gar**b**	V
i	iii	**i**f	V	i͡ng	iiing	si**ng**	V
th	ththth	**th**is	V	ī	ī̄	**i**ce	V
c	c	ta**c**k	W	y	yyyē	**y**ard	V
o	ooo	**o**x	V	er	urrr	broth**er**	V
n	nnn	pa**n**	V	oo	oooooo	m**oo**n	V
f	fff	stu**ff**	W	j	j	**j**udge	V
u	uuu	**u**nder	V	wh	www	**wh**y	W
l	lll	pa**l**	V	ȳ	ī̄	m**y**	V
w	www	**w**ow	V	ū	ūūū	**u**se	V
g	g	ta**g**	V	qu	kwww	**qu**ick	V
I			V	x	ksss	o**x**	W
sh	shshsh	wi**sh**	W	z	zzz	bu**zz**	V
ā	āāā	**a**te	V	ea	ēēē	l**ea**ve	V
h	h	**h**at	W	ai	āāā	r**ai**n	V
k	k	ta**k**k	W	ou	owww	l**ou**d	V

資料來源：引自陳瑋婷（2011）。瞬識字及 **DISTAR** 課程對國中一年級低成就學生進行補救教學（未出版之碩士論文）。國立臺東大學，臺東市。

附錄 H　常用英語字族表

-ack	**-ain***	-ake*	-ale	**-all***
attack	brain	bake	male	all
back	complain	cake	sale	ball
black	explain	lake	scale	call
crack	gain	make	tale	fall
lack	main	shake	whale	hall
	obtain	take		install
	pain			mall
	rain			small
	train			tall
	vain			wall

-ame*	**-an***	-ank	-ap	-ash
blame	an	bank	cap	trash
came	ban	blank	clap	
game	can	drank	map	
name	fan	rank	snap	
same	Jan	thank		
shame	Japan			
	man			
	plan			
	ran			
	than			

-at*	**-ate***	-aw	**-ay***	**-eat***
at	ate	draw	away	beat
bat	date	law	bay	cheat
cat	debate	raw	clay	eat
chat	fate	saw	day	great
fat	gate		display	heat
flat	hate		gray	meat
hat	late		may	neat
mat	mate		okay	seat

附錄 H　常用英語字族表（續）

-at*	-ate*	-aw	-ay*	-eat*
rat	skate	draw	pay	treat
sat	state	law	play	
that		raw	pray	
		saw	ray	
			say	
			stay	
			today	
			way	

-ell*	-est*	-ice*	-ick	-ide*
bell	best	ice	kick	bride
cell	chest	mice	lick	decide
fell	nest	nice	sick	hide
hell	rest	price	stick	pride
sell	test	rice	trick	ride
smell	west	slice		side
spell		spice		slide
tell		twice		wide
well				

-ight*	-ill*	-in*	-ine*	-ing*
bright	bill	in	fine	bring
delight	drill	shin	line	king
fight	fill	skin	mine	ring
flight	hill	thin	nine	sing
height	ill	win	shine	spring
light	kill	within	wine	string
might	pill			thing
night	still			wing
right	till			
sight	will			
tight				
tonight				

附錄 H　常用英語字族表（續）

-ink	**-ip***	-it*	-ock*	-oke
drink	chip	admit	block	awoke
ink	dip	bit	clock	broke
link	lip	fit	knock	joke
think	ship	hit	o'clock	smoke
	skip	it	rock	spoke
	slip	quit	shock	
	tip	sit		
	trip			
-op*	-ore*	-ot*	-uck	-ug
cop	bore	forgot	duck	hug
drop	core	got	luck	jug
hop	more	hot	stuck	
mop	score	lot	truck	
pop	store	not		
shop	wore	shot		
stop				
top				
-ump	-unk			
bump	drunk			
dump	junk			
jump	trunk			

註：1.此 37 個常見的英文字族係由 Wylie 與 Durrell 所提出。

　　2.表中的單字多以國中小學生會學習的單字做舉例。

　　3.星號*表示國中小階段比較常出現的字族（25 個）。

　　4.粗體且加星號*的表示國中小階段出現的高頻字族（15 個）。

資料來源：Word Families，取自 http://www.enchantedlearning.com/rhymes/wordfamilies/#
　　　　　Wylie

索引

中英索引

學習障礙：理念與實務

英中索引

國家圖書館出版品預行編目（CIP）資料

學習障礙：理念與實務 / 王瓊珠著.
--初版.--新北市：心理，2018.04
面； 公分. --（障礙教育系列；63151）
ISBN 978-986-191-820-4（平裝）

1.學習障礙 2.特殊教育

529.69   107003402

障礙教育系列 63151

學習障礙：理念與實務

作　　　者：王瓊珠
責任編輯：郭佳玲
總　編　輯：林敬堯
發　行　人：洪有義
出　版　者：心理出版社股份有限公司
地　　　址：231026 新北市新店區光明街 288 號 7 樓
電　　　話：(02) 29150566
傳　　　真：(02) 29152928
郵撥帳號：19293172　心理出版社股份有限公司
網　　　址：https://www.psy.com.tw
電子信箱：psychoco@ms15.hinet.net
排　版　者：辰皓國際出版製作有限公司
印　刷　者：辰皓國際出版製作有限公司
初版一刷：2018 年 4 月
初版三刷：2022 年 2 月
I S B N：978-986-191-820-4
定　　　價：新台幣 450 元